兰州财经大学学术文库

低生育率背景下
未成年人养育成本分担制度研究

DI SHENGYULü BEIJING XIA
WEICHENGNIANREN YANGYU CHENGBEN FENDAN
ZHIDU YANJIU

吕春娟　著

法律出版社
LAW PRESS · CHINA
北京

图书在版编目(CIP)数据

低生育率背景下未成年人养育成本分担制度研究 / 吕春娟著. -- 北京 : 法律出版社, 2023
ISBN 978 - 7 - 5197 - 8433 - 1

Ⅰ. ①低… Ⅱ. ①吕… Ⅲ. ①青少年保护 - 抚养 - 研究 - 中国 Ⅳ. ①D922.74

中国国家版本馆 CIP 数据核字(2023)第 197762 号

低生育率背景下未成年人养育成本分担制度研究
DI SHENGYULÜ BEIJING XIA WEICHENGNIANREN YANGYU CHENGBEN FENDAN ZHIDU YANJIU

吕春娟 著

策划编辑 沈小英
责任编辑 沈小英 任 娜
装帧设计 鲍龙卉

出版发行 法律出版社
编辑统筹 法治与经济出版分社
责任校对 李慧艳 张翼羽
责任印制 吕亚莉
经 销 新华书店

开本 710 毫米×1000 毫米 1/16
印张 20 **字数** 317 千
版本 2023 年 12 月第 1 版
印次 2023 年 12 月第 1 次印刷
印刷 北京虎彩文化传播有限公司

地址:北京市丰台区莲花池西里 7 号(100073)
网址:www.lawpress.com.cn
投稿邮箱:info@lawpress.com.cn
举报盗版邮箱:jbwq@lawpress.com.cn

销售电话:010 - 83938349
客服电话:010 - 83938350
咨询电话:010 - 63939796

书号:ISBN 978 - 7 - 5197 - 8433 - 1
定价:98.00 元

凡购买本社图书,如有印装错误,我社负责退换。电话:010 - 83938349

前　言

一、研究缘起

人口是社会生活的主体，是社会生存的基础，也是社会发展的动力。[1]中华人民共和国成立以来，我国一直实行较为宽松的生育政策。直到1978年3月《中华人民共和国宪法》（以下简称《宪法》）第53条首次提出："国家提倡和推行计划生育"，同年10月，中共中央明确提出"提倡一对夫妇最好生育一个子女，最多两个"，标志着我国开始进入严格的计划生育阶段。1980年2月，新华社在其公布的《中国人口百年预测报告》中预测我国人口数量将在2050年达到40亿人，基于此，中共中央于1980年9月正式提出每对夫妇只生育一个孩子。自此，我国全面进入了"独生子女政策"时代，并于1982年12月将该政策载入《宪法》，第25条明确"国家推行计划生育，使人口的增长同经济和社会发展计划相适应"。由于严格刚性的独生子女政策在实施中与公众的传统生育习惯冲突，1984年4月，中共中央在全国19个省的农村推行如果夫妻第一个孩子性别为女，允许其再生一个，俗称为"一孩半政策"。21世纪以来，我国调整生育的专法《中华人民共和国人口与计划生育法》（以下简称《人口与计划生育法》）于2002年9月正式实施，该法也是中华人民共和国成立第一部调整公民生育权利与义务的基本法。《人口与计划生育法》一

〔1〕 参见穆光宗：《三孩政策与中国人口生育的优化：背景、前景和愿景》，载《扬州大学学报》2022年第4期。

改之前实行多年的“独生子女政策”，其中在第18条明确规定：“……提倡一对夫妻生育一个子女；符合法律、法规规定条件的，可以要求安排生育第二个子女。”随后各省根据该法制定“二孩”地方法规并陆续实施。2013年，组建国家卫生和计划生育委员会，2013年11月，中国共产党第十八届三中全会决定启动“单独二孩”政策。但是“单独二孩”政策的实施并未达到预期的人口出生率，相应人口老龄化问题凸显。为了积极应对人口老龄化之基本国情，[1]2015年12月21日，十二届全国人大常委会第十八次会议通过了《人口与计划生育法》修订案，于2016年1月1日起实施的修订案将“全面二孩”政策入法。2020年5月28日，第十三届全国人民代表大会第三次会议颁布的《中华人民共和国民法典》（以下简称《民法典》）之“婚姻家庭编”也取消了原《中华人民共和国婚姻法》第2条“实行计划生育”的原则。自中华人民共和国成立以来，国家与地方的人口生育立法及政策如图前-1和表前-1所示，从图前-1明显看出自1949年以来，因为有着宽松的生育政策，我国的出生人口从20世纪50年代到90年代中期，一直保持在2100万人以上。21世纪以来，出生人口逐年下降，2003~2012年基本保持在1600万人上下。其中从表前-1中可以看出地方柔性的生育政策给出生人口的增加作出了不小贡献，但我国总和生育率[2]还是从20世纪70年代之前的6左右，降至20世纪90年代的2左右。[3] 进入21世纪后至2010年四次全国性抽样调查一致表明，中国目前的生育意愿水平在1.86左右，降至历史最低水平。[4]

---

〔1〕 2011年年末全国大陆总人口为135,404万人，15~59岁（含不满60周岁）劳动年龄人口93,727万人，比上年末减少345万人，占总人口的69.2%，比上年末下降0.60个百分点；60周岁及以上人口19,390万人，占总人口的14.3%。参见国家统计局（2013年3月22日）2012年国民经济和社会发展统计公报。

〔2〕 总和生育率（TFR）是指一个国家或地区15~49岁的育龄妇女平均生育的子女数量。

〔3〕 参见任泽平：《中国生育报告2020》，载微信公众号“泽平宏观”2020年8月26日，https://mp.weixin.qq.com/s/A54wEwcmIPnYRkFNbFJykw。

〔4〕 参见王军、王广州：《中国低生育水平下的生育意愿与生育行为差异研究》，载《人口学刊》2016年第2期。

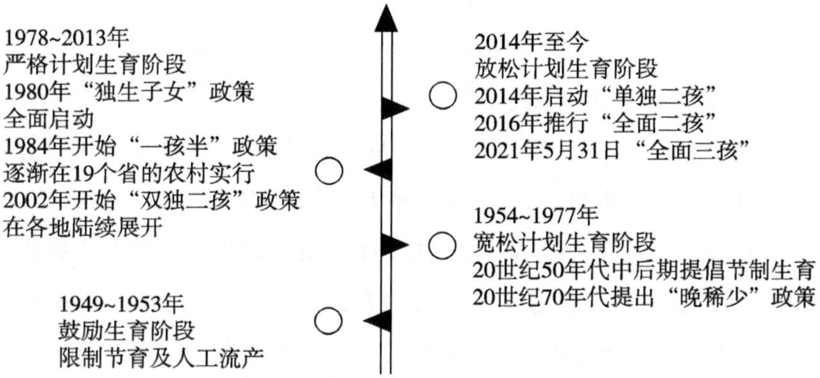

图前－1　1949～2021 年中国生育政策演变

资料来源:任泽平:《中国生育报告 2021》。

表前－1　1982～2013 年各地生育政策概况

政策	适用范围
一孩	1)绝大多数城镇居民; 2)北京、天津、上海、江苏、四川、重庆 6 省(直辖市)的农村居民
"一孩半"	农村居民第一胎为女孩,可生育第二个孩子。范围为河北、山西、内蒙古、辽宁、吉林、黑龙江、浙江、安徽、福建、江西、山东、河南、湖北、湖南、广东、广西、贵州、陕西、甘肃 19 个省(自治区)的农村居民
二孩	1)海南、宁夏、云南、青海、新疆 5 省(自治区)的农村居民; 2)1000 万人口以下(1984 年)的少数民族; 3)西藏的汉族居民、城镇居民
三孩	1)一些人口较少的少数民族(22 个人口在 10 万以下的少数民族); 2)青海、宁夏、新疆、四川、甘肃等地区的少数民族农牧民; 3)海南、内蒙古等地前两胎均为女孩的少数民族农牧民

资料来源:任泽平:《中国生育报告 2020》。

2017 年 1 月 25 日,国务院发布《国家人口发展规划(2016—2030 年)》,提出 2020 年全国总人口达到 14.2 亿人左右,2030 年达到 14.5 亿人左右的目标。但是,根据 2018 年 1 月 18 日国家统计局公布的数据,2017 年全国出生人口为 1723 万人,比 2016 年减少 63 万人。2019 年 5 月 22 日国家卫生健康委员会[1]发布的《2018 年我国卫生健康事业发展统计公报》显示,2018 年出生人口为 1523 万人,2019 年降至 1465 万人,尽管 2019 年我国人口超 14 亿人,但距离《国家人口发展规划(2016—2030 年)》预期的 2020 年实现 14.2 亿人之人口目标实现尚有差距(2020 年我国出生人口为 1200 万人,比 2019 年下降 265 万人,降幅为 18%)。根据第七次全国人口普查发布的数据,我国总人口为 14.1 亿人,0~14 岁少儿人口的数量比第六次人口普查的数量增加了 3092 万人,其中"二孩"生育率明显提升,出生人口中"二孩"占比由 2013 年的 30% 左右上升到 2017 年的 50% 左右。[2] 第七次全国人口普查数据充分说明"全面二孩"政策实施的效果较为明显,2016 年我国总和生育率升至 1.7,但这一数据远远低于世界平均水平的 2.45,也远低于 2.1 的正常水平。[3] 2019 年,全国人口与家庭动态监测调查显示,有生育"二孩"计划的育龄女性,仅不足半数。与此同时,2020 年的育龄女性数量和 2010 年相比减少 4591 万人,同期 20~34 岁的女性人口数量下降 1517 万人。[4]

"全面二孩"政策实施后,之所以很多育龄主体没有表现出明显的生育意愿,主要原因在于家庭养育负担过重、婴幼儿照护艰难以及女性难以平衡家庭与工作的关系。调查显示,因为"经济负担重"的占 75.1%,"没人带孩子"的占 51.3%,女职工生育后工资待遇下降的有 34.3%,其中降幅超过一半的达 42.9%。[5] 为此,有学者提出预警,中国人口将在"十四五"时期陷入负增长,2050 年左右开始将急剧萎缩,2100 年占全球比例将从当前的约 19%

[1] 2018 年不再保留国家卫生和计划生育委员会,组建国家卫生健康委员会,这是自 1981 年国家计划生育委员会组建以来,国务院组成部门中第一次没有"计划生育"名称。

[2] 参见江聃:《重磅数据揭晓! 14.1178 亿,我国人口保持低速增长,意味着什么?》,载《证券时报》2021 年 5 月 11 日,https://mp.weixin.qq.com/s/6vqdc1EG1532KPnZ0A10wQ。

[3] 参见任泽平:《中国生育报告 2020》,载微信公众号"泽平宏观"2020 年 8 月 26 日,https://mp.weixin.qq.com/s/A54wEwcmIPnYRkFNbFJykw。

[4] 参见穆光宗:《三孩政策与中国人口生育的优化:背景、前景和愿景》,载《扬州大学学报》2022 年第 4 期。

[5] 参见"国家卫健委分析生育意愿降低原因",载红芯技科官方账号 2021 年 6 月 4 日,https://mp.weixin.qq.com/s/YEJOENfYz6e5r6pAroplXw。

降至7%。[1] 从劳动力方面看,15~64岁劳动年龄人口在2010年达峰值,人口红利消失。2010~2019年,我国经济增速从10.6%逐渐降至6.1%,即将进入"5时代"。[2] 预计2050年我国15~64岁劳动年龄人口将比2019年减少23%。2019年我国老龄化达12.6%,2022年将进入深度老龄化社会,2033年进入超级老龄化社会。[3] 2017年,习近平总书记在中国共产党第十九次代表大会的报告中强调:"促进生育政策和相关经济社会政策配套衔接,加强人口发展战略研究。"[4]基于此,2020年中国共产党第十九届五中全会决议通过的《中共中央关于制定国民经济和社会发展第十四个五年规划和二〇三五年远景目标的建议》中指出:"制定人口长期发展战略,优化生育政策,增强生育政策包容性,提高优生优育服务水平,发展普惠托育服务体系,降低生育、养育、教育成本,促进人口长期均衡发展,提高人口素质。"[5]2021年6月26日,《中共中央 国务院关于优化生育政策促进人口长期均衡发展的决定》,"将婚嫁、生育、养育、教育一体考虑","切实解决群众后顾之忧,释放生育潜能,促进家庭和谐幸福"。[6]

显而易见,党和政府的一系列举措正面回应了我国当下除了晚婚晚育、单身丁克、不孕不育等削弱生育基础之外的因素,突出强调未成年人养育的配套措施势在必行,尤其教育养育成本的数额日益攀升,远远超出一个正常家庭能够负担的数额。根据苏宁金融研究院的数据,全国育儿成本最高的十

---

〔1〕 参见任泽平:《中国生育报告2020》,载微信公众号"泽平宏观"2020年8月26日,https://mp.weixin.qq.com/s/A54wEwcmIPnYRkFNbFJykw。

〔2〕 参见任泽平:《对放开三孩政策的几点思考》,载微信公众号"泽平宏观"2020年12月9日,https://baijiahao.baidu.com/s?id=1701325426714242962&wfr=spider&for=pc。

〔3〕 参见任泽平:《中国生育报告2020》,载微信公众号"泽平宏观"2020年8月26日,https://mp.weixin.qq.com/s/A54wEwcmIPnYRkFNbFJykw。

〔4〕《习近平:决胜全面建成小康社会 夺取新时代中国特色社会主义伟大胜利——在中国共产党第十九次全国代表大会上的报告》,载中国政府网,https://www.gov.cn/zhuanti/2017-10/27/content_5234876.htm。

〔5〕《中共中央关于制定国民经济和社会发展第十四个五年规划和二〇三五年远景目标的建议》,载中国政府网,https://www.gov.cn/zhengce/2020-11/03/content_5556991.htm。

〔6〕《中共中央 国务院关于优化生育政策促进人口长期均衡发展的决定》,载中国政府网,http://www.gov.cn/zhengce/2021-07/20/content_5626190.htm。

大城市均突破百万元,北上广深四大一线城市更是在200万元以上。[1] 另据澎湃新闻调查,影响家庭生育意愿排名前三的原因是经济压力过大、婴幼童照护资源匮乏以及女性难以更好平衡家庭与职业的关系。[2] 另据《2021中国女性职场现状调查报告》显示,受疫情影响,2021年女性面临职场和育儿双重压力,职场女性整体薪酬低于男性12%。从职场晋升概况来看,女性晋升预期偏低,性别与婚育成主要牵绊。[3] 如果一个国家想要保证人口的正常繁衍生息,总和生育率必须达到2.1,才能够勉强支撑。但是我国2016年后出生人口数据表明,许多专家乐观地高估了育龄夫妇生育二孩的意愿。在长期的"一孩化"下,城市家庭已把一孩当成了默认的生育状态,重视养育质量远超过数量的养育文化已经固化,需要强烈的理由才会生育二孩。上海市妇女联合会发布的调查报告结果[4]恰好印证了这个事实:育儿家庭因养育沉重负荷所发出的求救信号,若未获得国家积极的正面响应,其结果就会反映为生育水平的快速下降。虽然养育负担不是生育率下降的唯一原因,但却是最重要的原因。因为我国已然是一个高度竞争的社会,同时也是一个高生活成本的社会,更是一个高生育成本和高养育成本的社会,这在很大程度上限制了人们的生育意愿。[5] 未成年人养育的间接成本,无论是无薪的家务劳动,其中包括大量照护时间成本的投入,还是因为职业中断导致的收入

[1] 参见根据有关统计,全国育儿成本最高北京276万元,上海247万元,深圳216.1万元,广州201.4万元,载搜狐网2020年10月21日,https://www.sohu.com/a/426235457_807989。

[2] 参见"国家卫健委分析生育意愿降低原因",载红芯技科官方账号2021年6月4日,https://mp.weixin.qq.com/s/YEJOENfYz6e5r6pAroplXw。

[3] 参见赵丽:《职场女性就业情况调查》,载《法制与新闻》2022年4月26日,https://mp.weixin.qq.com/s/Lc4CireTLLrT5BRm8Bgwmg。

[4] 根据上海妇联发布的"十三五"上海妇女发展需求调查报告显示,在45岁以下的已婚女性中,半数以上(54.2%)的人明确表示"一个就够了,不想要两个",有生育二孩意愿的仅为15.1%。不想要二孩的原因:养育孩子的经济成本排第一位(58.2%),中低收入女性首肯经济压力大的比重高达80%以上;排第二位的是无人照看孩子(29.5%),本科及以上教育程度女性因孩子照看问题而不打算生育两孩的比重最高,达41.2%。参见何颖晗:《"上海已婚育龄妇女二孩意愿调查:15%想生,过半明确说不要"》,载澎湃新闻2015年3月19日,https://www.thepaper.cn/newsDetail_forward_1312648。

[5] 参见吴帆:《欧洲家庭政策与生育率变化——兼论中国低生育率陷阱的风险》,载《社会学研究》2016年第1期。

减少,都主要是由母亲承担的。[1] 这一点,贝克尔早就明确:"孩子主要是母亲的时间生产出来的。由于每个人的时间成本和每个家庭的生产函数不同,生儿育女的总成本也不同。"[2]

2005 年,埃尔曼与海恩斯(Heilman and Haynes)的研究指出,尽管事实表明女性也很出色,但与男性相比,仍然收到低于男性的评价。因此,一名女性可能不得不更加努力工作而获得与男性同事同等的评价,这就导致了更多工作与家庭的冲突压力。面对此种压力,77% 的职业女性选择从事兼职工作,以使她们能够将家庭责任与工作协调。有学者针对上海生育二孩的职场妈妈做了调研,结果表明,生育"二孩"的家庭普遍收入较高,具有稳定的经济来源,也有强大的家庭支持系统。但即便如此,职业女性的事业仍然因为养育子女受到不同程度的影响。调查显示,生育"二孩"后,女性明显遭受了经济与育儿的双重压力与责任负担。[3] 2001 年,卡尔森(Carlson)的研究结论则是:两性均为全职状态,与男性相比,女性实际上承担更多工作与家庭的冲突压力。[4] 恩格斯早在《家庭、私有制和国家的起源》中就指出,"当女性的角色几乎压缩到和母亲角色等同之时,女性个体的价值就被消解"。[5] 贝克尔解释家庭中男女两性分工形成的缘由是因男性在市场的投入获得的回报高于投入家庭所获得的回报。显然,男性愿意将更多时间精力花费在市场上;反观女性,她们投入在家庭中获得的收益高于在市场投入获得的收益,因此,女性愿意将更多时间精力花费在家庭中,承担家务劳动与养育责任。倘若女性坚持将更多时间与精力投入在家庭内部,她们必然会面临被排除于市场之外的风险从而不能获得市场收入;倘若她们愿意将时间与精力投入在市场部门,则她们就会获得独立的收入,相应家庭与养育方面的事务必然会减

---

[1] 参见马春华:《中国家庭儿童养育成本及其政策意涵》,载《妇女研究论丛》2018 年第 9 期。

[2] [美]加里·斯坦利·贝克尔:《家庭论》,王献生、王宇译,商务印书馆 1998 年版,第 144 页。

[3] 参见沈洋:《生了二胎后,女性的职业发展受到了怎样的影响?》,载微信公众号"知识分子"2020 年 8 月 8 日,https://mp.weixin.qq.com/s/54C1_q7d8uYPRT2TJJQtTg。

[4] Geertje van Daalen, Tineke M. Willemsen & Karin Sanders, *Reducing Work-family Conflict through Different Sources of Social Support*, Journal of Vocatinonal Behavior, Vol. 69, p. 462 – 476(2006).

[5] 《马克思恩格斯文集》(第 4 卷),人民出版社 2009 年版,第 87 页。

少,从而导致社会角色与家庭角色的冲突。[1]

根据第三期中国妇女社会地位调查数据显示,从事非农劳动的女性因生育而中断就业的比例在20年中有大幅度提升:1981~1990年为10.3%,2001~2010年为35.0%[2]。与此同时,传统观念浸润下的社会生态表明,女性应当成全家庭而牺牲工作,这种生育和抚养的家庭照护者角色也常常让女性在劳动力市场中处于被动的劣势地位,陷入"收入惩罚"、劳动力市场的"性别隔离"、职业发展的"玻璃天花板"等多重"生育陷阱"。[3]

易言之,由于宏观层面对家庭育儿缺乏足够的支持,因此职业女性倾向于推迟生育或者需要面对更多生育后重新就业的困难,也正因如此,那些已经生育一个子女后成功地重新就业的女性在选择再生育时更加谨慎或者望而却步则在必然之中。对于企业而言,面临国家鼓励生育政策的实施,不少雇主必须重新评估雇佣女性而带来的多次生育成本及风险,必然使原有的就业性别歧视加剧,女性的职场生态进一步恶化。[4] 从立法来看,我国无论是《宪法》、《民法典》抑或是《中华人民共和国未成年人保护法》(家庭保护章)、《中华人民共和国家庭教育促进法》(家庭责任章)等法律从各个位阶均规定父母对子女有抚养教育的义务,由此,现行基本法的理念与育儿责任通常在家庭私领域(女性承担主要责任)的传统观念高度契合。

自1998年房改以来,我国房价总体保持飞速上涨的态势,给大部分家庭带来巨大经济压力,这种压力也同时波及家庭对子女的抚养;1998~2018年全国新建商品住宅均价从1854元/米^{2}上涨至8544元/米^2,北上广等大城市尤甚,导致居民贷款数额占据家庭收入的主要部分。数据显示,2004~2018年我国个人购房贷款余额从1.6万亿元增至25.8万亿元,增长16.1倍,占

[1] 参见金一虹、杨笛:《教育"拼妈":"家长主义"的盛行与母职再造》,载《南京社会科学》2015年第2期。

[2] 参见黄桂霞:《生育支持对女性职业中断的缓冲作用——以第三期中国妇女社会地位调查为基础》,载《妇女研究论丛》2014年第4期。

[3] 参见李芬:《工作母亲的职业新困境及其化解——以单独二孩政策为背景》,载《东南大学学报(哲学社会科学版)》2015年第4期。

[4] 参见宋全成、文庆英:《我国单独二胎人口政策实施的意义、现状与问题》,载《南通大学学报(社会科学版)》2015年第1期。

居民贷款余额的比例大致在50%以上,2018年为54%。房贷收入比(个人购房贷款余额/可支配收入)从16.2%增至47.6%,带动住户部门债务收入比(居民债务余额/可支配收入)从28.6%增至88.4%。现实中还有不少居民通过消费贷、信用贷等形式凑集购房资金,实际的房贷收入比可能更高。[1]房屋贷款数额的增加导致居民家庭的经济状况急剧恶化,家庭经济负担过重。

除房价给大部分家庭带来的压力外,教育成本亦不断攀升,主要体现在公立幼儿园供给严重不足,1997~2019年中国公立幼儿园在读人数比例从95%降至44%。根据新浪教育《2017中国家庭教育消费白皮书》抽样统计,学前教育阶段教育支出占家庭年收入的26%,义务教育和高中教育阶段支出占21%,高等教育阶段占29%。公立幼儿园供给大幅下降,许多家庭被迫选择价格昂贵的私立幼儿园,于是成为学前教育费用高昂的一个重要原因。1997年,公立幼儿园数量占比86.5%,在园人数占比94.6%。从2001年开始幼儿园被大量推向社会办学,加上基层中小学大量撤点并校,农村尤为明显,从而导致农村、县镇、城市幼儿园分别大幅减少4万、1.5万、0.9万所。2001~2019年全国幼儿园从11.2万所增至28.1万所,公立幼儿园数从6.7万所减少至2010年的4.8万所,2019年再回升至10.8万所,占比从60.1%降至30.7%再回升至38.4%;但公立幼儿园在园人数占比未有回升,从83.1%降至43.8%。城市、县镇、农村的公立幼儿园在园人数占比分别从75.5%、74.8%、90.6%下降至2018年的34.7%、43.2%、57.2%,该数据与2022年8月17日国家卫生健康委员会的调查相符,国家卫生健康委员会有关人员指出,婴幼儿无人照料是阻碍生育的首要因素,城市中超过1/3的家庭有托育需求,但供给明显不足,特别是普惠性服务供不应求。[2] 根据北京大学中国教育财政科学研究所发布的《2017年中国教育财政家庭调查结

---

〔1〕 参见任泽平:《中国生育报告2020》,载微信公众号“泽平宏观”2020年8月26日,https://mp.weixin.qq.com/s/A54wEwcmIPnYRkFNbFJykw。

〔2〕 参见史迎春、刘婷玉:《国家卫健委:婴幼儿无人照料是阻碍生育首要因素》,载《央视新闻客户端》2022年8月17日,http://jcrbapp.jcrb.com.cn/h5/news.html? id=533968。

果》,2016 年下半年学期和 2017 年上半年学期,全国学前和基础教育阶段家庭教育支出总体规模约 19,042.6 亿元,占 2016 年国内生产总值比重达 2.48%,该数值如果能降至 0.5% ~1.0% 的区间内,则有利于我国经济的发展。[1]

无论是人口数量还是人口的质量均对国力影响甚大。一方面,拥有众多具有一定质量的人口是一个国家的优势;另一方面,人口大幅减少会导致大量城市萎缩,大量产业凋敝乃至消失,导致国力严重受损。从供给端看,人口是人才的基础,众多人口中拥有潜在的人才,也是创新能力的根基,中国大学专科及以上学历人口已接近 2 亿,为世界各国之首。根据世界银行数据,在 1970 ~2018 年,中国的高等教育毛入学率(接受高等教育的人数占相应年龄人口的比重)从 12.9% 升至 50.6%,2001 ~2018 年中国高校毕业生数从 104 万增至 753 万,增长了约 627%。高质量人才成为中国各行各业的中流砥柱,得益于一支庞大且高学历的工程师队伍,中国逐渐实现了在部分领域的领先。[2]

另外,中国女性劳动力总量上占比全球女性劳动力 1/4,自 2000 年起为世界提供新增女性劳动力达到 1200 万。就劳动力结构而言,我国女性劳动参与率超过 70%,且全职就业率接近 90%,长期处于全球前列水平。[3] 尽管中国保护女性就业权益的相关法律法规不少,但职场的性别歧视仍然较为严重,1990 ~2019 年,中国女性劳动参与率与男性的差距从 11.6% 扩大到 14.8%。[4] 女性就业权益保障仍然存在的问题导致在我国女性生育的机会成本较高。此现象恰好印证了相关研究结论。假如未成年人养育成本随着

---

[1] 参见曹欣蓓:《当年轻人逐渐不愿结婚生娃,人少了内卷能缓解吗?》,载微信公众号"中欧商业评论"2021 年 4 月 15 日,https://mp.weixin.qq.com/s/~cHN6V4_0MsYAjyvXJ76Pg。

[2] 参见任泽平:《中国生育报告应立即全面放开并鼓励生育 让更多的人想生、敢生》,载金融界网 2020 年 10 月 13 日,https://baijiahao.baidu.com/s?id=1680390613936135723&wfr=spider&for=pc。

[3] 参见国家统计局:《2018 年〈中国妇女发展纲要(2011—2020 年)〉统计监测报告》,载国家统计局网 2019 年 12 月 6 日,http://www.stats.gov.cn/tjsj/zxfb/201912/t20191206_1715998.html。

[4] 参见国家统计局:《2018 年〈中国妇女发展纲要(2011—2020 年)〉统计监测报告》,载国家统计局网 2019 年 12 月 6 日,http://www.stats.gov.cn/tjsj/zxfb/201912/t20191206_1715998.html。

社会经济环境的变化呈上升趋势,那么无法依靠自己或家庭承担未成年人养育成本的夫妇就会选择不生或者少生,整个社会就会面临生育率的持续下降或低迷,[1]加之受过教育的女性对孩子的数量需求较少,所以,数量和质量的相互影响就意味着她们对孩子在教育和其他培训方面投资更多。[2]

生养子女的高昂成本越来成为困扰家庭的关键问题,针对家庭育儿成本上升导致家庭对生育裹足不前的困局,我国地方政府率先颁行了激励措施。政府身体力行地分担起了民众的家庭育儿成本,例如,2018 年 7 月 5 日,辽宁省政府颁行《辽宁省人口发展规划(2016—2030 年)》,该规范性文件以直击问题核心的理念制定了促进生育的相关经济社会配套政策,在全国首次明确对生育二孩家庭给予奖励;引导和鼓励社会力量创办月子中心、普惠性托儿所和幼儿园等服务机构,加快培养月嫂和育儿嫂,满足生育二孩的需求。[3]湖北省咸宁市为二孩孕母提供免费孕期保健服务、在职二孩母亲可以弹性选择具体工作地点时间,并在住院分娩、幼儿园保教费、住房等方面加大对二孩家庭的支持与保障力度。[4] 继辽宁与湖北两省的生育激励立法,我国其他省市也积极加快配套措施的立法以此激发生育意愿,释放生育潜能。

上述地方立法富有前瞻性地揭示提高人口出生率急需相应的经济与社会保障政策,家庭友好政策,才可以提升民众的生育意愿。那么,从全国范围来看,我国人口与社会结构发生巨大变迁的背景下,家庭、社会与国家共同承担育儿成本的必要性越发紧迫,有关未成年人的福利政策及法律法规仅能作为家庭功能缺失的补救者或惩罚者,国家、社会均积极承担未成年人照护的主体责任乃至分担育儿成本才能从根本上解决我国亟须解决的人口老龄化的问题。随着我国女性受教育程度的提高及对职业生涯发展的追求,更多女

---

[1] 参见马春华:《中国家庭儿童养育成本及其政策意涵》,载《妇女研究论丛》2018 年第 9 期。

[2] 参见[美]加里·斯坦利·贝克尔:《家庭论》,王献生、王宇译,商务印书馆 1998 年版,第 160 页。

[3] 参见《〈辽宁省人民政府关于印发辽宁省人口发展规划(2016—2030 年)的通知〉政策解读》,载辽宁政务服务网 2018 年 7 月 3 日,http://www.lnzwfw.gov.cn/gbxxgk/gbzcjd/202107/t20210729_51838.html。

[4] 参见《咸宁市关于加快实施全面两孩配套政策的意见》。

性大量参与劳动市场,婚育年龄不断延后,更需要国家、社会的系统且有效的支持才能解决当前我国生育意愿低迷的现实问题。

但如前文所述,因养育未成年子女使越来越多的职业女性中断职业,影响了女性人力资源的开发和利用,制约了女性的发展。[1] 就婚育年龄的延后而言,必然造成我国出生率减少的结果,进而加剧我国人口结构老化现象;就女性大量参与劳动市场而言,其打破了传统模式下的性别分工样态,从而使原有的社会政策无法持续运作。同时,随着我国离婚率逐年攀升,女性的劳动参与率、生育水平与离婚率将会持续相互作用:当女性劳动参与率提高后,离婚率就会提高,而当离婚率提高以后,生育率就会下降。因为婚姻破裂使得抚养子女更为困难,并且减少了子女给家庭带来的欢乐。那些对于离婚可能性预期较高的夫妇,婚后可能生育较少的子女。当离婚率提高后,无论单身女性还是已婚女性的劳动参与率都会受到影响。因为市场经验是有用的,它会告诉人们,当一个家庭解体时,一个母亲必须成为其未成年子女的主要经济负担者。[2]

综上所述,当前低生育率背景下育儿责任与育儿成本的社会化趋势越来越明显,随之成为与经济社会发展密切相关的政策性议题,与未成年人相关的福利政策法律法规也因此需要相应转型。如前所述,中国共产党十九届五中全会提出了实施积极应对人口老龄化的国家战略以及优化生育的政策;2020 年 11 月,我国"十四五"规划中也强调"增强生育政策包容性";修订后的《人口与计划生育法》也强调国家与社会在生育配套措施方面负有相应义务。2022 年 10 月 16 日,习近平总书记在中国共产党第二十次代表大会上的报告"九、增进民生福祉,提高人民生活品质"指出,"优化人口发展战略,建

---

〔1〕 参见黄桂霞:《生育支持对女性职业中断的缓冲作用——以第三期中国妇女社会地位调查为基础》,载《妇女研究论丛》2014 年第 4 期。

〔2〕 参见[美]加里·斯坦利·贝克尔:《家庭论》,王献生、王宇译,商务印书馆 1998 年版,第 380 页。

立生育支持政策体系,降低生育、养育、教育成本”。[1] 因此,构建国家、社会与家庭共担未成年人养育成本制度的必要性与可行性也就显而易见。

二、研究内容

(一)研究对象

《国家人口发展规划(2016—2030 年)》,对于未成年人养育成本的承担,确立了全新的指导思想——从家庭承担到国家社会家庭共担。若要将它落到实处,就必须设计一整套具有较强可操作性的法律制度并付诸实施。本书在将分析我国目前相关法律制度的不足与缺失基础上,结合我国具体国情,对我国关于未成年人养育成本分担的法律制度提出设计建议,具体如表前 -2 所示。

表前 -2 未成年人养育成本由国家、社会与家庭共担的构想

未成年人养育成本	衣食住行费用	医疗费用	正式照护费用	教育费用	时间成本	机会成本
分担制度	家庭为主,社会分担,国家补贴	社会统筹,国家补贴,家庭分担	专业社会机构为主企业补偿、家庭分担	家庭为主,国家补贴	生育津贴(社会保险、家务劳动补偿)	家庭分担(家务劳动补偿、离婚经济帮助、离婚损害赔偿)

(二)总体框架

第一部分:分担未成年人养育成本——基础理论。首先,探讨未成年人养育成本的内涵、外延、种类;其次,在分析未成年人养育模式的基础上,结合我国现实检视目前推行的“家庭承担”的法律制度的不足;最后,从未成年人人权理论、性别平等理论、女性发展理论、社会和谐理论、国家责任理论说明

[1] 《习近平:高举中国特色社会主义伟大旗帜 为全面建设社会主义现代化国家而团结奋斗——在中国共产党第二十次全国代表大会上的报告》,载中国政府网,http://www.gov.cn/xinwen/2022-10/25/content_5721685.htm。

国家、政府、社会与家庭应该共担养育成本的理由，从而确立具有中国特色的、更为科学的、更具信服力的国家、政府、社会与家庭共担理论。

第二部分：分担未成年人养育成本——国家分担。国家应以各类补贴的方式，分担未成年人的衣食住行费用、医疗费用、正式照护费用、教育费用。

第三部分：分担未成年人养育成本——社会分担。其一，在父亲或母亲因生育而休假的期间，从社会保险基金领取“生育津贴”。而且，适当延长目前的产假。其二，用人单位企业分担。一方面，用人单位不得歧视怀孕女性和分娩后复职的女性；另一方面，用人单位应保障女性的育儿假期和男性的陪护假期；创造对孕哺期的女性更为友好的社会环境，同时塑造对非婚生育人群较为宽容的社会文化。

第四部分：分担未成年人养育成本——家庭分担。首先，婚姻家庭法应明确规定夫妻双方在婚姻存续期间共担家务，如果男方不担或少担，则承认女性对家庭财产的贡献大于男性，在婚姻终止时女性多分财产或者进行家务劳动补偿；其次，在婚姻关系解除后，如果女性因养育子女而无法就业，男性应该负担必要的扶养费；最后，在婚姻关系解除时，如果女性在婚姻关系存续期间因抚养子女而在职业、教育培训、晋升等方面遭受不利，则应从丈夫那里获得补偿。同时，加大我国传统生育文化的影响力，对不生育家庭给予适度的生活保障，而非高福利待遇。

目录

第一章　国家、社会、家庭共担未成年人养育成本的基础理论

第一节　未成年人养育成本的内涵、外延、种类

一、未成年人养育成本的内涵与外延

未成年人的养育成本，顾名思义，是指父母在抚养教育未成年人的过程中所花费的经济支出以及为此损失的受教育和增加收入的机会。20 世纪 70 年代，贝克尔（Gary Becker）就提出："孩子的固定成本包括时间、费用、不舒适、怀孕和分娩的风险、政府对孩子的津贴（一种负成本）、避孕和分娩的费用，以及其他花在孩子身上的所有的精神与金钱上的支出"。[1] 美国学者哈威·莱宾斯坦（Harrey Leibenstin）于 19 世纪 50 年代将微观经济学的成本效用分析方法应用于人口学研究。哈威·莱宾斯坦在其著作《经济发展与生育率的关系》一书中将父母养育子女的成本，分为直接成本和间接成本。直接成本，是指从孕期开始到婴儿出生直至未成年子女自立期间父母所支出的包括基本的生活费用、教育费用和医疗费用。间接成本，是指父母养育未成年子女而失去受教育以及获得收入的机会，也称为机会成本。间接成本包括但不限于：（1）父母因养育子女而减少的工资收入；（2）父母因照护未成年子女而失去受教育进而获得更好职业与更高收入的机会；（3）因为养育未成年子

〔1〕［美］加里·斯坦利·贝克尔：《家庭论》，王献生、王宇译，商务印书馆 1998 年版，第 156 页。

女使父母生活消费水平下降，牺牲更多的闲暇时间。[1] 对此，贝克尔也认为："孩子不是买来的，而是每个家庭利用市场商品、服务和父母的时间生产出来的。由于每个人的时间成本和每个家庭的生产函数不同，生儿育女的总成本也不同"。[2]

二、未成年人养育成本的种类

贝克尔在谈到父母对孩子养育成本的构成时指出："父母必须减少自己的消费（包括闲暇时间），省出时间并节约财产，以用来花在孩子抚养、教育、培训和健康上，甚至利他主义的父母也不得不在自己的消费和孩子的人力资本投资之间作出选择。"[3]由此看出，贝克尔虽未直接提出直接成本与间接成本，但与哈威·莱宾斯坦的观点是近乎一致的。因此，未成年人养育成本的外延，我们将其分为以下四类：

一是育儿的直接经济成本。因通货膨胀及消费上涨因素的影响，加之"一孩"的计划生育政策实施多年形成的"精养"独生子女之观念，很多育龄夫妇不得不在生育"二孩"之前考虑养育子女的经济成本。因为已经育有学前未成年人的家庭，势必会因新成员的加入而增加额外支出。除整个孕期检查以及分娩所支出的费用[4]之外，首先，就新成员的"衣、食"而言，婴幼儿所需食品及进食时间与成年人不同，又需考虑营养，几乎不可能与其照护者共进共食，不仅食品本身需要特别准备，而且有些协助进食的辅助器材，如挤奶器、奶嘴奶瓶、消毒用品等均需额外购买。婴幼儿的衣物用品也跟成年人的尺寸不一样，除非家中有其他年龄相仿的未成年人，否则很难与家中其他家庭成员共享，而且婴幼儿体型的变化非常快速，对营养的需求相对较高。

---

[1] Leibenstein Harvey, *An Interpretation of the Economic Theory of Fertility: Promising Path or Blind Alley*, Journal of Economic Literature, Vol. 12:2, p. 457 -479(1974).

[2] [美]加里·斯坦利·贝克尔：《家庭论》，王献生、王宇译，商务印书馆1998年版，第144页。

[3] [美]加里·斯坦利·贝克尔：《家庭论》，王献生、王宇译，商务印书馆1998年版，第392页。

[4] 有调查显示：2013年分娩费用农村和城市差别很大，农村为3533元，城市为5103元，城市花费是农村的1.44倍。每个孩子的平均分娩费用中，家庭支付为3105元，农村自付比例为82.87%，城市自付比例为78.15%，该费用还在逐渐递增。参见回曾岙：《河北省0～5岁儿童养育成本研究》，河北大学2017年硕士学位论文，第23页。

其次，就未成年人的教育费用而言，现今各种高昂的早教、学前教育、课外辅导及其他教育费用已经成为居民家庭必须支出的费用之一。根据中国新闻网所做调查，为了“富养孩子”，大多家庭不愿生二孩了，遑论三孩。以某中等城市的一个中等家庭为例，将育儿分为婴幼儿阶段（0～3岁）、幼儿阶段（3～6岁）、童年阶段（6～12岁）、青少年阶段（12～18岁）四个阶段。婴幼儿阶段主要以进口奶粉、一次性尿布加服装玩具共计支出9万元；幼儿阶段如果是公立幼儿园，支出约每年1万元，私立幼儿园支出约每年3万～5万元，包含早教费用2万元，3年共需要9万～21万元；童年阶段主要支出在综合能力培养方面，琴棋书画音体美等支出非常大，6年总开支大约17万元；青少年阶段初中3年，高中3年共计6年，各种课外辅导每年2万～3万元，衣食住行2万元，还包括旅行开支约1万元，高中假如选择民办学校或者其他类型学校所需的赞助费，学费每年至少2万元，这个阶段花费在24万元左右。四个阶段共计开支62万～70万元不等。[1] 另据《21世纪经济报》的统计，我国一线城市的育儿成本在各个阶段进一步飙升。孕期支出从4万～13万元不等，0～3岁支出从13.4万～37万元不等，义务教育阶段各类支出也是30万～104万元不等，[2]另外，还有近年来出现的高价月子中心或者高价月嫂服务。上述高昂的费用绝大多数均为父母自行负担，因此，生育两个以上孩子对家庭消费而言则是增加一笔巨额的支出。但是，涉及大众的普惠性育儿津贴或福利政策是不够的。

二是育儿的时间成本。养育子女不仅需要经济实力，更需要投入大量的时间与精力，汉斯（Hays）曾在20世纪80年代研究母职变革的基础上，提出了“密集母职”（intensive mothering）的概念。所谓“密集母职”，即指在观念上人们认为母亲是孩子最理想的照顾者，因此母亲应该以孩子身心利益最大化为目标，全心全意投入孩子的照顾，甚至放弃自己的需要和利益。显然，

---

〔1〕 参见刘湃：《为了“富养孩子”不愿生二孩？爸妈们这么说》，载中国新闻网，http://www.chinanews.com/gn/2018/07-28/8582215.shtml。

〔2〕 参见武汉状元教育：《中国养娃成本排行前十出炉》，载搜狐网2020年10月21日，https://www.sohu.com/a/426235457_807989。

“密集母职”的密集是指母亲需一天24小时不间断地关爱、照料其子女，常伴左右，避免与子女分离。因此，具有时间密集的特点。[1] 独生子女政策实施以来逐渐形成的优生更要优育的理念倡导父母陪伴未成年人的成长，从婴儿时期的陪伴到未成年人成长期间各种早教亲子班、特长班、兴趣班活动等都需要父母花费时间去完成。在当下职业领域竞争激烈的情况下，育儿所需时间与职业发展的冲突使很多育龄夫妇在考虑是否再生育“二孩”乃至“三孩”时选择放弃。

三是育儿的工作机会成本。母亲怀孕期间和子女出生后，面临如下潜在的代价：离职损失；工作培训机会的损失；技术与经验的折旧贬值；参与有酬工作自信心的丧失；向雇主承诺保持联络而未做到的代价；如果是双亲家庭，强化了传统角色与责任，表现为母亲离开有酬工作，父亲承担了唯一的养家角色。[2] 鲁姆（Ruhm）于1998年研究分析了1969～1993年欧洲9个国家父母育儿假的经济后果，注意到父母育儿假与女性就业增长有关，但如果女性休假时间较长，相应收入则会降低。瑞典斯特福德（Stford）和森德斯特伦（Sundstrom）也发现，就因生育而导致收入降低的代价而言，女性普遍高于男性。[3] 也有学者研究发现，相对而言，那些育有子女的女性要比同龄男性承担更多额外的经济风险。[4]

除整个孕期因身体原因会影响工作而造成机会成本的损失，女性生育后回归职场还会不可避免面临由于产假期间疏远岗位信息所导致的知识资本的相对落后，基于此，很多职场女性会考虑工作机会成本的得失而对生育二孩以上毫无热情。[5] 有学者对上海市部分0～3岁婴幼儿家庭育儿现状与

---

〔1〕 See Murphy E., *Risk, Responsibility and Rhetoric in Infant Feeding*, Journal of Contemporary Ethnography, Vol. 29:3, p. 291 – 326(2000).

〔2〕 Galtry. J & Callister. P, *Assessing the Optimal Length of Parental Leave for Child and Parental Well-Being: How Can Research Inform Policy*, Journal of Family Issues, Vol. 26, p. 228(2005).

〔3〕 Galtry. J & Callister. P, *Assessing the Optimal Length of Parental Leave for Child and Parental Well-Being: How Can Research Inform Policy*, Journal of Family Issues, Vol. 26, p. 229(2005).

〔4〕 Malene Schmidt, *Employment the Family and the Law Current Problems in Germany*, Comparative Labor Law & Policy Journal, Vol. 27:4, p. 451(2006).

〔5〕 参见应铎：《全面“二孩”如何让女性就业“软着陆”》，载《中国就业》2015年第12期。

需求进行问卷调查进一步研究发现：同样情况下，相对于男性，女性的育儿机会成本更大；独生子女和非独生子女的母亲在职业发展上存在明显差异：有两个以上孩子母亲的育儿机会成本更大。生育二孩对职业女性带来的不利影响主要是升职加薪受到限制(53.1%)、再就业困难(42.5%)、更早遭遇职场"天花板"(41.5%)、被迫放弃工作(35.6%)、应聘时遭受歧视(31.7%)等。[1] 面临上述数字映射下的社会问题，需要我们深思的是，如果"幼有所育"主要由家庭来承担，而"老有所依"则由国家来包办，那么这样的制度可能影响我国未来生育率发展趋势，而社会福利财政亦会受到低生育率的影响。

四是育儿的风险成本。除上述的直接成本与间接成本之外，女性作为育儿责任的主要承担者，无疑增加了其在婚姻存续期间的风险成本。中国传统女性角色被解构之时，原先婚姻中被设定为受保护的角色同时也被解构。随着我国经济的发展与房价的攀升，规制夫妻财产归属相关条文的明晰，夫妻财产规则趋向保护强者。如果女性专注于经营家庭而放弃参与社会有酬劳动，那么婚姻一旦变故，她们更易沦为弱者，更加凸显女性经济自立、社会地位自强的重要性，故而有更多女性优先选择投资自我，提升自我，从而在婚姻家庭中获得更强的抗风险能力并降低风险成本，基于此，很多职业女性优先选择提升自我，其次才考虑是否承担传统意义上的家庭责任。正如贝克尔指出："随着女性挣钱能力的继续提高，花费在抚养子女身上的时间也会大大减少，以保证已婚女性把整块的时间花费在劳动工作上。女性对人力资本的投资，进一步提高了其挣钱的能力和劳动参与率，劳动参与率的提升又加速了离婚率的提升，是因为人们在婚姻中所获得的收益下降也进一步加速。"[2]

---

〔1〕 参见张苹：《落实生育新政需重视生养孩子的机会成本》，载《中国人口报》2017 年 8 月 14 日，第 3 版。

〔2〕 [美]加里·斯坦利·贝克尔：《家庭论》，王献生、王宇译，商务印书馆 1998 年版，第 381 页。

第二节 未成年人养育模式检视及我国的立法和实践

一、未成年人养育模式概述

由于各国经济、社会、文化的历史脉络及现实的差异，国家对家庭抚养未成年子女一事的介入、支持以及服务方式及内容也迥然不同，各自蕴含的理念也各有特点。对于国家介入未成年子女抚育的方式，福克斯·哈丁(Fox Harding)[1]曾经在理论层面区分出四种不同的未成年人社会福利类型：自由放任主义模式、国家家长主义模式、父母权利中心模式与未成年人权利中心模式。

英美国家采用的"自由放任主义"模式坚持不干预、小政府、市场主导为原则，国家最大限度地不介入家庭私领域，尊重"不受干扰的家庭生活"的重要原则，其皆因家庭生活是一个独立的整体，国家应该尊重其固有的边界，不可轻易将触角延伸至其内部。自由放任主义模式的特点是男主外女主内，家长掌控未成年子女的生活教育、住所以及决定子女的宗教信仰等，唯有家庭功能失灵时，国家才对处于困境中的未成年人提供必要的帮扶。

以法国、德国、挪威和丹麦为代表的"国家家长主义"模式与"自由放任主义"模式完全不同。"国家家长主义"模式强调未成年人成长中的国家职能，因未成年人本身具有脆弱性和依赖性，国家应该通过行动去捍卫并提高未成年人福利。国家主导的未成年人社会福利应具有全方位的特点，不仅对育儿具有困难的家庭予以关注，还应该补强那些拥有正常育儿家庭的育儿能力。为此，国家专门培育的专业未成年人工作者，典型如社会观护员，就具有比父母更为专业的判断力，尤其在未成年人最佳利益的精准判断和切实维护方面更为专业。

而父母权利中心模式的特点是，在育儿过程中，父母是最合适的未成年人的照护者，虽然需要国家帮助与扶持，但父母的监护权不可以被轻易剥夺。

---

〔1〕 Fox Harding. L, *Family, State and Social Policy*, Basingstoke: Macmillan, 1996, p. 29.

基于此理由，未成年人不应该轻易被安置在未成年人之家或者未成年人中心这一类具有替代家庭职能的社会照护机构中，即使有些父母对其子女实施了严重的侵害行为需要被剥夺监护权，进而将受害的未成年子女安置在照护机构中，他们与其父母的交流会面也许还是有利于其利益的，这项决定权依然交由受害子女的父母去行使。从而凸显父母的权利与需要和未成年人的权利与需要并重的理念。此类模式尚未发现典型国家代表。

未成年人权利中心主义模式强调未成年人自身的感受、希望、自由与选择至关重要，应该让未成年人参与一切有关其权益的安排。该模式强调未成年人的参与权利，突出未成年人的能力与主体性。此类模式也尚未发现典型国家代表。

二、四种养育模式的检视

福克斯·哈丁的四分法其实质是划分家庭与国家在未成年人养育责任中的关系。在强调家庭为养育主体时，国家仅在家庭功能失灵时起到补充作用，协助那些困难家庭抚育未成年人。在自由主义的未成年人养育模式下，抚育未成年人被视为家庭之责，国家的过度介入会侵犯家庭的隐私、影响家庭的自由甚至破坏家庭责任。在强调国家为本的养育模式中，国家运用具体的立法与公共政策去预防未成年人可能出现的问题，促进未成年人的正向成长。其面向所有未成年人，而非那些处于弱势边缘的未成年人。尽管"国家—家庭"二分模式为我们理解未成年人养育模式提供了极大的便利，但是，各国养育的立法模式都是在其经济、政治、文化等多种因素共同作用之结果，很难确定哪一模式为最优选。

无论理论抑或实践，还是强调家庭的主导作用抑或强调国家的介入意义，既有的理论与实践模型均强调，当家庭无力承担抚育未成年人的责任时，作为未成年人终极监护人的国家都有介入所谓私领域——"未成年人养育"的国家责任。因为未成年人并非父母的"私有财产"。当私领域的力量无法确保未成年人拥有良好的成长环境时，作为公共部门的国家——未成年人的终极监护人，就必须提供及时有效的援助，以充分保障未成年人的各项正当权益。[1] 这种国家干预,既是对未成年人权利保护的需要,也是国家维护社会公平正义,进而维护社会秩序的需要。在马歇尔(Alfred Marshall)的公民权理论中,由市场发育引发的社会不平等可能给市场的发展带来严峻挑战与威胁,而国家力量的出现则致力于消除这种不平等,从而有利于市场发展阔步前行。[2]

三、我国关于未成年人养育模式的立法与实践

(一)我国未成年人养育基本立法概况

从我国《宪法》以及其他基本法来看,育儿责任基本属于家庭的范畴。在传统观念中,未成年人的养育责任主要以家庭或者家族为主,国家给予家长的具体协助则非常之少。但是,因为城市化进程的加速、社会分工的进一步发展,家庭养育未成年人的责任才日渐式微。[3]

从我国未成年人养育的立法实践来看,过去数十年间我国关于未成年人权益保护的法律、法规以及政策趋于完善。首先,国际立法层面,我国于20世纪90年代初加入《儿童权利公约》;其次,国内立法层面,我国相继颁行《中华人民共和国婚姻法》(以下简称《婚姻法》)、《中华人民共和国义务教育法》、《中华人民共和国未成年人保护法》(以下简称《未成年人保护法》)、《中华人民共和国母婴保健法》、《中华人民共和国预防未成年人犯罪法》等一系列保障未成年人权益的基本法律。但是,我国关于未成年人养育的立法以及社会政策是比较宏观的。《宪法》高度尊重婚姻家庭,在第49条旗帜鲜明地申明婚姻家庭受国家保护,母亲与儿童亦受国家保护,明确父母子女之间负有抚养与赡养的义务,尤其是父母对未成年子女抚养教育义务属于首位义务。2001年《婚姻法》第21条在父母子女关系中明确:"父母对子女有抚养教育的义务……"2012年《未成年人保护法》第12条进一步强调父母对未

---

〔1〕 参见程福财:《家庭、国家与儿童福利供给》,载《青年研究》2012年第1期。

〔2〕 T. H. Marshall, *Citizenship and Social Class in Citizenship and Social Class and other Essays*, in T. H. Marshall ed., Cambridge University Press, 1950, p. 163.

〔3〕 参见邓伟志、徐榕:《家庭社会学》,中国社会科学出版社2001年版,第66~76页。

成年子女的监护职责与抚养教育义务。《民法典》在第 26 条第 1 款也延续《婚姻法》中“父母对未成年子女负有抚养、教育和保护的义务”之规定。显而易见，我国从根本法到法典，及至基本法等层级的法律法规均明确了父母对未成年子女负有抚养、教育和保护的义务。立法强调家庭主要承担未成年人的养育责任，社会乃至国家如何分担这一责任，无论法律还是政策均提及甚少。直至2020 年10 月27 日颁行的《未成年人保护法》(修订案)架构起了对未成年人从家庭、社会、国家乃至司法各个层面的保护制度，筑起了未成年人保护的坚固之墙，释放出国家对未成年人予以高度重视的强有力信号。

(二)我国未成年人养育的社会保障立法概况

我国于 1995 年 1 月 1 日由原劳动部颁行《企业职工生育保险试行办法》(劳部发〔1994〕504 号)明确了生育保险制度的内容：首先，女职工在生育期间的经济负担和医疗保健得到必要保障；其次，通过社会统筹的方式降低女职工的生育成本，包括承担部分孕检费、接生费、手术费、住院费、药费，以此减轻企业的负担；最后，通过均衡企业间生育保险费用的负担更好地促进公平竞争。显而易见，生育保险制度将企业应承担的生育成本社会化，很大程度减轻了企业的负担，充分体现了女性生育的社会价值，也在某种程度上努力减轻女性就业的性别歧视。2010 年，我国颁行《中华人民共和国社会保险法》(以下简称《社会保险法》)，该法将生育保险视为城镇职工的一项社会保障权利。其中第六章规定了生育保险基金的来源和使用，以及生育保险待遇，包括生育医疗费用和生育津贴。根据其第 56 条的规定，生育津贴主要是女职工在流产后休假与生产后休假期间享受的一种津贴，数额也是以职工上年度月平均工资为基准。其中显著的变化则是产假逐渐延长并惠及父亲，生育期间医疗费与产假工资由社会分担。《社会保险法》是我国首次明确将生育成本由社会分担的立法，无疑是我国立法进步的体现，但是生育成本的分担机制尚未完善，还需进一步明确国家、社会与家庭的各自责任。

(三)我国在未成年人教育与健康领域取得的成就

数十年来,我国在未成年人教育与健康领域取得了巨大成就。在教育方面,根据《中国儿童发展纲要(2021—2030年)》(以下简称《2021年儿童纲要》),2020年我国学前教育毛入园率从2010年的56.6%上升到85.2%,小学生入学率持续保持在99%左右,对于义务教育费用,我国首先免除了农村地区的义务教育学杂费,然后进一步惠及城市。2008年,实现了全国范围内免除义务教育学杂费的愿望,九年义务教育巩固率在2020年上升到95.2%,标志着我国义务教育阶段取得的突出成就,高中阶段毛入学率也上升到了91.2%。[1] 在未成年人健康领域,20世纪之初,我国婴儿死亡率是32.3‰,到了2010年,该数据下降至13.1‰;2000年5岁以下儿童死亡率是39.7‰,到2010年该数据已降至16.4‰;[2] 另据《2021年儿童纲要》,2020年年底,婴儿死亡率下降到5.4‰,5岁以下儿童死亡率下降至7.5‰。[3]

根据上述的政策文本,我们发现,尽管我国在教育和健康领域取得了巨大成就,但现有的学龄前未成年人抚育照护也只是惠及流浪孤儿,进而聚焦那些家庭功能失灵,父母行使监护权期间出现家庭暴力、虐待乃至遗弃等原因而被撤销其监护权的弱势未成年人,全民性的社会化照护服务措施在顶层设计依然是缺位的。当前我国典型的家庭结构模式为“421”,即“四个老人、一对夫妻、一个孩子”,“三明治”一代的客观现象已经不容忽视,大部分成年子女被夹在对年长父母的责任和对自己子女的责任之间。因我国缺乏系统性、可操作性强的政策措施去协助家庭照护未成年人。从当前我国人口出生率持续走低的事实来看,在育儿的经济压力与照护压力下,很多育龄夫妇对于是否生育二孩以及三孩处于权衡考量的矛盾之中。

---

〔1〕 参见《中国儿童发展纲要(2021—2030年)》,载国务院妇女儿童工作委员会,http://www.nwccw.gov.cn/2021-09/27/content_295436.htm。

〔2〕 参见国家统计局人口和社会科技统计司:《中国社会中的女人和男人——事实和数据(2004)》,中国统计出版社2004版,第72页。

〔3〕 参见《中国儿童发展纲要(2021—2030年)》,载国务院妇女儿童工作委员会,http://www.nwccw.gov.cn/2021-09/27/content_295436.htm。

第三节　国家、社会与家庭共担未成年人养育成本的理论依据

科菲·安南曾说:“人类最神圣的信念是世界对未成年人的信念,人类最重要的义务是确保未成年人的权利受到尊重,未成年人的福利得到保护,使他们远离恐惧和贫困,在和平的环境中成长。”[1]这应该是国家和社会贯彻与坚持的信念。

一、未成年人人权理论

(一)未成年人人权理论概述

未成年人,在《元照英美法词典》中界定为不满 14 周岁的人,[2]在《牛津法律大辞典》中界定为未达到成年标准的人。[3] 根据《儿童权利公约》的界定,“为本公约之目的,未成年人系指 18 岁以下的任何人,除非对其适用之法律规定成年年龄低于 18 岁”。与此同时,我国《未成年人保护法》也规定,未成年人是指 18 周岁以下的公民。因此,本书所言未成年人与儿童为同等含义,用法不同则是为了前后语言搭配顺畅之要求。

卢梭曾说,“大自然希望未成年人在成人以前就像未成年人的样子。如果我们打乱了这个次序,我们就会造成一些早熟的果实,它们长得既不丰满也不甜美,而且很快就会腐烂,我们将造成一些年纪轻轻的博士和老态龙钟的未成年人”。[4] 顺应未成年人的自然本性,并对这种本性予以严格保护,即未成年人人权的基本内涵之一,也是《儿童权利公约》确立的儿童人权之内容。儿童人权,简言之,是作为人所享有的天然权利,这是从自然权利理论中推导出来的未成年人人权理论。[5] 自然权利常被译为“天赋人权”,意为

---

〔1〕 马新文:《未成年人法律体系建设研究》,载《青少年犯罪研究》2015 年第 3 期。

〔2〕 参见薛波主编:《元照英美法词典》,法律出版社 2003 年版,第 222 页。

〔3〕 参见[英]戴维·沃克编:《牛津法律大辞典》,光明日报出版社 1998 年版,第 155 页。

〔4〕 [法]卢梭:《爱弥儿》,李平沤译,商务印书馆 1978 年版,第 91 页。

〔5〕 参见周尚君:《未成年人人权的中国语境》,载《青少年犯罪问题》2012 年第 5 期。

不可剥夺的权利,是指自然人普遍固有的权利,非由法律、政府赋予或改变,它具有普遍性。《儿童权利公约》要求将未成年人与成年人平等对待,未成年人拥有与成年人同等的价值。确立此观念必须有一个前提:那就是视未成年人为独立的主体而非依附于父母的客体,未成年人的权利源于其自身,即未成年人是一个自然的人、独立的人。因此,未成年人生而享有人权,无论其贫弱富贵。未成年人拥有的人权是自然(by natural)具备的。未成年人人权是指每个未成年人都享有的基本权利。有学者认为,作为一项社会制度原则,人权通过强调人之作为人所应有的资格、利益、能力和自由,来维护人的尊严和价值,防止和遏制任何把人作为手段或工具的功利主义的、结果主义的考虑。[1]

(二)国际公约关于未成年人基本人权的规定

《我们儿童:世界儿童问题首脑会议后续行动十年期终审查》开篇中提到,“我们都曾经是未成年人。我们都希望孩子们幸福,这一直是并将继续是人类最普遍珍视的愿望”。[2]

未成年人被视为国家未来的主人翁,但在其成年之前是需要保护的依赖者。国家、社会与家庭对未成年人的关爱,也是人类正义之要求。对于未成年人福祉之理念,从生存权的保障,扩展到未成年人人权发展之维护,历经了一个较为艰难的阶段。

就国际人权法而言,因两次世界大战造成了全球未成年人的巨大灾难,据此,从 20 世纪 20 年代开始,一些重视捍卫权利的人士和国际社会开始关注未成年人权利的国际保护,以便更好地保护未成年人的生存与成长。1923 年,通过关于未成年人权利的《日内瓦宣言》,该宣言虽然没有明确未成年人的权利,但开启了将未成年人权利引入国际文件的先河,预示了国际法开始关注未成年人权利保护的趋势,使世界各国开始意识到未成年人权利的重要

[1] 参见夏勇:《人权概念起源》,中国政法大学出版社 2001 年版,第 176 页。

[2] 《中国代表团在第 73 届联大三委促进和保护儿童权利议题下的发言》,载中华人民共和国外交部网 2018 年 10 月 10 日,https://www.fmprc.gov.cn/ce/ceun/chn/lhghywj/fyywj/123sdaf32/t1604703.htm。

性。1946 年 12 月 11 日，联合国成立“国际儿童紧急救济基金会”，1953 年更名为“联合国儿童基金会”。该机构是成立于联合国之下专门为儿童事业服务的重要机构，旨在让世界各国认识、确认和保障儿童的各项权利。在此之后，《世界人权宣言》（1948 年）第 25 条第 1 款规定：“人人有权享受为维持他本人和家属的健康和福利所需的生活水准，包括食物、衣着、住房、医疗和必要的社会服务……”[1]《经济、社会及文化权利国际公约》（1966 年）第 11 条第 1 款规定：“缔约国确认人人有权享受其本人及家属所需之适当生活程度，包括适当之衣食住及不断改善之生活环境”。[2] 儿童权利保障的重要里程碑则是 1989 年联合国通过的《儿童权利公约》。该公约是一个综合性文件，包括未成年人的政治、经济、社会、文化等多方面的权利。

《儿童权利公约》强调三个关于儿童人权的概念。保护（Protection）、供给（Provision）、参与（Participation）。“保护”是指未成年人应该受到保护的权利，避免被遗弃、虐待等行为的损害；“供给”是指让未成年人得到健康与社会保障以及教育的权利；“参与”是指未成年人积极要求国家履行义务促进其权利的权利。由此，保护、供给、参与的三个概念成为《儿童权利公约》的基本精神与主要内容。

《儿童权利公约》明确未成年人的基本权益应受到保障，除清晰阐述未成年人权利的实质内涵之外，更强调政府的适时介入，联合国在 2002 年召开未成年人特别会议时，由 404 位未成年人共同起草“适合我们生长的世界”（A world fit for us）。其中有句重要宣言，我们不是支出，我们是投资，你们称我们为未来的主人翁，但我们现在就该被视为公民的一分子。[3] 儿童的

---

〔1〕 参见《世界人权宣言》，载百度百科 2021 年 4 月 28 日，https://baike.baidu.com/item/%E4%B8%96%E7%95%8C%E4%BA%BA%E6%9D%83%E5%AE%A3%E8%A8%80/438255?fr=aladdin。

〔2〕 参见《1966 年联合国大会发布的文件》，载百度百科 2021 年 4 月 28 日，https://baike.baidu.com/item/%E7%BB%8F%E6%B5%8E%E3%80%81%E7%A4%BE%E4%BC%9A%E5%8F%8A%E6%96%87%E5%8C%96%E6%9D%83%E5%88%A9%E5%9B%BD%E9%99%85%E5%85%AC%E7%BA%A6/6644409?fr=aladdin。

〔3〕 参见王淑芸、郑清霞、王正：《儿童津贴之合理性与可行性研究》，载《台大社会工作学刊》第 27 期（2013 年）。

具体权利下文具体详述。

首先,《儿童权利公约》第 6 条规定,"缔约国承认每个未成年人享有固有的生命权","缔约国应最大限度保证未成年人的生存与发展"。《儿童权利公约》确认了未成年人的生存权,该生存权包含了生命权与健康权两个方面的权利。生存健康权既是未成年人作为人所享有最基本的权利,也是其进一步享有发展参与等权利的基础。未成年人权利包括生存权、受保护权、发展权与参与权。生存权是未成年人享有的对自己生命权以及维持其基本的生活条件保障权。未成年人的生存权首先是平等的,不因高低贵贱而有所不同。因此,未成年人生存权包括生命权、健康权与医疗保障权。未成年人生命权是指作为人所固有的权利,生命得以存续并不得受侵犯之权利,是未成年人享有其他相关权利的基础。生活条件保障权,是具备最基本的物质生活与文化精神生活条件。因此,生存权能否实现取决于生活条件保障权的实现与否。在此意义上,未成年人生存权的重要内容就是生存保障权。正因如此,人权宣言和公约都对生存权有所规定。如前所述,在《世界人权宣言》第 25 条第 1 款所规定的任何人均有享有基本的健康与福利所需的衣食住行等方面的基本生活水准;第 2 款规定特殊主体的权利:"母亲和儿童有权享受特别照顾和协助。一切儿童,无论婚生或非婚生,都应享受同样的社会保护"。[1] 与此同时,《经济、社会文化权利公约》第 11 条规定:"本公约缔约各国承认人人有权为他自己和家庭获得相当的生活水准,包括足够的食物、衣着和住房,并能不断改进生活条件"。[2] 未成年人生存权规定体现在《儿童权利公约》第 27 条第 1 款:"缔约国确认每个儿童均有权享有足以促进其生

---

〔1〕 参见《世界人权宣言》,载百度百科 2021 年 4 月 28 日,https://baike.baidu.com/item/%E4%B8%96%E7%95%8C%E4%BA%BA%E6%9D%83%E5%AE%A3%E8%A8%80/438255?fr=aladdin。

〔2〕 参见《1966 年联合国大会发布的文件》,载百度百科 2021 年 4 月 28 日,https://baike.baidu.com/item/%E7%BB%8F%E6%B5%8E%E3%80%81%E7%A4%BE%E4%BC%9A%E5%8F%8A%E6%96%87%E5%8C%96%E6%9D%83%E5%88%A9%E5%9B%BD%E9%99%85%E5%85%AC%E7%BA%A6/6644409?fr=aladdin。

理、心理、精神、道德和社会发展的生活水平”。[1] 第27条所称未成年人成长的生活水平,要求“签约国应依照国内之条件,在财力许可范围内,支持父母以及其他对儿童负有责任者,完成此项责任时所必须之适当措施。必要时特别针对营养、衣服,以及住所,提供必要之物质援助与支持措施”。由此可知,联合国《儿童权利公约》使未成年人取得政策上的独立地位,也使家庭隐私与国家权力间的界线被重新划分。[2]

上述公约的规定说明,未成年人生存权不仅是基本生活需求的满足,还需要在食品、住房、医疗以及教育等方面满足适当的生活水准。其中“适当的生活水准”与每个国家与地区的经济发展水平、社会环境、社会福利、社会保障制度等密切相关。一言以蔽之,无论未成年人抑或成年人,国家与政府能够确保其过上最低物质生活保障以上的生活,才可以称得上适当的生活水准。

此外,在《儿童权利公约》第12条至第16条详细规定了未成年人的其他权利,诸如自由发表意见权、自由发表言论权、思想及宗教信仰的自由权、结社集会自由权、住宅与家庭不受任意或非法干涉权、名誉不受非法攻击等各项权利。对未成年人各项权利的规定充分反映了国际对未成年人人权的保护倡导。

与此同时,《儿童权利公约》第27条第2、3款还规定,父母或其他监护人在其能力范围内负有确保未成年人成长发展的首要责任;缔约国还应采取适当措施帮助父母和其他监护人有效实现未成年人的该项权利,并在特殊情况下给予物质帮助,尤其是未成年人所需的营养、衣着以及住房方面。第18条规定:“为保证与提升本公约所揭示之权利,签约国应给予父母与法定监护人在担负养育未成年人责任时予以适当之协助。”此条明确了国家与父母共同承担育儿责任,以及国家应积极协助父母的必要性。在我国2021年《未成年

---

〔1〕 参见《儿童权利公约》,载百度百科2021年4月28日,https://baike.baidu.com/item/%E5%84%BF%E7%AB%A5%E6%9D%83%E5%88%A9%E5%85%AC%E7%BA%A6/1848451?fr=aladdin。

〔2〕 参见王淑芸、郑清霞、王正:《儿童津贴之合理性与可行性研究》,载《台大社会工作学刊》第27期(2013年)。

人保护法》颁行前，国家对父母与法定监护人的协助，多局限于父母对未成年人有高风险行为，或者父母外出谋生计的留守未成年人以及其他困境未成年人，针对一般未成年人的家长缺乏必要的协助，反映出我国将未成年人照顾责任交由家庭承担，唯有家庭功能受损、不完整时，才由国家介入的“补充原则”，而在 2021 年《未成年人保护法》(修订案)中，将《儿童权利公约》所规定的“对父母与法定监护人之适当协助”充分融入法规，凸显我国对家庭和未成年人的保护大幅度提升。

其次，《儿童权利公约》亦清楚规定未成年人的其他一系列权利，诸如第 24 条的健康权，第 26 条的福利权，第 28 条的受教育权以及第 29 条规定的社会参与权。其中公约第 26 条所规定的福利权是指未成年人享有各种社会救助、福利服务以及福利权益，由此可以看出儿童经济安全的保障是儿童基本人权的内涵范围。综观我国当前实施的关于未成年人的各项福利措施，主要将资源集中在保护弱势未成年人似乎明显，缺乏对一般未成年人给予普惠性的基本保障，因此，需要国家层面推动普惠性未成年人福利制度，系落实国家分担育儿责任的具体策略。

最后，《儿童权利公约》的第二部分进一步规定了未成年人权利实现的保障，即监督机制，具体在公约第 42 条至第 45 条中。第 42 条责成各缔约国以积极适当的手段确保各国的成年人与未成年人知晓公约的规定；第 44 条第 1 款规定各缔约国向公约有关机构提交为实现公约的内容而采取的积极措施及未成年人享有公约规定权利的方面的情况汇报等。

综上所述，《儿童权利公约》不仅规定未成年人的基本权利，督促各缔约国积极采取措施实现各国未成年人的相关权利，而且还要求各国政府关注该权利是否受到侵害。正因该公约的规定，使各国对未成年人权利的关注度提高。若要切实保障未成年人的生存权、发展权、受保护权、参与权等基本权利，必须打造兼具国际视野和中国特色的未成年人权利保障体系，让未成年人在美好安全的童年中成长。伴随 2021 年我国《未成年人保护法》以及《中华人民共和国家庭教育促进法》的通过与实施，以全方位的视角将公约的精神内化为国内法，构筑了未成年人权利保护的坚固之墙。

二、社会性别平等理论

(一)社会性别的内涵分析

社会性别的内涵,学者们有不同的解读。刘小楠认为社会性别是社会、历史和文化建构的对男女的角色、态度以及价值的期望,也是社会在“公共”和“私人”领域认同的男女两性的恰当表现。[1] 也有学者将社会性别界定为社会文化形成的男女两性各自的差异和群体特征以及行为模式,以此为基础形成的男女两性在社会中的分工角色与社会地位。[2] “社会性别”一词由英文 gender 翻译而来,以此区别于性别或称生理性别 sex。社会性别的提出与西方妇女权利运动相伴而生,密不可分,并于 20 世纪 60 年代和 70 年代成为女权运动的核心概念。该概念在 1995 年北京召开的第四次世界妇女大会之后,逐渐被我国学界接受并广泛研究。性别平等即为我们通常讲的男女平等,其实质乃社会性别平等。性别平等的界定是 2010 年 12 月消除对妇女歧视委员会第 28 号一般性建议中作出的:男女平等(equality between men and women)或者性别平等(gender equality)。其内在含义指的是:所有人,无论其性别,都有发展个人能力、从事其专业和做出选择的自由,不受任何陈旧观念、僵化的性别角色和偏见的限制。[3] 性别平等包括形式平等、实质平等、机会平等、结果平等四个层次。

(二)社会性别理论的基本阐释

社会性别理论有本质论与社会建构论两种立场。首先,本质论立场下的社会性别指男女差异由其生理差别造就,不仅与生俱来,而且绝对不变;社会建构论立场下的社会性别则取决于社会的建构。显而易见,两个立场截然相对立。美国人类学家鲁宾(Rubin)在 1975 年指出:“男女两性差异是肯定的,但是他们非如日夜、天地、阴阳、生死的差异,进一步而言,相互排斥的性别身

---

〔1〕 参见刘小楠:《社会性别与人权教程》,中国政法大学出版社 2019 年版,第 12 页。

〔2〕 参见谭兢常、信春鹰主编:《英汉妇女与法律词汇释义》,中国对外翻译出版公司 1995 年版,第 149 页。

〔3〕 参见刘小楠:《社会性别与人权教程》,中国政法大学出版社 2019 年版,第 96 ~ 97 页。

份非男女两性之间自然差异的表征,反而是对他们共性的压抑"。[1] 其次,我们理解社会性别的内涵不能仅停留社会建构社会性别的基本立场。社会性别的内涵极其丰富,它的核心要素包括性别和性别气质、性别身份认同和表达以及性倾向三个方面。美国学者迈克尔·基梅尔指出:"社会性别是假定的性别差异。"[2]美国另一学者康奈尔又认为:"社会性别其实是一种性别角色,个体和群体均要在这种角色关系中进行活动,同时这种角色关系也是一种特定的社会结构模式,该模式包含着权力关系。"[3]综上可知,社会性别由社会建构而成,这是社会性别理论的一个基本立场,建构的社会性别包含着性别歧视、性别规范、性别分工、性别身份以及性别等级等多个维度的意涵,多维度的意涵是我们能否清晰地运用社会性别视角对性别不平等之社会现象进行分析。

社会性别理论经历了不同理论派别的批判与扬弃之过程,从而日趋成熟。其中性别角色理论在20世纪50年代至60年代初成为主流理论,性别角色理论将性别作为一个角色来分析个体如何获得认同的社会角色,其途径是个体通过社会规范的内化完成的。该社会规范对个体具有约束力,因此是具有约束力的性别规范。性别规范通常包含男女两性气质的理想(常见如对男性要求"坚强、伟岸",对女性要求"温柔、端庄","男尊女卑"等)。在此理想的规范下,社会对男女两性的角色予以规范,旨在实现性别分工。由此窥见性别角色理论表现出的功能主义特征。换言之,性别规范在社会生活中既定存在,它不仅满足个体与社会的需求,而且保障社会的正常运转,终而保障了社会的稳定。美国社会学家帕森斯(Parson)指出,"性别分工是对成年男性赋予家庭经济供养者的角色,该角色需要他们专注于事业发展;而成年女

---

〔1〕 Rubin. G, *The Traffic in Women: Notes on the Political Economy'of Sex*, in Reire, R. R ed., Toward an Anthropology of Women, Monthly Review Press, 1975, p. 179 – 180.

〔2〕 Kimmel M. S, *The Gendered Society*, Oxford University Press, 2000, p. 6.

〔3〕 R. W. Connell, *The Concept of Role and What to Do with It*, Journal of Sociology, Vol. 15:3, p. 9(1979).

性则承担家庭照护者的角色,该角色需要她们专注于丈夫和儿女”。[1]

由上述可知,社会性别指男性或者女性的社会含义,既是社会对男女两性的期许与评价,也是特定的社会文化要求男性或女性作出符合其性别特征的行为。社会性别非天生而就,而是后天随着社会政治经济、家庭、教育与文化相互作用的结果。

社会性别的理论成熟离不开社会性别平等运动的贡献。历史上具有深远意义的社会性别平等运动主要有两次,第一次运动发生在19世纪末20世纪初,该次运动主要是在政治领域,以女性争取与男性平等的选举权、受教育权为主要目标。因此被称为“第一波”性别平等运动。第二次运动发生在二十世纪六七十年代,该次运动突破了政治领域内平等选举与教育权的目标,将视野扩展到女性与男性就业平权、婚姻家庭领域、生育乃至性生活领域,旨在以批判性别歧视和男性权力为主要目标,被称为女性主义运动的“第二波”。[2] 两次性别平等运动主要议题不尽相同,第一次称为政治性运动,第二次更凸显社会性的运动。[3] 两次女性主义运动均挑战了传统的性别规范和性别分工,逐渐为女性争取到更多平等的机会和权益,更有意义的是,它们使国家与社会更多关注女性的社会地位,进而使女性在社会中能够更有力地发出声音。不同时期议题不同的性别平等运动都能够在消除性别差异、实现性别平等这一共同目标上达成一致。

社会性别平等理论最初形成于法国,早在20世纪50年代,法国女权主义者波伏娃就在其著作《第二性·女人》中提出“女人是后天被塑造的,而非先天形成”的观点,该著作也是性别平等理论的先驱之作。伴随20世纪70年代初社会性别理论形成,女权主义者开始用“社会性别”指称有关女性的社会文化含义,具体是指人的性别意识并非与生俱来,而是在家庭环境中、父母子女关系的反映中形成,从而社会性别意识随之产生。由此

---

〔1〕 Parsons T., *Age and Sex in the Social Structure of the United States*, American Sociological Review, Vol. 7:5, p. 5(1942).

〔2〕 参见李银河:《女性主义》,山东人民出版社2005年版,第50页。

〔3〕 参见李银河:《女性主义》,山东人民出版社2005年版,第51页。

社会性别理论又被赋予更为丰富的内涵，更加强调人的平等。从此，社会性别平等理论颠覆了自人类进入父系社会以来，社会观念文化中以男性为中心的思想。

社会性别平等理论具体包含社会性别平等与社会性别公正两个层面。社会性别平等是指包括男女在内的所有人（包括性少数群体）都可以不受各种歧视以及严格的社会性别角色之限制，自由做出各种选择并充分发展其个人能力。换言之，社会性别平等意指包括性少数群体在内的不限于传统的男女两性之行为、期望和需求均能被同等认同与评价。在此必须指出的是，社会性别平等并不是强调男女两性必须完全一样，而是指他们的权利和机遇并非由他们的生理性别所决定。总之，社会性别平等的真正内涵是女性与男性在享受权利、承担责任、获得机会等方面均是平等的，而非由于社会文化观念，生理性别差异导致权利与机会有所不同。约翰·斯图尔特·密尔（John Stuart Mill）在《论妇女的屈从地位》一书中指出："一般而言，家庭内的女性地位的不平等深深破坏了更广泛的社会正义，因为它摧毁了男人潜在的道德能力"。密尔也注意到了家庭支柱的权力影响和家庭责任对于女性机遇的限制性影响。[1] 最为典型的是在男性（丈夫）作为供养者的家庭中，丈夫和妻子在家庭中分别扮演供养者和照护者，因此在有酬的劳动力市场上享受完全不同的待遇，不仅体现出男性优先的现象，而且女性基于对男性的依赖致使其相应的福利获得也是建立在男性作为经济供养者的基础之上。反观在男女两性均作为经济供养的家庭中，丈夫与妻子在家庭中共同担负赚钱者与照护者的角色。有酬的劳动力市场中无论就业还是收入政策对于男女两性均平等。由此在福利的贡献与获取方面，男女两性分别以个体为单位，呈现相对独立的局面。

社会性别公正则是强调无论社会中的男女两性还是性少数群体，他们的不同需求均应给予公平的待遇，尤其要保证女性同等获得机会与福利。当

[1] John Stuart Mill, *The Subjection of Women*, University of Toronto Press, 1984, p. 293 - 295, 324.

然，此处的性别平等公正还有另一层含义，特别是指在女性的产假方面，基于只有女性才可以怀孕的属性，产假自然专属于女性，这里的性别平等公正就是指表面平等而实质有差异的待遇。

(三)社会性别平等原则是反性别歧视的价值指引

如前所述，无论男女两性，参与劳动力市场的有酬劳动是其获取经济来源、保证一定的生活水准进而提高其社会地位的重要途径。对于女性而言，更为重要的是其摆脱家务的无酬劳动从而获得报酬，取得经济独立地位，实现自身价值从而提高在家庭与社会地位的必要手段。作为国家的公民，女性应该与男性平等享有就业及相关福利政策的权利。但现实是，一方面，女性承担家庭经济供养的社会角色；另一方面，国家与社会观念又为其量身订制了家庭照护者的角色，显而易见，身份角色冲突明显。因此，国家亟须通过立法与社会政策有效地维持和延续女性的双重角色，从而保障其社会角色的实现。在不同的历史时期，不同的国家在相关的就业政策和劳动法案方面均在一定程度上影响了女性参与有酬劳动力市场并遭受了劳动力市场上不平等的待遇。自 1995 年第四次世界妇女大会以来，我国就将男女平等原则列为一项基本国策。此后该原则成为社会主义核心价值观的重要组成部分，得到党和国家的高度重视。该原则不仅被写入《中国性别平等与妇女发展》白皮书，还分别写入党的十八大、十九大、二十大报告中，显示中国共产党坚决贯彻落实性别平等的决心。

性别平等的核心要义是男女两性在尊严、权利、机会以及责任四个方面均平等。具体而言，男女尊严平等要求剔除传统的男尊女卑的封建观念和基于此种观念的行为规范与行为模式；权利平等强调男女两性在社会、政治、经济、文化、家庭等领域享有平等的权利，均受到国家法律的保护；机会平等则是指社会所有职位和资源公平地向所有人开放，男女享有平等的竞争机会；责任平等要求男女两性在公共领域与私人领域平等承担相应的社会责任与家庭责任。由此，从某种意义而言，男女两性平等成为传统反性别歧视的核心价值指引。

(四)社会性别平等理论的重大突破——家务劳动社会化与家务劳动工资化的基本阐释

1. 女性与家务劳动

一直以来,家庭被视为私人领域或非正式领域,但它赋予家庭成员福利的功能一直不可忽视。结构功能主义者认为由赚钱养家的丈夫和承担家务劳动的妻子组建的现代家庭,这个家庭是个和谐有机的基本单位,更好地满足了现代工业社会的需求。[1] 基于此理论,女性被建构为家务劳动与家庭照护的提供者、家庭经济依赖者三位一体的角色,在家庭中处于从属地位。其一,女性作为家务劳动的提供者,承担着家庭中琐碎重复且繁重的劳动,这些家务劳动非但没有得到应有的认可尊重与报偿,反而被认为是低技能、无价值的。家务劳动的无偿性和市场劳动的有偿性相比,女性的家务劳动价值被贬低,进而导致女性沦为家庭经济的依赖者,最终确立了女性在家庭与社会的从属地位。其二,女性作为家庭照护的提供者,养育负担与家务劳动共同形成了女性参与有酬劳动的障碍。而社会政策的制定者往往视"照护者"角色为女性的合理安排,相应在政策层面对家庭的支援就显得裹足不前。其三,女性作为家庭经济依赖者,使女性的经济地位无法等同于丈夫的经济地位,导致其在家庭中处于从属地位,进而失去了独立的人格和地位。美国社会学家苏珊·穆勒·奥金(Susan Muller Orkin)指出:"工资付给劳动力市场的被雇佣人员,但是被社会性别化了的女人所做的比男人还多的工作是没有报酬的,并且也经常不像劳动力市场那样被认可。"[2] 波兰特·罗素(Bertrand Russell)也指出,"那些终生忙碌于家务的女人,比之男性或在外工作的女性要不幸得多"。[3]

2. 家务劳动社会化与家务劳动工资化

首先,从国际公约的层面来看,联合国国际法院法官希拉里·查尔斯沃

---

〔1〕 Lewis J, *Work-Family Balance*, *Gender and Policy*, Edward Elgar Publishing Limited, 2009, p. 83.

〔2〕 [美]苏珊·穆勒·奥金:《正义·社会性别与家庭》,王新宇译,中国政法大学出版社 2017 年版,第 133 页。

〔3〕 [美]博特兰·罗素:《幸福之路》,傅雷译,陕西师范大学出版社 2003 年版,第 165 页。

思(Hilary Charelesworth)指出,《经济、社会、文化权利国际公约》第7条"女性与男性同等享有公正和良好的工作条件"之内容是限定于公共领域的工作。但是女性大量的经济活动是隐形的,不为人知的,因为她们的活动主要在私人和家庭领域。因此,她认为,如果不看到、不承认女性工作的范围和经济价值,那么《经济、社会、文化权利国际公约》第7条规定的"特别是保证妇女享受不差于男子所享受的工作条件,并享受同工同酬",便听起来相当空洞。〔1〕

其次,从家务劳动社会化与家务劳动工资化的妇女解放策略来看,该策略最早是在1969年由加拿大女权主义理论家玛格丽特·本斯顿(Margaret Benston)在其《妇女解放的政治经济》这一论文中讨论家务劳动时提出来的。之后,意大利学者玛莉亚罗莎·达娜·库斯塔(Mariarosa Dalla Costa)和谢尔玛·詹姆斯(Selma James)在其合著《妇女的权力与社区的颠覆》中进一步对家务劳动进行阐述。这些学者均以马克思主义理论为基础,对女性受压迫的经济根源进行分析阐述并指出:女性无酬的家务劳动是使其处于屈从地位的经济根源,虽然女性在家庭领域以育儿、烹饪、打扫等家务劳动参与了工资劳动,也没被排除在商品生产之外,但她们只是短暂参与工资劳动,并不对工资劳动领域负责。反观男性,他们则不对家务劳动承担责任,仅仅对商品生产、工资劳动负责。由此,根据本斯顿的观点,女性承担的家务劳动停留在市场前阶段,处于货币经济之外,在进入市场之时已经被消费完毕。又因根据商品生产的逻辑,女性的家务劳动仅具有使用价值而不具有交换价值,通常被认为非"真正的工作",自然属于无价值的工作。〔2〕 以此为基础,科斯塔与詹姆斯进一步提出,虽然根据工资劳动的定义,女性从事的家务劳动属于非生产性的,但是女性的家务劳动不仅具有给予家庭成员情感慰藉与温暖之功能,而且给予未成年子女教育等功能,从而保证了资本能够对男性进行充分

〔1〕 Hilary Charelesworth, *Human Rights as Men's Rights*, in Julie Peters & Andrea Wolper eds., Women's Rights, Human Rights: Internantional Feminist Perespectives, Routedge, 1995, p. 103 – 113.

〔2〕 参见郅玉玲:《马克思主义女性主义关于性别平等理论的现代解析及诠释》,载《浙江理工大学学报》2010年第6期。

的剥削。由此意义而言,女性的家务劳动不仅生产使用价值,而且生产“劳动力”这一特殊商品。正因女性的家务劳动为其他一切劳动奠定了基础,则可以得出结论:女性的家务劳动是生产性劳动,应该属于社会劳动,这类劳动不仅生产使用价值,还创造剩余价值,因此家务劳动应该工资化。[1]

由上述可知,本斯顿、科斯塔和詹姆斯三位女性主义者一致从“家务劳动”出发,分析并揭示出了性别不平等的根源。集中在家务劳动是生产性还是非生产性、具有使用价值还是交换价值及其受益群体等问题。对当今解决性别平等具有很强的借鉴性。就我国传统的文化观念而言,女性(母亲)应该承担家务劳动或者女性投入家务劳动的时间应该多于男性。北京妇联第三次妇女社会地位调查显示,在北京,女性承担着家庭中“大部分和全部”做饭、洗涮以及照料子女生活类家务的比例均高于60%;女性承担“辅导孩子功课”和“照料老人”为主要责任的占比分别为41.5%和39.0%。22.5%的在业母亲“有时”或“经常”为了家庭放弃个人发展机会,比男性高7.9%。[2]在传统社会,社会分工的模式则是将男性的工作社会化,女性的工作自然呈现家庭化,男性的社会劳动以交换为目的,相应有着交换价值,反观女性的家务劳动,因只有使用价值缺乏交换价值而不被认可为真正的劳动,也就是不属于公共领域内的劳动。[3] 此分工模式即为传统的家庭角色分工,表象则以“男主外、女主内”为规范原则。伴随性别平等运动的产生发展及影响,相应产生了平等的家庭角色分工模式,该模式是指男女(夫妻)共同负担家庭经济支出,共同承担家务劳动,且均有平等的机会参与社会有酬劳动。根据联合国提高妇女地位司的调查发现,在大多数国家,女性无论是否参与社会有酬劳动,基本无例外承担着相关家务劳动,尤其是照护未成年子女及老人。大多女性的常态则是家庭与工作紧密联系在一起,家庭也是其工作场所。大多数男性的常态则是工作仅指家庭之外他们所从事的既有固定工作时间,又

[1] Hennessy R & Ingraham C, *Materialist Feminism—A Reader in Class, Difference, and Women's Lives*, Routledge, 1997, p. 22.

[2] 参见北京市妇女联合会:《北京妇女社会地位研究》,中国妇女出版社2013年版,第301页。

[3] 参见谭琳、陈卫民:《女性与家庭:社会性别视角的分析》,天津人民出版社2001年版,第11页。

有固定报酬的劳动，也就是男性的工作为单纯的工作，可以不考虑家务劳动。[1] 因此，女性从事的家务劳动或对未成年子女的照护，其本身的经济价值也应当得到重视。1995 年第四次世界妇女大会颁行的《行动纲领》中，这一问题就已经得到关注，《行动纲领》明确指出应当"衡量和较深入理解无酬工作"，尤其是"照护受抚养人"等工作，并"制订方法从量方面评估此类工作的价值"。[2] 我国从 2001 年原《婚姻法》到 2020 年《民法典》以及 2023 年《妇女权益保障法》(修订草案)都有关于家务贡献补偿制度的规定，体现了对家务劳动价值的肯认，由此，《民法典》与《妇女权益保障法》(修订草案)中关于家务劳动补偿的规定更为科学，更具可操作性，留待第四章详述。

因此，本斯顿提出，女性解放必须具备两个条件：其一，从家庭外(社会中)获得与男性平等的职业机会；其二，从家务劳动中解放出来。这两个条件互相影响，唯有从家务劳动中解放出来，才可以获得与男性平等的职业机会；唯有女性离开家庭外出获得有酬工作，家务劳动才可以工业化、社会化。本斯顿还主张，唯有先行解决女性繁重的家务劳动，女性参加工作才可以获得真正的解放。途径则是将女性原来在家庭中承担的属于私人劳动的家务工作转到公共经济中来，由社会共同承担，[3]这也符合传统马克思主义的女性解放要重归社会劳动的观点。恩格斯在《家庭、私有制和国家的起源》中指出："妇女的解放，只有在妇女可以大量地、社会规模地参加生产，而家务劳动只占她们极少的工夫的时候，才有可能。而这只有依靠现代化大工业才能办到。现代大工业不仅容许大量的妇女劳动，而且要真正要求这样的劳动，并

[1] 参见谭琳、陈卫民：《女性与家庭：社会性别视角的分析》，天津人民出版社 2001 年版，第 81 页。

[2] 参见联合国大会：《第四次世界妇女大会〈行动纲领〉》，载国务院妇女儿童工作委员会网，http://www.nwccw.gov.cn/2017-05/23/content_157555.htm。

[3] See Hennessy R & Ingraham C, *Materialist Feminism—A Reader in Class, Difference, and Women's Lives*, Routledge, 1997, p. 22. 本斯顿的这一主张，在现代社会得到了实现。家政服务已成为现代服务业的重要组成行业。2000 年，原劳动和社会保障部正式认定"家庭服务员"这一职业，家政服务踏上自身的"职业化"发展道路。如今的家政服务已延伸到日常生活的方方面面，涉及 20 多个领域 200 多个服务项目。

且它还力求把私人的家务劳动逐渐融化在公共的事业中。"[1]女性对家庭的贡献是有目共睹的。如前所述,由于受传统性别规范的局限,女性承担的家庭劳动的社会价值与经济价值往往得不到应有的报偿与社会的承认,甚至还可能因难以估量其应有的交换价值而否认其价值。这种状况对女性的家庭与社会地位产生了深刻的消极影响。争取对女性所从事的家庭内劳动的价值的社会承认,对提高女性社会地位,改善女性发展环境具有十分重要的意义。[2]

(五)性别平等理论的重大突破——社会再生产理论阐释

当代女性主义的杰出代表莉丝·沃格尔(Lise Vogel)曾指出:"正因女性承担着社会再生产的重要使命,在生产期间,男性(丈夫)就要为其提供必要的生活资料,从此意义而言,该性别分工不是构成阶级社会中女性必须从属于男性的物质基础。"[3]沃格尔的社会再生产理论运用了马克思主义的劳动力、劳动力再生产和必要劳动等基本概念来解释社会对女性的压迫,她指出,在采用代际更替方式对劳动力再行补充时(再生产方式),女性的特殊职能不可忽视,因而她们的劳动能力在生育期间不免降低则导致在阶级社会中遭受压迫。沃格尔也指出女性的生育职能对统治阶级带来了双重矛盾。一方面,因女性的生育生产影响了统治阶级对其剩余劳动的占有;另一方面,女性的生育对统治阶级有极大利益,因为正是女性的生育使劳动力通过代际更替得到补充。在此种情况下,女性在生育期间由其父亲或者家族其他成员,或者是丈夫及其家族成员负责供养分娩女性的基本生活。[4] 通常情况下,女性主要承担了与未成年子女相联系的必要家务劳动,相应地,男性则主要提供物质生活资料方面的责任,恰是该种责任,通常使男性更多地从事剩余

---

〔1〕 中共中央马克思恩格斯列宁斯大林著作编译局编:《家庭、私有制和国家的起源》,人民出版社 1999 年版,第 76、168 页。

〔2〕 参见谭琳、陈卫民:《女性与家庭:社会性别视角的分析》,天津人民出版社 2001 年版,第 107 页。

〔3〕 Vogel L, *Marxism and the Oppression of Women: Toward a Unitary Theory*, Rutgers University Press, 1983, p. 147.

〔4〕 Vogel L, *Marxism and the Oppression of Women: Toward a Unitary Theory*, Rutgers University Press, 1983, p. 145.

劳动。[1] 奥金早就发现：女性在经济和社会中的弱势是由于女性养育子女的责任、从属地位、依赖性以及历史和当代婚姻习惯所形成的有效部分的相互联系的传统引起的。[2] 因此，分担育儿责任对两性之间公正的重要性不是因为育儿是不受欢迎的工作，而是主要因为在良好的环境下，它令人非常愉悦但具有挑战性：一是育儿耗费大量的时间，单独承担的一方会失去追求其他社会利益的机会，如教育、收入或职务；二是它可能会使孩子减少性别刻板印象。所以，分担育儿责任是性别公正的先决条件。[3]

综上所述，由于生理性别的差异造就了男女两性的社会化过程差异。在传统农业社会，女性的社会化必须遵循结婚及生育的轨迹，而男性则遵循工作及晋升的轨迹，轨迹的差异导致公私领域泾渭分明之结果。反观现代工业社会，男女两性都参与社会化生产。但是因为传统观念的根深蒂固加之国家立法的原因，养育未成年子女的责任仍然由女性来承担，必然使职业女性深受工作家庭的双重压力，最后造成角色紧张。因为怀孕生育和抚养子女迫使女性暂别职场，承担母亲职责的同时，也导致了女性在激烈的社会竞争中职业生涯的断裂。

人类不同于其他物种的重要特征是其必须经历社会化过程。婴幼儿必须经过父母以及其他监护人的长时间培养才能成为合格的社会成员。基于女性的生育职能之故自然使母亲成为方便的教化者，此乃社会的一致认同。对婴幼儿的教化需要耗费女性大量时间和精力，如果父亲不能同等承担起教化婴幼儿的责任，不免会将女性牢牢地困缚在家庭场域。其结果则是女性无论在家庭场域还是社会场域均无法实现与男性的平等地位。[4] 伴随欧美一

---

〔1〕 Vogel L, *Marxism and the Oppression of Women: Toward a Unitary Theory*, Rutgers University Press, 1983, p. 146.

〔2〕 [美]苏珊·穆勒·奥金：《正义·社会性别与家庭》，王新宇译，中国政法大学出版社 2017 年版，第 193 页。

〔3〕 [美]苏珊·穆勒·奥金：《正义·社会性别与家庭》，王新宇译，中国政法大学出版社 2017 年版，第 161 页。

〔4〕 参见郅玉玲：《马克思主义女性主义关于性别平等理论的现代解析及诠释》，载《浙江理工大学学报》2010 年第 6 期。

些国家家务劳动社会化与家务劳动工资化以及家庭“经济领域”等理念的建构,[1] 在此理念的引领下,逐渐由国家与社会保障女性生育职能实现的责任,这些国家陆续规定了产假津贴、育儿津贴甚至单亲母亲的津贴等,从而有效地缓解了女性因生育和职业发展冲突带来的困境。

三、女性发展理论

(一)女性发展的内涵与意义

1. 女性发展的内涵

女性因为其生理特征,担负着人类自身生产的历史使命,因此,只要“生育仍然是一种自然现象,女性就有可能被束缚且影响自身发展”。[2] 与此同时,女性一般都要在生命高峰期经受经期、怀孕期、产期、哺乳期四个阶段的困扰。这些困扰既造成女性身体孱弱,也占用女性很多时间,消耗其精力,在很大程度上成为女性发展的掣肘之力。根据传统观念,母亲最适合养育孩子,即母亲最胜任母职角色,根据女性主义学者荣格(Reger)的观点,母职是一个被历史建构的意识形态,它给所有无论生育抑或没有生育的女性提供了一个性别化的行为规范。[3] 由此我们得到的启示是,母职并非天生或自然生成的,而是后天被定义、被规范的角色意识与行为准则。

根据马克思主义女性发展观,女性的发展是以整个人类的全面发展为价值取向的。女性首先作为人,其属性包括自然、社会与精神三位统一。女性发展本质是指其能力、社会性与精神性有机的统一体。关于女性的解放与发展,马克思指出:“任何一种解放都是把人的世界和人的关系还给人自己。”[4] 那么女性解放其实质也在于把女性的世界关系还给女性,也就是将

---

[1] 参见郅玉玲:《马克思主义女性主义关于性别平等理论的现代解析及诠释》,载《浙江理工大学学报》2010 年第 6 期。

[2] 参见张广利:《制约女性发展的结构性因素》,载《安徽大学学报》(哲学社会科学版)2002 年第 4 期。

[3] Reger J, *Motherhood and the Construction of Feminist Identities: Variations in a Women's Movement Organization*, Sociological Inquiry, Vol. 71:1, p. 85 - 110(2001).

[4] 《马克思恩格斯全集》(第 3 卷),人民出版社 2002 年版,第 189 页。

女性从两性不平等的社会关系和社会地位中解放出来,从而恢复女性作为人享有的尊严和独立人格,最终达到自由而全面的发展。[1]

女性发展在其价值与目标引领下,发展还要遵循科学的规律,即女性发展要符合自身的特点,因女性是在一定历史条件下形成的非抽象的人,也是具有社会性别身份的群体,其发展自然不同于男性的发展。因传统的男尊女卑、男主女从的性别压迫与性别不平等既制约了女性能力、社会性与精神性的充分发展,也扭曲了女性作为人的自我愿景与自我价值,从而阻碍了女性全面、充分与自由的发展。普遍来说,女性的发展程度在历史不同时期都低于男性,就此意义而言,实现男女平等是女性发展的核心内容和目标。除此之外,女性的发展首先是充分展现女性的优秀价值,进而使女性特征得到自由发展。我们主张女性发展既要遵循全面充分发展,还要依据其女性特征发展,这两个层次相辅相成,不可分割。第一个层次,是指女性发展必须以人的全面发展为价值取向与价值目标。唯有从"人"和"人的发展"之高度来关照"女性"和"女性发展",才能厘清男权观念与文化所强调的将女性置于第二性地位,即"女性特征",才能避免男权文化压制女性发展的历史循环。第二个层次,是指女性发展必须从其自身的特点出发,唯有如此,才能突出女性发展的特殊性,才能针对性消除女性发展的障碍,有助于将女性从性别奴役和束缚中解放出来,实现男女平等发展的终极目标。与此同时,唯有从女性自身特点出发,才能避免女性发展进入男性标准和男性模式的误区,真正实现女性全面、自由且充分的发展。[2]

2. 女性发展的意义

第一,女性的发展有助于人的全面自由发展。作为人类社会有机的组成部分,人的发展自然奠定女性发展的基础,反过来说,女性的发展有利于人的全面自由发展,因为女性的自由全面发展直接影响人的自由全面发展的实现进程。人的全面自由发展不仅是马克思主义关于人的重要理论,而且也是人

[1] 参见李静之:《论妇女解放、妇女发展和妇女运动》,载《妇女研究论丛》2003年第6期。

[2] 参见杨凤:《当代中国女性发展研究》,中山大学2006年博士学位论文,第3页。

的最终解放的探索目标，女性发展的理论意义与实践意义也在于此。[1]

第二，女性的发展有助于促进家庭与社会和谐。男女两性共同构筑了人类社会，家庭作为社会最基本的社会单元，其和谐稳固对于社会的和谐进步有着基本的意义。传统的家庭由男女两性构成，女性的科学发展，既需要发展与张扬女性"人"的本性，又不可丧失女性的独有特质，易言之，既要正视男女两性的生理差异，又要强调男女两性在人格，地位方面的平等，在此基础上发挥各自独有的性别优势，实现优势互补，进而达到两性关系的和谐，从而为家庭与社会的稳定和谐奠定基础。女性既是人口再生产的重要力量，也是物质再生产与精神再生产的重要支柱。不言而喻，女性的科学发展不仅使得其充分发挥其全部本质，又助益于其精神境界与能力素质的提高，从而为女性更好地服务于社会发展夯实了基础。

第三，女性的发展有助于促进人类的进步与发展。如前所述，因女性承担着人类再生产的历史使命，孕育期间与子女的天然联系，不可避免使得女性承担了更多的子女的教养责任。因此，女性的科学发展不但与自身价值的实现密切相关，而且还与国家未来的劳动力教育密切相关，正如印度教育家卡鲁纳卡兰所言："教育一个男人，受教育的只是一个人，教育一个女人，受教育的是几代人"。[2] 女性的发展不但与当前社会的稳定发展密切相关，而且还与人类未来的生存发展密切相关。

（二）女性发展与科学发展观

1. 科学发展观统帅下的女性发展

女性的科学发展是指既要及时对女性的发展成败予以反思，也要对女性的现实生存状态予以审视，还要对女性的发展方向和目标予以规划，进而引导女性发展。女性的科学发展需要在全方位对自然、社会的发展规律以及女性自身的发展规律宏观把握的基础上，对女性的发展予以理性规划和合理设定。在当下阶段，女性的科学发展要求女性兼顾家庭角色与社会角色，强调

---

〔1〕 参见马彩霞：《女性的科学发展问题研究》，河南师范大学 2011 年博士学位论文，第 24 页。

〔2〕 参见杨宇辰：《刍议人的全面发展视角下的女性发展》，载《中共山西省直机关党校学报》2009 年第 1 期。

普遍性与特殊性的统一性,换言之,即将科学发展观强调的全面、协调、可持续发展的要求应用到女性的发展上,在对女性科学化认识上的基础上实现女性的科学化发展,是女性理性自觉与理性自由的实现。

2. 女性的科学发展目标与要求

科学发展观下的女性发展必然要把"以女性为本"作为核心,要求以女性自身特点和需求为根本出发点和最终归宿,力求女性的全面、协调与可持续发展。

第一,以女性为本。科学发展观蕴含的"以人为本"反映在女性发展问题上,则必然表现为"以女性为本"。其核心要义是从女性的实际出发,根据女性自身的特点和生命规律,制定适合女性发展的需求的方案。这就要求首先考察女性自身的真实情况以及制约女性发展的因素,遵循女性发展的内在规律进而科学地设计女性发展的道路;其次着重考虑女性的发展需求,考察女性的主客体世界对其的价值关系,必须尊重女性的主体性地位,让女性充分发挥她们的创造性,遵循女性发展自立为原则,从而将维护、实现、发展广大女性的根本利益作为促进女性发展的出发点和归宿,同时要将女性当作目的而非手段,充分保障女性的各项权益。

第二,女性发展的全面性。科学发展观引领下的女性发展要求发展的全面性。所谓全面性有两层内涵:一是女性主体的广泛性,包括各个年龄层次,各个职业群体,唯有如此,才能实现女性整体的科学发展,这是唯物辩证法部分与整体相统一的具体运用和体现;二是女性发展内容的全面性,除女性的身心健康为其首要内容之外,还要包括女性对社会关系的全面占有乃至个性的丰富等,都是女性对自身本质的全面占有,这就要求女性必须走出传统性别分工的家庭困局,全面参与社会实践活动,全面提高自身素质,以此满足自己多样化的需求。[1] 女性发展的全面性是对女性发展的片面与局部性予以否定和克服,既涵盖了发展主体的广泛性,也涵盖了发展内容的全面性,既是对唯物辩证法普遍联系的世界观的具体运用和体现,也是对整体系统地看问

---

〔1〕 参见丁文:《科学发展观视野下的妇女发展》,载《湖南省社会主义学院学报》2006 年第 1 期。

题这一方法论的具体运用和体现。[1]

第三，女性发展的协调性。随着女性主体意识与劳动参与率的提高，身负工作与家庭的重任使女性角色冲突，很多女性既要在家庭从事大量家务劳动，也渴望事业的发展与成功。然而传统观念并未随之慢慢消退，而是以顽固的力量和现代观念共生于女性和广大男性的根本思想，社会大众依然将女性的家庭角色视为其主要角色，女性主体意识的觉醒与传统观念的碰撞，客观上造成女性社会角色与家庭角色的冲突。因为女性社会角色增加的趋势并未从根本改变男性的社会角色，社会对男性的评判标准依然是事业的成功，事业成功也是男性的主要角色。但是，社会与家庭对男性的家庭角色并没有过高的期待与要求，因此，就形成了社会角色男女标准等同，家庭角色男女标准不同的社会现象。在女性要求打破传统角色的社会格局之时，如果男性不予支持和配合，那么女性双重角色的重担不可避免导致男女两性角色的冲突。唯有缓解女性的双重角色冲突，才有助于实现女性与社会、女性与男性、女性与自身的协调发展。[2]

四、社会和谐理论

（一）和谐社会与社会和谐关系辨析

和谐社会与社会和谐在概念上很相似，但在内涵上有很大差异。前者是一种社会状态，后者则是指一个动态过程，强调对社会运行状况的评价与描述。和谐社会需要具备科学理论与实践的统一，它是一个客观的、人们实践活动的结果，而非主观认识的产物。相较之下，社会和谐具有很强的主观评价特性。虽说内涵有差异，但两者之间也有紧密联系。和谐社会很重要的特征就是社会和谐，社会和谐是实现和谐社会的重要前提，和谐社会为社会和谐提供了制度保障，也是社会和谐的最终归宿。

（二）马克思关于社会和谐的基本概述

建设美好社会，实现社会和谐始终是人类孜孜以求的一个社会理想，也

[1] 参见李翠荣：《人的科学发展论》，载《社会科学家》2009 年第 11 期。

[2] 参见马彩霞：《女性的科学发展问题研究》，河南师范大学 2011 年博士学位论文，第 20 页。

是人类社会一个永恒的历史主题。马克思主义所追求的共产主义社会是人类最为理想的和谐社会,对和谐社会理想的追求,成为人类社会不断发展前进的动力。就整个人类历史发展时空的宏观视角而言,和谐社会非抽象的、固定不变的模式,而是在具体的特定的历史条件下产生的。唯物辩证法原理告诉我们,矛盾具有普遍性,即矛盾无处不在,无时不有。矛盾运动成为社会发展的基本动力,没有矛盾,社会发展也就失去了活力与创造性。社会的和谐并非要否定矛盾,恰恰是人类社会的发展历史不断地发现矛盾,分析矛盾并解决矛盾。同时,辩证唯物主义原理告诉我们:在社会的发展演变进程中,和谐总是相对动态的,绝对且静止的和谐社会是不存在的。因此,要构建和谐社会,就需要不断消除不和谐因素,同时不断增加和谐因素,以此不断提高社会和谐程度。

建设和谐社会的目标,既是对人类社会发展规律的深化,又是对马克思主义关于社会主义社会建设理论的丰富与发展。和谐社会始终是人类孜孜以求的目标,唯有马克思主义唯物史观,才能科学揭示社会发展的本质、动力和规律,才能将人类和谐社会的理想变为现实。

(三)我国社会人口的现状

第一,就我国人口数量总体而言。根据国家统计局公布的第七次全国人口普查数据,我国人口总量共 141,178 万人,与 2010 年(第六次全国人口普查数据)的 133,972 万人相比,增加 7206 万人,增长 5.38%,年平均增长率为 0.53%,比 2000 年到 2010 年的年平均增长率 0.57% 下降 0.04 个百分点。数据表明,我国人口 10 年来继续保持低速增长态势。[1] 当前,我国人口发展呈现出一些新情况新变化,人口主要矛盾由总量压力转变为结构性挑战。根据第七次全国人口普查结果,2020 年我国育龄妇女总和生育率为 1.3,已处于较低水平,实施“全面二孩”政策后,生育水平出现短期回升,之后逐渐

[1] 参见国家统计局:《第七次全国人口普查主要数据情况》,载国家统计局官网,http://www.stats.gov.cn/ztjc/zdtjgz/zgrkpc/dqcrkpc/ggl/202105/t20210519_1817693.html。

下行,在低水平徘徊。[1]

第二,就我国人口年龄结构而言,根据国家第七次人口普查数据,全国人口中,0~14岁人口为25,338万人,占17.95%;15~59岁人口为89,438万人,占63.35%;60岁及以上人口为26,402万人,占18.70%;其中65岁及以上人口为19,064万人,占13.50%。[2] 就我国的人口结构现象,有学者指出,近10年间,中国已跨过了第一个快速人口老龄化期,我们很快还需应对一个更快速的人口老龄化期。2020年,大陆地区60岁及以上的老年人口总量为2.64亿人,已占到总人口的18.7%。自2000年步入老龄化社会以来的20年间,老年人口比例增长了8.4%,其中,从2010年第六次全国人口普查到2020年第七次全国人口普查的10年间升高了5.4%。[3]

第三,我国人口老龄化的特点。一是老年人口规模庞大。我国60岁及以上人口有2.6亿人,其中,65岁及以上人口1.9亿人。全国31个省份中,有16个省份的65岁及以上人口超过了500万人,其中有6个省份的老年人口超过了1000万人。二是老龄化进程明显加快。2010~2020年,60岁及以上人口比重上升了5.44%,65岁及以上人口上升了4.63%。与上个十年相比,上升幅度分别提高了2.51%和2.72%。三是老龄化水平城乡差异明显。从全国看,乡村60岁及以上老人、65岁及以上老人的比重分别为23.81%、17.72%,比城镇分别高出7.99%和6.61%。老龄化水平的城乡差异,除经济社会原因外,与人口流动也是有密切关系的。四是老年人口质量不断提高。60岁及以上人口中,拥有高中及以上文化程度的有3669万人,比2010年增加了2085万人;高中及以上文化程度的人口比重为13.90%,比10年前提高了4.98%。10年来,我国人口预期寿命也在持续提高,2020年,80岁及

〔1〕 参见"第七次全国人口普查结果公布:我国人口10年来继续保持低速增长态势",载国家统计局官网2021年5月12日,http://www.stats.gov.cn/。

〔2〕 参见"第七次全国人口普查结果公布:我国人口10年来继续保持低速增长态势",载国家统计局官网2021年5月12日,http://www.stats.gov.cn/。

〔3〕 参见王恩博:《权威回应:中国跌入"低生育率陷阱"了么? 人口普查耗费多大力气?》,载微信公众号"国是直通车"2021年5月13日,https://mp.weixin.qq.com/s/G9ch6moL-GehDdJWfvFWMg。

以上人口有3580万人，占总人口的比重为2.54%，比2010年增加了1485万人，比重提高了0.98%。[1]

人口老龄化的出现以及加剧，减少了我国适龄劳动力的供给，降低了劳动生产效率，成为我国经济持续健康发展的严重阻力。现有的研究表明，过去我国经济得以快速增长得益于劳动力的充分供给。也就是过去我国处于人口红利时期。在此时期，我国人口结构呈现为“中间大，两头小”，即适龄劳动人口占比较大，少儿和老年人口占比较小，这种人口年龄结构带来的是劳动力人口的供给充足，收入和储蓄投资都在增长，人口就业机会也在增加，由于少儿和老人数量较少，社会负担也较轻。随着我国人口老龄化加剧，人口红利逐渐消失，直接影响到经济的增长。人口老龄化和经济增长是不可分割的两个方面，就量而言，人口老龄化会降低劳动力人口这一促使经济增长的动力源泉，必然会直接降低经济增长率；就质而言，人口老龄化则是人口年龄结构的改变，会影响人口的整体质量，进而会影响我国的社会储蓄、资本投资、产业布局等方面，最终影响到经济的稳态增长。[2]

唯物史观认为，人是创造历史的主体，但是要创造历史，人首先必须生存下来，那么吃喝穿住等基本的生活需要是其生存下来的必要条件，换言之，即生产物质生活本身。马克思、恩格斯进一步指出：“当人们还不能够使自己的吃喝穿住在质和量方面得到充分保证的时候，人们就根本不能获得解放。解放是一种历史活动，不是思想活动，解放是由历史的关系，是由工业状况、商业状况、农业状况、交往状况促成的。”[3]

综上所述，人口的数量结构等现状都将是我国社会不和谐的表征。在此意义上，适当的社会人口再生产是改善人口数量与结构的必经途径。

---

〔1〕 参见王恩博：《权威回应：中国跌入“低生育率陷阱”了么？人口普查耗费多大力气?》，载微信公众号“国是直通车”2021年5月13日，https://mp.weixin.qq.com/s/G9ch6moL-GehDdJWfvFWMg。

〔2〕 参见张双双：《中国人口老龄化对经济增长的影响研究——基于劳动力供给和投资的角度》，山东大学2017年硕士学位论文，第3页。

〔3〕 《马克思恩格斯选集》（第1卷），人民出版社1995年版，第74～75页。

(四)实现社会和谐的条件

第一,发展生产力。唯物史观认为,生产力的发展是人类历史发展与进步的决定因素。相应地生产力发展水平也是衡量社会进步的关键因素。在促进社会和谐的进程中,唯有生产力的发展,才能推进社会物质生产与生活的提高,同时有助于提高人的精神生活水平,这些无疑都是实现人的全面自由发展所具备的良好条件与社会环境。

第二,发挥人的主体能动性。人是创造历史的主体,主体活动的结果则是创造了社会和谐要素之间的关系和规律。马克思强调人是社会变革与历史发展的推动力量。"一旦人已经存在,人作为人类历史的经常前提,也是人类历史的经常的产物与结果,而人只有作为自己的本身与结果,才能成为前提。"[1]马克思的观点要求我们必须从现实的个体出发来理解社会,个体的社会活动经过发展演变为团体的活动,最终形成社会系统与国家机构。因此我们说社会历史是个体实践并创造而形成的。社会关系也是个体与自然,个体与社会在互动联系中逐渐形成的。个体随社会的前进不断前进,从而推动社会进步。个体生活在社会中,并非简单生存,而是不断进行着从事劳动、从事物质生产、从事社会生活的实践。个体在经历社会交往的过程,就逐渐完成了与自然、与社会之间和谐共生的关系,进而推动社会和谐。因此,实现社会和谐必须重视个体的能动作用。

第三,以人为本。社会和谐其主旨就在于以人为本,构建社会和谐就是为了人民大众各尽所能,各得其所而又和谐相处。社会和谐的逻辑起点和归宿就是要以人为本,而要切实做到以人为本,就必须尊重并保障人权,不仅保障人民大众必要的政治、经济与文化权利,而且保障女性就业以及职业发展之权利,进而降低就业性别歧视指数,最终促进性别平等。还要保障未成年人生存、发展以及参与的权利,以此让社会充满活力。社会活力主要是指社会主体的活力,尤其是18~60岁人口的主动积极性、创造性以及竞争性均能被充分发挥出来。在此意义上,社会活力的充分发挥有助于我国社会进步、

[1] 《马克思恩格斯选集》(第2卷),人民出版社1957年版,第44页。

社会协调乃至社会和谐的实现。

五、国家责任理论

在市场经济社会中，每个人可通过三种途径分享社会产出：第一，根据契约，也就是根据国家传统价值——自助与自我责任，以自己对社会的贡献产出去换取其他的社会产出。第二，根据法律规定的公民地位（Civil Status）。具体如法律规定个人因退休而取得老年年金，因其职场遭受到伤害而得到雇主补偿等。第三，根据家庭地位（Family Status），该权利是因血缘或其他因循法律或风俗习惯衍生而来的亲属关系。[1]

国家参与未成年人养育的理由或者基础是什么？贝克尔认为，由于贫穷的父母不可能对子女进行有效率的投资，此时国家的干预可以有效减少穷人孩子与富人孩子不平等的概率。[2]

除了贝克尔主张的未成年人平等说，现有文献中国家分担未成年养育成本的各种观点大多集中出现在家庭政策、人口政策、促进女性平等的就业政策等文献里。从这些文献中，我们看到各国政府分担未成年人养育相关的实际政策与行动，但这些表面看似参与未成年人养育领域的作为并非以“国家必须分担未成年人养育责任”的前提为出发点，其中更多是出于促进女性就业，促进两性平等。因此，国家介入未成年人养育的理由或者理论基础可以从国家与家庭的关系入手。

（一）国家与家庭的关系理论

国家与家庭之关系其根本思想在于政府（或国家）如何看待未成年人的养育责任，如果国家认为这一责任或者主要责任在于自己，那么就会在政策上倾斜于“支持家庭”，尽管家庭依然会担负未成年人的监护责任，但最大的“监护人”是政府和国家，政府（或国家）与家庭之间犹如雇佣关系，家庭代替

---

〔1〕 参见郑清霞：《育儿责任分担的探讨与推估——国家 vs 家庭》，载《东吴社会工作学报》2007年第5期。

〔2〕 参见[美]加里·斯坦利·贝克尔：《家庭论》，王献生、王宇译，商务印书馆1998年版，第380页。

国家实施监护行为,而国家给予家庭在经济、育儿福利以及育儿服务等方面的诸多支持。反之,如果政府(或国家)认为这一责任或者主要责任在于家庭,那么其制定的政策就会更倾向于家庭支持,即规定家庭作为未成年人的监护人,政府(或者国家)的角色更类似于"判官"或者"裁判员",主要起到平衡父母与未成年人权利与义务的作用。[1]

国家与家庭的关系分为两个极端模式:一是自由放任模式,在此模式下,国家视家庭为私领域,国家对于家庭并没有预设立场;二是权威模式,该模式下,国家控制与规范家庭,对家庭定有明确的目标,我们以此为基础,尝试去探讨与建构国家必须承担未成年人养育责任的理由。

1. 自由放任模式下的理论介绍

最少干预模式。最少干预模式也称自由放任倾向,该模式认为,家庭知道其本身的功能与限制,对外来的限制,家庭可以其自发性、创造性与实验性自动调节回应,类似自由市场自发性秩序的概念,国家的干预反而适得其反,并造成资源的浪费与分配不均。该取向从政府最小干预的理念出发,反映自由民主的文化,主张家庭的权利不容被打扰或者干预,除非有紧急的状况。最少干预模式主张国家视家庭为私领域,家庭有高度自治权,父母与子女密不可分,国家赋予家长自由裁量权,决定子女居住地点、托育方式、教育、宗教信仰等。如果父母在未成年人的基本教养、衣着、庇护、健康照护、教育等方面违反了最低限度的照护,国家则会限制家庭的自治权,这个最低限度的衡量尺度则由国家来规范。国家针对具体的情形介入照顾事项,如父母死亡、因犯罪或其他理由无法亲自照护未成年人或者虐待未成年人,不能给予未成年人适当的医疗照护等。在此观念下,未成年人照护被视为家庭的责任,相应评估家庭的育儿能力一般从养家者是否能够提供育儿资源的角度入手,有关养家者育儿能力的相关政策也会强化,如失业救济金、孤儿福利年金等。

家庭主义模式。家庭主义模式追崇最小的政府,政府不能也不该介入家

---

[1] 参见徐浙宁:《我国关于儿童早期发展的家庭政策(1980—2008)——从"家庭支持"到"支持家庭"》,载《青年研究》2009 年第 4 期。

庭生活，除非他们危及其他人的权益，但一些传统权威保守主义者又相信，传统家庭是社会稳固的基础，强调对传统原则的顺从与卑屈。反对任何损害的理念或运动。保守理论派认为国家的福利津贴让女性带着未成年子女离开男性独立生活，从而间接免除了男性的责任，而另外，福利国家的高税率也导致母亲必须放下照顾丈夫子女的“天职”，而参与社会劳动，赚取薪资，从而维持家庭生活水平。由此，保守派认为女性主义与福利国家是动摇传统家庭形态的元凶。指责未成年人津贴等育儿责任的分担措施均是“国家对家庭不当的干预”。保守派批评社会福利不但因为其核心价值是家庭自助，而且因为其经济观是自由放任，因此，他们认为国家提供的福利是无效率、无效果的，通过降低工作诱因来打断个人的努力。[1] 相反，威尔逊（Wilson）在1977年就提出国家对于家庭的干预其实是为强化保守派的父权核心家庭形态。许多福利措施旨在强化男人养家的能力与地位，而促使女人身为一个依赖者来照顾家庭。福利国家等于变相鼓励父母（特别是父亲）忽视他们对于家庭的财务责任、对于妻儿的道德教育。福利国家让人产生一个简单的信念“国家会提供”，这个想法也侵蚀原先具有的自助与自给自足。[2]

在此基础上，埃斯平·安德森（Esping-Andersen）于1999年提出家庭主义[3]与去家庭主义两个概念，主要是区分家庭是否对其成员的福祉有全面的责任。他主张家庭主义的福利体制是赋予家庭最大限度给予家庭成员福利的义务，去家庭主义则通过社会福利制度与政策来降低个人对家庭的依赖，个人可以不受到家庭与婚姻关系的影响，而极大化地对经济资源进行控制。[4] 莱特纳（Leitner）于2003年根据此概念又进一步区分为四种形态：（1）显性型家庭化：该形态不但强调家庭的照护功能，且在国家或市场均没

---

〔1〕 参见郑清霞：《育儿责任分担的探讨与推估——国家 vs 家庭》，载《东吴社会工作学报》2007年第5期。

〔2〕 See Wlison E, *Women and Welfare State*, Tavistock Publications Ltd, 1977, p. 281.

〔3〕 所谓的“家庭主义”是指受天主教教义的深深影响，特别是教义中提到的辅助性原则，强调国家与社区都不应干预家庭的自主权责任，使家庭有正当性地被排除在公共政策之外，同时也让女性面临在就业与照顾工作的两难境地。

〔4〕 See Esping-Anderson G, *Social Foundations of Postindustrial Economics*, Oxford University Press, 1999, p. 50.

有提供替代性的选择时,会协助家庭完成照护功能(如国家提供未成年人的照护津贴);(2)选择型的家庭化:该形态强调家庭照护功能,但也提供部分降低照护责任的选择,如国家提供正式照护体系或照护津贴;(3)隐性型家庭化:该形态既不能提供去家庭化措施,也未能积极通过家庭化政策协助家庭完成照护功能,换言之,既缺乏正式的未成年人照护体系,也缺乏照护津贴;(4)去家庭化:该形态强调降低家庭照护负担,由国家提供照护或者福利服务,或由国家补贴从市场购买相应服务,但为了去家庭化,故没有给予家庭照护津贴。[1]

2. 权威模式下的理论介绍

(1)家庭失灵主义。随着社会进入工业化之后,原来家庭通过集聚家庭内资源,统筹运用资源的方式来对抗各种风险的功能逐渐丧失,家庭无法处理社会风险,福利国家便应运而生,从而导致"家庭失灵主义"产生。家庭失灵是指家庭有问题、家庭功能无法发挥之时,政府才介入协助家庭发挥功能甚至取代家庭功能。当家庭未能发挥其功能,国家便基于保护未成年人权益介入家庭。

家庭失灵主义与市场失灵主义类似,还是必须预设家庭功能为原则。社会学家奥格本(Ogburn)和蒂比茨(Tibbits)在1934年提出家庭有生殖、保护、社会化、规范性行为、情感交流、提供社会地位六大功能。[2] 谢佛(Schaefer)于2001年提出其他的社会制度也会逐渐提供原先属于家庭所独具的功能。功能论者按照"家庭失灵"的概念解释国家对于未成年人养育事务的参与,比较类似的是哈丁于1996年提出国家对于家庭应为"替代或支持家庭"模式,国家对家庭并无特别预设也不妄图用政策去建造理想家庭,仅在家庭功能无法发挥时,以既有资源或工作模式去协助家庭。需要注意的是,如果家庭明确预设、界定家庭功能,那么家庭失灵理论就比较偏向于家父主义取向。

---

〔1〕 Leitner S, *Varietries of Familialism _ the Caring Function of The Family in Comparative Pestective*, European Societis, Vol. 5:4, p. 362(2003).

〔2〕 Ogburn. W. F & C Tibbits, *The Family and its Function*, in Ross E. A ed., The Pricinples of Sociology, Henry Holt, 1934, p. 423.

贝克尔关于国家与家庭两者的关系，也比较类似家庭失灵理论，他认为，未成年人因其身心发展尚未成熟，无法对其照护者达成可信赖的契约式安排，为此，法律与社会规范需要对未成年人予以保护。比如，法律惩罚虐待未成年人、拐卖未成年人和未经政府批准堕胎的犯罪行为。同时法律还为未成年人提供义务教育，向有未成年人的家庭提供福利帮助，对涉及未成年人的离婚有严格规定，并且规定了最低的结婚年龄。与此同时，贝克尔强调，国家在考虑是否介入家庭时，不仅考虑对未成年人的影响，而且必须顾及对父母的影响，也即国家介入的前提是未成年人与父母都得利或者未成年人得利超过父母的损失。[1] 在此，我们用效率的观点切入，当国家对老年人的社会福利日渐健全，是否应该相应增加未成年人福利支出，唯有这样，才符合效率，因为未成年人会在将来创造更多的产出。综上，家庭失灵主义预设家庭应有养育未成年人的功能，但是随着社会变迁产生新需求或者遇到困境而导致家庭功能无法完成时，国家则必须介入家庭且予以回应。

(2)市场失灵主义。“市场失灵主义”是国家干预自由市场资源配置的主要理由。由市场失灵主义解释国家对育儿责任的分担可由“公共财产说”、“外部性说”与“资讯不对称说”等予以阐述。

公共财产说。公共财产说采纳经济学家的观点，认为子女是为父母提供效用的耐久消费财产，提供所得的投资财产，也是具备外部性的公共财产。公共财产之最大特点是不可分割性和非排他性，不可分割性是指此处消费的边际成本是零；非排他性是指无法排除他人使用，此处的“他人”是指那些“没有付出代价的人”。进一步而言，任何一名消费者无论是否付出代价，均可以享用该项财产，从而使生产者无法向消费者收取消费的代价(或费用)，故他不愿意承担公共财产的生产成本。未成年人是未来的劳动人口与纳税人，为人父母者年老时并不能排除其他老人(那些年轻时没有养育子女的

[1] [美]加里·斯坦利·贝克尔：《家庭论》，王献生、王宇译，商务印书馆 1998 年版，第 388～389 页。

人)享用这些成果。此时,未成年人的“非排他性”特征[1]非常明显。

换言之,无论有无养育子女,大家均可在自由市场上购买私有财产,在老人福利措施、全民保健、公民福利甚至未来的长期照护保险等制度中具备相同权利,但保险与福利都必须由税收全部或部分支付费用。以美国为例,由于社会安全制度以及广大的公共债务,原则上所有公民都享用到后代子孙的所得,但却不是所有公民都抚育这些未来的劳动力与纳税人口,那些对于未成年人养育付出少量心力的人,其实就是育儿劳动搭便车者。

外部性说。养育未成年人具有外部性,外部性分为“外部经济”与“不经济的”。“外部经济”是指当大众的经济行为不能排除他人享用时,称为外部经济,当外部经济情况发生时,通常产量会少于社会的最低数量。父母培养未来的劳动力,但却不能排除他人享用成果,所以,“养育子女”存在有外部经济,父母养育子女的机会成本逐渐升高,而养育子女的效益却逐渐受到挑战。另外,“不养子女”这个行为对社会而言是有外部“不经济的”存在的。当国家提供的福利制度与福利措施越完善,传统上所担心的没有子嗣所导致的不良后果并不用自行承担,没有生养子女的个人有更多的机会和条件(时间)赚取经济所得,他们一旦步入老年,即可能因缺乏家庭功能,而有较大的概率需要国家与社会施予援助。该经济行为因有部分成本不必自行负担,必将发生外部不经济现象,这种不生养子女的行为会超过社会的最低数量。假如老年保障的成本持续集体化,而养育后代的成本仍然个体化,未成年人的公共财产特质越加明显。正好也应证费孝通先生主张的“生殖是损己利人的行为”。[2] 此时国家必须有相应政策,将“育儿”与“养老”政策协调起来。[3]

资讯不对称说。经济学阐释资讯不对称是指消费者经过多次消费行为,自然会选择优良产品,让优良的生产者在市场竞争中胜出,但在纷繁复杂的产品筛选过程中,消费者对其消费品认知的专业能力受限,选择失误的代价

---

[1] 日常生活的非排他例子则是:代价非指金钱,如班上只有一人去器材室借球具,全班都可以顺利上体育课,其他没有借球的人既可说是没有付出代价(借球),也可以享受结果(顺利上课)的人。

[2] 参见费孝通:《乡土中国》,上海世纪出版集团 2011 年版,第 443 页。

[3] 参见郑清霞:《育儿责任分担的探讨与推估——国家 vs 家庭》,载《东吴社会工作学报》2007 年第 5 期。

需自己承担，轻则是买不良产品，经济受损失；重则是攸关性命造成不可逆的损失，像未成年人照护这类攸关人体健康与生命的财产或服务，其因资讯不对称引起的损失更是无法衡量。资讯不对称之现象在未成年人照护市场尤为容易发生，因为劳务的购买者不是劳务的实际使用者，未成年人虽然是直接接受服务的人，但是他们没有足够的辨别力去了解或反映照护品质的好坏，父母也无法时时刻刻在照护现场监督，这也恰是父母优先选择亲属来照护子女之原因。但是，亲属照护子女的优先选择因个体家庭具体情形不同而受到限制，此时国家有义务承担起生产资讯的责任（如定期评鉴托幼机构之规范程度并公布结果），或者有义务负起监督生产者的工作这类责任，另外，国家也有义务提供某些补助，引导父母使用高品质的未成年人照护服务。[1]

（3）社会经济运作逻辑。国家参与家庭领域的未成年人养育其本质是一种社会福利，那么我们可以由福利国家的发展理论来解释国家对未成年人养育责任的分担。有学者则将福利国家的发展与资本主义生产模式联结在一起，他们认为，生产形式主要有企业与职工，企业拥有土地、机器等资本，购买原料与劳力来生产产品，并出售产品回收金钱创造利润。职工则受雇于企业、赚取工资来购买自己生产但却由企业家出售的消费品。劳动力的价格是工资，但劳动力是相当特别的商品，因为劳动力的价值必须满足“生产”职工，也必须满足“再生产”公认的下一代——未来的劳动力。在单薪家庭中，职工赚取的工资用于购买市场中必要的商品或服务，以维持自身循环提供劳动的能力；另外，在家庭中由家庭主妇来生产一系列的家务劳动。职工必须进行这两种系列的消费才能持续补充进一步工作的能力。家庭主妇的家务劳动称为劳动力再生产，意即未成年人养育责任之承担。

由于女性劳动参与率的上升等社会变迁因素，已婚女性的劳动参与导致生产与再生产的冲突，我们反复强调未成年人是未来的劳动力，故在社会变迁过程中，国家会介入劳动力再生产过程，亦即，由国家制定的政策来满足

---

〔1〕 参见郑清霞：《育儿责任分担的探讨与推估——国家 vs 家庭》，载《东吴社会工作学报》2007年第5期。

“再生产”功能的需求。如果按照此论点，那么国家对于家庭的支持，即可解释为社会的价值与社会关系运作更为顺畅、稳定，为了强化劳动市场上的人力资本，最终目标是保护、促进社会的整体利益。

(4)家父主义。家父主义主张国家保护家庭成员，国家主导规范家庭应该如何实践其功能。福克斯·哈丁于1991年在“国家父爱主义与儿童保护”中讨论未成年人照护政策时进一步谈到此观点。该观点与19世纪末20世纪初政府福利的扩张有关，政府在未成年人保护照护方面的干预扩张被合法化，而家庭则被贬抑。当父母本身对未成年人的照护不适当时，替代性的照护则是合理的选择并被认同。家父主义视域下未成年人与父母的关系有如下几个特点：第一，因未成年人无法自由选择谁来当他的父母，故政府有义务与责任去保护未成年人。第二，父母只是一个受托管理者，并非“至高无上”，社会赋予父母的责任包括：(1)有责任保障未成年人之权利；(2)有责任不让其他人侵犯未成年人的权利；(3)有责任促进未成年人的利益。而且，父母必须担负责任并持续履行育儿责任才能享受亲权，任何与父母有关的权益乃立基于促进未成年人最佳利益而来。第三，父母的照护并非完全恰当，可能会让未成年人处于危险状态，所以政府要介入。第四，未成年人被认为是具有依赖的、易受伤的，他们的需求与成年人不同。另外，未成年人因其身心发展限制，他不易发觉其权益受到侵害，也不会主张自己的权利。

综上，照护未成年人是父母的义务，当父母没有充分履行此义务时，政府有其正当理由将未成年人交由其他人照护。此时，未成年人的福利列于社会的优先地位，未成年人有权利享有高品质的照护服务，国家不计一切成本地保护未成年人。此观点则是让国家介入家庭之时，扮演一个可以接受的角色，也即只有未成年人处于不适当的照护环境时，国家才介入家庭，除了这个消极角色，国家亦可扮演其积极性角色以提供更完善的未成年人福利。然此观点的前提是，政府必须先规范“什么是适当的照护”？例如，政府须在父母对未成年人生存权的保障，经济的安全、特定的照护责任等方面予以规范。

(二)国家承担未成年人养育责任的理论争辩

艾斯平·埃德森(Esping-Anderson)于2000年提出让女性外出工作，一方面,可以增加家庭收入,缓解贫穷状况;另一方面,也可以增加税收,增加社会福利财政。[1] 为了让女性顺利外出工作,国家必须采取具体措施支持女性的家庭育儿工作。但我们通过前述理论发现,其实国家对于育儿责任的分担拥有更为基本的预设立场与潜在的价值观,依其潜在的价值观与特性,又根据国家与家庭的关系几个派别论者来分析论证国家担责的理论基础。虽然前述几个派别论者非一致协同,但在针对未成年人的福利所采取的措施方面,经过全面性的检视,发现其背后的出发点、价值观与理念则是一致协同的。

最少干预模式的"自由主义模式"、"家庭主义"以及"家庭失灵主义",均赋予家庭首位的育儿责任,国家则担负不得已的补充参与之责。但三种主义对于家庭的看法却大不相同。自由放任主义对家庭是信任的,相应赋予家庭最大的自由裁量权,因此对于家庭形态的发展创造无限的空间。在此模式下,同性恋家庭,非婚同居(异性)家庭可以被接纳。家庭主义对家庭有强烈的价值判断,认为传统一夫一妻才是最为正当的家庭,坚守丈夫是生产者,妻子是再生产的角色规范。自由放任与家庭主义模式均强调国家"千万不能多做什么",但自由放任是基于尊重家庭自主权,而家庭主义则是基于"避免阻碍家庭承担育儿责任的意愿与能力"。相对于最少干预主义,"家庭失灵主义"下的国家不会主动去承担育儿责任,仅出于效益与效率的考量,国家在家庭失灵时必须介入。家父主义与家庭失灵主义则是一体之两面,以促进未成年人福祉为出发点,国家必须先定义家庭对于未成年人的养育何者为适当?何者为不适当?这些基于未成年人人权而制定的相关法令,强令家庭必须履行其职责,同时这些设定的法令,不免给家庭带来困扰,凸显其家庭失灵与履行育儿事务能力上的不足。

整体而言,我们可以看出最少干预主义强调家庭最清楚自己的职责所在,所以赋予家庭自治权,然而在特殊状况仍赋予国家介入的空间,故其多着

---

[1] Esping-Anderson G, *Interview on Postindustrialand the Future of the Welfare State*, Work, Employment & Society, Vol. 14:4, p. 757 - 769(2000).

重国家对于特殊境遇未成年人的处遇,而谈不上所谓的育儿责任分担。而就目前国际社会对于“未成年人人权的”倡议认同情况来看,最少干预主义对于国家分担育儿责任的解释空间已经逐渐萎缩。

社会经济运作逻辑的解释虽有些偏隘,然而它指出劳动者同时扮演“生产者”与“再生产者”角色的困境,所以国家必须介入劳动再生产的过程。在此主义下,国家对于育儿责任的承担主要源自“今日的未成年人是未来的劳动力”的假设,国家角色既然在于维护社会经济的运行,那么国家就必须分担孕育未来劳动力的责任,社会经济运作逻辑强调的是企业的利益,而市场失灵理论则强调未成年人是公共财产,所以由这两个主义发展而来的未成年人福利政策内涵也大为不同。

市场失灵观点则是相当务实的取向,因为如果未成年人是“宇宙继起之生命”,是国家未来的主人翁。那么未成年人就是社会的孩子,而不仅是父母的孩子,未成年人养育的责任不应全然落在家庭,而必须由社会来分担,这些共同承担的预设化为行动之后,积极性的作为除了义务教育之外,个税附加扣除项、未成年人津贴、公共托育服务、育儿假等均为国家分担育儿责任的具体表现。

在我国,最早谈到国家承担未成年人养育责任的观点则要追溯到变法时期的康有为。他提出:“人非人能为,人皆天所生也,故人人皆直隶于天而公立政府者,人人所共设也,公立政府当公养人而公教之,公恤之”,〔1〕“家不分贫富、人不分贵贱”,“惟婴儿既经公养,人为全地之公物,非父母所得私有之,不过借父母以生耳”。〔2〕

康有为主张,父母的责任是为人类、国家、民族孕育新的生命。未成年人不应私属于父母或者家庭,而应隶属于政府与国家,每名儿童的出生、保育皆得到“公立政府”这个公养人平等公正的“公养”;“公立政府”通过设立“公立育婴院”〔3〕收养儿童,来达到全体儿童平等公正的生育、养育和保健,实现

---

〔1〕 康有为:《大同书》,中州古籍出版社 1998 年版,第 235 页。
〔2〕 康有为:《大同书》,中州古籍出版社 1998 年版,第 253 页。
〔3〕 康有为:《大同书》,中州古籍出版社 1998 年版,第 252 页。

全体儿童应该享有的生养、保健的权利。因每个家庭的父母差异，导致每个儿童接受教育的程度不同，恽代英为此提出儿童公育的思想。他强调："就社会学说，儿童不是他父母的儿童，乃是社会的一个新份（分）子，所以社会应该承担其应尽的责任来。"[1]康有为和恽代英提出的儿童自出生起进行"公养"和"公育"的思想，也就是将儿童养育、教育的责任从家庭让渡给国家与社会，是政府、社会应当承担的责任。显而易见，即便是与现代思想相比，该思想也是更具远见卓识的。

基于对国家公养思想的承继，2020 年针对学龄前儿童的入园现状，杜玉波（人大常委委员）提出："学前教育应坚持政府主导，落实各级政府在学前教育规划、投入、教师队伍建设、监管等方面的责任，牢牢把握公益普惠基本方向，坚持公办、民办并举。"[2]关于幼儿园的设立方面，人大委员们认为："国家顶层设计应鼓励企业社区等社会力量举办普惠性幼儿园，鼓励社会资本投向幼教领域，鼓励创设普惠性的幼教品牌；科学核定办园成本，合理确定收费价格，通过综合奖补、减免租金等方式减轻普惠性民办园的运营负担。对公办园和普惠性民办园在财政补贴标准、政府购买服务方面一视同仁。"[3]

---

〔1〕 恽代英：《儿童公育在教育上的价值》，载中央教育科学研究所编：《恽代英教育文选》，湖北教育出版社 1991 年版，第 160 页。

〔2〕 张维炜：《如何更好实现"幼有所育"？人大开良方》，载《中国人大》2020 年第 2 期。

〔3〕 张维炜：《如何更好实现"幼有所育"？人大开良方》，载《中国人大》2020 年第 2 期。

第二章　国家分担未成年人养育成本

第一节　国家分担未成年人养育成本的立法演变

一、我国关于未成年人养育立法的历史演变

(一)中国古代父权观念下的未成年人养育思想

未成年人养育思想自古受到我国传统文化的重视,古代典籍中有关儿童教养思想的体现最早可以追溯到我国最古老的文献之一《易经》之中:"蒙以养正"体现了古人对幼教的最初认知。《孟子·梁惠王上》中"幼吾幼以及人之幼"的理念千百年来已为大众广泛认同。《周礼》中有关"慈幼"的论述也呈现了我国古代关于儿童教养的观念与思想。除此之外,《礼运·大同篇》中"故人不独亲其亲,不独子其子,使老有所终,壮有所用,幼有所长,鳏、寡、孤独、废疾者皆有所养"的理想也为当时及后世描绘了一幅国富民安、国昌民乐的愿景。但是,一直以来我国古代社会深受宗族秩序、孝悌理念、伦理规范等家族本位主义思想的影响,关爱未成年人仅仅停留在德与仁的层面,未成年人权利观念的缺位,使未成年人权利保障在我国历史上长期空白,立法更是无法企及。就本质而言,深受"家族家父"主义传统价值观影响,传统文化极力否定个体独立性,致使未成年人很难被视为权利主体,根据封建法律的规定,家长具有绝对权威,未成年人的身份、权利、财产均处于家长的绝对掌控之下,他们被视为宗族及家长的个人附属,缺乏独立主体地位,经济与政治地位更是无从谈起,未成年人的个人权利被长期忽视,因此,未成年人权利的

保护没有被提上观念乃至立法的日程。其结果是,父母无视未成年人的独立人格与自我意识,未成年人权利更无法进入大众观念。

(二)中华人民共和国成立以来我国未成年人养育立法概览

上述而言,我国未成年人权利的保护缺位持续数千年,但是保护教养未成年人的思想与实践作为我国丰富的文化遗产,可以成为当下完善未成年人福利制度与未成年人权利保护的传统思想源泉。进入20世纪,随着人权观念与思想的传播普及,我国关于未成年人权利保护的立法逐渐进入大众视野。大致而言,保护未成年人权利的立法分为宏观和微观两个层面。

就宏观层面而言,中华人民共和国成立后,我国关于保护未成年人的立法逐渐增多,1949年颁布的《共同纲领》与中华人民共和国成立后的《宪法》,均明确规定未成年人应受法律保护,1982年《宪法》专设两条关于未成年人养育的规定,其中第46条规定:"中华人民共和国公民有受教育的权利和义务。国家培养青年、少年、儿童在品德、智力、体质等方面全面发展"。就此条规定来看,国家成为承担少年儿童(未成年人)全面发展的义务主体,立法的理由在于未成年人既是父母的子女,也是国家的公民。《宪法》第49条规定"婚姻、家庭、母亲和儿童受国家的保护",作为未成年人养育最为核心的内容,婚姻、家庭、母亲都应当为未成年人提供良好、健康的成长环境,他们本身也是未成年人早期成长的关键因素;[1]"父母有抚养教育未成年子女的义务,成年子女有赡养扶助父母的义务"。这些规定为以后未成年人权利全方位保护奠定了宪法基础。从20世纪90年代开始,未成年人权利保护进入全新的时代,经过多年的努力,尤其是以1990年我国签署加入《儿童权利公约》为标志,此后,我国公众关于未成年人权利的意识逐渐增强,在公众眼中,不管未成年人身处何地,无论在家庭、学校、社会乃至国家中,未成年人都应该是享有权利的社会成员,而非仅是被保护、被教养的对象。

上述之外,我国还通过一系列的发展纲要与行动计划,专门保护儿童的基本权利。1992年我国通过《九十年代中国儿童发展规划纲要》,该纲要的

---

[1] 胡敏洁:《学龄前儿童照顾政策中的公私责任分配》,载《北京行政学院学报》2019年第2期。

目标旨在降低5岁以下儿童死亡率和儿童营养不良率，保护困境儿童等49项指标。2001年，我国通过《中国儿童发展纲要（2001—2010年）》，该纲要强调保护儿童是中国社会发展的一项基本原则，以此为基础，对我国儿童权利的保护问题做出了新的规划与实施方案。时隔8年后，2009年4月13日，我国通过《国家人权行动计划（2009—2010年）》，明确提出："全面实现《中国儿童发展纲要（2001—2010年）》规定的目标，根据儿童最大利益原则，努力保障儿童的生存、发展和参与的权利"[1]。紧随其后，我国政府再次通过《中国儿童发展纲要（2011—2020年）》，专门增设"儿童与福利"一章，并将未成年人利益最大化作为保护未成年人权利的原则加以确认。[2] 典型如中央和地方政府将未成年人有关费用纳入政府预算，从而使未成年人生存权在法律层面有了经济保障；明确工作人员在保障未成年人权利方面承担的法律责任（行政处分）；确立平等原则，未成年人不论贫富贵贱、民族类别，都享有法律平等的保护，尤其对困境未成年人与问题未成年人予以重点保护。这些均充分体现国家在未成年人权利保护方面的率先作为，具有非常重要的引导与规范作用，凸显我国政府对未成年人权利保护的重视。

2021年9月27日我国通过《2021年儿童纲要》，《2021年儿童纲要》是我国正处于实现"两个一百年"奋斗目标的历史交汇期而发布的，总体目标则是确保未成年人在健康、安全、教育、福利、家庭、环境、法律保护等领域的权利进一步实现。与前几次明显不同的是，《2021年儿童纲要》结合我国的国情与未成年人的实际情况，将对未成年人的性教育、网络保护进行了目标定位与具体措施的保障规定；对普惠托育服务体系建设方面也提出了综合性保障措施；与此同时，《2021年儿童纲要》第一次强调家庭教育的重要性，并规定家庭教育的内容，强调父母履行家庭监护责任的方式，强调家庭中男女平等，并对家庭教育服务机构的支持与保障措施予以规定；尤其值得一提的

---

[1] 《国家人权行动计划（2009—2010年）》，载中国政府网，https://www.gov.cn/jrzg/2009-04/13/content_1283983_4.htm。

[2] 《中国儿童发展纲要（2011—2020年）》，载国务院新闻办公室网站2011年8月8日，http://www.scio.gov.cn/ztk/xwfb/46/11/Document/976030/976030.htm。

是,在提振生育率,完善三孩生育政策配套措施方面,《2021 年儿童纲要》第一次提出了倡导性的措施,具体如"增加优质普惠托育服务供给……落实产假制度和生育津贴,探索实施父母育儿假。推动将 3 岁以下婴幼儿照护服务费用纳入个人所得税专项附加扣除,加强住房等支持政策,减轻生育养育教育负担";"鼓励用人单位创办母婴室和托育托管服务设施,实施弹性工时、居家办公等灵活的家庭友好措施"。旨在构建一个生育友好社会环境,提升民众的生育意愿进而增加生育数量。[1]

从微观层面而言,进入 21 世纪,我国于 2001 年 9 月颁行《未成年人保护法》(家庭保护章),此后分别于 2006 年、2012 年、2020 年对《未成年人保护法》予以修订,加强了未成年人权利保护的力度。截至目前,包括我国《宪法》之内,我国《民法典》、《未成年人保护法》、《中华人民共和国预防未成年人犯罪法》、《中华人民共和国母婴保健法》、《中华人民共和国家庭教育促进法》(家庭责任章)以及其他相关基本法均规定,父母履行抚养教育未成年子女的义务。明确抚养教育的费用则包括生活费、教育费以及医疗费三部分。因此,无论是立法的安排,抑或传统观念上的认知,养育儿女是父母天经地义的责任与义务,国家只有在部分家庭陷入困境时才会有实施福利政策的帮助与救济。显而易见,一以贯之的观念与立法使当前我国普通家庭承担着巨大的育儿成本。伴随我国经济飞速发展,家庭养育未成年人所需支出的急剧增长使育龄家庭的生育意愿趋于低迷。

二、我国国家分担未成年人养育成本的历史演变

(一)改革开放前国家分担未成年人养育成本的表征

中华人民共和国成立之后,我国在机关、事业单位、国有企业等内部开始

---

〔1〕 参见《国务院关于印发中国妇女发展纲要和中国儿童发展纲要的通知》,载国务院新闻办公室网 2021 年 9 月 27 日,http://www.scio.gov.cn/xwfbh/xwbfbh/wqfbh/44687/47020/xgzc47026/Document/1713741/1713741.htm。

大规模配置公立“托儿所”[1]。在女性解放运动和对女性劳动力需求的双重驱动下，托儿所体制逐步完善并日渐发达，形成了良好且独立的托儿所体系，当时的托儿所收托出生满56天(8周)的婴儿，既给家庭尤其是女性的社会生产和生活带来了极大便利，又在很大程度上将女性从家务中解放出来。这种较为完善且深具福利性的托儿所体系，伴随我国经济社会的不断变迁与持续革新，一直持续到20世纪90年代早期。

由于托幼事业被党和政府提到全党事业的高度，兴办各式各样的托儿所、幼儿园在20世纪50年代蔚然成风。统计数据显示，1952年工矿企业、机关学校中的托儿所达到2738所，比1949年增加了22倍之多。[2] 在大中城市还建立了街道托儿站4346处，收容劳动妇女的子女。[3] 到1956年年底，全国城市各种托儿机构约有26,700多处，受托儿童125万余名，相较1949年的数量，增加260倍。[4] 这些托儿所、幼儿园适时地满足了城镇女性就业后婴幼儿照护的需求。首先，在地点和时间方面充分迎合了新生婴儿父母的需要。幼托机构保障了职业女性的正常工作时间，职业女性可以专心安心工作，节省了照顾婴幼儿的时间与精力，没有了后顾之忧。其次，托幼机构收费低廉，绝大多数费用由国家、单位承担，家庭负担的比例很低，使大多城镇家庭完全可以接受。复次，婴幼儿患有除特殊疾病需要由父母亲自照看以外，普通的诸如感冒等常见疾病均可以由托幼机构工作人员照护。最后，托幼机构接受婴幼儿的年龄基本与母亲的产假无缝衔接，与此同时，无论任何性质的单位都可以保障母亲的哺乳时间。值得一提的是，在当时几乎所有的机关企事业单位还开设食堂供应餐食，很大程度上减轻了家庭成员尤其是女性回家烹饪的家务劳动时间负担。由上可知，计划经济时期，工作单位是国家调控体系的基本单元，极大保障了城镇女性工作与家庭的双重角色的充分发

---

[1] 1994年12月1日由原卫生部、原国家教育委员会联合发布的《托儿所幼儿园卫生保健管理办法》(中华人民共和国卫生部、教育部令第76号)于2010年3月1日修订，将托儿所与幼儿园合成托幼机构。本书后面的托幼机构即指托儿所与幼儿园的合称。

[2] 参见蒋永萍：《社会转型中的城镇妇女的工作和家庭》，当代中国出版社2009年版，第38页。

[3] 参见蒋永萍：《社会转型中的城镇妇女的工作和家庭》，当代中国出版社2009年版，第38页。

[4] 参见蒋永萍：《社会转型中的城镇妇女的工作和家庭》，当代中国出版社2009年版，第38页。

挥。工作单位既是国家政策的最终承载者和落实者，又是整个政治体系的支撑者和资源的分配者。一是由此造成国家对资源的强制提取；二是单位对国家的依附的双重结果。单位的职能也非常强大：一方面，作为国家控制体系的主干，依赖于国家资源的供给；另一方面，也履行着控制个人，实现社会整合的功能。总言之，计划经济时期，未成年人的养育成本，无论幼儿园还是中小学乃至高等教育，基本由国家承担。国家与单位的关系凸显我国“家国同构”之理念，在育儿领域成本的分担上，体现尤为典型。“家国同构”的理念反映在我国的改革中则是这样一种尝试，即中华人民共和国成立初期，我国实行的是社会主义的计划经济模式，它与资本主义市场经济模式有着本质的不同，此时国家综合运用税收、法律、行政、政策等手段有效调节社会产品的再分配，国家扮演的角色是一个以民生为取向，代表全体社会成员利益的政权组织形式。需要强调的是：在中华人民共和国成立初期，我国经济一片萧条、百废待兴的条件下，政府为我国绝大多数城镇家庭提供了最基本的生存保障，在最大限度内平衡了家国层面、男女两性的共同利益，从而在很大程度上避免了资本主义国家中，女性面临家庭与工作两者矛盾冲突的局面。[1]

（二）改革开放后国家分担未成年人养育成本的表征

1980 年《城市托儿所工作条例》（试行草案）颁行，将托幼机构明确定位为“3 岁前儿童集体保教机构”，由地方行政部门领导。当时全国有 22 个省（自治区、直辖市），建有包括托儿所、幼儿园在内的幼托机构共计 98.8 万多个，在托在园人数多达 3400 多万人，入托入园率高达 28.2%。根据 2016 年国家统计局公布的数据，1980 年中国城镇化率仅为 19.39%，按照此标准，城镇的婴幼儿应基本全部进入幼托机构。[2]

进入 20 世纪 90 年代后，随着我国市场经济体制的逐步建立与完善，加之独生子女政策的严格推行，我国包括家庭、人口、经济、社会等各个领域发生了深刻变化。市场改革与市场经济模式使托育责任逐步从国家、单位中剥

〔1〕 参见蒋永萍：《社会转型中的城镇妇女的工作和家庭》，当代中国出版社 2009 年版，第 11 页。
〔2〕 参见杨菊华：《新时代“幼有所育”何以实现》，载《江苏行政学院学报》2019 年第 1 期。

离,同时核心家庭数量增多,家庭子女数量骤减,随之社会对托育服务的需求降低。数据显示,1991 年近 12% 的 3 岁前幼童在公立托育机构入托,进入 21 世纪,即 2000 年,公立托育机构入托的比例几乎为零。由此可知,公办福利性质的托育机构已然走入了历史。[1] 托育机构入托人数的变化表明我国计划经济时期的"家国同构"理念逐步转向市场经济的"家国分离"乃至"公私划界"的趋势。在家庭中,男性为主要养家者,女性为主要家务承担者的观念得到了加强,进而出现了女性身担双重角色之结果。

公办福利性托幼机构的消失并非意味国家可以将育幼之责任全盘转移给家庭。如前所述,《宪法》中明确了国家负有培养未成年人全面发展的义务。但 2016 年以来伴随"二孩"政策推行,加之 2021 年 5 月 31 日中共中央政治局做出的"三孩"政策的启动,婴幼儿的养育照护与母亲的就业矛盾将会越来越突出,亟须国家立法与社会经济政策予以回应。如果国家立法与社会政策不能产生出可与经济制度和家庭现状有效互动的社会福利制度,那么就会出现社会排斥的现象,进而使部分社会成员成为新的贫穷社群之后果。因此,基于社会新现象与新背景,国家立法与社会政策的完善极为紧迫。[2] 基于《未成年人保护法》的有效实施,同时基于"三孩"政策的落地,2021 年 6 月 8 日我国民政部少年司法专业颁布委员会颁布国务院未成年人保护工作领导小组《关于加强未成年人保护工作的意见》(以下简称《2021 年未成年人保护工作意见》),此规章的出台对于人口增长的目标配套措施宏观定位是:"到 2035 年,与我国经济社会发展相适应、与人口发展战略相匹配的未成年人保护工作体系全面建立,加强未成年人保护工作成为各部门、各行业和社会各界的行动自觉,成为全面建成社会主义现代化国家的显著标志之一,未成年人的生存权、发展权、受保护权、参与权等权利得到更加充分保障"。《2021 年未成年人保护工作意见》关于人口增长配套的微观措施:第一,对家庭监护责任的强化"完善家庭监护支持政策。全面落实产假等生育类假期制

---

〔1〕 参见杨菊华:《新时代"幼有所育"何以实现》,载《江苏行政学院学报》2019 年第 1 期。

〔2〕 参见杨菊华:《论政府在托育服务体系供给侧改革中的职能定位》,载《国家行政学院学报》2018 年第 3 期。

度和哺乳时间相关规定,鼓励有条件的地区探索开展'育儿假'试点";第二,"发展普惠托育服务体系,加大对社区婴幼儿照护服务支持力度。遵循婴幼儿发展规律,完善有关政策法规体系和标准规范,促进婴幼儿照护服务专业化、规范化建设。加强托育机构监督管理,做好卫生保健、备案登记等工作,积极构建综合监管体系。加快培养婴幼儿照护服务专业人才,大力开展职业培训,增强从业人员法治意识。切实强化和落实各方面责任,确保婴幼儿安全和健康。"《2021年未成年人保护工作意见》虽然是部门规章,但强调国家层面对家庭养育未成年子女的支持已经初见端倪。[1]

三、国家分担未成年人养育成本的国际立法

关于未成年人养育责任的国际公约是由国际劳工组织颁布的一系列公约构成的。国际劳工组织早在1919年第一届国际劳工大会通过了第3号公约《保护生育公约》,该公约也是首个关于生育的规范公约,进入21世纪,国际劳工大会通过了《关于修订1952年保护生育公约》(2000年修订本)。该公约更加细化了生育的国家责任,提出因女工的处境以及需要,向女工提供妊娠生育保护是政府和社会的共同责任,要求各会员国为所有正处于怀孕和哺乳期的就业女性提供健康保护、产假和产假津贴,并保证女性在产假结束后返回同一工作岗位的权利。与此同时,为了保护女性在劳动市场中的地位,公约要求,生育后母亲的产假津贴需要通过强制性社会保险和社会公共基金提供,也可以通过国家法律和惯例确定的方式提供。2000年修订后的公约明确了缔约国的国家责任,尤其加强了对哺乳母亲的保护,体现在产假时间、产假期间享受的津贴以及就业保护方面。

关于保障生育母亲的就业权利,则体现在国际劳工组织于1958年通过的第111号公约中,即《就业和职业歧视公约》,该公约被视为国家劳工组织的核心公约之一。公约的核心内容是禁止就业中的性别歧视。明确界定就

---

〔1〕《关于印发〈国务院未成年人保护工作领导小组关于加强未成年人保护工作的意见〉的通知》(国未保组〔2021〕1号),载中华人民共和国教育部网2021年6月6日,http://www.moe.gov.cn/jyb_xxgk/moe_1777/moe_1778/202111/t20211116_580174.html。

业性别歧视是指“基于性别的任何区别、排斥或特惠,其后果是取消或损害就业方面的机会平等或待遇平等”。男女两性机会与待遇平等则体现在1981年国际劳工组织第67届会议通过的156号公约,即《有家庭责任的男女工人机会和待遇平等公约》,该公约明确提出:全人类不分种族、信仰或性别,有权在自由尊严、经济保障和机会均等的条件下,谋求其物质福利和精神发展。该公约进一步提出:若要实现真正的男女平等,男女两性在家庭和社会里的传统角色都应发生变化,并承认有家庭责任的职工问题更广泛地涉及国家政策,是应予以重视的家庭和社会问题,要求各会员国,采取措施保障有家庭责任的职工能够行使自由选择的权利,发展或促进公立或私立的社区服务机构,确保有家庭责任的男女职工和其他职工之间的机会和待遇平等。显而易见,公约的核心要义是要求批准国将平衡工作与家庭的矛盾视为国家的一项政策目标。相应在我国,有关保障女性的平等就业权、生育后的福利假期等规定在各个层级立法当中体现了该公约的精神,尤其在我国“十四五”规划就明确提出了消除就业性别歧视。“消除影响平等就业的不合理限制和就业歧视”被写入党的二十大报告,将其上升到党治国理政的层面,为促进女性就业提供了更有力的制度保障。

四、国家分担未成年人养育成本的国内立法

20世纪以来,国家承担未成年人养育责任主要集中在3岁以上未成年人的幼教设施以及机构从业人员培训与管理规范方面,0~3岁的未成年人养育方面的规定主要是20世纪80年代左右和21世纪以来出台的,而且主要都是以政策、规范、意见为主要形式,分为国家与部委两个层面。国家层面有:1979年中共中央、国务院转发的《全国托幼工作会议纪要的通知》、1987年国务院办公厅转发国家教育委员会等部门的《关于明确幼儿教育事业领导管理职责分工的请示的通知》、2003年国务院办公厅转发教育部等部门(单位)的《关于幼儿教育改革与发展指导意见的通知》(已失效)与2010年的《国务院关于当前发展学前教育的若干意见》。部委层面的主要政策、规章有:2012年,原卫生部关于印发《〈托儿所幼儿园卫生保健工作规范〉的通

知》、2016 年《幼儿园工作规程》。教育部于 2010 年颁行《国家中长期教育改革和发展规划纲要(2010—2020 年)》,提出要建立公办并举的托育发展体制,重点发展农村地区的公立幼儿园体系。其中值得一提的是,2012 年教育部办公厅下发的《关于开展 0～3 岁婴幼儿早期教育试点工作有关事项的通知》,该通知决定首先在北京市海淀区等 14 个地区开展早教试点,“明确管理体制”,“试点地区建立政府主导,教育部门和卫生部门分工负责,有关部门协调配合的 0～3 岁婴幼儿早期教育管理体制,明确各有关部门的管理职责和分工,切实把 0～3 岁早期教育指导纳入公共卫生和教育服务体系”,“落实政府在早期教育中的规划、投入和监管等方面责任”。

我国关于教育的立法较为全面,目前有《中华人民共和国义务教育法》《中华人民共和国高等教育法》《中华人民共和国国防教育法》《中华人民共和国民办教育促进法》等,但 0～3 岁婴幼儿早期教育统一立法则是缺位的。关于 0～3 岁儿童的早期教育,只是在《国家教育事业发展第十二个五年规划》中有如此表述:“加强学前教育科学研究,推动学前教育和家庭教育相结合,依托幼儿园,利用多种渠道,积极开展公益性 0～3 岁婴幼儿早期教育指导服务。”显然,《国家教育事业发展第十二个五年规划》的内容旨在规范婴幼儿早期教育的指导服务工作,2010 年之前,国家并未提出婴幼儿照护服务,而纯粹市场化的婴幼儿照护服务,无疑加重了低收入家庭的养育负担。

针对此情形,国务院于 2010 年颁发《关于当前发展学前教育的若干意见》,强调地方政府应该承担起发展当地学前教育的主要任务。紧随其后,教育部联合财政部于 2011 年发布《关于加大财政投入支持学前教育发展的通知》,该通知明确 3～6 岁的未成年人学前教育的投入主要采取地方财政为主,中央补贴为辅的方式。自此,未成年人托育(学前教育)在各级财政加大投入的情况下,明显获得了更多的重视。但是对于 0～3 岁婴幼儿的托育服务规定,则尚未引起重视。直至 2017 年,国务院在其发布的《国家教育事业发展“十三五”规划》中,明确提出国家要探索公益性的婴幼儿早期教育服务,表现出国家对婴幼儿早期教育的开始关注,时隔两年,即国务院 2019 年颁布的《关于促进 3 岁以下婴幼儿照护服务发展的指导意见》中,将“早期教育”改用“照护”一词,表明我国政府对婴幼儿的照护问题予以重视。

上述规范凸显我国关于未成年人养育的法律法规存在如下不足:一是上述规范主要强调了3岁以上的未成年人托育场所,而3岁以下的幼童托付机构——托儿所则被排除在外,使托育服务体系的建构缺乏具体和有针对性的政策、法律支撑;二是将3岁前的婴幼儿纳入3岁后学前未成年人的群体中,虽然这个群体的早期教育受到重视,但社会化的日常照护却被忽视;三是专门规范托育服务体系的法律法规几乎没有,没有明确界定托育服务的含义,导致实际操作十分困难。[1] 对于0~3岁未成年人的照护问题,政府承担的依然是补充责任,也就是沿袭家庭承担主要的照护之责,政府的重点聚焦在困境家庭。

如前所述,我国《宪法》第49条与其他基本法规定父母对未成年子女的抚养教育义务,无论是立法,抑或是观念均将早期未成年人照护责任禁锢于家庭领域。故此,家庭是早期未成年人照护的核心主体,其始终承担着未成年人照护的首要责任,而作为照护未成年人的核心主体,在法律上常有国家以及法律是否应该介入家庭“内部秩序”的讨论。例如,卢梭认为“家庭是一个自然的社会组织,自然状态下的家庭关系是转瞬即逝的”;梅因在《古代法》中,对奴隶与妇女身份的转变进行了描述,但是未成年人始终未包含其中,未成年人被归为“被判定的某种极端人群”,因为他们并不具有基于自身利益作出判断的才能。[2] 发展到现代社会,对于未成年人的养育,越来越强调国家具有承担照护包括但不限于未成年人(经济弱势群体)的职责。[3] 尤其是当前我国面临养育未成年人经济成本越来越高,加之住房、医疗等生活成本日益攀升,致使普通家庭不堪重负,进而使育龄主体的生育意愿低迷,生育基础被削弱,人口老龄化严重等社会问题日益突出。伴随家庭结构的转

---

〔1〕 参见杨菊华:《论政府在托育服务体系供给侧改革中的职能定位》,载《国家行政学院学报》2018年第3期。

〔2〕 See Maxine Eichner, *Children, Parents, and the State: Rethinking Relationships in the Child Welfare System*, Virginia Journal of Social Policy & The Law, Vol. 12:3, p. 448 – 474(2005).

〔3〕 参见胡敏洁:《学龄前儿童照护政策中的公私责任分配》,载《北京行政学院学报》2019年第2期。

型,未成年人的养育照护必然要求国家角色的充分介入。

前述第一章表明,养育未成年人的经济成本从城市到农村都在逐渐攀升,尤其中等城市养育一名未成年人平均成本高达70多万元。根据《中国生育报告2022》,我国0~17岁未成年人的平均养育成本相当于人均GDP的6.9倍,几乎是世界最高的。[1] 可以看出,在我国,养育未成年人的支出占家庭可支配收入的比例颇高,未成年人养育支出应分类细化、区别应对。养育支出中的未成年人基本支出应通过未成年人津贴的设立或者父母养育未成年人专项附加税扣除予以回应,而养育支出中未成年人照护及教育的间接成本,应通过构建托育服务的方式予以回应,母亲的机会成本则应通过规范就业性别歧视、怀孕歧视、广义的家务劳动补偿等具体的立法应对,通过有效的制度,从而平衡母亲在职场与家庭之间的矛盾。

第二节　国家分担未成年人养育成本的必要性证成

一、未成年人权利保障的需要

顺应未成年人的自然本性,并对这种本性予以严格保护,既是未成年人人权的基本内涵之一,也是《儿童权利公约》确立的未成年人人权内容,简言之,是作为人所享有的天然权利,这是从自然权利理论中推导出来的未成年人人权理论。[2] 自然权利常被译为"天赋人权",意为不可剥夺的权利,是指自然人普遍固有的权利,非由法律、政府赋予或改变,且具有普遍性。《儿童权利公约》要求将未成年人与成年人平等对待,未成年人拥有与成年人同等的价值。确立此观念必须有一个前提:那就是视未成年人为独立的主体而非依附于父母的客体,未成年人的权利源于其自身,未成年人是一个自然的人、独立的人。因此,未成年人生而享有人权,无论其贫弱富贵。未成年人拥有的人权是自然具备的。未成年人人权是指每个未成年人都享有的基本权利。有学者认为,作为一项社会制度原则,人权通过强调人之作为人所应有的资

---

〔1〕 任泽平:《出生人口大幅下降,加大鼓励生育力度:中国生育报告2022》,载微信公众号"泽平宏观"2022年8月17日,https://mp.weixin.qq.com/s/lsnnTIlU07f_QZYLKMNbWw。

〔2〕 周尚君:《未成年人人权的中国语境》,载《青少年犯罪问题》2012年第5期。

格、利益、能力和自由，来维护人的尊严和价值，防止和扼制任何把人作为手段或工具的功利主义的、结果主义的考虑。[1] 未成年人被视为国家未来的主人翁，但在其成年之前是需要保护的依赖者，逐渐成熟，最后成长为一名自立者。《儿童权利公约》强调三个关于未成年人人权的概念。保护、供给、参与三项基本权利。“保护”是指未成年人应该受到保护的权利，避免被遗弃、虐待等行为的损害。英国学者米尔恩(A. J. M. Milen)基于未成年人的自身特点，认为其获得保护的权利是一项符合最低限度标准的基本人权，且是一项必须接受的权利。他指出未成年人“必须受到保护，无论是受其父母还是受其他合格的成年人的保护”。[2] “供给”是指让未成年人得到健康与社会保障以及教育的权利。美国学者奥诺拉·奥尼尔(O'Neill, O)指出：“不是强调未成年人享有权利，而是强调家庭、学校以及社会应该对未成年人承担的义务”，由此倡导国家通过规定家庭、学校及社会对未成年人的保护教育责任来实现未成年人健康保障与受教育权。[3] “参与”是指未成年人积极要求国家履行义务促进其各项权利的权利。因第一章也已述及有关内容，此处再不赘述。

二、未成年人是国家未来的劳动力与纳税人

家国关系在近代福利国家强调的社会资本视野下，主要有两种倾向：一种是国家尽可能不干预家庭倾向，该倾向下，国家视家庭为私领域，家庭有高度自治权，父母与子女密不可分，国家赋予家长自由裁量权，决定子女居住地点、托育方式、教育、宗教信仰等。唯有在家庭功能缺失或者紧急情况下，国家才介入。另一种是市场失灵倾向，该倾向主张未成年人是未来的劳动力与纳税人，因此未成年人是具有外部性的公共财产，国家必须通过立法与政策分担育儿责任，具体措施为普惠性的育儿津贴与未成年人照护服务；与此同

---

〔1〕 参见夏勇：《人权概念起源》，中国政法大学出版社 2001 年版，第 176 页。

〔2〕 [英]米尔恩：《人的权利与人的多样性》，夏勇、张志铭译，中国大百科全书出版社 1995 年版，第 114～115 页。

〔3〕 O'Neill. O, *Children's Rights and Children's Lives*, Ethics, Vol. 98:3, p. 445－463(1988).

时,在未成年人照护服务市场,因资讯不对称之故,父母选择照护服务存在盲点,国家必须负起提供资讯或服务的责任。具体在未成年人照护、未成年人教育、未成年人服务机构的监督与评论等方面。[1]

市场失灵倾向采纳经济学家的观点,认为养育未成年人是父母的投资行为,换言之,未成年人是父母的投资财产,具备公共财产之特性,即具有非敌对性和非排他性。非敌对性是指该财产具有不可分割性,此处消费的边际成本是零;非排他性仅指无法排除他人使用,此处的"他人"是指没有养育未成年人的人。进一步而言,这些没有养育未成年人的人在年老时无论是否付出代价,均可以享用未成年人成年后带来的收益,从而使养育未成年人者无法向未养育未成年人者收取收益的代价。此时,未成年人的"非排他性"特征非常明显。同时,养育未成年人行为是一种"外部经济"行为,具体而言,"外部经济"是指特定人群的经济行为不能排除他人享用时,产生外部经济的结果,即父母培养未来的劳动力与纳税人,但却不能排除他人享用成果,所以,"养育子女"存在有外部经济,父母养育子女的机会成本逐渐升高,而养育子女的效益却逐渐受到挑战。反之,"不养育未成年人"这个行为是"外部不经济"的。具体而言,当国家提供的公共财产与福利措施越完善,传统上所担心的没有子嗣所导致的不良后果(成本)并不用自行承担,没有生养子女的个人有更多的机会和条件(时间)赚取经济所得,但一旦步入老年,即可能因缺乏家庭功能,而有较大的概率需要国家援助,该经济行为因有部分成本不必自行负担,必将发生外部不经济现象。假如老年保障的成本持续集体化,而抚育后代的成本仍然个体化,必然导致权利义务不对称之结果。此时国家应有相应立法,将"育儿"与"养老"政策协调起来。[2] 未成年人照护服务市场其因信息不对称引起的损失无法衡量,因为他关涉未成年人的健康与生命,而且,信息不对称之现象在未成年人照护市场尤其容易发生,因为劳务的购

---

〔1〕 参见郑清霞:《育儿责任分担的探讨与推估——国家 vs 家庭》,载《东吴社会工作学报》2007年第5期。

〔2〕 参见郑清霞:《育儿责任分担的探讨与推估——国家 vs 家庭》,载《东吴社会工作学报》2007年第5期。

买者不是劳务的实际使用者，虽然未成年人是直接接受服务的主体，但因行为能力受限，缺乏辨识力去了解或反映照护品质的好坏，父母也无法时刻在照护现场监督，这也恰是母亲优先选择来照护子女之原因。女性照护子女与职业发展的冲突自然产生，此时国家有义务负起定期评鉴托幼机构，并公布结果或者监督未成年人照护服务的工作这类义务，此外，国家也有义务提供某些补助，引导父母使用高品质的未成年人照护服务。[1] 与此同时，未成年人是国家经济的创新劳动力源泉，一个人从出生算起，要20多年才能完全进入经济循环，所以生育状态对经济的影响有数十年的滞后。创新和创业是中国经济提升的动力，但低生育率会弱化这种动力。由于人的创新和创业活力在30岁左右达高峰后快速下降，人口越年轻的国家创新和创业的活力就越旺盛。由此表明，老龄化不仅减少年轻人的比例，也减少他们的创新动力，让整个社会的经济患上老年病。[2]

综上所述，因未成年人是国家未来的劳动力与纳税人，理所当然未成年人就是社会的重要成员，而不仅仅是父母的孩子。相应养育未成年人的责任不应全然落在家庭，而须由国家来分担，这些介入或者共同承担的预设化为行动之后，除义务教育作为国家承担的积极性的措施之外，未成年人抚养费专项附加扣除、育儿津贴、公共性的未成年人照护服务、育儿假等均须提上日程。[3]

因此，在“全面三孩”时代，政府在中央与地方层面，都需要切实采取措施，承担起未成年人养育的责任，帮助家庭尤其女性从繁重的养育责任中解脱出来，从而保障女性重返职场，充分发挥女性的性别优势，释放性别红利。在中央层面，需加快法律建设和制度安排，在地方层面，需要制定符合实情的托育服务体系条例，规定并规范托育服务中的各项管理制度、经营规则、组织办法等，明确服务的财政安排、监督和评估等有关事宜，从立法上对服务对

[1] 参见郑清霞：《育儿责任分担的探讨与推估——国家 vs 家庭》，载《东吴社会工作学报》2007年第5期。

[2] 黄文政、梁建章：《全面二孩后的人口问题》，载《中国延安干部学院学报》2016年第4期。

[3] 王淑芸、郑清霞、王正：《儿童津贴之合理性与可行性研究》，载《台大社会工作学刊》第27期（2013年）。

象、服务标准、资金来源、监督部门及奖惩措施等进行具体规定，既保障托育服务体系的构建和完善，也加强对已有政策和法规执行情况的监管力度，确保其真正落实到位和良性运行，还可使管理部门在提供支持、指导和监管时有据可查、有标可参，使服务体系建立在健全的法律保障和有效的制度安排基础之上。[1]

第三节　域外国家分担未成年人养育成本的立法概况

多数欧美国家历经女性投入劳动力市场以及家庭形态多元化（核心家庭、单亲家庭、单身家户）等阶段后，传统由家庭承担的育儿责任逐渐释放出来，不论是由国家或市场承担，已经或多或少迈向去家庭化（所谓的去家庭化，并非不重视家庭，而是指国家或市场分担家庭的福利提供与照护责任的程度，其中，去家庭化程度越高，表示个人对家庭的依赖程度越低）。同时，也使女性从家庭照护责任中解脱出来。[2]

关于女性生产之后休假的规定，可以追溯到1919年国际劳工组织的相关要求中：女性在生产后6周内应该休息，而且在此期间内应该带薪酬，如果哺乳则允许每天两个半小时的哺乳时间。德国的休假立法是从1952年开始推行的，比利时是1954年，瑞典是1955年，随后20世纪70年代各国也都制定了育儿假，瑞典最初是1974年设立。2000年成立的欧洲联盟认为育儿假是养育子女而享有的避免被辞退的一项根本权利，应由宪法予以保障的。育儿假呈多样性，与各国的经济、文化、社会相区别，关涉性别、父母、未成年人、就业以及社会、经济部门的关系。[3] 除育儿假之外，未成年人津贴也是非常重要的一项措施，从理论方面而言，其旨在降低未成年人照护成本和减少未成年人照护问题，从而促进就业，由此，未成年人津贴是一项可以帮助低收入

---

〔1〕参见杨菊华：《论政府在托育服务体系供给侧改革中的职能定位》，载《国家行政学院学报》2018年第3期。

〔2〕See Espring-Andersen, *Social Foundations of Postindustrial Economics*, Oxford University Press, 1999, p. 56.

〔3〕Moss Peter & Fred Deven, *Leave Policies and Research*, Marriage & Family Review, Vol. 39:3, p. 255 – 285 (2006).

工薪家庭托儿需求的政策战略。[1] 英国《贝弗里奇报告》(1942 年)中明确提出:"国家要向家庭提供养育未成年子女的津贴,自此改变了由家庭独立承担未成年人照护职能的历史传统。"[2]

一、瑞典等国家分担未成年人养育成本的立法概况

瑞典为北欧典型的福利国家,在工业化的过程中,遭遇少子化和劳动力不足的问题。早在 1930 ~ 1940 年,政府和立法者提倡"全新家庭"的理念。该理念强调国家有照护儿童的责任,从而促使父母自由就业。20 世纪 60 年代以来,瑞典即在该理念的主导下,着重于性别平等目标的达成,建构了亲职假、未成年人津贴、托育服务公共化等儿童照护制度。[3] 最终形成人民负责工作纳税、国家承担养老抚幼责任的模式。[4]

(一)育儿假、未成年人津贴制度

瑞典于 1974 年设立育儿假制度,提供了育儿假津贴(parental benefit)、妊娠津贴(pregnancy benefit)以及临时性育儿津贴(temporary parental benefit)三种津贴。瑞典的育儿假早在 1974 年就规定为 6 个月,其间收入所得为离职前收入的 80%。其特殊性在于不仅母亲可以申请,父亲亦拥有申请离职的法定权利。该权利的确保在于强调父亲参与未成年人的照护责任,进而对性别平等有决定性的影响。另外,瑞典还向家中育有 0 ~ 12 岁儿童的受雇父母提供每年 120 天的临时性育儿假(带薪病假)。1979 年时,瑞典还进一步规定受雇父母拥有删减工时的权利,换言之,即为有工作保障的非全时工作权利,即每天工作 6 小时。妊娠津贴则是因女性在妊娠期间的风险而提供的收入保障。至于临时性育儿津贴,则以家中有 0 ~ 12 岁之未成年人的

---

[1] Sandra K. Danziger, E. O. Ananat & K. G. Browning, *Child Care Subsidies and the Transition from Welfare to Work*, Family Relations, Vol. 53:2, p. 219 - 228(2004).

[2] Silburn R, Beveridge and the War-Time Consensus, Social Policy and Administration, Vol. 25:1, p. 84(1991).

[3] 参见黄志隆:《儿童照护政策与福利体制的路径变迁:瑞典、德国与美国之比较》,载《东吴社会工作学报》2013 年第 1 期。

[4] 参见林万亿:《福利国家——历史比较的分析》,巨流图书有限公司 1994 年版,第 128 页。

父母为对象,该津贴亦与收入相关,以协助其照护生病之未成年人;未成年人津贴是瑞典政府于 1948 年刺激生育率而引进的措施。2008 年时,凡家中育有 2 名以上的未成年人时,每个未成年人可获得每月 100 欧元的补贴。除此之外,还制定了疾病和失能未成年人照护津贴,是针对因照护失能未成年人而导致的收入损失(如全职工作改为部分工时工作),以及因照护所衍生的额外成本给予相关补贴。针对单亲家庭(大多为女性),瑞典政府根据家庭收入、家庭人数、住宅成本和规模予以发放住宅津贴。针对父母离异的未成年人,如果父母不能履行抚养义务,社会保险机构先行保证对每名儿童每个月最高可给付 125 欧元。假如父母未能履行该义务,则积累为国家的债权。[1]

(二)瑞典的儿童照护服务体系

为了保证家中有未成年人的父母得以就业或求学,瑞典政府向 1 ~ 12 岁未成年人提供相关的托育服务。20 世纪 70 年代初期,免费的日间托育是针对 6 岁以下的未成年人,以作为小学入学的衔接课程。后来日托服务进一步扩张至 18 个月以上的未成年人。公共托育服务对于女性而言,是应职业女性比例日益升高而建构性别平等的重要政策工具,对未成年人而言,则确保了属于边缘团体未成年人的生存条件与教育品质。[2]

随着社会结构的变迁,以及新理念的引进与对话,自 20 世纪 80 年代起,瑞典在未成年人照护政策的调整上,着重于时间与收入并重的调整,借以鼓励父职的参与和照护责任的分担。在 1994 年时,瑞典增加了 1 个月的带薪父职假,以要求父亲积极参与未成年人照护工作。该假期不得转移,若家庭中父亲未使用该假期,将丧失该权利。2002 年带薪育儿假进一步延长为 16 个月,同时规定父母亲各有 8 个月(单亲家长可以独自使用全部的 480 天育儿假),其中 2 个月父亲不得移转给母亲,从而强化父职参与未成年人照护意

---

[1] 黄志隆:《儿童照护政策与福利体制的路径变迁:瑞典、德国与美国之比较》,载《东吴社会工作学报》2013 年第 1 期。

[2] See Nancy E. Dowd, *Race, Gender, and Work/Family Policy*, Washington University Journal of Law & Policy, Vol. 15, p. 235(2004).

愿。2008年开始，瑞典在既有的育儿假给付制度中引进性别平等奖金，以鼓励公平分担育儿假的父母。而瑞典地方政府亦提供每位儿童300欧元的未成年人照护津贴，鼓励父母中其中一人留在家中照护1～3岁的未成年人，以取代公共白天照护措施。[1]

瑞典的家庭事务由卫生与社会事务部负责，在育儿政策方面赋予地方政府较大权力，规定自治市政府为1～12周岁的未成年人提供公共照护服务。建立家庭式托儿所（以3～5人的规模收托12岁以下儿童），以满足不同年龄段未成年人照护需求；同时，促进托幼机构与学校合作，将“保育”与“教育”相结合。提供学前培训、课余补充和儿童看护，将学前机构、学校、课后托育变为终身学习的一部分。[2] 如上所述，瑞典的育儿责任分担立法之演变，最初是以性别中性为原则。因此，在20世纪80年代，大多数立法皆以男女两性在法律上的平等作为主要的考量原则。故育儿分担立法与政策强调协助女性充分就业，以建构友善女性的职场环境。通过法律以及政策，使女性与其子女、就业以及公共生活融洽共处，从而避免相较男性有更为困难的抉择。然而此种未成年人照护政策，将公私领域截然分割开来。这使瑞典以性别中性为原则建构的育儿责任承担模式中，国家仅协助女性减轻家庭照护工作的负担，而不介入长期以来被文化所建构的性别分工模式。自20世纪80年代后，自由主义的个体化自由选择理念，影响了瑞典以母亲照护责任减轻为主的性别平等讨论。对不同性别在生活经验认知的强调，以及对父职参与照护责任的强化，使国家开始思考如何打破传统的公私领域界线，改变男性在未成年人照护工作中的辅助性角色。因此，在性别平等的论述上，瑞典将原本着重减轻女性在未成年人照护工作负担，转变为男女皆能在就业和未成年人照护职责的自由选择。男性被要求在未成年人照护上扮演更积极的角色，而

---

[1] 参见黄志隆：《儿童照护政策与福利体制的路径变迁：瑞典、德国与美国之比较》，载《东吴社会工作学报》2013年第1期。

[2] 参见杨菊华、杜声红：《部分国家生育支持政策及其对中国的启示》，载《探索》2017年第2期。

女性亦能够在就业和未成年人照护中拥有自由选择的权利。[1] 瑞典的未成年人抚养分担政策凸显“去家庭化”的模式特点，既对提升生育率起到了积极效果，也对女性就业率的提升起到了积极效果。因为慷慨的育儿假和高品质的公共托育服务，使瑞典在照护未成年人的参与方面呈现“国家＋双薪父母”模式，从而有力地保障双薪父母工作和家庭可以兼顾，进而形成了生产与再生产正向延续的循环。[2] 总和生育率从2000年的1.56升至2015年的1.92，女性就业率也一直维持在55%左右的较高水平。[3] 瑞典因国家福利保障的完善，育儿责任的国家承担可谓完善，属于欧美国家的典范。

二、意大利等国家分担未成年人养育成本的立法概况

和瑞典相比较，意大利等国家的去家庭化程度较低，家庭中女性承担养育责任的观念与立法是并行的，相应女性承担全职工作或全职育儿。假如承担全职工作，面临育儿与工作的冲突，亲属的帮助就显得非常重要，因此意大利等国家的未成年人养育责任模式表现出明显的亲属连带特征。与此同时，育儿津贴的申请抑或未成年人照护服务，对于推进性别平等微乎其微，男性承担育儿责任的观念与立法均无明显推进。

（一）育儿津贴与未成年人津贴

意大利的育儿津贴大多限制为职业女性，领受金额为在职女性上个月平均日薪的80%，领取期限从生育前的一两个月开始至生育后3个月或4个月为止。女性若为自雇者，领取金额亦为所得的80%，领取期限为生育前两个月到生育后3个月为止。葡萄牙的育儿津贴，不仅赋予受雇或自雇的母亲，父亲也被赋予领取育儿津贴的资格。其育儿津贴可获得100%的上个月平均日薪120天，包括生产前30天，生产后90天。另外，父亲津贴，可获得

---

〔1〕 参见黄志隆：《儿童照护政策与福利体制的路径变迁：瑞典、德国与美国之比较》，载《东吴社会工作学报》2013年第1期。

〔2〕 See Mary Daly & Jane Lewis, *The Concept of Social Care and the Analysis of Contemporary Welfare States*, British Journal of Sociology, Vol. 51:2, p. 288 (2000).

〔3〕 参见杨菊华、杜声红：《部分国家生育支持政策及其对中国的启示》，载《探索》2017年第2期。

100%上个月平均日薪补助共5天,凸显葡萄牙倾向男性参与照护工作。[1]

就未成年人津贴而言,在意大利,领取未成年人津贴须未满18岁(失能者无年龄限制),且兄弟姐妹侄女外甥女须为失依者,依照家庭规模与收入,发放金额从10.33欧元(1名子女)到1132.5欧元(7名子女)不等,对于大规模家庭,每增加1名子女,额外发放10%津贴或者53.72欧元的津贴补助。葡萄牙的未成年人津贴也是与职业相关的体系,条件是子女年龄未满16周岁,当子女依旧在就读或者失能者,可延长至25岁。根据家庭收入,家庭人口数或者子女未成年人津贴分为四个等级。[2] 综上,上述两个国家的经济支持方面,津贴与职业密切相关,津贴补助多以家庭人口数或者子女数为给付基准,同时必须透过资产调查才可取得,显示政策有鼓励生育的意涵。[3]

(二)意大利等国家的未成年人照护服务体系

从1971年起,意大利的照护体系分为两个系统:3岁以下的日托服务以及3~5岁的幼稚教育,这些服务公共化,由中央与地方政府负担,幼稚教育属于国家政策的一环,非强制性的学龄前教育服务。日托教育不像幼稚教育是普及式的,可以视个人需求去选择,不过家长必须依照所得负担约36%的费用。日托服务一天开放11个小时,一周5天,一年11个月,受托未成年人基本为一天9~10个小时。近年来意大利政府逐步在提升照护服务的品质。葡萄牙的未成年人照护服务方案目的在于增进家庭与工作的协调,此方案为回应女性劳动参与率的降低,导致其工作与家庭照护"蜡烛两头烧"的困境,

---

[1] 参见黄小薇、刘一龙:《生育、女性就业与儿童照护方案——以南欧模式为例》,载《台湾社会福利学刊》第8期(2009年)。

[2] 第一等级,(家庭收入低于全国最低薪资的1.5倍者),子女年龄在1岁以前,前两胎每月领取87.29欧元,第3胎起每月领取131.03欧元;子女年龄在1岁之后,前两胎每月领取26.24欧元,第3胎起每月领取39.36欧元。第二等级,(家庭收入介于全国最低薪资的1.5~4倍之间者)子女年龄在1岁以前,前两胎每月领取76.22欧元,第3胎起每月领取110.53欧元;子女年龄在1岁之后,前两胎每月领取20.45欧元,第3胎起每月领取29.98欧元。第三等级,(家庭收入介于全国最低薪资的4~8倍之间者)子女年龄在1岁以前,前两胎每月领取65.19欧元,第3胎起每月领取87.64欧元;子女年龄在1岁之后,前两胎每月领取17.51欧元,第3胎起每月领取23.74欧元。第四等级,(家庭收入超过全国最低薪资8倍者)子女年龄在1岁以前,前两胎每月领取40.35欧元,第3胎起每月领取52.52欧元;子女年龄在1岁之后,前两胎每月领取15.41欧元,第3胎起每月领取20.05欧元。

[3] 参见黄小薇、刘一龙:《生育、女性就业与儿童照护方案——以南欧模式为例》,载《台湾社会福利学刊》第8期(2009年)。

逐步开始提供工作的父母与照护者需求的支援。服务资源来自自愿的家庭支持网络,意即社区性的网络支持系统,包括地区性的学校也要分担家庭的责任,资金源于政府拨付。

就意大利与葡萄牙两国的未成年人照护支持相关立法与政策而言,我们发现无论在对于职业女性的相关补助,或者向未成年人提供相关的津贴,葡萄牙均有较优厚的给付。特别是葡萄牙女性劳动参与率在欧洲国家属于较高水准,该国也有中等的生育水准,这样的结果也显示,即使在强调家庭自助,亲属连带的南欧国家,倘若政府愿意提供较为丰富的支持方案,其政策效果除了提高女性劳动参与率外,也有较高生育水准的可能。[1]

意大利与葡萄牙两国的去家庭化程度最低,家庭的育儿负担最重,女性就业缺乏弹性时间安排的自主性,即使女性参与劳动市场的趋势明显增加,但国家呈现倾向传统男性养家模式,照护工作仍然由女性负责,代际关系紧密,由于国家政策将照护责任仍然假设由家庭提供,认为家庭与亲属间在经济与福利输送上理所当然会相互支援,故国家对家庭的需求呈现长期漠视之样态。因此,当工作女性有孩童照护的需求时,亲属网络资源就立即发生功效,国家只有在家庭与亲属关系皆失效的情况下才介入。例如,西班牙当工作女性面临工作与孩童照护两难的困境时:一方面,母亲愿意支持女儿拥有经济独立的工作,并且代为照护孙子女,以延续母亲职业工作的价值;另一方面,也可以培养祖孙的隔代情感。1993 年的研究显示,65 ~ 79 岁的女性几乎有一半在协助女儿或者儿子从事家务工作,主要以照护孙子女为主。同时,上述几国的青年人与父母同住的比例也较高,意大利 25 ~ 29 岁的青年人约有 56% 的人与父母同住,西班牙、葡萄牙与希腊也是如此,很明显,这些国家的家庭是最重要的育儿提供单位。

据有关学者研究,前述几国的女性从事工时工作的比例较低,主要的原因在于国家支持和保障的对象主要是全职工作者,女性选择工作的弹性空间

---

〔1〕 参见黄小薇、刘一龙:《生育、女性就业与儿童照护方案——以南欧模式为例》,载《台湾社会福利学刊》第 8 期(2009 年)。

不大,要么成为全职者,要么成为全职母亲。一旦从事全职工作,即使生育子女也不敢轻易离开职场,担心自己工作中断期间,增加被替代的风险,通常会请求家族成员或长辈,协助自己照护婴幼儿。此时,亲属连带关系的照护支持对南欧国家的家庭与工作的父母来说,是很重要的福利服务资源,由此可见,这几个国家缺乏对部分工时工作的保障,使女性减少对工作时间的弹性安排,不利于平衡家庭与工作生活。在这种情况下,未成年人照护模式则为:"家族+女性+国家+市场"。

三、德国、法国两国国家分担未成年人养育成本的立法概况

(一)德国

德国因为很多人推迟结婚生育自然影响到生育率的提升,为此,21世纪以来,政府制定出育儿假、育儿津贴来推动父母在家庭与职业发展间的平衡。在德国,传统观念一直束缚着女性的行为,因为在传统观念中,好母亲必须与子女在一起,照护其起居,如果为了工作或者想工作而忽视了子女,那么则被认为是坏母亲。传统观念是以子女利益为由阻止母亲有更大野心,导致失业人数增加。受此观念影响,德国很多职业女性无私地放弃职业,从而避免成为大众眼中的自私母亲。[1] 因此,政府推出一系列法律法规旨在平衡女性养育职责与职业发展的冲突。

1. 育儿假、未成年人津贴制度

德国政府有规定,雇员可以向雇主申请亲职假,取得雇主的许可后,父母可以休假12个月,甚至可在子女3岁前的任何时期申请休假。假如该雇员有2到3名子女,亲职假就延长到6~9年。亲职假很灵活,既可以全职,也可以兼职,由父或者母甚至父母同时休假。父母可将休息时间分为两个时期或者更多(雇主许可为前提)休假期间,雇主不得强迫雇员工作,也没有酬劳。休假期间不可以解除合同。为避免亲职假将母亲置于家庭的陷阱,立法

---

[1] Malene Schmidt, *Employment, the Family, and the Law: Current Problems in Germany*, Comparative Labor Law & Policy Journal, Vol. 27:4 , p. 451 (2006).

允许母亲降低工作时间，每周30小时，还需雇主双方达成一致协议。具体则是雇员申请降低工作时间时，需要紧迫的理由，因为此时雇主需要雇佣相关人员替代雇员。同时，雇主也可以拒绝申请，但是，雇主需要书面通知（4周以内）并告知雇员拒绝的理由，以方便雇员向法院寻求救济。

在德国，怀孕母亲享有产前6周的假期，同时享有产后8周的育儿假。父母有权享有3年的育儿假（带薪休假约1年），同时保证其得以重返工作岗位。父母可以在育儿假期内做3次的轮换，但不得同时提出离职申请，以此鼓励父母任何一方成为全职照护者。德国的育儿假为无酬假，但国家在育儿假的前两年期间提供未成年人养育津贴。[1] 德国于1985年创设未成年人津贴，领取未成年人津贴的条件是：居住于德国，享有未成年子女的监护权，照护教育子女，无论全职或兼职，都有资格申领未成年人津贴，时间可持续两年，此津贴由公共健康保险机构支付。[2] 具体的领取年龄则为未成年人年满18岁之前，数额以1999年时的资料为例，家中第一名未成年子女与第二名未成年子女每月可领取250马克，第三名未成年子女为350马克，第四名未成年子女以后则为350马克。另外，双亲家庭的父母享有每名12岁以下的未成年子女每年10天的疾病照护假，单亲家庭则延长至20天，如有特殊的照护需要，则双亲家庭可增加至25天，而单亲家庭可增加至50天，残疾儿童的父母亲享有照护假则无孩子年龄的限制。

如前所述，德国基于传统观念的影响，几乎没有男性休育儿假，为了消除这种不利因素，新政府决定将育儿津贴代替未成年人津贴，父母可以自由决定一方或者双方连续或者同时缩减工时，假如父亲缩减工时，那么育儿津贴就延续到14个月，此政策于2007年1月1日开始实施。

---

〔1〕 该制度于1986年首度引入时，规范了在亲职假的前6个月，若育有1位儿童之双亲家庭，其年净所得低于10万马克，单亲家庭低于7.5万马克，则联邦政府将给付每个儿童每月500马克。在第7～24月时，育有1位儿童之双亲家户其年净所得低于29,400马克，单亲家户低于23,700马克，联邦政府将给付每个儿童每月600马克。而领取该津贴的父母，每周工时须低于19个小时。若如果领取其他津贴达到了薪资水准，则不得重复领取。

〔2〕 Malene Schmidt, *Employment, the Family, and the Law: Current Problems in Germany*, Comparative Labor Law & Policy Journal, Vol. 27:4, p. 451 (2006).

2. 未成年人照护服务

20 世纪 90 年代，德国的日托公共托育场所十分有限，[1]政府强调母亲照护对未成年人成长的重要性，女性留在家中照护未成年人仍是主要途径。但 21 世纪以来随着生育率下降，福利依赖现象的恶化，以及儿童贫穷问题的扩大，德国逐步增加公共托育设施，促进母亲持续就业，以及透过去家庭化和母职（再）商品化来形成新家庭政策：《日托扩充法案》颁行后，明确 3 岁以下未成年人可以接受托管，于是德国政府在全国范围内大规模新建幼托中心，而且国家对各州、市政府设立的公共幼托机构予以资金支持，从而保障它们的日常运营。2007 年时，新的亲职假津贴改为以就业者薪资的 67% 所得替代率为基准，并取消资产调查。其给付最低为每月 300 欧元，最高可达 1800 欧元，给付期则从 24 个月消减为 14 个月或者 12 个月。父母任何一方可在未成年人出生时申请 12 个月的育儿津贴，之后，由另一方额外获得 2 个月的陪伴月假。另外，未成年人照护服务方面，德国政府决定自 2007 年起扩张公共托育的补助，以在 2012 年到 2015 年，达成 33% 的 3 岁以下儿童得以享有全日式的日间托育目标。

德国负责具体落实公共托育服务的机构是青年事务局，托育服务根据具体情况，需要父母向青年事务局提前申请，如果申请 0 ~ 3 岁的日托服务，需提前申请名额，而 3 ~ 6 岁的幼儿入托，则需要向青年事务局申请资格认证。与此同时，还有一类营利性服务，即私人家中也可以对 3 岁以下幼儿提供照料服务（一般为 4 ~ 5 名幼儿）。这些照料者提供服务之前，必须先行经过培训且经儿童服务中心批准方可开展经营。德国政府联合企业以便为家庭提供更多支持，积极倡导支持家庭服务中心的建设。联邦家庭事务部发起"成功家庭"商业项目，鼓励企业支持家庭友好政策。政府还为产后女性提供培训信息与建议指导、安排培训课程，给予产后女性心理和精神辅导等服务，确

---

〔1〕 根据 1994 年的德国联邦统计局资料为例，全德国共有 3,052,721 个场所提供托育服务，但仅有 1,350,198 个场所提供全日的托育服务。而托婴服务的场所更稀少，仅有 22,745 处，其中只有 18,451 处提供全日托婴服务。参见 Malene Schmidt, *Employment, the Family, and the Law: Current Problems in Germany*, Comparative Labor Law & Policy Journal, Vol. 27:4, p. 452 (2006)。

保产后顺利就业。[1]

德国育儿责任分担立法之演变，是以西德的男性养家者模式为基础，逐渐和东德的男女共同为家庭支出承担者模式相融合。然而在家庭与儿童贫穷，以及人力资本缺乏的危机下，德国引进了新的家庭政策理念，试图转为男女共同为家庭支出承担者模式。以经济合作与发展组织与欧盟为主的理念，强调将未成年人看作未来的资产，因而需要在学龄前对其进行教育投资。强调对母亲就业的支持以获得抚养未成年人所需之资源。但实际女性就业人数不足，父亲申请亲职假的比例未能有效提升，以及公共托育设施的建构仍在进行的情况下，德国依旧在向瑞典男女两性共担家庭支出，共担育儿责任的方向努力，因此模式为“女性 + 市场 + 国家”。

（二）法国

1. 育儿假，未成年人津贴制度

法国对生产后的女性提供 16 周产假，包括产前假 6 周和产后假 10 周。如果有多名子女，产妇可以享受更长的假期。产假是强制性和带薪的，一般等于净工资。在产假结束时，父母中任何一方都可享受带薪育儿假，直至子女 3 岁。另外，法国的社会保险机构还向那些有 18 岁以下子女的家庭提供每天 9 ~ 86 欧元的津贴[2]。具体金额取决于休假者的工资。法国也赋予男性陪产假 11 天，其间可获得和产假相同的每日津贴。与此同时，法国规定夫妇可共享 1 年的育儿假，续假只需提前一个月向雇主申请，雇主不能反对，育儿假期间雇主不支付工资，法国家庭补助局会提供 396 欧元/月的津贴。法国已建立比较完善、多样化的津贴制度，涵盖幼儿出生、养育、托幼、对父母收入损失的补贴等多个环节，且补贴金额依据家庭收入和孩子数量等存在明显差异。

---

〔1〕 参见杨菊华、杜声红：《部分国家生育支持政策及其对中国的启示》，载《探索》2017 年第 2 期。

〔2〕 Nancy E. Dowd, *Race, Gender and Work/Family Policy*, Washington University Journal of Law & Policy, Vol. 15, p. 236 (2004).

2. 未成年人照护服务

法国负责未成年人照护服务的机构主要是家庭津贴基金,该机构与地方公共部门、协会或者企业合作,积极为3岁以下幼童提供托育服务。法国的幼托机构除了以社区为单位,旨在为3岁以下幼童提供集体托育服务,政府还鼓励个人开设托儿所,而且向雇佣育儿保姆的家庭提供补贴。在法国,满2周岁的幼儿可以入园,入托率为51.9%,满3周岁的幼儿几乎全部入园。可以看出,法国的未成年人幼托服务体系完备,无论采取哪种方式,法国家庭津贴基金都会提供资助,如请保姆到家中照护孩子,雇主最少仅需支付15%的费用。

对于女性的就业权利以及选择权利保障方面,法国政府积极创造条件,使得女性实现基本的就业权。2012年,法国约400家大企业签署了《公司父母雇员章程》,覆盖约300万员工,占劳动力比例约10%,为雇员制定灵活的工作时间和最低工作时间;反对工作狂性质的企业文化,拒绝超长时间的工作和加班;推动女性雇员的升迁;推动父亲使用全薪的陪产假等。根据世界银行数据,法国女性就业率从1991年的40.9%升至2014年的45.7%,2017年法国女性劳动参与率进一步升至50.6%,男女劳动参与率差距仅为9.6个百分点。[1] 在2010~2015年,法国的总和生育率从20世纪90年代初的1.71升至2.0,实现了生育率与女性就业率共同提高的目标,凸显法国生育支持政策带来的鲜明效果。[2] 法国未成年人的照护模式为“女性+国家”。

四、日本、韩国两国国家分担未成年人养育成本的立法概况

(一)产假、育儿假

日本于1947年实行了产假法,作为《劳动标准法》的一部分,给予母亲最多14周的无薪假期。自1986年以来,在产假中增加了工资补偿,截至2007

---

〔1〕 参见任泽平、熊柴、周哲:《中国生育报告:2019》,载微信公众号“泽平宏观”2019年10月4日,https://mp.weixin.qq.com/s/I2YZgufAFoLtigTT2P55NA。

〔2〕 参见杨菊华、杜声红:《部分国家生育支持政策及其对中国的启示》,载《探索》2017年第2期。

年，女性在产假期间获得工资的 60%。1992 年日本政府颁行的《育儿休假法》充分保障男女两性职工照护未成年子女的休假权，雇主不得加以拒绝，也不能因此辞退职工，而且休假重返工作岗位的职工，其工龄必须连续计算，国家承担女职工育儿假期间的保险费。《育儿休假法》规定母亲可享受 14 周产假，包括产前 6 周、产后 8 周，产假期间可获得等同于休假前的生产津贴；产假后到子女 1 周岁前，母亲可休 10 个月育儿假；育儿假期间可得薪酬为原薪酬的 80%。[1] 同时日本政府也鼓励父亲在子女出生后 8 周内休假，且该假期不算在育儿假内；在特殊情况下，育儿假可延长至子女满 18 个月。日本政府为家庭提供未成年人津贴、育儿津贴等，以减轻育儿的经济负担。在日本，女性因生育可以获得 42 万日元的一次性生育临时金，养育未成年人可获得未成年人补贴。在收入限制内，抚养一名 3 岁以下未成年子女的家庭，每个月可以获得 15,000 日元的儿童补贴；育有 3 岁到小学毕业的未成年子女的家庭，拥有 2 名子女以内的家庭每月可获得 10,000 日元，3 名子女及以上的家庭每月可获得 15,000 日元等。[2]

与此同时，为了提振生育率，政府发放"育儿休假奖励金"、"企业内托儿补助金"以及"育儿休假人员复工程序奖励金"等物质奖励，帮助企业减轻负担，从而推动企业积极主动落实育儿休假制度，设立企业职工子女保育设施，促进女性再就业。另外，日本厚生劳动省将每年的 10 月定为"工作与家庭思考月"，评选和表彰"家庭友善企业"和"推进均等兼顾企业"，普及促进女性兼顾家庭与工作的政策。[3]

在保障男女两性平等就业权利从而有效发挥女性的职业能力，使之更好地协调家庭生活和职业发展方面，日本政府于 1985 年 6 月颁布了《男女雇用机会均等法》，该法旨在促进男女两性就业机会公平，禁止企业以女性结婚、

---

〔1〕 参见任泽平、熊柴、周哲：《中国生育报告：2019》，载微信公众号"泽平宏观"2019 年 10 月 4 日，https://mp.weixin.qq.com/s/I2YZgufAFoLtigTT2P55NA。

〔2〕 参见任泽平、熊柴、周哲：《中国生育报告：2019》，载微信公众号"泽平宏观"2019 年 10 月 4 日，https://mp.weixin.qq.com/s/I2YZgufAFoLtigTT2P55NA。

〔3〕 吕卫清、李亚芬：《日本促进女性就业经验对解决我国"全面二孩"政策下女性就业歧视的启示》，载《湖北经济学院学报（人文社会科学版）》2017 年第 9 期。

妊娠或生育为理由而辞退女性员工。同时还成立了相应的机构来处理女员工与雇主的纠纷。同年,日本政府还相继制定了《劳动者派遣法》《雇用法实施规则》《女子劳动标准规则》等规定。2007 年,日本政府对《计时工劳动法》进行修订,以此改善雇佣环境,推动短时间劳动者的充分就业,从而发挥女性工作能力。

1953 年,韩国将产假作为《劳动标准法》的一部分。该法允许职业母亲享有 60 天的全薪假期。2001 年,随着《平等就业机会和工作及家庭和解支助法》的颁布,母亲的全薪假期延长到 90 天。韩国政府规定,不仅母亲享有 90 天的带薪产假和 12 个月的育儿假,父亲也有 5 天的陪产假。育儿假期间可获得工资 40% 的补贴。

(二)未成年人的照护服务

为了促进工作与家庭的协调,并鼓励更高的出生率,日本政府于 1994 年推出了天使计划(Angel Plan),2000 年推出新天使计划(New Angel Plan),着力扩大托儿设施的数量,并加强了所提供的各种护理服务。不断完善育儿室、母婴生活辅助设施、未成年人寄养设施等。设立保育所,提供未成年人课后服务以及短期照料支持服务等。努力推行“将等待入托儿童降为零的战役”,从而解决将 3 岁以下幼童入托到保育所的紧迫问题。日本政府每年增设公共托育所数量的同时,也鼓励私营托育所的设立,采取一系列措施,旨在改善托育条件,从而延长保育时间。推广多样化托育模式,诸如休息日托育、临时托育、夜间托育等模式,以便有效解决幼童入托与入园的现实问题,从而为未成年人的养育构筑一个良好社会环境。在 1997 年以前,日本只有地方政府才提供未成年人托育服务。随着 1997 年《儿童福利法》的修订,父母和监护人需要向地方政府申请选择托儿设施,最终由市政当局根据行政准则作出决定优先考虑全职母亲,兼职或非正规就业母亲以及非就业母亲则排在全职母亲之后。[1]

---

[1] See Mi Young An & Ito Peng, *Divering Paths? A Comparative Look at Childcare Policies in Japan*, South Korea and Taiwan Social Policy & Administration, Vol. 50:5, p. 7(2015).

除上述举措外，日本政府为鼓励代际之间的支持，刻意与企业合作，逐渐推出“（外）祖父母给（外）孙子孙女‘交学费’不用缴税”政策和“带孙子（女）假”。与2000年前后相比，2015年日本的总和生育率小幅上升到1.46。育龄女性各年龄段的生育率都有上升，尤其35～39岁升幅更大。[1]

韩国于1961年颁行《儿童福利法》，其中涉及儿童保育服务的规定，但这些规定在20世纪90年代之前实施极为有限。继1991年《婴儿照料法》之后，韩国的儿童照料系统迅速扩大。陆续颁行了五项立法，每项立法都鼓励进一步扩大儿童保育服务。包括《三年期儿童保育设施扩展计划》（1995～1997年）、《国际儿童福利协会改革计划》（2004年）、《低生育和老龄化社会第一个基本计划：桑罗马吉计划》（2005～2010年）、《儿童关爱计划》（2009年）和《免费护理和教育方案》（2013年）。根据2010年韩国国家统计局的报告，90%以上的儿童保育服务提供者是营利性的，其余的公共托儿设施由中央和地方政府建立和管理，在某些情况下是外包的。与日本不同，获得托儿服务的机会不因父母的就业状况而有所区别，韩国政府于1996年开始向低收入家庭提供儿童保育补贴，并在进入21世纪的最初10年逐步将覆盖面扩大到中等收入家庭。其余家庭承担全部育儿费用。补贴数额视收入而定。作为免费儿童托育计划的一部分，所有有学龄前儿童的家庭在使用机构服务时都有权获得政府补贴，尽管《免费护理和教育方案》旨在于全民覆盖，但这并不意味着所有儿童托育费用都得到了支持。[2]

（三）未成年人津贴制度

日本的《儿童津贴法》，旨在通过向照护未成年人的监护人支付相应津贴，在基本承认父母和其他监护人负有抚养儿童的首要责任的情况下，促进家庭生活的稳定和保障未成年人的健康成长。因此，日本通过普及教育并将其扩大到包括所有直至初中毕业，将其主要目标从收入支助改为未成年人

---

〔1〕 参见杨菊华、杜声红：《部分国家生育支持政策及其对中国的启示》，载《探索》2017年第2期。

〔2〕 See Mi Young An & Ito Peng, *Divering Paths? A Comparative Look at Childcare Policies in Japan*, South Korea and Taiwan Social Policy & Administration, Vol. 50:5, p. 8(2015).

托育。

韩国于2010年推行家庭照护的财政支持,其目标是向低收入家庭养育幼童提供支持。最初,韩国向1周岁以下的幼童提供津贴,但后来通过《免费护理和教育方案》,涵盖2周岁以下的幼童金额为20万韩元,以此作为幼儿园托育费或家庭养育津贴,针对低收入家庭,政府还设有照料津贴与隔代家庭补贴等福利津贴。[1]

除了上述关于儿童养育的立法,日本在改善雇佣环境方面,为育儿家庭营造了较好的企业环境。日本于1999年制定了《少子化对策基本方针》,2003年制定了《少子化社会对策基本法》,2004年制定了《少子化社会对策大纲》,改善雇佣环境和社会医疗保健、教育环境、生活环境来促进生育。若员工有3岁以下的孩子,可以向公司申请缩短每天工作时间至6小时;若员工有学龄前儿童,则一个月内不能加班超过24小时等。[2]

总体而言,日本出台众多鼓励生育的法规措施,如前所述,生育率有所提升,但长远来看,因为日本"男主外、女主内"性别分工较为普遍,职场性别歧视严重,越来越多日本女性放弃结婚生育,1990~2015年50岁以上女性终身未婚率从4.3%激增至14.6%。与瑞典等国将部分育儿养老工作社会化并由国家承担不同,日本的育儿养老责任多由家庭女性承担,将女性的角色定位为全职家庭主妇的思想仍然存在,伴随女性劳动参与率的提升,男女薪酬的差异也越来越明显,导致越来越多的日本女性选择(暂时)放弃家庭,进入职场,进而影响生育的意愿。在日本,未成年人的照护模式为"女性+国家+市场+男性"。

韩国政府1991年通过《婴幼儿保育法案》,将保育事业由原来单纯的"保育"发展为"保"与"教"相结合,将0~3岁婴幼童的教育纳入学前教育体系。政府还设置"女性家族专门委员会",设立岗位托儿制度,设立幼稚园与

[1] See Mi Young An & Ito Peng, *Divering Paths? A Comparative Look at Childcare Policies in Japan*, South Korea and Taiwan Social Policy & Administration, Vol. 50:5, p. 9(2015).

[2] 参见任泽平、熊柴、周哲:《中国生育报告:2019》,载微信公众号"泽平宏观"2019年10月4日,https://mp.weixin.qq.com/s/I2YZgufAFoLtigTT2P55NA。

家庭寄养中心，为家庭提供全天性或临时性的儿童照料服务等。同日本一样，韩国政府也积极支持代际照料，实行"照看孙子辈项目"，由政府向照护孙子女的祖父母（外祖父母）提供津贴。针对因生育导致职业中断的女性，韩国政府于2010年颁行《职业中断女性再就业促进法》，鼓励倡导企业组织培训，开展就业实习项目。为了营造生育友好环境，韩国政府于2007年颁行《家庭友好社会环境建设促进法》，旨在于共同努力为生育女性营造家庭友好型工作环境、社区环境以及社会环境。韩国的产假和育儿假期间的报酬相对慷慨，既有普惠性的津贴，还有针对低收入家庭的津贴，涵盖面较为广泛。尤其值得一提的是，0～3岁的幼儿，政府积极提供托幼服务，将其纳入学前教育体系，此举可以有力支持生育后的女性从育儿照护中解放出来，重新返回职业岗位。多层次的育儿补贴也是韩国政策的一个亮点，充分发挥家庭的亲属职能，发扬老人的积极性，照看（外）孙子女不仅可以享受津贴，而且还增进祖孙情感，享受天伦之乐，与此同时，也让幼儿的父母放心将精力投入职场。虽说韩国的生育率提升没有日本那样明显，但是也从2000年前后的1.22升至2015年的1.26，从而有效地遏制了自20世纪90年代初以来持续走低的态势。[1] 韩国的未成年人照护模式形成了"女性＋国家＋市场"的模式。

由上述可知，日本、韩国两国可以被认为是去家庭化体制，因为它们扩大了由市场和国家提供的非家庭照护。此外，在所有情况下，照护费用都在国家和社会之间重新分配。政策战略可能有助于消除两性不平等的影响，改变男性养家者的家庭模式。

五、澳大利亚分担未成年人养育成本的立法概况

（一）育儿假与未成年人津贴制度

2013年之前，澳大利亚政府主要针对生产后的女性规定了育儿假，即母亲可以享有18周的带薪产假，父母均可享有12个月的无薪育儿假。2013年

---

〔1〕 参见杨菊华、杜声红：《部分国家生育支持政策及其对中国的启示》，载《探索》2017年第2期。

之后，父亲还可额外享有2周的有薪父亲津贴或者配偶津贴。未成年人津贴方面，澳大利亚政府赋予各群体各层次的津贴，除母亲可以享受产假津贴之外，父母还可以共享抚养津贴或者育儿津贴以及家庭儿童照护津贴，与此同时，还有专项的婴儿津贴等现金补贴政策。[1]

（二）未成年人照护服务

澳大利亚的未成年人照护服务与津贴均呈现多样化模式，以满足多样化的需求。未成年人照护服务机构包括全日托、家庭日托、课外时间托管、学前班或者幼儿园、居家托管、临时托管以及一系列非主流的未成年人照护服务机构，这些机构均由政府提供资金的支持。澳大利亚政府一方面赋予未成年人照护机构资金的支持；另一方面也鼓励家庭内部的未成年人照护，主要表现为代际的支持，政府推行"家庭税收福利"（Family Tax Benefit）制度，该制度规定，只要照护孙子女或者外孙子女，祖父母或者外祖父母均可向政府申请照护孙子女或外孙子女的补贴费用，该补贴费用是通过"祖父母照护孙子女福利"实现专项补助。

（三）产后母亲的职业保障制度

基于生育后的女性返回职场可能面临的歧视与困境，澳大利亚政府于2009年颁行《公平工作法案》（Fair Work Act），该法案具体规定了生育后的女性灵活就业或者弹性工作的内容，以此平衡育儿与工作的冲突。2016年政府又颁行《在职父母支持策略》，该策略进一步细化了女性产假后的职业问题，更为有效地解决了女性生育后就业的后顾之忧。如上的一系列生育支持政策很好地提升了澳大利亚的生育水平，总和生育率从2005年到2015年，十年期间从1.77升至1.92。[2] 从而看出澳大利亚未成年人照护模式为"双亲+国家"。

澳大利亚政府的生育振兴战略无论是从立法抑或是政策，都是富有可操作性的，涵盖了女性生育后的产假、父母照护假以及相应的照护津贴，对

---

〔1〕 参见杨菊华、杜声红：《部分国家生育支持政策及其对中国的启示》，载《探索》2017年第2期。

〔2〕 杨菊华、杜声红：《部分国家生育支持政策及其对中国的启示》，载《探索》2017年第2期。

于女性生育后返回职场的立法可谓完善,各层次的未成年人照护机构让年轻的父母没有后顾之忧,加之祖父母还有带孙专项补贴,既能够满足老年人享受天伦之乐,也能够充分实现老年人老有所乐或者老有所获的人生价值。

六、美国分担未成年人养育成本的立法概况

(一)美国对怀孕女性的保护立法

1978 年美国国会通过《怀孕歧视法》(Pregnancy Discrimination Act, PDA),这也是国会对联邦最高法院针对雇主歧视怀孕妇女裁决的回应。通过明确将怀孕与其他临时残疾等同起来,为孕妇争取正常工作权利迈出了坚实的一步。1987 年,联邦最高法院裁定,该法旨在“保障女性能够充分和平等地参与劳动的基本权利,同时不剥夺她们充分参与家庭生活的基本权利”。为了满足女性参与劳动的需要,在国家层面制定了育儿假法规。虽然有些州只是根据一般因伤残或分娩等延长假期,但另一些州只为女雇员提供育儿假。还有一些州采取了不分性别的办法,将福利扩大到男女雇员,从而将丧失身体能力的责任与育儿责任分开。[1]

(二)育儿假、未成年人津贴制度

承接《怀孕歧视法》之后,美国于 1993 年颁行《家庭与医疗离职假法》(Family And Medical Leave Act,FMLA),该法是克林顿总统就职后签署的第一项法律,该法是在国会历经长达 8 年的斗争与酝酿中产生的,主要针对雇员在 50 人以上的企业,员工因照护新生儿,领养儿童,生病之儿童,可以享有 1 年以内最高达 12 周的无薪离职假,且该法要求员工须在雇佣企业工作至少一年,方能申请该离职假。[2] 《家庭与医疗假法》旨在鼓励“家庭稳定和工

---

〔1〕 See John Bouman, Kinsey Alden Dinan & Nancy K. Cauthen, *Improving Work Supports: Using the Family Resource Simulator to Identify Problems and Test Solutions*, Northwestern Journal of Law and Social Policy, Vol. 41:6, p. 86(2009).

〔2〕 See John Bouman, Kinsey Alden Dinan & Nancy K. Cauthen, *Improving Work Supports: Using the Family Resource Simulator to Identify Problems and Test Solutions*, Northwestern Journal of Law and Social Policy, Vol. 41:6, p. 87(2009).

作场所的生产力”。平衡工作场所与家庭的需要,促进家庭的稳定和经济安全,并促进维护家庭完整的国家利益,使雇员有权因子女出生或收养子女以及照护健康状况严重的子女,且符合雇主合法利益的前提下不分性别地享有休假权,以此促进男女就业机会平等的目标。[1] 对于平等目标,有学者指出,虽然该法的起草者很自觉地制定了不分性别的语言,该法本身是在美国性别社会背景下制定,并由不太可能对这些性别规范质疑的雇主来执行。但它只是在一个高度性别分层的社会中创造了性别平等的法律虚构,在这个社会中,父亲也有一个“玻璃天花板”,经济上合理的考量(由于丈夫在公司薪酬比例中占前10%,因而妻子不愿意损害其夫高薪酬的工作而使其休假),传统的性别角色由于在最高成就水平上仍然存在巨大的性别差距,而且男性仍然占据着大多数权力和高薪职位,因而迫使夫妻采用传统的家庭分工模式——丈夫外出工作,低收入的妻子沦为家庭主妇,以及对职业发展的负面影响之权衡(男性员工工作周期不被打断,以最小的干扰积累成功和成就)等综合因素,阻却父亲参与子女的照护,而母亲则因追求事业成功而受到惩罚。[2]

美国联邦政府的未成年人津贴政策,早期是以贫穷家庭之未成年人作为主要对象,一般家庭之未成年人则不在该政策的涵盖范围内。1935年美国通过的《依赖儿童补助方案》(Aid Dependent Children,ADC)。该方案针对贫穷单亲家庭提供救助,主要对象为丧偶母亲与其所抚养的15岁以下未成年子女(各州可依自身的状况再做调整)。1962年时,该方案更名为《依赖儿童家庭补助方案》(Aid to Fmailies with Dependent Children,AFDC)。新方案将儿童父母失业的条件亦纳入救助范围,同时针对给付资格的认定进行放宽。给付金额则依各州的基本需要而有所不同。除社会

---

〔1〕 See John Bouman, Kinsey Alden Dinan & Nancy K. Cauthen, *Improving Work Supports: Using the Family Resource Simulator to Identify Problems and Test Solutions*, Northwestern Journal of Law and Social Policy, Vol. 41:6, p. 88 (2009).

〔2〕 See Lisa Bornstein, *Inclusions and Exclusions in Work-Family Policy: The Public Values and Moral Code Embedded in the Family and Medical Leave Act*, Columbia Journal of Gender and Law, Vol. 10, p. 114 (2000).

救助现金给付外,1975 年制定了《劳动所得税补贴方案》,该方案透过社会福利与所得税的相互结合,协助低薪工作家庭申请所得税额的抵扣与补贴。

在 1990 年前,联邦政府并未提供相关的离职假之规定。而联邦政府所提供的托育服务,只有 1965 年颁布的《及早教育方案》。该方案主要以低收入家庭中的 3 岁到 4 岁儿童为对象,由社区提供包括教育和健康在内的相关短期服务,使社会弱势儿童获得良好的学前教育机会。20 世纪 90 年代,《儿童照护与发展概括性法案》(Child Care Development Block Grant Act, CCDBG)启动了全年时的《及早教育计划》。1994 年,联邦政府的预算不仅增加了及早教育计划的预算,同时开办了"早期以及及早教育计划",进一步将低收入家庭儿童年龄延伸至 3 岁以下。因联邦政府并未能提供足够的场所容纳所有低收入家庭的儿童,这使这些家庭的父母在被期盼全天工作的同时,大部分只能部分时间参与儿童的养育。

1990 年《儿童照护与发展概括性法案》得以修订。将家庭中拥有 2 名以上儿童的抵减额度提高。1993 年的《总预算表和法案》(Omnibus Budget Reconciliation Act),则将薪资所得抵扣额度扩大至贫困线以上。[1] 美国是最后通过育儿假立法的工业化国家之一。从历史上看,政府在工作和家庭问题上的行动,受到隐私、自治、自给自足和政府干预最少等价值观的限制,不仅对女性就业参与缺乏相关支持,亦将未成年人照护视为私领域的事情。无论是《依赖儿童补助方案》还是《依赖儿童家庭补助方案》均是济贫为主的未成年人相关政策,以单亲女性作为主要对象,协助该单亲家庭获得独立经济自主为目标,不涉及对父母就业的那些未成年人照护的支持。虽在 20 世纪 90 年代后,强化了相关的未成年人照护政策,但以济贫为主的架构并未改变。女性依旧处于"蜡烛两头烧模式",现状并未出现太大的变化。这种延续既有道路的改革路径,固然强化了中低阶层家庭的女性的就业意愿,减少

〔1〕 参见黄志隆:《儿童照护政策与福利体制的路径变迁:瑞典、德国与美国之比较》,载《东吴社会工作学报》2013 年第 1 期。

福利依赖的可能性。然而在劳动市场多元化结构的影响下,不仅将扩大家庭之间的所得差异,更将造成美国中低阶层家庭的女性面临更大的就业与家庭照护压力。由此美国的未成年人照护模式为"女性 + 市场"的未成年人照护模式。

第四节 我国国家分担未成年人养育成本的制度设计

在我国20世纪80年代以后从计划经济向社会主义市场经济改革的过程中,原本由国家通过单位分担的社会再生产方面的职能和服务逐渐社会化,转移到个体家庭身上,而由于家庭内部传统性别分工方式的持续,最终主要还是由女性来承担。[1] 我国女性从事无酬工作的时间很长,承担较重的家庭照护工作,当女性没有工作时,照护未成年人的比例达81.7%。[2] 这说明目前我国家庭领域中的性别不平等更多地反映在家庭责任的分担方面,男女两性在分担家庭责任方面的不平等是制约家庭领域性别平等与妇女发展的最重要的因素。另外,由于女性承担了更多的家庭责任,也直接影响到她们在其他领域的发展。因此,要提高家庭领域中的性别平等与促进妇女发展,需要进一步提升两性对家庭责任分担的平等程度。[3]

近年来,我国人均经济指标包括居民收入等数据均有一定提升,社会保障与福利以及公共服务水平也有了相应提高。但是,在分析我国的低生育率现象以及探讨应对策略之时,必须兼顾经济发展维度。女性身为物质生产者和社会再生产者双重身份,该身份与国家经济发展、性别平等以及生育率密切关联,性别平等的提高有助于女性全面、高效地参与劳动力市场,从而促进经济发展,对维持一定水平的生育率也有正面作用,即形成正向良性的反馈机制。反之,负向恶性抑制机制对经济发展、性别平等和生育率都可能形成负面作用。如前所述,中国共产党十九届五中全会提出了国家必须积极应对

---

〔1〕 参见季迎春:《社会性别和发展视角下的中国低生育率》,载《中国社会科学》2018年第8期。

〔2〕 参见国家卫生计生委家庭司编著:《中国家庭发展报告2016》,中国人口出版社2016年版,第69页。

〔3〕 参见吴帆:《家庭领域的性别平等与妇女发展:指标研究与应用》,载《妇女研究论丛》2006年第2期。

人口老龄化的国家战略,“发展普惠托育服务体系,降低生育、养育、教育成本”等战略方案,“目前我国3岁以下婴幼儿人数超过4700万”,“全面三孩”政策继“全面二孩”政策实施以来,家庭养育子女经济成本高、照护未成年子女人力缺乏、养育和职业冲突发展等日益成为国家与社会关注的热点问题。因此,推动婴幼儿照护服务的发展,满足家庭日趋迫切的托育服务之需求,是当下我国重大的民生事项。基于此,我们试图从我国国情出发,总结之前相关制度不利的经验,提出综合考虑社会性别和经济发展的视角,理解生育政策调整后育龄群体相应的生育决定、行为以及未来变化,从而更为准确提出国家分担育儿成本的立法建议。[1]

一、制定国家层面的育儿假、完善产假之规定

(一)增设育儿假,完善产假之规定

2018年中央经济工作会议再次强调,解决好“婴幼儿照护和儿童早期教育服务问题”和劳动力市场上的“性别歧视”问题。[2] 对这两个问题的关注也是对党的十九大报告中“幼有所育”的积极回应。中国共产党十九届五中全会再次重申对家庭养育予以支持的重要性,尤其是婴幼儿照护问题。在我国,实施计划生育的基本法律分为国家与地方两个层面,前者是《人口与计划生育法》,后者则是各省(自治区、直辖市)的人口与计划生育条例。《人口与计划生育法》分别于2016年1月1日和2021年8月20日修订后正式实施,“全面二孩”与“全面三孩”政策相继入法,并取消了“鼓励公民晚婚晚育”的规定,同时增加了生育方面的奖励与社会保障措施,“对实行计划生育的夫妻,按照规定给予奖励”;“建立、健全基本养老保险、基本医疗保险、生育保险和社会福利等社会保障制度,促进计划生育”;“符合法律、法规规定生育子女的夫妻,可以获得延长生育假的奖励或者其他福利待遇”;“妇女怀孕、生育和哺乳期间,按照国家有关规定享受特殊劳动保护并可以获得帮助和补

[1] 计迎春:《社会性别和发展视角下的中国低生育率》,载《中国社会科学》2018年第8期。

[2] 杨菊华:《理论基础、现实依据与改革思路:中国3岁以下婴幼儿托育服务发展研究》,载《社会科学》2018年第9期。

偿”。2012 年 4 月 1 日,国务院颁布实施的《女职工劳动保护特别规定》专门对女性在生育前后的福利保障予以明确。第 7 条规定:“女职工生育可享有 98 天产假,其中产前可以休假 15 天;难产的,应增加产假 15 天;生育多胞胎的,每多生育 1 个婴儿,可增加产假 15 天。女职工怀孕未满 4 个月流产的,享受 15 天产假;怀孕满 4 个月流产的,享受 42 天产假。”第 8 条规定:“女职工产假期间的生育津贴,对已经参加生育保险的,按照用人单位上年度职工月平均工资的标准由生育保险基金支付;对未参加生育保险的,按照女职工产假前工资的标准由用人单位支付”。基于 2021 年《人口与计划生育法》的修订,各省、自治区、直辖市随后也陆续修订地方的《人口与计划生育条例》(以下简称《生育条例》),截至 2022 年 10 月 31 日,已有 28 个省(自治区、直辖市)完成修订。这些省(自治区、直辖市)的《生育条例》中,大多延长了产假。其中北京市、天津市、山西省、辽宁省、上海市、安徽省等 16 地前述在“女职工产假 98 天”的基础上延长了 60 天。北京市还将产假授权生育女职工所在机关、企业事业单位、社会团体以及其他组织,只要这些单位同意,可以将产假增加一至三个月。针对生育二孩、三孩及以上的情况,河北省与内蒙古自治区《生育条例》规定,生育第三个以上子女的延长产假 90 天;浙江省《生育条例》规定,女方生育一孩延长产假 60 天,生育二孩、三孩延长产假 90 天。甘肃省《生育条例》规定,依法办理结婚登记的夫妻可以享受婚假 30 日。符合本条例规定生育子女的,女方享受产假 180 天;黑龙江省女职工也可享受 180 天的产假;吉林省《生育条例》则规定,“女职工经本人申请,单位同意,可延长产假至一年”。各地普遍在之前《生育条例》基础上,增加父亲陪产假 15 ~ 30 天不等。职工在婚假、产假、护理假期间,其工资、奖金、福利待遇不变。由此数据,甘肃省关于产假与护理假的时长属于全国属于最优惠的省份之一。在此次修订的省(自治区、直辖市)条例中,最亮眼的则是增加了夫妻的“育儿假”。育儿假率先于 2019 年 9 月 27 日宁夏回族自治区人大常委会通过,2019 年 11 月 1 日起正式实施《宁夏回族自治区妇女权益保障条例》。《宁夏回族自治区妇女权益保障条例》在全国首创夫妻共同育儿假,在第 28 条明确规定:“鼓励用人单位对符合法律、法规规定育有子女的夫妻,在子女零至三周岁期间，每年给予夫妻双方各十天共同育儿假”，该规定也是宁夏积极响应、落实国务院办公厅2019年4月颁布的《关于促进3岁以下婴幼儿照护服务发展的指导意见》而推出的男性（父亲）、女性（母亲）共同育儿的先进理念。《宁夏回族自治区妇女权益保障条例》的先进理念无疑对推进全国范围的立法具有极强的指导意义。

因此，28个省（自治区、直辖市）的《生育条例》中，均增设子女满3周岁前，夫妻每人每年可享有5～15天的育儿假。地方立法的先行给全国性立法奠定了良好的实践基础，因此，我们建议当前国家层面的产假仅有98天的现状之上，增加现行的产假天数，统一产假为4～6个月，并增加父亲法定陪产假15天～1个月，其间新生儿父母均为全薪。同时，为了新生儿父母更好地平衡工作和育儿责任的承担，促进男女两性平等担责，我们在基本立法中规定刚柔并济的育儿假，可以采用弹性休假[1]的做法，在立法中规定，根据生育子女数量赋予父母育儿假0.5～3年，且父母共享，单独给父亲每个子女一个月，不可以转移给母亲。并在实施过程中加大宣传与倡导，在全社会普遍树立父母共同育儿的理念。育儿假的时长按照天为标准计算从而增强父母使用的弹性。育儿假可以全天、半天、1/4天甚至1/8天为基数来累计计算。例如，在职父母可以在8小时工作中每天工作7小时，减少1小时，即1/8的休假，也可以连续休假也可以分阶段休假，其中每1年可分为3个阶段休假。在子女满1周岁以前，父母可选择同时休30天的带薪假。[2] 除此之外，育儿假应包含子女出生后的3年内，尤其子女患有疾病需要照护时，父母共享有每年每名子女最多15天的生病照护假即临时育儿假，育儿期间父母薪酬减半。

另外，因为我国女性经济地位提升，女性劳动参与率相应调高，基于自身的发展与学历的提升，全国大中城市女性生育年龄逐步攀升，自然怀孕的风

---

〔1〕 例如，可以在八小时工作中每天减少工作一小时，作为1/8天的休假。为人父母的雇员可以连续休假也可以分成几个阶段休假，最多一年可分成三个阶段休假。在孩子未满一岁以前，父母可同时休最多30天的带薪休假。照护孩子的休假，不仅是在孩子出生后的两年里，还包括了孩子平时生病时。

〔2〕 目前我国各地陆续都有男性陪产假的立法，7～30天不等，其间为全薪。

险也同时增加,因而建议增设妊娠假。根据具体情况赋予怀孕期间有风险的孕妇 15 天至 30 天不等的假期,该假期为弹性制,在此期间根据单位的具体情形领取一定数额的怀孕津贴。另外,国家加大对孕妇在孕期的健康检查、产妇产后的保健服务提供补贴的力度。

(二)增加普惠式的未成年人津贴

首先,未成年人津贴的受益对象应为普及性或选择性?年龄该如何设定?在未成年人津贴刚开始发展的阶段,采用普及式与选择式的模式几乎势均力敌,许多国家是从不同职业族群渐渐扩展到全体未成年人的过程。但以 2008 年数据显示,仅有意大利与希腊仍以社会保险为主,比利时、西班牙与日本则是社会保险与社会救助双元体系,其余国家则维持普及性的未成年人津贴。过去这 10 年,某些国家有从与"所得无关"(non-income-related)渐渐朝向"资产调查"的趋势,但这并没有成为普遍的风潮。马特萨加尼斯(Matsaganis)等人在 2004 的研究指出,结合普及式津贴及选择式给付,是在衡量合理的成本后降低未成年人贫穷最为有效的政策。联合国儿童基金会(United Nations Children's Fund,UNICEF)2005 年的报告也显示:未成年人津贴越高的国家,孩童的贫穷率明显越低。研究同样证实,与孩童直接相关的津贴对降低未成年人贫穷有极大贡献,而这些多是普及性津贴。至于那些仅针对贫穷孩童给予津贴的国家,政府财政支出的程度相差不大,但未成年人贫穷率却较高。主要系因普及式津贴省去申请或审查等行政程序,比起选择性津贴,可以让更多贫穷的孩童受惠。总言之,目前多数欧盟国家的未成年人津贴仍是普及性的,不因家庭所得而有差异。

其次,津贴领取资格的第二个要件是年龄上限。因联合国儿童权利公约所定义之儿童为未满 18 岁者,因此 2009 年多数欧盟国家的津贴年龄上限在 16 ~ 18 岁,若 18 岁以上仍在就学,许多国家会延长受益年龄;有些国家规定,若小于 18 岁但已就业,其薪资若超过某个水平,将减少津贴金额;或若已婚、不跟父母同住者,均会丧失领取资格。至于涵盖范围,普及性方案多为 18 岁以下儿童;社会保险制则限定育有 18 岁以下未成年人的父母。

中华人民共和国成立以后，无论是计划经济时代还是市场经济时代，我国均没有普惠制的未成年人养育津贴，未成年人津贴主要还是以困境家庭、计划生育家庭以及未成年人保健为主。2019 年《中华人民共和国个人所得税法》修订后正式实施，首次规定对个人所得税实行六项专项减免，其中关涉未成年子女教育的税收减免。[1] 该规定对于减轻工薪阶层育儿负担、鼓励育龄夫妻积极生育"二孩"理应起到一定的积极作用。另据国务院出台的《个人所得税专项附加扣除暂行办法》第 5 条的规定，在适用范围上，子女教育专项附加扣除包括子女学前教育和学历教育两个阶段。其中学前教育即年龄达到 3 岁至入学年龄的教育阶段；学历教育则是由三个教育阶段构成，即义务教育阶段、高中教育阶段、高等教育阶段。在扣除额度上，我国目前施行的扣除标准为每个子女每月 1000 元，即一年 12,000 元的定额扣除额度。在扣除方式上，父母某一方应当按照扣除标准的 100% 进行扣除或双方各按扣除标准的 50% 进行扣除，扣除方式不得轻易变更，至少要缴满一整个纳税年度方可变更。显而易见，上述规定仅限于家庭中有 3 ~ 6 周岁的未成年人的父母纳税人可以享受每个子女每月 1000 元的定额扣除。对于 0 ~ 3 周岁的未成年人家庭，税收减免则没有提及，直至 2022 年 3 月 19 日，《国务院关于设立 3 岁以下婴幼儿照护个人所得税专项附加扣除的通知》（国发〔2022〕8 号）规定"设立 3 岁以下婴幼儿照护个人所得税专项附加扣除"扣除金额与方式和子女教育专项附加扣除相同。[2] 该政策的出台表明国家对"全面三孩"政策有效落地的推进，一定程度上能够减轻生育子女家庭的照护负担。据研究发现，未成年人家庭照护津贴的推行对家庭生育二孩的效果明显。[3]

但就育儿津贴方面，我国针对贫困家庭的未成年人有专项津贴，包括

---

〔1〕 即"纳税人的子女接受全日制学历教育的相关支出，按照每个子女每月 1000 元的标准定额扣除"，"年满 3 岁至小学入学前处于学前教育阶段的子女，按本条第一款规定执行"。

〔2〕 参见国务院：《国务院关于设立 3 岁以下婴幼儿照护个人所得税专项附加扣除的通知》（国发〔2022〕8 号），载中国政府网，http://www.gov.cn/zhengce/zhengceku/2022-03/28/content_5682013.htm。

〔3〕 刘中一：《儿童家庭照顾津贴制度：西方国家的探索与实践》，载《社会福利》2020 年第 10 期。

生活津贴和教育资助津贴。与此同时，政府为了鼓励计划生育政策的实施，专门设计了针对独生子女以及独生子女父母的福利政策，年龄范围包括但不限于0～6周岁的独生子女，超过6岁的未成年人也有补贴，但津贴数额非常低（甘肃省兰州市曾推行独生子女津贴主要针对不满16周岁未成年人，每年120元）。显而易见，该数额在0～6周岁独生子女家庭对其子女养育补贴方面的资助效应是微乎其微的。而且，我国于2016年开始实施"全面二孩"政策之后生育的独生子女不再享有领取相关津贴的资格。

我国普惠制未成年人养育津贴肇始于地方，由政府从地方财政支出补贴家中育有3岁以上的未成年人在园的费用。典型如广东省深圳市规定的只要符合条件的在园未成年人，均可以按照每人每年1500元的标准领取补贴，只限每年领取一次，在园3年不超过3次补贴，其中的1300元用于抵扣幼儿园的保教费，200元用于幼儿体检与购买幼儿读物。显而易见，广东省深圳市的举措是我国地方政府在育儿方面给予育儿家庭的普惠性补贴，一定程度上可以减轻幼儿家庭的经济负担，也体现了广东省深圳市政府承担育儿成本的责任，该垂范值得在全国层面推广实施。因我国公立的未成年人照护资源缺乏之现象在未来一段时间还会持续，3周岁以下未成年人照护仍然依托家庭这种非正式的照护为主。因此，育儿津贴的发放将成为当下比较现实可行的选择，父母可以选择将津贴用于弥补从市场购买未成年人照护的支出。基于我国辽宁省、广东省深圳市的做法，建议我国应该实施普惠式的家庭津贴或者未成年人津贴，给付对象从0～18周岁，甚至18周岁以上限制行为能力者，给付资格无论一孩、二孩甚至三孩，无论年龄，只要符合资格，均予给付，该津贴属于全民性的家庭或未成年人津贴，财政来源应来自国家税收。但就我国目前财政状况而言，财务可行性是考虑重点，津贴领取年龄可考虑财务承受力，采循序渐进的方式，先以学前孩童优先，再逐步扩展受益对象到18周岁，继广东省深圳市之后，我国陆续有省市开始发放育儿津贴，数额为每月

500～1000元不等。[1] 普惠性的未成年人津贴可以作为国家承担育儿责任的积极表现，在财政因素无法积极突破的情况下，可以在社会保险制度中同时联结“育儿”与“养老”两个制度目标，也就是在老年给付的社会保险制度中增加“未成年人津贴”，其水准可以参照老年津贴，基本数额以满足基本的生活水平为准。[2]

（三）增加公共的未成年人照护服务

1. 未成年人照护服务国家提供的基本理由

艾斯平根据就业和福利的关系，以及去商品化指标的建立，界定了自由（liberal）、保守（conservative）以及社会民主（social democratic）三种福利体制。不同的福利体制，在不同的领取资格（entitlement）中，形成不同的性别体制（gender remimes）与养家策略（breadwinner strategy）[3]，作为社会民主体制的代表国家瑞典来说，历来强调家庭关系成本的社会化，以扩展个人独立的能力。故该体制家庭中男女皆应参与劳动市场就业与家庭照护工作，以达成性别平等目标。另外，在积极促进就业政策和公共服务扩张的影响下，母亲得以在劳动市场顺利就业，从而形成家庭中男女在就业机会与结果上的平等；保守主义体制的代表国家德国，在缓和市场负面影响的政策逻辑下，通过

---

〔1〕 2021年11月广东省发布的《广东省公共服务“十四五”规划》提出，积极吸纳国际社会有益经验，探索对生养子女给予普惠性经济补助。2022年1月，北京市印发的《关于优化生育政策促进人口长期均衡发展的实施方案》提出，逐步建立完善家庭养育补贴制度。浙江、湖南、吉林、黑龙江等地在新修订的人口与计划生育条例中提出建立育儿补贴制度。浙江省规定，县（市、区）人民政府可以根据当地实际，对三周岁以下的婴幼儿家庭给予育儿津贴、托育费用补助。湖南省鼓励县级以上人民政府对依法生育第二个及以上子女的家庭建立育儿补贴制度。吉林省规定，县级以上人民政府应当建立育儿补贴制度，省级财政根据各地制度实施情况给予适当补助。黑龙江省规定，市级和县级人民政府对依法生育第二个以及以上子女的家庭应当建立育儿补贴制度，边境地区、革命老区育儿补贴可以高于全省平均水平。四川省攀枝花市公布《关于促进人力资源聚集的十六条政策措施》，对按政策生育二孩、三孩的攀枝花户籍家庭，每月每孩发放500元育儿补贴金，直至孩子3岁。甘肃省张掖市临泽县发文规定，对在该县公立医疗机构生育二孩、三孩的临泽户籍常住家庭，二孩每年发放5000元育儿补贴，三孩每年发放10,000元育儿补贴，直至孩子3岁。参见《〈广东省公共服务“十四五”规划〉解读》，载广东省人民政府网2021年12月29日，http://www.gd.gov.cn/zwgk/zcjd/bmjd/content/post_3680428.html。

〔2〕 参见郑清霞：《育儿责任分担的探讨与推估——国家vs家庭》，载《东吴社会工作学报》2007年第5期。

〔3〕 Esping-Andersen. G, *The Three Worlds of Welfare Capitalism. Princeton*, Princeton University Press, 1991, p. 27.

职业性别社会保险制度，将保险津贴与因就业表现而来的保费缴纳相联结。[1] 但是，职业性别保险并未提供亲职假的相关津贴，而只在女性于生产时提供3个月到5个月，80% ~100%的薪资作为产假津贴。该体制的目的在于追求照护者平等模式，透过职业性别保险所提供的税式减免与照护津贴给付，女性在从事儿童照护工作时，得以获得部分劳动市场就业的平均薪资。[2]

对市场的重视与工作伦理的提倡，促成了职业福利的发展；而无法在市场生存或自我提供者，则由国家提供资产调查为前提的保障津贴。因此，在未成年人照护的相关服务与津贴是以资产调查为主的情形下，往往造成许多单亲母亲对社会救助的依赖。由于从事部分工时工作的女性不利于获得职业福利，故该体制鼓励女性从事全职工作，从而对职业女性造成兼顾就业与儿童照护的两难形成"蜡烛两头烧"模式。[3]

由前述可知，欧美国家一般将未成年人的照护分为"家庭化"、"去家庭化"以及"再家庭化"三种思路。相应地则有三种制度实践，分别是依赖于性别分工的家庭承担、依赖于社会政策支持的国家分担，以及依赖于混合资源支持的家庭承担。在工业化早期阶段，未成年人照护依赖于家庭内部的性别分工，基本由家庭，其实主要为女性承担。传统家庭分工模式为丈夫外出工作而获得劳动报酬，妻子在家料理家务、照护未成年子女。此照护模式就属于未成年人照护领域典型的"男性养家模式"。随着女性教育程度提高并逐步参与到劳动力市场，使之前稳定的性别分工与家庭结构很难继续维持。与此同时，随着各国人口老龄化的加剧，越来越多的失能老人需要照护，家庭的照护能力出现严重的短缺。在此背景下，国家承接部分家庭私领域内部的未成年人照护责任，形成照护的"公共化"或者"去家庭化"。在此阶段，福利国

---

〔1〕 参见黄志隆：《儿童照护政策与福利体制的路径变迁：瑞典、德国与美国之比较》，载《东吴社会工作学报》2013年第1期。

〔2〕 See Sainsbury D, *Gender, Policy Regimes, and Politics, in D. Sainsbury Eds.*, *Gender and Welfare Regimes*, Oxford University Press, 1999, p. 253.

〔3〕 See Stier. H, Lewin-Epstein. N & Braun. M, *Welfare Regime, Family-supportive Policies, and Women's Employment along the Life-course*, American Journal of Sociology, Vol. 106: 6, p. 1734 (2001).

家纷纷制定出产假(育儿假)、未成年人津贴和托婴托幼公共服务三大内容的未成年人照护政策,虽然这些政策的"去家庭化"程度略有差异,但其共同之处则是动用公共资源和机构,参与原来属于家庭私领域的孩童照护。缺乏负担得起的未成年人照护资源仍然是女性参与劳动力市场的主要障碍,因此国家的作用是消除这些障碍。国家将女性从未成年人照护之重任中解脱出来,既达到解放女性目的,又能保障女性参与劳动力市场。进入后工业化时期,未成年人照护政策又呈现出"再家庭化"的趋势。因全球化和技术革命的兴起,福利国家普遍面临经济衰退、公共财政紧缩的困境,未成年人照护问题成为牵动面甚广的"生活政治"议题。未成年人照护政策不再是将母亲从照护责任中抽离出来去全心全意工作,而是帮助两性协调工作与照护的冲突。与前述的"家庭化""去家庭化"不同,"再家庭化"的思路,是发展出多种资源的支持型体系,强化家长的照护能力,应对照护与职业之间的冲突。一方面,在劳动力市场增加更为灵活的工作岗位,津贴、产假和婴幼照护服务更为便捷地相互转换;另一方面,鼓励男性参与未成年人照护工作,支持父亲承担照护职责。这样的"再家庭化"方案,包含两种重要的价值观,或者叫作后工业化时代对于家庭的想象。一是将家庭照护的价值与职业工作的价值摆在平等的位置上,不强调工作价值优先。二是在儿童照护问题上,父母之间的关系是平等的合作伙伴关系,而非分工关系。因此,不能退回到男性分工养家、女性分工持家的旧模式。[1]

2. 我国提供未成年人照护服务的历史与现状

我国的历史实践表明,将未成年人照护纳入基本的公共服务体系中且提供多元化的托育服务,从而能够有效缓解家庭照护的后顾之忧、明显提振生育水平,形成个体与家庭双赢的局面。因此,建构公共托育服务体系,形成有效的服务供给,成为目前重大且刚性的民生需求,有助于民众生育二孩意愿

---

〔1〕 参见钟晓慧、郭巍青:《人口政策议题转换:从养育看生育——"全面二孩"下中产家庭的隔代抚养与儿童照护》,载《探索与争鸣》2017 年第 7 期。

的实现，推动“全面二孩”直至“全面三孩”政策目标的落地。[1]

20世纪90年代之前，我国曾经较为完善的托儿所体系有效地化解了母亲在家庭与职业之间的矛盾，但随着市场经济体制改革的深入推进，企事业单位逐渐剥离了其对员工托育的社会职能，也就是人的再生产责任。由此，人的再生产成本完全回归到家庭中来，形成高度依赖家庭内部的未成年人照护模式，从而在国家层面缺乏系统的家庭照护政策设计。市场经济发展过程中，由于我国未成年人公共照护资源稀缺、带薪假期时长短、国家层面的福利型津贴缺失等因素，最终导致的结果为社会生育率不高、(产后)女性就业率低的个人与国家“双输”的局面。全国妇联开展了《实施全面两孩政策对家庭教育的影响》的调查，该调查样本覆盖北京市、辽宁省等10个省市，受访对象为0～15周岁未成年人的父母。调查数据显示，有53.3%的一孩家庭没有生育二孩的意愿。在发达省份、城市地区的高学历的受访者中有60%以上的家庭不愿意生育二孩。生育二孩给女性如何平衡家庭和工作间的关系带来巨大挑战。[2] 即便是在“全面二孩”政策实施之前，我国很多家庭对公共的托育服务也是有需求的。此前，在城市社会中，普遍施行的是一对夫妇只生育一个孩子的独生子女政策，家庭对婴幼儿托育服务的需求可以通过家政服务来缓解，选择值得信赖的家政服务，同时也有支付能力，加之生活节奏相对缓慢，育儿家庭的父母对自己的时间具有较大的自主权，可以较好平衡工作与家庭的冲突，因此，从此意义而言，婴幼儿的养育责任交由家庭尚可承受。随着全面两孩政策的实施，婴幼儿养育的成本加重，无形加剧了家庭育儿的焦虑，而此焦虑恰是发生在育儿的父母尤其女性对时间的自由支配权明显减弱，社会提供的家政服务质量无法保证，加之家庭因二孩的出生导致支付能力大大降低，从而使育儿责任回归家庭成为束缚女性发展的一个重要原因。除了城市女性，越来越多的农村女性也随着城市化的趋势普遍参与到非

---

[1] 参见杨菊华：《论政府在托育服务体系供给侧改革中的职能定位》，载《国家行政学院学报》2018年第3期。

[2] 参见2016年12月28日全国妇联发布的《实施全面两孩政策对家庭教育的影响调查报告》，载新华网，http://education.news.cn/2016～12/28/c_129422869.htm? from=singlemessage&isappinstalled=1。

农的社会劳动中来,单位对员工的理想期待是24小时随时待命,与此同时,"职业经理人式育儿模式"[1]与"丧偶式育儿模式"[2]等过度精细化的育儿模式的出现,使女性面临家庭与社会对其传统性规范的双重要求进一步彰显。育儿成本的显著增加、育儿责任外部化的缺位、理想员工与理想母亲的角色冲突等多重因素交织在一起,明显刺激了个体家庭对公共照护服务的需求。公共照护服务成为民众刚性的、迫切的、重要的民生需求。我国在《2009—2020年国家中长期人才发展规划纲要》中提出:建立政府购买公共照护服务制度,为各类人才平衡家庭责任和工作创造条件。前已述及,党的十九大报告中明确了新时代的"幼有所育"之要求,但客观情况则是托育的公共服务基本缺失,不免成为家庭尤其是女性面临的社会主要矛盾。有关调查显示,2010年以来,全国婴幼儿获得托育服务的比例不到5%,2015年不到1.5%,2016年也仅为3.5%,总量不足。同时,公办托育照护机构几乎缺位,2012~2016年,教育部门所属托幼机构入托比例由16.04%降至11.79%,机关企事业单位所属托幼机构的入托比例由9.81%降到7.29%,八成以上的幼儿是由民办托幼机构来接收照护的。[3] 基于此,亟须重新定位"幼有所育"。与此同时,我国人口结构呈现老龄化的趋势加快,社会公众对于托幼保健、未成年人教育和医疗等相关的公共照护服务需求日益增长,未成年人照护愈加超越家庭领域,成为与经济社会发展相关联的政策性议题。[4] 假如强调未成年人照护服务的市场化与商品化,可能造

[1] 指称当下教育市场化发展背景下中国城市家庭母职实践中的一种趋势,意指由母亲承担孩子的经纪人式的教育代理服务和居间交易的角色。孩子在从幼儿园到高中毕业的教育市场中被当作一个明星打造项目来经营,母亲以"教育经纪人"式的职业化标准来追求子女的经营业绩,发挥着维护信息网络、了解教育培训市场产品与目标学校需求、规划孩子的个性化学习方案与学习时间、亲身整合教育资源等一系列功能,想方设法提升孩子的教育成就,最后把孩子向优质的高一级学校推销出去。参见杨可:《母职的经纪人化—教育市场化背景下的母职变迁》,载《妇女研究论丛》2018年第2期。

[2] 主要是指父亲角色的缺失,母亲在孩子成长过程中承担了双亲的角色。

[3] 参见杨菊华:《新时代实现0~3岁婴幼儿幼有所育的路径》,载《中国妇运》2019年第4期。

[4] 参见邓锁:《从家庭补偿到社会照顾:儿童福利政策的发展路径分析》,载《社会建设》2016年第3期。

成服务购买者、照护者、被照护者三方皆输的结果。[1] 2016 年 1 月 5 日，中共中央、国务院公布的《关于实施全面两孩政策改革完善计划生育服务管理的决定》明确了“促进社会性别平等”的具体策略，即给生育家庭提供托育服务，可以适度缓解女性的家庭压力，从而让女性释放出更大的社会劳动潜能，有效减弱职场的性别歧视，推动公共领域的性别平等，也有助于实现“性别红利”。2021 年我国发布的《2021 年儿童纲要》提出了“加快普惠托育服务体系建设，托育机构与托位数量持续增加”的目标。为了实现此目标，还需综合运用土地、住房、财政、金融以及人才等支持政策，扩大托育服务供给，最终提高 3 岁以下未成年人的托育率，有效减轻家庭育儿的负担。与此同时，推动社会力量参与照护托育服务业的发展，对托育照护服务扩大总体规模、优化结构、提升质量意义深远。

国家的未成年人照护福利体制，无论是以家庭为生产中心（如提供母职津贴以鼓励母亲自行照护），或是以市场为生产中心（以现金补贴家庭，使其能通过自由市场购买服务），都无法实现“社会民主”模式的照护公共化达到性别平等。这样的“社会福利体制”无法改变家庭内的性别分工，或市场中对照护工作者剥削的问题。社会民主模式的重点在于，同时达成照护的“去私领域化”和“去商品化”。以此原则，国家鼓励家庭内的女性选择就业，并取得公共提供的服务来照护未成年子女，而非由让家庭中母亲自行承担照护责任，或通过市场提供的照护服务商品获得满足。上述“再家庭化”的公共化照护，是育儿责任国家分担机制在理念上应采取的基本路径。因此，这个路径所采取的公共化策略，需要从家庭与市场的交界之间召唤出的社区与第三部门——民间非营利组织。让民间非营利组织与政府合作，形成共同治理的照护服务体系。在此理念架构中，我国政府不需直接聘雇照护服务人员，而是委托非营利组织介入照护服务的生产与输送，确保家庭可以用最低成本

[1] 结果则是：第一，市场生产不足且价格昂贵，一般家庭无法负担；第二，照护工作者受到剥削，而多数从事这类工作者是女性；第三，照护服务品质不佳使得老人或者儿童未得到理想的照护。参见傅立叶、王兆度：《照护公共化的改革与挑战——以保姆托育体系的改革为例》，载《女学学志：妇女性别研究》2011 年第 29 期。

取得一定品质的服务，从而避免商品化照护的多重剥削，且有民间参与的公共管理体系，达到社会民主模式的效果。[1] 预期宏观目标如下：

首先，让公共的照护服务，成为跨阶层的选择，从而避免社会排挤。采用普遍主义的政策原则以便达成社会整合。平价的照护服务既让经济弱势阶层可以接受并享用福利性服务，同时，因为品质合理也让经济优势阶层愿意使用该福利服务。照护服务系统内，不会出现市场状态下的分化倾向——即经济处于优势者偏好选择高档服务，经济处于弱势者只能选择差等服务，唯有如此，福利性的照护服务才可能成为一般的公民权利。

其次，借由公共化照护服务创造工作机会，将无酬家务劳动转向照护服务产业，但同时维持照护服务业的非低薪与中度专业性，而非放任照护服务成为竞争的劳动市场，沦为被剥削的低薪资、低技术和低经济价值的"低等工作"。

最后，由国家负责统筹照护服务的提供，以解决一般照护服务市场化的各种弊端，例如，价格昂贵、劳动力剥削、品质堪忧等问题，这一点与前述的照护公共化瑞典模式相同。不论公私部门彼此以何种形态选择，只要形成公共化管理的效果，使价格、劳动条件、照护品质合理即可。

公共照护服务机构的设立彰显对育儿家庭的支持，也是对女性平衡工作与家庭的扶持。21 世纪以来，我国关于公共照护的立法发端于地方。2020 年 5 月 21 日，辽宁卫健委发布《三岁以下婴幼儿照护服务意见》，该意见以按照家庭为主、托育补充，政府引导、普惠优先等为原则，加快建立促进辽宁婴幼儿照护服务发展的政策法规体系、标准规范体系和服务供给体系。除此之外，还有关于生育友好型社会环境的观念塑造等具体措施。[2]

与此同时，2020 年福建省泉州市总工会根据市委市政府为民办实事项目安排，结合省、市总工会年度工作部署，在全市范围内安排开办 150 个职工

---

〔1〕 参见傅立叶、王兆度：《照护公共化的改革与挑战——以保姆托育体系的改革为例》，载《女学学志：妇女性别研究》2011 年第 29 期。

〔2〕 参见大观新闻：《辽宁省政府发文：育儿假要来了！》，载搜狐网 2020 年 5 月 23 日，https://www.sohu.com/a/397259468_120205663。

子女暑托班的部署,暑托班招收原则是优先保障新冠疫情防控一线的医务人员(工作人员)的子女、感染新冠肺炎或因疫情影响家庭遭遇重大困难变故的职工子女、困难职工的子女、进城务工人员的子女、单亲职工家庭的子女、留守职工的子女及环卫职工的子女,其中环卫职工子女可扩大至有需求的孙辈。其他人员则按照符合条件自愿报名。暑托班由乡镇(街道)、工业园区、村(社区)、机关及企事业单位主办,由其所属基层工会或选择有资质能力的社会组织具体承办。本地本区域有资质能力的社会组织不足或缺乏可比性的,可委托其他有资质的教育培训机构具体承办。暑托班场所要求是鼓励利用职工服务中心或职工较集中的企业工会活动阵地等其他现成场地。资金来源主要由市总工会资金补助,另外各县级总工会、各直属单位配套补助,还包括各主办单位投入等多重资金注入方式。暑托班的安全管理方面,市总工会要求主办单位应尽量提供安全的场所和必要的设施设备,设施应符合国家安全防范规定。要建立健全安全管理制度,强化活动场所、食品卫生、应急救护、消防设施安全检查,制定并落实门卫登记、考勤、交接班制度和应急预案,对服务人员、供餐企业严格把关,活动教室内安装摄像头,为服务对象购买暑假意外伤害和意外医疗保险并与职工家长签订托管协议。[1] 无论辽宁省卫生健康委员会颁布的规章,还是福建省泉州市的具体措施,均反映地方政府切实在生育养育方面对家庭的支持。地方的举措可以逐步在全国推行,有助于解除女性的生育隐忧进而提升家庭的生育意愿,终而达到人口增长的目标。

二、推进男女就业平权,实现社会性别平等

(一)就业性别歧视的内涵及国际公约的规定

歧视(discrimination)通常是指“不平等的对待”。当代英美法词典解释为:“指授予某些人特权或因种族、年龄、性别、民族、信仰、残疾等剥夺某些人

---

〔1〕 参见泉州市总工会办公室《关于举办 2020 年职工子女暑托班的通知》(泉工办〔2020〕18号)及《泉州市总工会职工子女暑托班管理办法(试行)》。

的权利的法律或惯例的后果,或指没有正当理由,不平等地对待各方”。[1]“歧视”现象是伴随人类社会的产生而产生的,且随着社会的发展表现更为广泛,政治领域与社会领域的歧视颇为常见。与性别相关的歧视称为性别歧视,对此,有学者将其界定为:“指基于人的生理性别或社会性别而产生的歧视与偏见。该词起源于20世纪60年代的美国,泛指一切歧视女性的态度和做法”[2];也有学者界定为“是指基于性别的不公正的差别对待或者对于应当区别对待的两性同样对待,使其中一种性别的人处于与异性相比特别不利的地位”。[3] 性别歧视在就业领域称作就业性别歧视(Sex Discrimination in employment),通常是指在劳动领域或者经济领域对不同性别劳动者的区别对待。法律上的就业性别歧视是指条件相等或者相近的求职者在求职、就业过程中,仅仅因为性别差异而不能享有平等的就业机会,以及报酬、晋升,培训机会的获得等职业发展的不平等待遇,从而导致其平等就业权受到损害的现象。[4] 在国际公约中,关于就业性别歧视相关的立法始于20世纪。1958年,国际劳工组织通过的《关于就业和职业歧视公约》就对此做出了规定(前文已述);18~19世纪及20世纪60~70年代的两次女权运动以及1948年《世界人权宣言》的通过,国际社会开始重视男女平等问题,联合国随后通过的《公民权利和政治权利国际公约》,《经济、社会和文化权利国际公约》为1979年联合国通过《消除对妇女一切形式歧视公约》的诞生既奠定了理论与社会基础,也奠定了坚实的法律基础。《世界人权宣言》开宗明义强调,人生而自由,不分性别而享有尊严与权利一律平等,第7条明确法律面前人人平等,不受任何歧视。《公民权利和政治权利国际公约》第3条规定男女平等。《经济、社会和文化权利国际公约》第7条明确男女同工同酬,第10条专门提出母亲分娩前后应受特别保护,享受社会保障福利。显而易见,《公民权利和政治权利国际公约》与《经济、社会和文化权利国际公约》将《世界人权宣言》

[1] 参见薛波:《元照英美法词典》,法律出版社2003年版,第420页。
[2] 李傲:《性别歧视的界定》,载《河北法学》2007年第1期。
[3] 刘明辉:《地方反就业性别歧视立法的优势》,载《中华女子学院学报》2006年第4期。
[4] 参见曾恂:《美国反就业歧视立法的启示》,载《南方经济》2003年第5期。

中的原则具体化为具有法律约束力的条款,这些条款在当时具有很强的前瞻性。《消除对妇女一切形式歧视公约》作为专门性的联合国人权公约,是迄今针对消除妇女歧视最完整的声明,是历史上第一部全球性的、具有法律约束力的国际妇女权利宪章。[1]《消除对妇女一切形式歧视公约》明确了对妇女歧视的含义,“即是指基于性别而作的任何区别、排斥或限制,其影响或其目的均足以妨碍或否认妇女不论已婚未婚在男女平等的基础上认识、享有或行使在政治、经济、社会、文化、公民或任何其他方面的人权和基本自由”。包括“表面上中立但在影响和后果上不利于妇女的法律和做法”。[2] 该公约是保护女性平等就业方面最重要的公约。该公约第 2 条(e)要求缔约国应采取一切适当措施,消除任何个人、组织或者企业对妇女的歧视。第 2 条(f)要求一切缔约国应采取一切适当措施,包括制定法律,修改或废除对妇女歧视的现行法律、规章、习俗以及惯例。(我国早在 1980 年 7 月 17 日签署《消除对妇女一切形式歧视公约》,成为最早的缔约国之一。)

(二)推进男女就业平权,实现性别平等的必要性

1. 女性(母亲或者准母亲)就业与酬劳的现状与法律规定的对抗

工作权亦称劳动权,源自《世界人权宣言》第 23、24 条,具体载于《经济、社会和文化权利国际公约》第 6、7、8 条。我国早在 1991 年《中国的人权状况》白皮书指出,工作(劳动)权是公民的一项基本权利,人权首先是人民的生存权。没有生存权,其他一切人权均无从谈起。[3] 有学者指出:“劳动不仅是谋取经济生存的手段,也是人的价值实现和个性发展的需要。劳动权源自其对人的尊严,社会正义以及世界和谐的关注,不仅是获取物质保障所必要的权利,也是实现人的全面发展所必需的权利”;“不仅是经济社会权利的

---

〔1〕 参见张晓冰:《中国对〈消除对妇女一切形式歧视公约〉的批准与实施》,载《人权》2016 年第 6 期。

〔2〕 参见黄列:《〈消除对妇女一切形式歧视公约〉及其适用》,载《中国人权年刊 3》,社会科学文献出版社 2005 年版,第 248 ~ 249 页。

〔3〕 参见中国网:《1991 年中国的人权状况》,载国务院新闻办公室网 2000 年 1 月 20 日,http://www.scio.gov.cn/ztk/dtzt/2014/31553/31561/Document/1381043/1381043.htm。

核心，也是基本人权的核心”。[1] 工作权核心要义是择业自由与就业平等的权利，主要涵盖与就业有关的权利，包括就业派生的权利，如享有平等待遇和非歧视性权利以及其他辅助性权利。[2] 工作权意义上的平等权，具有丰富的含义，既包括获得工作机会上的平等，又包括劳动中的同工同酬，还包括职位晋升以及福利待遇提升方面的平等；既排斥种族、民族出身上的不平等，又排斥男女性别上的不平等。工作平等权是平等权在就业领域里的自然延伸，性别就业歧视涉及的主要是工作平等权。[3] 1981 年，国际劳工组织通过《有家庭责任的男女工人享有同等机会和同等待遇公约》，此公约规定有家庭责任的人有平等就业的权利，在一定程度上缓解了就业与家庭责任的冲突。女性享有平等就业、同工同酬以及晋升机会等，是我国宪法和相关法律赋予女性的基本权利。我国《宪法》第 42 条明确规定劳动既是公民的权利，也是公民的义务，《中华人民共和国劳动法》（以下简称《劳动法》）第 13 条具体确立男女均享有平等就业的权利，《宪法》第 48 条强调国家确保女性享有平等就业权以及与男性同等获得报酬的权利。《劳动法》第 46 条规定男女同工同酬，用人单位不得以性别为由拒绝录用女性或者提高对女性的录用标准。《中华人民共和国妇女权益保障法》（以下简称《妇女权益保障法》）第 2 条遵循了《宪法》第 48 条的规定；第 22 ~ 25 条及第 27 条对女性的劳动权及结婚、分娩前后的就业和获得相应报酬权利予以细化规定。《就业促进法》第 3 条与第 27 条再次强调女性与男性就业平等、同工同酬及不得因结婚、生育等受到歧视。与此同时，我国《妇女权益保障法》第 26 条，《中华人民共和国劳动合同法》第 42 条，《女职工劳动保护特别规定》第 5 条，劳动部关于《关于贯彻执行〈中华人民共和国劳动法〉若干问题的意见》第 34 条均对女性在孕期、产期、哺乳期的就业作出保障性的规定。除此之外，2001 年国务院发布了《中国妇女发展纲要（2001—2010 年）》（以下简称《2001 年妇女纲要》）。

---

[1] 张文显：《马克思主义法理学——理论、方法和前沿》，高等教育出版社 2000 年版，第 323 页。

[2] 张文显：《马克思主义法理学——理论、方法和前沿》，高等教育出版社 2000 年版，第 324 页。

[3] 参见饶志静：《英国反就业歧视法研究——以两性工作平等为中心》，上海交通大学 2009 年博士学位论文，第 26 页。

《2001 年妇女纲要》提出要消除就业性别歧视，从而保障妇女平等享有劳动权利。《2001 年妇女纲要》还提出，除法律规定不适合女性的工种和岗位外，任何单位在录用人员时不得以性别或变相以性别为由拒绝录用女性或提高女性录用标准，不得在劳动合同中规定或以其他方式变相限制女性结婚、生育。加大劳动保障监察执法力度，依法查处用人单位和职业中介机构的性别歧视行为。认真落实有关法律规定，支持生育女性重返工作岗位，帮助失业女性创业和再就业。

虽然上述法律及相关规定对女性尤其母亲就业权的保障规定可谓全面，但是，第三期中国妇女社会地位调查资料显示，2010 年 16 ~ 59 岁女性的就业率为 69.9%，低于男性 13.8 个百分点；2000 ~ 2010 年，女性就业率下降幅度超过 1990 ~ 2000 年(第二期中国妇女社会地位调查)的 5.8 个百分点；2010 年男女就业率的差异分别比 2000 年和 1990 年扩大 3% 和 4.7%；与此同时，第三期妇女地位调查资料表明，18 ~ 44 岁在婚非农户籍人群中，男女两性从事有收入工作的比例分别为 98.6% 和 69.6%，相较而言，母亲的就业率则更低，与第二期(2000 年)调查数据相比，两者的差距有所扩大。高就业门槛给有意愿进入职场或回归职场的女性，尤其是母亲设置了障碍，造成职业中断或脱离职场的时间更长。

2011 年，国务院根据我国妇女发展和男女平等的现实情况，以《宪法》为基本准则，并且遵循《消除对妇女一切形式歧视公约》、《北京宣言》及《行动纲领》等公约与文件的宗旨，结合《妇女权益保障法》和有关法律法规的规定，颁布了《中国妇女发展纲要(2011—2020 年)》，该纲要确定进一步消除性别歧视，改善女性的发展环境，保障女性的合法权益，其内容很重要的一项旨在消除女性在就业、薪酬、职业发展方面的性别歧视。法律的规定与现实的差距不可忽视，据调查，伴随“全面二孩政策”的实施，职场中普遍出现怀孕排挤及报复现象且日益严重。其表现形式主要有：(1)增加工作量；(2)恶意调岗，如将企划主管降为收发员；(3)关闭 OA、邮件群、微信群等，以完全架空岗位的方式使孕妇无法工作，甚至失去存在感；(4)安排孕妇从事有害工作或者频繁的不必要的出差；(5)针对孕妇调高病假审批标准，在病休后无法提交新增的诊断证明等资料的情况下，以此为借口拒发工资；(6)孕前能够接受并包容的违纪行为，怀孕后严格对待，毫无通融，并作为逼迫孕妇离开的“撒手锏”；(7)实施性骚扰，恶化工作环境；(8)实施职场暴力，导致孕妇恐惧；(9)报复起诉维权的孕妇，如虚构事实起诉孕妇名誉侵权、泄露商业秘密等；(10)跟踪、以有黑社会背景等要挟孕妇撤诉。

上述行为不可避免引发孕妇的抑郁症等心理疾病，且容易留下难以消除的心理阴影。其中架空岗位与拒发工资的行为比辞退的损害结果更甚，因两种行为限制了女性劳动者领取失业保险金和择业的权利，通常女性劳动者无法坚持则选择辞职，因而丧失了继续履行劳动合同的机会或要求支付双倍经济赔偿金的权利。单位实施上述怀孕排挤及报复行为其明显目的则是迫使孕妇申请离职，从而使得单位可以规避因非法辞退员工而承担继续履行劳动合同或者支付双倍赔偿金等《劳动法》关于对“三期”女职工特殊劳动保护的规定。其中，拒发工资将严重影响劳动者及其抚养人的生存权，关涉社会稳定大局。

上述现象与学者的研究形成印证，(准)母亲在职场的薪酬比父亲更低。生育可能提升父亲的工资，形成与“母职惩罚”(Motherhood Penalty)相对应的“父职收益”(Paternal Premium)现象。而且，酬薪的母职惩罚也见于女性群体内。即便相同职业，雇主给未育女性提供的起薪区间远远超出已育女性。每生育一个孩子，母亲的小时工资比未育女性约低5%。此现象在中国，惩罚效应更大，生育会降低收入的7%。[1] 学者研究已经发现，生育二孩对城镇适龄女性的职业发展冲击最甚。[2]

因此，虽然“全面三孩”前后的一系列生育政策其目的在于激励育龄家庭生育二孩三孩，但是如果缺少系统配套的法律制度作为女性生育的保障，女性则面临生育孩子的压力与更高的就业歧视及职场风险。如果女性在就

---

〔1〕 参见杨菊华：《性别—母职“双重赋税”与劳动力市场参与的性别差异》，载《人口研究》2019年第1期。

〔2〕 参见赖德胜等：《2016年中国劳动力市场发展报告——性别平等化进程中的女性就业》，北京师范大学出版社2017年版，第147～160页。

业和职业发展中受挫,不但影响我国高素质劳动力的供给,而且会抑制育龄女性的生育意愿。

2. 男女两性同工、同值同酬是释放性别红利的必要条件

性别红利主要是基于人口红利和女性主义两个理论源流产生的一个延伸理论。[1] 也是国际上在企业管理和性别研究领域出现的一个新兴概念,意指女性充分参与经济活动能够显著拉动经济增长,为企业和社会带来稳定收益。[2] 简要来说,人口红利的研究经历了数量型人口红利到以数量、结构和质量三位一体的人口红利理论的演变,而性别红利概念的提出是深挖和创新人口红利理论的结果,其中功不可没的则是女性主义学说,该学说从女性意识的觉醒到女性解放,最后到社会性别平等,不仅推动女性主义理论发展,而且推动乃至启发了人口学理论的研究更深入的思考。与其说性别红利是一种理论,不如说它一种社会实践。因为,女性参与经济活动、拉动经济增长,这是一个遍及全球的事实。[3] 从全球视野来看,中国女性在社会参与和经济活动中具有独特的价值,女性劳动力在数量、结构和质量的三维人口红利中都展现出独特的优势。[4] 根据《2019 年女性就业指数》数据调查,通过性别平等实现的性别红利将会给我国创造数万亿美元的额外经济收益。[5]

《2019 年女性就业指数》呈现的数据说明性别红利已然客观存在,女性为我国社会经济的发展提供了有力的支撑。联合国妇女署曾经也反复强调性别平等在职场中的重要性。经有关统计发现,仅在亚太地区女性因为缺乏正常的就业途径,每年有不少于 400 亿美元的损失。假如将女性平等纳入工作系统当中,那么每个人将会受益。因此说工作场所中的性别平等不仅关乎

---

〔1〕 参见杨云彦、石智雷等:《从人口红利到性别红利》,载《人口与健康》2019 年第 1 期。

〔2〕 参见蒋莱:《性别红利的现实困境与未来走向》,载《云南民族大学学报》2014 年第 2 期。

〔3〕 参见蒋莱:《性别红利的现实困境与未来走向》,载《云南民族大学学报》2014 年第 2 期。

〔4〕 参见国家统计局:《2018 年〈中国妇女发展纲要(2011—2020 年)〉统计监测报告》,载国家统计局网,http://www.stats.gov.cn/tjsj/zxfb/201912/t20191206_1715998.html。

〔5〕 参见朱荟、陆杰华:《从人口红利到性别红利》,载《南开学报》(哲学社会科学版)2021 年第 2 期。

社会公正之问题,而且关于显著的经济收益之问题。[1] 另外,根据经合组织调查的数据表明,如果女性与男性同等参与国民经济,那么一国的 GDP 可实现 20% 的跳跃式增长。[2] 我国改革开放初期的外向型经济发展过程中,“打工妹”已然为我国城市工业化的发展撑起了“半边天”。当下我国女性劳动参与率也居全球之首。不可否认的是,女性为我国数量型人口红利作出了杰出的贡献。在家庭发展过程中,已有研究发现,女性在家庭中拥有权力越多,生育决策也就越趋于理性,进而能满足家庭可持续发展的需要。伴随女性在家庭中的地位提高,家庭消费倾向与支出效率也会受到积极的影响,相应的结果则是不仅能够显著降低未成年子女患病的概率,还有助于提升未成年子女的教育水平。

经验表明,性别红利的释放不会自动发生,唯有从顶层设计的角度将提高女性地位作为战略目标与国家经济的总体增长计划捆绑,才能真正在女性与经济增长之间搭建起关联之桥,性别红利的优势才可以充分释放。不言而喻,性别红利的理论应对当前人口形势和经济发展态势非常契合,而且具有广阔的应用前景。但在此需要指出的是,对性别红利的认知要客观,避免陷入如下误区:一是要避免将性别红利作为工具,其原因是并非有性别红利我们才需提倡社会性别平等,而是必须看到推进社会性别平等过程以及其他相关社会政策中透出性别红利这一现象,才运用性别红利理论去分析社会问题;二是不能单纯强调女性劳动参与率的高低,前述我国女性的劳动参与率居高已成事实,而我们要追求性别红利,就需要促进女性有多元的社会参与,在多元的社会参与过程中更好地实现社会性别平等。[3]

(三)我国推动就业性别平等的立法状况

国家立法层面,《人才市场管理规定》第 23 条规定:“不得以性别为由拒绝招聘妇女或提高对妇女的招聘条件”。并在第 36 条明确了违反该规定的行政责任,即违反该规定的,“由县级以上政府人事行政部门责令改正;情节

---

〔1〕 参见蒋莱:《性别红利的现实困境与未来走向》,载《云南民族大学学报》2014 年第 2 期。
〔2〕 参见杨云彦、石智雷等:《从人口红利到性别红利》,载《人口与健康》2019 年第 1 期。
〔3〕 参见杨云彦、石智雷等:《从人口红利到性别红利》,载《人口与健康》2019 年第 1 期。

严重的,并处10,000元以下罚款”。

2021年,国务院再行发布《2021年妇女纲要》。《2021年妇女纲要》申明“促进平等就业,消除就业性别歧视。就业人员中的女性比例保持在45%左右”。《2021年妇女纲要》强调“促进女大学生充分就业”,“加大消除就业性别歧视工作力度”。一方面,要落实消除就业性别歧视的法律法规政策;另一方面,创造性别平等的就业机制和市场环境,依法惩处在招聘、录用环节涉嫌性别歧视的用人单位,督促用人单位加强就业性别歧视自查自纠。结合行政部门加强劳动保障法律的监督作用,依法受理涉及就业性别歧视的诉讼。尤其强调党政机关、国有企事业单位在招录(聘)和职工晋职晋级、评定专业技术职称等方面发挥男女平等的示范引领作用。

上述举措在2021年修订中的《妇女权益保障法》(一审稿)中列举了就业性别歧视的具体情形,明确禁止用人单位在招录环节的性别歧视;明确用人单位禁止因结婚生育环节中降低女职工的工资福利待遇,2022年《妇女权益保障法》(二审稿)在一审稿基础上,更为细致地列举用人单位招录环节的禁止行为,其中包括禁止将妊娠测试作为入职体检项目、禁止询问或调查女性求职者的婚育情况、禁止提高对女性的录用标准等,同时在互联网大背景下,将平台经济等新业态用工也纳入反就业性别歧视的范围中,以此保证男女平等就业。同时,除了延续《妇女权益保障法》(一审稿)中禁止因结婚生育环节中降低女职工的工资福利待遇,进一步规定用人单位不得因结婚、怀孕、产假、哺乳等情形,降低女职工的工资和福利待遇,限制女职工晋职、晋级、评聘专业技术职称或辞退女职工等行为。《妇女权益保障法》(一审稿与二审稿)的一系列规定旨在保障女性在孕、产和哺阶段的就业晋升等权利。2022年10月30日,《妇女权益保障法》(三审稿)在第十三届全国人民代表大会第三十七次会议讨论通过,在其第五章“劳动和社会保障权益”一章延续草案中保障女性生育期间的劳动权益,并且进一步规定了“建立健全婴幼儿托育服务等与生育相关的其他保障制度”,这些规定彰显我国在保护女性的专法中对生育环节而面临的机会成本减少的补偿理念,其本质就是构建育儿成本的分担机制。

地方立法层面：一是在2016～2019年，天津市等四个[1]省市自治区在《妇女权益保障法》基础上，修订了本省的《妇女权益保障条例》。二是2015～2019年，江苏省等十个省[2]以《女职工劳动保护特别规定》为上位法依据，相继制定了本省的《女职工劳动保护特别规定实施细则》。在部门立法层面，全国妇联于2016年7月12日出台《妇联组织促进女性公平就业约谈暂行办法》，该办法详细规制了女性在招录过程中遭受歧视的突出问题，妇联有权利根据具体情况，向用人单位通报情况后听取意见，及时调解矛盾，从而指导和督促用人单位转变歧视观念，纠正歧视行为，最终建立并完善促进公平就业的相关制度。

2019年2月，我国人力资源和社会保障部联合教育部、司法部、最高人民法院、全国妇联等九部门印发了《关于进一步规范招聘行为促进妇女就业的通知》，在此规章中，对招聘环节中就业性别歧视的具体表现作出了"六不得"[3]之规定。"六不得"的规定充分体现我国政府部门面临生育低迷的具体国情而对育龄女性平等就业权利保障的具体回应。除了九部门的"六不得"之外，中华全国总工会也于2019年2月颁行《促进工作场所性别平等指导手册》，在该手册中分别界定工作场所的性别平等和性别歧视，并将歧视分为直接歧视和间接歧视两种。明确用人单位依法对女职工提供生育保护，不得因怀孕、生育、哺乳而将女职工转岗、减薪或解雇等。更值得关注的是，《促进工作场所性别平等指导手册》超越了单纯促进女性就业与女职工保护的传统定位，运用社会性别视角推进性别平等，倡导企业承担推进性别平等的社会责任，着力于消除性别就业歧视。

在此基础上，甘肃省人力资源和社会保障厅、甘肃省妇联等7部门于

---

[1] 四个省（自治区、直辖市）包括天津市、河北省、江苏省和宁夏回族自治区。

[2] 十省包括江苏省、浙江省、安徽省、江西省、山东省、河南省、广东省、陕西省、河北省及山西省。

[3] "六不得"是指：明确要求各类用人单位、人力资源服务机构在拟定招聘计划、发布招聘信息、招用人员过程中，不得限定性别（国家规定的女职工禁忌劳动范围等情况除外），不得以性别为理由限制女性求职就业，不得询问女性婚育情况，不得将妊娠测试作为入职体检项目，不得将限制生育作为录用条件，不得差别化地提高女性的录用标准。

2019 年 4 月联合下发《甘肃省促进女性公平就业工作的意见》[1],该意见旨在加强生育的社会保险机制与家庭内男女平等分担育儿的责任两方面。同年 5 月 20 日,北京市人力资源和社会保障局与北京市妇联等九部门联合发布了《关于进一步加强招聘活动管理促进妇女就业工作的通知》,加强了人力资源和社会保障部门在招录过程中关涉就业性别歧视的职责,并将职场歧视问题纳入监察范围,从而更好地引导用人单位公平合法招聘。

在具体保护遭受就业性别歧视的女性方面,2018 年 12 月,最高人民法院发布了《关于增加民事案件案由的通知》,将"平等就业权纠纷""性骚扰损害责任纠纷"新增为案由。[2] 独立案由的增设体现了法院对女性就业歧视案件的重视,基于此规,审判法官会关注并积累就业歧视案件审判的经验,将之付诸实践,提升审判素养,从而帮助女性劳动者更好的寻求司法救济,维护其合法权益。

综上,在我国人口红利出现问题,需要加大力度释放性别红利的当下,《关于进一步规范招聘行为促进妇女就业的通知》与《促进工作场所性别平等指导手册》以及地方立法对女性孕产哺三个阶段的就业与在业之保障既客观又务实,但是,其立法位阶低的缺点也是不言而喻的。2022 年《妇女权益保障法》的修改对女性在职场生育权益的保障迈出了巨大步伐,弥补了前述规章立法位阶低的不足。

(四)域外反就业性别歧视与怀孕歧视的立法与司法概况

19 世纪末美国女权运动萌芽,20 世纪新女权运动对英美两国影响表现在关注女性在职场遭受性别歧视这一问题。美国于 1963 年颁行《平权工资法》(The federal Equal Pay Act),此法提出禁止以性别因素决定劳动者的薪酬差异,男女应同工同酬。从当前审视该法具有很强的历史进步性,但是对于雇佣

---

[1] 该意见一是倡导性提出"各相关部门积极推动政府逐步完善女性生育社会保障体系,建立激励机制,对女性职工达到一定比例的用人单位在税费减免、融资贷款等方面给予一定的政策奖励";二是提出妇联组织积极推动地方立法,强化男性家庭照料责任,探索建立"育儿假"制度。

[2] 在此之前,就业歧视诉讼,法院通常以"一般人格权纠纷"案由立案。不免给法院拒绝立案提供了托辞。2015 年起法院立案登记制的改革,解决了就业歧视诉讼立案难的问题,但由于案由缺失而不得不"借名诉讼",法官没有将就业歧视案件作为特殊的案件审理。

措施以及晋升没有谈及，使男女同工同酬的原则对于女性而言，只能起到最低薪酬的保障作用，反倒会使雇主因为性别偏好拒绝雇佣或者减少雇佣女性员工。紧随其后，1964 年美国颁行《民权法案》（Civil Rights Act of 1964），该法案是美国最重要的反歧视的法律，其中第 7 章对就业歧视的立法规定，是美国所有就业歧视立法中影响最深远、范围最广的。它克服了 1963 年《平权工资法》的立法缺陷，注重雇佣机会和晋升机会平等，禁止任何雇主（除了低于 15 名雇员的微型企业主）因为性别原因在雇佣、工资待遇、工作条件等方面有差异对待。根据美国平等就业委员会（Equal Employment Opportunity Commission）的解释，例外情形则是，在某一行业中，性别因素是绝对必要的。例如，男模特公司拒绝雇佣女性员工的行为，法院在此类案件中，判决支持雇主的做法是合理的。虽然《民权法案》影响深远，但是它与其他联邦法的共同缺陷是没有界定歧视的含义，法院对此作出阐释：歧视是因为性别原因导致差异对待，典型情形则为雇佣女性时考虑其是否有学龄前的孩子，对男性则没有相应考虑。性别歧视的情形诸如怀孕、年龄、婚姻状况，以及外貌（对女性有要求是因为她们更具有吸引力）。[1] 1967 年美国又通过《年龄歧视法》禁止对 40 ~ 65 岁的人予以就业歧视，毫无疑问，对那些年近 40 岁重返职场的女性有很大影响。同时，平等就业委员会裁定，雇主不得拒绝雇佣已婚妇女，也不得在女员工结婚时解雇她们，除非对男性有类似的规定。一般情况下，雇主不得为怀孕的女雇员终止妊娠而不向其提供休假的权利，以使其返回相同或同等的工作。[2] 该裁定已经凸显对怀孕歧视问题的应对，加强了对怀孕女雇员的劳动保护。

关于怀孕歧视的判例，美国联邦最高法院曾裁决支持遭受歧视的怀孕女教师。1974 年弗吉尼亚州切斯特菲尔德县的学校董事会要求怀孕的女教师在怀孕的第 4 个月或第 5 个月开始无薪休假，直到该教师的孩子出生 3 个月后的第一个学期才允许返回教学。学校董事会主张，他们的规定合理，确保了

---

〔1〕 See Joanne L. Levine, *Pregnancy and Sex-Based Discrimination in Employment: A Post-Aiello Analysis*, Cincinnati Law Review, Vol. 44, p. 61(1975).

〔2〕 See Sonia Pressman, *Sex Discrimination in Employment and What You Can Do About It*, Women Lawyers Journal, Vol. 54, p. 9(1968).

学生的教育连续性,使学校能够提前获得替代教师,并保护怀孕教师免受学校的不确定危害。美国联邦最高法院认为虽然学校董事会的规定符合国家利益,但该教师在怀孕的第4个月或第5个月就不能工作,或者在她孩子出生3个月后仍不能正常工作,违反了第14修正案的正当程序条款而非下级法院强调的宪法条款,因为这些规定武断、专横地影响了教师的根本自由。尽管该案中,鲍威尔大法官支持了怀孕女教师的合法权益,但否认该案件中存在性别歧视。[1]

随后平等就业委员会在1972年提出了禁止怀孕歧视的指导方针:一是在书面或者口头的就业政策中,拒绝接受已怀孕的就业申请人的申请违反了《民权法案》第7章的规定。二是涉及休假以及假期的延长、老年福利、其他福利以及产后复职等情形时,依据健康或暂时丧失劳动能力而因保险所享有的报酬与书面或口头的就业政策和惯例相关,同时适用于怀孕或分娩而暂时丧失劳动能力的情况。也就是怀孕或分娩与其他的暂时丧失劳动能力的条件相同。三是雇员因暂时丧失劳动能力而被解雇是因雇佣政策所致,该政策缺乏相关的休假制度,一旦它对某一性别的员工产生了差异影响并经证明不会对该企业的经营有所影响,那么企业的解雇行为则违反了平权法案。[2]该指导方针有效地遏制了对怀孕女性就业以及相关待遇的歧视。

关于拒绝雇佣有学龄前儿童的母亲,美国联邦最高法院于1971年在菲利普斯诉马丁·玛丽埃塔公司案(Phillips v. Martin Marietta Coporation)一案的裁决中宣布此类歧视。[3] 时隔5年,美国联邦最高法院于1976年在通用

〔1〕 See Cleveland Board of Education v. La Fleur, 414 U.S. 631 (1974).

〔2〕 See Joanne L. Levine, *Pregnancy and Sex-Based Discrimination in Employment: A Post-Aiello Analysis*, Cincinnati Law Review, Vol. 44, p. 62(1975).

〔3〕 原告Mrs. Phillips于1970年12月9日向美国佛罗里达州中部地区法院提起诉讼,声称根据1964年《民权法案》第七章的规定,她因为有学龄前孩子而被剥夺了工作机会。地区法院基于如下事实做出了即时判决:一是1966年Martin公司通知Mrs. Phillips,它没有接受有学龄前孩子的女性的工作申请;二是在做出即时判决之时,Martin公司雇佣了同样有学龄前孩子的男性;三是在Mrs. Ida Phillips提出雇佣申请时,70%~75%的申请人皆为女性,75%~80%被雇佣的流水线培训员皆为女性,因此,不存在针对女性的偏见或歧视。后来巡回法院也支持地区法院的裁决,为此,该案到了美国联邦最高法院。1971年1月25日美国联邦最高法院推翻了巡回法院的裁决,即决审判在解决原告(一名女性求职者)的性别歧视诉求是不恰当的,违背了《民权法案》的规定。对于被告拒绝雇佣有学龄前孩子女性的决定是否对被告的企业是必要的职业资格所需,在此方面的证据是必要的,而被告没有提供相应证据。

电气公司诉吉尔伯特案(General Elec. Co V. Gilbert)一案中,裁决认定雇主没有违反《民权法案》第七章的规定,不构成性别歧视。[1] 由于法院的判决将“怀孕”与女性分离,无视只有女性才会怀孕这一客观事实,甚至缺乏简单的逻辑推论,因此遭到妇女团体的强烈反对。基于美国妇女团体的强力推动,[2]美国颁行《1978 年怀孕歧视法》(The Pregnancy Discrimination Act of 1978),修正了《民权法案》第七章的规定,将怀孕、分娩以及与性别有关的医疗状况包括进来,明确立法禁止歧视怀孕的女性。进而,美国联邦最高法院也裁决怀孕女性不应在特定的工作中由于对未出生的胎儿可能遭受伤害而受到歧视。同时,细化差别对待的内容,包括雇佣、工作分配、晋升、赔偿金、福利、培训、调任、评估、解雇等方面。[3] 由上述可见,美国禁止怀孕歧视是从怀孕歧视到性别歧视,司法判例在女雇员权利和雇主权利之间探索出平衡点再将其规则化。从判例走向成文法,从而体现了妇女权利争取进程中经历的博弈。[4] 但相关数据显示美国国内仍然充斥着性别歧视问题,2012 年美国男性工资中位数为 854 美元,女性中位数为 691 美元,2013 年在美国从事一份类似的工作,男性可获取 1 美元报酬,女性则只有 77 美分。平等原则在法律文本上的确立和社会不平等的扩大之间差距显著。[5] 同时,美国一些联邦法律法规特别授权平等就业委员会向投诉者赔偿因歧视造成的羞辱和精神痛苦的金钱损失。[6]

---

〔1〕 雇主主动向其雇员提供一项残疾福利计划,该计划涵盖了因疾病和意外事故而导致的缺勤。该计划没有涉及与怀孕有关的缺勤问题,一群怀孕女雇员根据《民权法案》第七章提起诉讼,声称遭受了性别歧视。地区以及巡回法院支持的怀孕女性员工的诉求。为此,雇主起诉到美国联邦最高法院,法院发现,根据计划的条款或其影响,歧视并不存在。尽管法院承认只有女员工才会怀孕,但怀孕并不是一种疾病而是一种雇主可以在不进行非法雇佣行为的情况下选择退出保险的条件。因此,雇主的计划并不是歧视性的。

〔2〕 参见郭慧敏:《“怀孕歧视”:权利的消解与重构》,载《西南民族大学学报(人文社会科学版)》2011 年第 7 期。

〔3〕 See Joanne L. Levine, *Pregnancy and Sex-Based Discrimination in Employment: A Post-Aiello Analysis*, Cincinnati Law Review, Vol. 44, p. 58(1975).

〔4〕 参见郭慧敏:《“怀孕歧视”:权利的消解与重构》,载《西南民族大学学报(人文社会科学版)》2011 年第 7 期。

〔5〕 参见吴增基、吴鹏森、苏振芳主编:《现代社会学》(第 5 版),上海人民出版社 2014 年版,第 193 页。

〔6〕 Ruth M. Ferrell, *Governmental Regulation of Sex Discrimination in Employment by State and Local Governments: Procedures and Remedies*, The Urban Lawyer, Vol. 5:2, p. 313(1973).

20世纪70年代前后,欧盟深受世界各国明朗的立法趋势之影响,相继通过了3部有关男女平等的法令:1975年《平等报酬指令》、1976年《平等待遇指令》、1979年《社会保障平等待遇指令》。根据欧盟《男女平等待遇指令》的界定,直接性别歧视是指个人在可比较的情况下,因为性别原因受到、已经受到、将要受到不利的待遇。直接歧视的标准是指在相同的情况下,是否基于特定的保护理由,相较于他人,某人受到不合理的对待。间接歧视是指在相似的情况下,非因行为人明显的歧视行为,而是因一项中立的规则、标准或惯例在表面上共同适用于全体员工,但其适用结果却使某一特定团体明显处于不利的状态。[1] 无论欧洲人权法院还是欧盟法,均一致认为歧视不仅源于相似的情形给予不同的待遇,也源于不同的情形给予相同的待遇。[2]

受欧盟立法影响,英国通过众多的单行法对一些具体的就业公平领域的问题进行了规范,其中关于性别歧视的立法最为著名的是《1975年性别歧视法》(The Sex Discrimination Act 1975),此法的宗旨在于保障男女两性权利、待遇等各方面的平等,以及禁止对已婚者的歧视。在此法中提出了直接歧视与间接歧视的概念,其中将怀孕歧视定为直接歧视。为了更好实施《性别歧视法》,英国也成立了专门的平等机会委员会,负责相关案件的处理。

对母性予以特别保护也是英国立法的特色。1975年颁行的《劳动保护法》,明确女性有三种法定权利不可被侵犯:一是女性享有不得因怀孕而遭雇主解雇的权利;二是女性享有分娩后复职的权利;三是女性享有请求雇主给付产假工资的权利。时隔20年后,英国于1996年颁行《劳雇权利法》(Employment Rights Act)、1999年颁行《母亲与父亲产假条例》(Maternity

---

[1] See IOM Mission in Azerbaijan 18, Yashar Husseynov Str. Baku: *Handbook on European Non-discrimination Law and Its Updateincluding the Manual on the Anti-discrimination Legal Framework and Referral Mechanism in Azerbaijan International Organization for Migration* (IOM) Baku International Organization for Migration (IOM) Baku, 2013, p. 23.

[2] See Ecthr, D. H. and Others v. the Czech Republic, 2007, 13 November, para. 184; Ecthr, Opuz v. Turkey, 2009, 9 June, para. 183; Ecthr, Zarb Adami v. Malta, 2006, 20 June, para. 80; Employment Equality Directive, Article 2(2)(b); Gender Equality Directive (Recast), Article 2(1)(b); Gender Goods and Services Directive, Article 2(b).

and Parental Leave Regulation，2002 年修订）、2002 年颁行《劳动雇佣法》（Labor & Employment Act）。这 3 部法共同形成对女性的特殊保护。其中规定了分娩假期与薪酬获取的内容[1]、怀孕及分娩后复职的内容。[2] 另外，综合性立法是 1989 年颁行的《就业法》（Employment Act），该法除了明确规定女性享有产假、产假期间酬劳以及复职的法定权利，还规定产假后复职享有的条件以及对待不得低于产假之前的状况。2002 年英国修订此法，采取更多措施解决两性工作差距，大幅度提高产假待遇，倡导灵活就业。[3]

视线回归我国香港特别行政区，香港特别行政区关于男女就业平权的立法具有超前性与专门性之特点。香港特别行政区对性别平等的专门立法早于 1995 年颁布，称为《性别歧视条例》，该法将歧视分为直接歧视与间接歧视两类，基于性别、婚姻状况、怀孕而受到较差的待遇定位直接歧视。间接歧视是指给予不同性别与婚姻状况的人，以及怀孕或没有怀孕的女性同等待遇，而实际上却使某部分人遭受歧视。与此同时，《性别歧视条例》设立平等机会委员会，致力于消除性别歧视，推动男女之间的平等机会。为了配套《性别歧视条例》，香港特别行政区于 1997 年通过了《家庭岗位歧视条例》，其目的在于保障有家庭职责的人的平等就业权，促进男女分摊家庭责任，使每个人都可以兼顾家庭与事业。[4]

如下是我国香港特别行政区平等机会委员会于 2002 年受理并成功调解结案的一个推定解雇案，起到了对实施者的惩戒作用。

---

〔1〕 女性雇员不论为雇主工作的期限长短，均有权获得 26 周的普通分娩假，该假通常是有薪假期。若怀孕雇员在预产周之前的 14 周开始时，已经连续为其雇主工作满 26 周，那么，她们还可额外获得 26 周的分娩假，该分娩假通常是无薪的，假如怀孕雇员与雇主在劳动合同另有约定，则可在额外分娩假期间获发薪金的权利。

〔2〕 女性雇员在怀孕期间，雇主不得对其任意解雇。分娩假期结束后想复职的女性，无须通知雇主。若想提前复职，则需提前 28 天向雇主告知。上述内容参见王忠：《性别经济学》，科学出版社 2012 年版，第 187 页。

〔3〕 参见饶志静：《英国反就业性别歧视法律制度研究》，载《环球法律评论》2008 年第 4 期。

〔4〕 刘小楠：《港台地区性别平等立法及案例研究》，法律出版社 2013 年版，第 165、183 页。

香港特别行政区袁某娴诉南方护老中心案*

一、案情简介

原告申请一间护老院(被告:南方护老中心)的一个主管职位。在面试时,原告对被告的面试人员表示她正处于怀孕期。面试人员很满意她的社工资历,因此双方签署了雇佣合约,而原告亦因此辞掉先前的工作。然而,在新工作展开前一星期,被告撤销了合约。

双方对于撤销合约的原因有争议。据原告表示,被告曾告诉她,在面试后,被告做出进一步的内部讨论,并认为该份工作不适合怀孕女性。而被告则解释,撤销合约的原因是她缺乏所需的经验。

另外,在原告向平机会提出怀孕歧视投诉后,被告刻意向警方做出虚假举报,指称原告在求职时提供了不准确的资料:讹称是“乐怡”主管才获得聘用。在缺乏证据的情况下恶意指控原告虚报工作经历触犯刑律,结果令原告被警方拘捕当作犯罪嫌疑人看待。原告根据《性别歧视条例》向香港特别行政区区域法院提起了诉讼。受理法院在研究原告提交的所有证据后作出了结论,认为原告怀孕的事实是她的合约被撤销的原因之一,故裁定被告对原告实施了歧视行为。

香港特别行政区法例第480章《性别歧视条例》第11(1)(c)条和第11(2)(c)条分别指出:“(1)任何人如就他在香港的机构所作的雇用,在以下方面或借以下做法歧视一名女性,即属违法……(c)拒绝向她提供或故意不向她提供该项雇用。(2)任何人如在以下方面或借以下做法歧视他在香港的机构所雇用的一名女性,即属违法……(c)解雇她或使她遭受任何其它不利。”上诉法庭法官认为,根据黄法官所作的事实裁定,南方护老中心以袁某娴怀孕为由取消和她签署的合约,使她不能在南方护老中心工作,明显和上述条例有抵触,属违法行为,南方护老中心须向袁某娴赔偿。

---

* 案例由中华女子学院刘明辉教授提供,在此表示感谢。

因此，区域法院判决被告赔偿原告港币共155,500元。其中收入损失港币62,500元[1]，感情损害港币62,500元，惩罚性损害赔偿港币30,000元。这是香港特别行政区区域法院做出的首个怀孕歧视个案赔偿案例。

被告不服上述裁决向上诉法庭提出上诉。上诉法庭审理后认为，黄法官所做的惩罚性损失赔偿是根据《性别歧视条例》第76[2](3A)(f)条做出的。黄法官确定赔偿额港币30,000元时，亦提及南方护老中心报警的行为并指该行为已足够或为法院判惩罚性赔偿的理由。既然黄法官在计算情感损害赔偿时，已将南方护老中心报警一事考虑在内，他再以同一理由判定南方护老中心要支付数额不低的惩罚性损害赔偿，是对南方护老中心做出双重惩罚，逻辑上有商榷之处。在考虑整体事件后，法庭认为惩罚性损害赔偿港币10,000元已足够。基于上述原因，法庭将惩罚性损失赔偿由港币30,000元减至港币10,000元；赔偿总额亦由港币155,000元减至港币135,000元。

二、本案的启示

(一)就业性别歧视行为的混合动机

本案的争议焦点是南方护老中心取消聘用袁某娴合约的原因。袁某娴于1999年7月成为注册社工后至2000年6月18日受雇于“乐怡”做主管助理、主管。2000年5月，经南方护老中心的陈先生面试后，聘请袁某娴担任星期天的兼职社工。当时，陈先生已知悉袁某娴怀有身孕。2000年6月10日，

---

[1] 在评估收入损失时，法庭主要考虑了她假若未有辞掉原来工作而应可赚取的收入。

[2] 《性别歧视条例》第76条有以下规定：“(1)任何人(‘申索人’)指另一人(‘答辩人’)—(a)曾作出针对该申索人的，并凭借第Ⅲ或Ⅳ部而属违法的歧视作为；或(b)凭借第46或47条而须视为曾作出针对该申索人的该等歧视作为；或(c)曾作出针对该申索人的，并凭借第Ⅲ或Ⅳ部而属违法的性骚扰作为，而提出的申索，可作为民事程序的标的，方式一如其他侵权申索。(2)如就某项作为可根据任何成文法则提出上诉或上诉性质的法律程序，则第(1)款不适用于根据第17(1)条就该作为而提出的申索。(3)根据第(1)款提出的法律程序，须在区域法院提出，但可就该等法律程序给予的补救，与原讼法庭可在本款及第75(1)条以外给予的补救相同。(3A)在不限制第(3)款所赋予的权力的一般性的原则下，区域法院可—(a)作出答辩人有从事或作出违反本条例的任何行为或任何作为的宣告，并命令答辩人不得重复或继续该违法行为或作为；(b)命令答辩人须作出任何合理的作为或一连串的行为以舒缓申索人所蒙受的损失或损害；(c)命令答辩人须雇用或重新雇用申索人；(d)命令答辩人须擢升申索人；(e)命令答辩人须向申索人支付用以补偿申索人由于答辩人的行为或作为所蒙受的损失或损害的损害赔偿；(f)命令答辩人须向申索人支付惩罚性或惩戒性的损害赔偿；或(g)作出命令宣告任何违反本条例的合约或协议从一开始或从该命令指明的其他日期开始全部或部分无效。”

陈先生再次面试袁某娴，声称她的社工资格能为南方护老中心建立专业形象，可能会争取更多生意。陈先生因此同意聘用袁某娴任职主管，双方签署合约。当时袁某娴曾向陈先生表示希望会有10周无薪产假，而陈先生则指出合约内规定袁某娴需服务超过40周，才有权享受有薪产假。根据双方签署的合约，袁某娴需在2000年6月18日出任南方护老中心主管一职，故在2000年6月12日向“乐怡”递交辞职信。但在同日稍后时间，陈先生电话通知袁某娴，经和南方护老中心董事商议，决定取消双方签订的合约。

对于取消合约的原因，袁某娴认为是被告因为她怀孕不适合出任南方护老中心主管职位；陈先生却指称袁某娴经验不足，不懂如何申请社会福利津贴。

高等法院上诉法庭黄法官详细分析双方的证据，裁定陈先生没有说真话。陈先生指袁某娴不称职或缺乏经验、没有申请社会福利津贴的相关经验，不可能是被告人取消雇用袁某娴合约的唯一理由。黄法官裁定，陈先生的证词不但和袁某娴的证词相反，也和南方护老中心向平机会表述的解释，包括书面和口头解释有冲突。黄法官的结论是，陈先生是看上袁某娴的资历而聘用她并和她签订合约，但其后和其他董事商讨后，意识到袁某娴怀孕构成问题，故决定取消合约。

高等法院上诉法庭的主审法官张泽佑和另两位法官杨振权、任懿君认为，原审黄法官所做的基本裁决属于事实裁决，也是有证据基础的裁决。如果要上诉法庭更改原审法官所作的事实裁决，必须有资料显示，原审法官所做之事实裁决完全没有证据支持，或裁定事实和书面或其他无争议证据之间有抵触，而原审法官忽视该等抵触。单凭指出“支持法官裁定之证据薄弱”或“裁定和证据之强弱并非完全吻合”都不足以构成推翻原审法官所做事实裁定的基础。

南方护老中心指袁某娴提供虚假资料，讹称是“乐怡”主管而获聘用的指控，没有足够证据支持。南方护老中心指基于权限和资源，未能查证袁某娴有虚报工作经验的说法，更彰显其不合理的立场。在没有充分证据支持有关指控时，南方护老中心实不应做出这些严重及可能影响深远的指控。上诉法庭认定黄法官的裁定，南方护老中心取消和袁某娴签订的合约，理由之一是袁某娴怀孕。

即使本案被告有充分证据证明撤销合约的原因是袁某娴缺乏主管所需的经验,而法院认定其理由之一是袁某娴怀孕,也构成混合动机。只要怀孕是其中之一,就足以认定歧视的事实成立。这对境内的立法、司法与行政执法均具有重要启示。

(二)禁止报复歧视的受害人

上诉法庭认为,南方护老中心事后指袁某娴讹称是"乐怡"主管而获聘用的指控,只是为其违反《性别歧视条例》行为做出的辩解,并希望以此逃避或减轻其应负的法律责任。南方护老中心报警一事是由于袁某娴向平机会投诉所导致,因而与其针对袁某娴的性别歧视行为有关,亦是应受谴责的行为。因此,黄法官计算情感伤害赔偿时,将南方护老中心报警一事考虑在内是正确的做法。

在缺乏证据的情况下恶意指控原告讹称是"乐怡"主管才获得聘用,结果令原告被警方拘捕当作罪犯看待。这种报复性行为不仅是歧视的一种,而且加重了就业歧视的损害后果。境内的立法、司法和行政执法均需增设此项规则,惩罚报复行为,保护、鼓励受害人勇于维权。

(三)惩罚性赔偿的考量因素

本案是因袁某娴怀孕而取消双方已签订的雇用合约,涉及的歧视行为较轻。但一审法庭强调:以任何方式歧视一名怀孕妇女都是极为严重的违法行为,法庭亦必会向该名被歧视的怀孕妇女作出可观的情感伤害赔偿,以反映法庭保护怀孕妇女的决心。一般而言,赔偿金额不应少于港币 50,000 元。法庭认为在 Vento v Chief Constable of West Yorkshire Police[2003]1 RLR102 一案列出的情感伤害三大补偿等级中,本案严重性不属最低的一类。在评估感情损害赔偿及惩罚性损害赔偿标准时,黄法官有以下评论:"当时原告怀孕,是家庭唯一的经济支柱,要四处借钱以供糊口,实在令她焦虑尴尬。再者,她向平等机会委员会申诉一事亦促使被告人向警方报案,作出毫无凭据的指称。盘问下,代表被告的郑彬先生同意,若不是原告提出投诉,被告也不会报警。这个指控毫无根据,等同攻击原告的品格,亦伤害了她的感受。她在警局内接受盘问和警诫，被看成罪犯一般，令她恼怒非常。”

香港特别行政区平等机会委员会表示，区域法院就袁某娴女士告南方护老中心一案所定的损害赔偿金额，在衡量精神损害赔偿方面，法庭参考指引，从而将歧视个案的严重程度分为三级。该案例日后将有助涉及歧视争执的各方做出评估，若通过法律诉讼解决问题，会得到什么赔偿，亦使委员会能更有效地进行调解工作。法庭判决做出惩罚性损害赔偿，是因为原告向平等机会委员会投诉后，该护老院竟向警方报案，在缺乏证据的情况下恶意地指控原告触犯刑事罪行，结果令原告被警方拘捕和被当作罪犯看待。法庭认为，需要对这种恶意行为做出惩罚性赔偿。这项惩罚向触犯歧视法例的人士传递了清晰的讯息——不得进一步迫害遭受歧视的受害者。

（五）完善反就业性别歧视法律，实现男女就业平权

《妇女权益保障法》的具体修订仍然对司法适用留下了空白。[1] 客观而言，改革开放以来我国经济发展虽然迅速，但基于客观条件所限，社会保障水平有待进一步提升，因此，需要针对女性就业歧视在将来《中华人民共和国就业促进法》（以下简称《就业促进法》）修订时予以回应。虽然《妇女权益保障法》（修订案）中对“就业性别歧视”进行了原则性规制，但是在概念方面还需进一步明确界定，明确平等就业权的具体内容，将直接歧视、间接歧视、使人受害的歧视作为歧视的基本形态，（性骚扰问题在《妇女权益保障法》二审稿与正式稿均已有回应）综合前述内容，笔者对就业性别歧视界定为“它是指男女两性条件相等或者相近，在求职、在业过程中，仅仅因为性别差异而不能享有平等的就业机会、酬劳、晋升与培训机会等职业发展的平等待遇，从而导致其财产及精神遭受损害的现象”；“直接歧视是指表面或形式上最明显的一种就业歧视，也即雇主以法律明文禁止的就业歧视行为作为雇佣措施的一部分，具体是指当某人基于性别，相较于男性，对待女性时，给予较不利的待遇”；“间接歧视是指在相似的情况下，基于法律禁止的事由而无正当事由，

---

〔1〕《妇女权益保障法》（二审稿）第 44 条新增“防止和纠正就业性别歧视，为妇女创造公平的就业创业环境……”的规定，有了很大进步，但正式稿中去掉了此规定，就业性别歧视的界定也付之阙如。

相较于男性,一项中立的规则、标准、惯例使女性受到更加不利的影响,其特征就是差异影响”。证明间接歧视当事人需要提交证据,具体指拥有相同的受到保护特征的人,和那些没有相同受到保护特征的人相比,受到了差异影响。除了明确歧视的认定标准,也要增设雇主合法抗辩的规定,确保公平性。这个问题在《妇女权益保障法》“法律责任”一章中加强了对女性劳动权益侵害的保障,具体如产后复职与损害赔偿(包括精神损害赔偿)等,从而敦促用人单位遵守相关法律规范,以消弭职场中对女性的就业歧视。

目前,《妇女权益保障法》(修订案)中明确了禁止基于婚育的就业性别歧视,即怀孕歧视,此外,基于我国是《消除对妇女一切形式歧视公约》《就业和职业歧视公约》的签署国,为了履行缔约国的法定义务,在以后《就业促进法》修订中设专章或者相关立法解释中界定“就业性别歧视”,在“就业性别歧视”章节以列举形式细化“禁止基于婚育状况的歧视”,明确怀孕歧视与母性歧视是一种直接的“就业性别歧视”。虽然《妇女权益保障法》在第43条规定了雇主不得从事下列行为:(1)限定为男性或男性优先;(2)除了个人基本信息外,进一步询问或调查女性求职者的婚育情况;(3)将妊娠测试作为入职体检项目;(4)将限制结婚、生育或婚姻、生育状况作为录(聘)用条件;(5)其他性别歧视的行为。需要指出的是,在该法(二审稿)还规定平台新业态用工等参照如上条款。但是其他性别歧视表现如:(1)非基于生产原因,雇主将怀孕女性解雇或调整到较为低薪的岗位;(2)雇主拒绝休完产假的女性复职。同时用人单位的民事赔偿责任与对其的行政处罚标准亦应明确规定。对怀孕女性调岗降薪的行为以及复职保障、雇主的民事与行政责任标准我们建议在《就业促进法》修订时予以补充规定。与此同时,要将上述规定真实落地付诸实施,笔者建议未来《就业促进法》修订时设立一个反歧视的专门执行机关——平等机会委员会,建立一个专司平等就业职能的委员会(平等就业机会委员会)。该委员会可设在国务院和县级以上人民政府中,职能包括:第一,审查用人单位的招聘广告以及与就业权有关的单位规章制度的合法性;第二,受理女性员工对用人单位就业歧视的申诉;第三,接受女性关于就业歧视的投诉,对就业歧视申诉案件予以调解,调解不成的,可以代表受害人提起诉讼,并提供相关的法律援助,并对实施就业歧视行为的用人单位进行处罚;第四,对推进就业机会平等的法律和政策的制定提出建议,并对就业歧视的认定或消除歧视提出建议。

就业性别歧视影响着我国女性平等就业权的实现,基于此,2020 年 1 月 8 日最高人民检察院联合全国妇联下发《关于建立共同推动保护妇女儿童权益工作合作机制的通知》,该通知明确提出针对国家机关、事业单位招聘工作中涉嫌就业性别歧视,相关组织、个人通过大众传播媒介或者其他方式贬低损害女性人格等问题,检察机关可以发出检察建议,或者提起公益诉讼。我国司法部门对就业性别歧视的积极干预与司法实践中因受歧视维权成功的案例均彰显司法部门对这类案件所持的性别平等理念与公正公平的裁判思维,既维护了当事人的合法权益,也捍卫了社会正义,同时践行着社会主义核心价值观蕴含的法理。[1]

三、规范未成年人照护机构及其从业人员的相关资质及管理

虽然《2021 年儿童发展纲要》明确鼓励国有企事业单位,街道、村集体举

[1] 平等就业权纠纷胜诉第一案:樊某玲诉珠海英利物业管理有限公司平等就业权纠纷案,(2019)粤 0402 民初 6356 号:珠海市香洲区人民法院根据《就业促进法》第 3 条"劳动者依法享有平等就业和自主择业的权利";第 27 条"用人单位招用人员,除国家规定的不适合妇女的工种或者岗位外,不得以性别为由拒绝录用妇女或者提高对妇女的录用标准。用人单位录用女职工,不得在劳动合同中规定限制女职工结婚、生育的内容"。《妇女权益保障法》(2018)第 26 条第 2 款"妇女在经期、孕期、产期、哺乳期受特殊保护";第 27 条"任何单位不得因结婚、怀孕、产假、哺乳等情形,降低女职工的工资,辞退女职工,单方解除劳动(聘用)合同或者服务协议"。法院认为,依据上述法律规定,平等就业权保护的范围应当包括两个方面:一是招录过程中劳动者享有平等录用的权利;二是劳动合同履行过程中劳动者享有平等对待的权利。本案中,樊某玲遭受歧视对待虽然不是入职当时,但英利物业公司在樊某玲履行合同期间因怀孕事实而将其辞退,使其失去工作,属于履行劳动合同过程中对樊某玲的歧视性对待,仍然构成对其平等就业权的侵害。综合我国原《中华人民共和国民法总则》第 109 条,原《中华人民共和国侵权责任法》第 2 条、第 6 条、第 15 条,《劳动法》第 3 条第 1 款、第 12 条、第 13 条,《中华人民共和国劳动争议调解仲裁法》第 2 条,《妇女权益保障法》(2018)第 26 条、第 27 条,《就业促进法》第 3 条、第 27 条、第 62 条,以及最高人民法院《关于确定民事侵权精神损害赔偿责任若干问题的解释》(2001)第 1 条、第 8 条、第 10 条的规定,判决被告珠海市英利物业管理有限公司向原告樊某玲书面赔礼道歉、赔偿原告孕期工资损失 2064 元、未休产假工资损失 1875 元以及精神损害抚慰金 10,000 元。此案一审后英利物业上诉,二审珠海中院就此案是否属于"平等就业权纠纷"存争议,遂向高级人民法院与最高人民法院请示。在此过程中,法官也积极做调解,但无果。在樊某玲的坚持下,最终于 2022 年 4 月 21 日,她拿到了法院按照一审判决执行的判决,英利物业向樊某玲公开书面道歉。(案例由中华女子学院刘明辉教授提供)

办公办幼儿园，强调加强收费监管，建立健全幼儿园保教质量监测体系，克服和纠正前文提到的“幼儿园小学化”倾向。但该纲要更多是倡导鼓励性条款，照护机构从登记到接受监管，具体如何操作，笔者建议如下：

（一）未成年人照护机构实行注册登记、信息公示与质量评估制度

未成年人照护机构的市场准入，应该和众多的社团法人一样，必须进行注册登记，之前我国未成年人早期教育机构大多为工商局注册登记，从而导致教育局没有相应的监管权限之现状。工商登记这种模式完全将早期教育机构交由市场经济调控，不免导致这些机构为追求利益而出现侵害幼童利益后果（携程亲子园事件），对这些照护机构的实际教育水平之监管很难明确化。与此同时，未成年人照护机构涉及收费、教师培训、营养师等多方面的监管内容，必然需要多部门之间相互配合，强化监管。

为此，基于上位法，应制定既有普适性，也符合现阶段各地发展特征、灵活的托育服务机构的准入、照护服务机构的建设标准以及相应的运营管理标准。严格根据许可证的标准规范托幼服务机构的市场准入条件。在目前许可证规则尚未设立的情况下，照护机构的建设标准可根据2016年《中共中央国务院关于实施全面两孩政策改革完善计划生育服务管理的决定》、2019年5月9日《国务院办公厅关于促进3岁以下婴幼儿照护服务发展的指导意见》等行政法规或文件，国家卫健委负责制定具体的婴幼儿照护服务机构建设标准以及管理规范，设定3岁以下婴幼儿托育服务机构建设的基本条件，并将此分为营利性与非营利性两种类型。基本条件必须满足符合婴幼儿健康需求的要素，诸如照护服务机构必须达到一定的占地面积、硬件设施的配备满足婴幼儿生活的需要；机构从业人员身心健康，没有任何犯罪记录，具有性侵前科的人禁止从事该职业。

根据照护机构的营利性与非营利性，登记机构应有所区别。如果是举办公立性婴幼儿照护服务机构，应该在婴幼儿照护服务机构所在地的县级以上机构或民政部门进行注册登记；如果举办私立婴幼儿照护服务机构的，那么在婴幼儿照护服务机构所在地的县级以上行政管理部门进行注册登记。婴幼儿照护服务机构核准登记后，还应及时向当地的卫生健康部门备案，从而

保证注册登记机构与卫生健康部门信息共享,加强卫生健康部门对托育机构的监督检查。

信息公示制度则是运用当下互联网背景下大数据和人工智能等技术,充分结合婴幼儿照护服务机构的实际运行情况,进一步研发运用婴幼儿照护服务的信息管理系统,线上与线下结合,实现优化婴幼儿照护服务、加强婴幼儿照护管理以及监测等目标。与此同时,充分利用信息系统,对婴幼儿照护服务机构运行的状况定期进行信息公示,避免出现有损婴幼儿身心健康的事件。

质量评估制度是指对婴幼儿照护服务机构的监督及管理。按照注册管理的属地与分工原则,地方政府对婴幼儿照护服务机构在规范运行与安全方面负监督责任,除制定婴幼儿照护服务机构的规范细则外,其他职能部门按照分工承担监管责任。一是建立健全公私婴幼儿照护服务机构的安全管理制度,除在机构内配备必须符合婴幼儿人身安全的设施、器材外,还必须配备经过专业培训的安保人员,从而加强安全监管,严防意外事故的发生。对不尽责导致发生意外事故的人员,要严格按照有关法律法规追究其责任。二是积极动员各级妇幼保健机构、疾病预防控制机构以及卫生监督机构协同履行各自职责,加强婴幼儿照护服务机构的卫生保健工作,严格遵循照护为主,教育为辅的工作方针,为婴幼儿创造安全健康的生活环境。强调提前预防与事后干预紧密结合,既要防控传染病,更要降低常见病的发病率,以此保障婴幼儿的身心健康。

(二)婴幼儿照护从业人员实行资格准入制度

一直以来,我国大中专职院校开设的幼师教育专业主要是针对 3 岁以上儿童的,相形之下,婴幼儿照护相关专业是明显缺乏的。因此,从长远规划,根据市场实际的需要,我国各级各类高等院校与职业院校亟须开设层级不同的婴幼儿照护专业,设置科学可行的招生条件、符合婴幼儿特点的课程模块,将婴幼儿的心理需求、安全照护等相关的理论知识和实操能力融入教学内容,从而有助于培养出符合婴幼儿身心特点的专业照护人才。结合当前的需求,我们建议分为短期规划和长期规划,短期规划是将现有的婴幼儿照护服务机构的从业人员予以分类统计,没有资质的人员纳入培训规划,对其加强婴幼儿照护服务相关的职业技能培训与法律法规的熟悉掌握,职业技能培训有助于加强从业人员的职业道德,提升职业技能,从而提高婴幼儿照护服务能力和水平,熟悉掌握法律法规有助于增强从业人员的法治意识,从而逐步实现照护机构从业人员职业资格准入的规范化,尤其对虐童、猥亵儿童、性侵儿童等行为零容忍,对直接责任人和相关管理人员实行终身禁入的规则。对于此,最高人民检察院联合全国妇女联合会于2020年1月8日发布《关于建立共同推动保护妇女儿童权益工作合作机制的通知》,该通知要求加强对侵害女性与未成年人权益的犯罪的惩治打击,推动未成年人司法保护社会支持体系建设,促进女性与未成年人保护法律体系健全完善。该通知指出,要积极推动未成年人教育培训和照护行业等与未成年人密切接触的行业从业人员的入职资格审查和从业限制制度的落实与完善。[1] 这些规范的出台彰显我国对未成年人照护服务机构从业人员资质审查的重视。

通过多方力量的共同努力,形成以"政府为主导、市场为主体、单位为补充、社区为依托、家庭为基础"的托育服务体系框架,保障未来拟建构的托育服务体系"法律有支撑,主管有部门,监管有标准,资金有保障,服务有质量,家长有认同,发展有方向",实现布局合理、供需平衡、科学规范、健康有序的托育服务业发展格局,突破公共托育服务的瓶颈,提升社会托育服务模式的可行性,推动"幼有所育"不断取得新进展。[2]

(三)整合联动,完善学前监管体系

一是进一步完善学前教育监管体系,强化各级政府与职能部门的监管责任,建立健全以教育部门为主导,其他职能部门分工负责的学前教育监管机制;二是严格落实照护机构的准入管理,依据国家基本标准调整完善托幼机构的设置标准,严格掌握审批条件,严格执行"先照后证"制度,依法进行前置审批;三是加强各级各类托幼机构监督管理,高度重视托幼机构的安全管

[1] 薛应军:《最高检妇联建立合作机制共同推动保护妇女儿童权益工作》,载《民主与法制时报》2020年1月9日,第1版。

[2] 杨菊华:《论政府在托育服务体系供给侧改革中的职能定位》,载《国家行政学院学报》2018年第3期。

理工作,坚决防止“虐童”等恶性事件的发生;四是进一步靠实责任,加强对民办托幼机构的收费监管,遏制民办托幼机构过度逐利行为。

(四)规范治教,提升保教质量

一是开展照护机构趋向“小学化”的专项治理工作,及时纠正“小学化”倾向,加强幼托机构的课程管理,编制《保教工作指导手册》,做好“幼小衔接”。2021年3月30日教育部印发《关于大力推进幼儿园与小学科学衔接的指导意见》(以下简称《2021年幼儿园与小学衔接指导意见》),该意见明确各地教育行政部门要联合有关部门持续深化“小学化”专项治理工作,对破坏教育生态,影响儿童身心健康成长,幼儿教育有“小学化”倾向的幼儿园、培训机构等进行停业整顿、吊销营业执照(事业单位法人证书、民办非企业单位登记证书)和办学许可证、年检一票否决,列入“黑名单”等处罚;并强调要加快构建幼儿园和小学双向衔接机制,促进幼儿身心发展和健康成长。《2021年幼儿园与小学衔接指导意见》的印发具有非常重要的现实和战略意义。

二是采用多种方式举办幼儿园,鼓励结对帮扶、倡导举办分园、探索委托管理等多重模式,推动新建幼儿园、农村幼儿园、薄弱幼儿园快速发展起来,探索集团化、联盟制办学管理模式,完善体制机制,建立学前教育协调、联席制度,组建专家团队,科学规划、优化资源配置,强化教师队伍建设,全面提升学前教育质量。[1]

---

[1] 调研说明:甘肃兰州市人大常委会教科文卫工作委员会于2019年在兰州市做了关于兰州市学前教育发展情况的调研,此次调研针对是3岁以上幼儿入园情况。兰州市有各类幼儿园1164所,在园幼儿11.98万人。其中,公办幼儿园422所(独立幼儿园167所,小学附设幼儿园255所),在园幼儿3.5万人,占在园幼儿总数的29.2%。民办幼儿园742所,在园幼儿8.48万人。普惠性民办幼儿园433所,在园幼儿5.5万人,普惠性幼儿园覆盖面75%。幼儿园职工1.43万人,其中专任教师9228人。调研发现存在的问题:一是0~3岁的公办托育机构缺位;二是学前教育资源总量不足;三是政策保障体系不够完善;四是政策保障体系不够完善;五是民办园监管体制不够健全;六是教学管理问题比较突出,小学化倾向严重。基于此,市政府进行整改,集中表现在:一是全面落实全面二孩政策以来对幼儿园需求的政策,科学规划幼儿园布局,列入土地招拍挂建设项目,大力推进幼儿园建设,尽快提升我市公办幼儿园数量,缓解幼儿园“大班额”现象。二是落实《甘肃省民办幼儿园管理暂行办法》,政府加大扶持力度,引导社会力量举办普惠性幼儿园,通过购买服务,综合奖补,减免税金,培训教师,教研指导等方式,支持普惠性民办园发展,将提供普惠性学位数量和办园质量作为奖补和支持的重要依据到2020年努力实现公办幼儿园在园幼儿占比达到50%,公办和普惠性民办占比达到80%的目标。

四、完善个税抵扣相关的经济补贴政策

我国于2019年开始实施的家庭税收抵扣项目中，主要针对3周岁以上未成年人家庭扣除1000元的专项教育项目对0～3岁的未成年人基本没有任何效用的现状，2021年7月20日《国务院关于优化生育政策促进人口均衡发展的决定》中规定将3岁以下婴幼儿照护费用纳入个人所得税专项附加扣除，扣除额为1000元。国家积极分担家庭养育的成本。无疑对大多数家庭带来的福利不言而喻，但从前述广东省深圳市等地方政府率先实施的未成年人领取津贴的政策来看，笔者建议我国在个税征收方面实行差异化的个税抵扣及经济补贴政策，扩大享受人群，凡是生育的家庭，无论是一孩还是二孩，均从家庭收入中扣减1000～3000元的专项，以此区分城镇与大中城市居民收入的差异，城镇扣除起点是1000元，大中城市则起点为2000元，考虑地域不同，生活成本的差异。

（一）养育未成年人个税专项扣除政策现状

如前所述，改革开放以来，我国政府日益重视并积极致力于未成年人照护问题的相关政策制定和改革。除《宪法》第49条规定的婚姻、家庭、母亲和儿童均受法律保护之外，《民法典》再次重申国家保护婚姻家庭。未成年人作为家庭的重要成员，国家自然就负担起帮扶未成年人成长的义务。这标志着根本法与《民法典》均明确赋予了公民"生存权"。目前，我国还未采纳未成年人照护津贴制度，这也许是受限于我国现阶段基本国情。2018年8月31日，全国人大常委会通过的《中华人民共和国个人所得税法》（以下简称《个人所得税法》），2019年1月1日正式实施，此次该法的修订不同于以往简单上调个人所得税免征额，修订后的《个人所得税法》在子女教育、住房、医疗、生育、养老方面均在减轻纳税人的实际负担。在此基础上，国务院于2018年12月22日又颁行《个人所得税专项附加扣除暂行办法》（国发〔2018〕41号）细致规定了个人所得税专项扣除项目与数额。此次新政涉及多项惠民政策，体现国家对纳税人减轻税负，追求实质公平的理念。从而造福更多的人民。其中第二章详细规定了针对未成年子女教育费用的专

项附加扣除制度。[1] 此项实质属于国家通过经济手段补偿父母养育未成年子女的支出成本。对于新个税的实施效果,有学者专门做了调查问卷研究,结果显示,受访纳税人正享受着新个税专项附加扣除政策带来的减负红利,仅有16.14%的受访者不符合扣除条件,而有84.86%的受访者至少享受着一项专项附加扣除。其中纳税人扣除子女教育和赡养老人费用的比例最大,有57.4%的受访者表示每月可以扣除一部分子女教育费用,不难发现,专项附加扣除具有针对性的受惠群体,即1985年以后出生的中青年群体。调查显示,年龄在24~30岁的纳税人大多认为个税新政效果很好,切实感受到了新个税给纳税人带来的减负效果。专项附加扣除政策中关于首套住房贷款利息扣除,住房租金,子女教育等扣除规定,较好契合了30岁左右人群的需求,因为该群体处于成家立业的初级阶段,此次专项扣除政策的规定从多个方面减轻了纳税人负担,降低生活压力,因而在年轻人群中获得广泛好评。[2]

我国个人所得税未成年人教育经费专项扣除制度的立法原则可概括如下:首先,我国个人所得税未成年人教育经费专项扣除制度的设置和实施遵循了公平合理原则,因为若要确保纳税人之间的税负公平,就要正确衡量纳税人的税收能力(计算纳税人的收入净所得);其次,我国的未成年人教育经费专项扣除制度遵循了利于民生的原则,一方面减轻了纳税人的负担,另一方面稳固了纳税人的基本家庭生活,体现了保障公民生存权的制度目的;最后,未成年人教育经费专项扣除制度遵循了简便易行原则,该原则是税法效率原则的体现,这具体表现为对未成人教育经费专项扣除采用定额

---

〔1〕 该办法第5条规定:"纳税人的子女接受全日制学历教育的相关支出,按照每个子女每月1000元的标准定额扣除。学历教育包括义务教育(小学、初中教育)、高中阶段教育(普通高中、中等职业、技工教育)、高等教育(大学专科、大学本科、硕士研究生、博士研究生教育)。年满3岁至小学入学前处于学前教育阶段的子女,按本条第一款规定执行。"第6条规定:"父母可以选择由其中一方按扣除标准的100%扣除,也可以选择由双方分别按扣除标准的50%扣除,具体扣除方式在一个纳税年度内不能变更。"

〔2〕 王心怡等:《个人所得税专项附加扣除国际比较与借鉴》,载《内蒙古科技与经济》2020年第13期。

扣除方式。[1] 将抚养未成年人支出部分明确作为个人所得税计算扣除项目在我国具有开创性(同时,教育经费专项经费扣除对象不限于未成年人,成年子女接受教育,父母仍然可以扣除专项教育经费),并体现出人文关怀和人权保障,也是落实《宪法》精神、贯彻党的十九大方针的合理制度设计。

(二)个税养育未成年人专项扣除制度完善

虽然我国个税计算制度中的未成年人教育经费老人专项附加扣除制度具有开创意义,但也存在着一些缺陷和不足,亟待改革。按《个人所得税专项附加扣除暂行办法》要求,可将养育未成年人教育经费的扣除条件总结如下:首先,纳税人所抚养的对象必须是3周岁以上的子女,而且子女是在接受学历教育阶段;其次,扣除的最高标准只能按照每月1000元实施;最后,扣除的方式尽管相对灵活,纳税人父母选择由其中一方按扣除标准的100%扣除,也可以选择由双方分别按扣除标准的50%扣除等方式,但却又规定扣除标准和额度在一个纳税年度内不能变更。对此,新个税实施的力度依然存在一定问题,需要改革与完善。正如有学者指出:现代社会的生存内涵非单纯指向温饱,而是指保证公民能够获取"足以维持生命、确保安全、健康和自由所必需的私人或公用物品以及包括文化娱乐设施等精神层面的物质保障"。[2]

第一,《个人所得税法》规定对受纳税人抚养的对象做出的3周岁以上的限制,而0~3岁的婴幼儿时期,恰恰是抚养教育费用占比较大的时期,尤其是各类婴幼儿服务与用品丰富、消费价格居高不下的当下,父母为此所支付的费用较高、经济负担过重,一定程度削弱了生育的意愿。与此同时,0~3岁的婴幼儿正处于成长的第一个关键时期,也是体弱多病的一个特殊时期,患各类疾病的风险也相对较大,为此父母支出的医疗费用数目也是不菲。因此,忽略这个阶段的养育支出,无疑会加重父母的经济负担。

---

[1] 参见徐妍:《个人所得税赡养老人专项附加扣除制度法律问题研究》,载《学习与探索》2020年第1期。

[2] 汤洁茵:《纳税人基本权利的保障与实现机制:以个人所得税为核心》,载《中国法律评论》2018年第6期。

鉴于我国“全面三孩”政策的有效落地，国务院及时回应了社会关切，将0～3岁的照护费用按照1000元/月的附加专项予以扣除，此举值得肯定，只是没有考虑全国大中城市与城镇育儿成本也存在差异的因素，我们建议应当根据城市经济发展水平的差异情况，采取差异化措施，按照父母的实际经济能力评估抚养对象。这样一来扩大了未成年人的范围，更有利于符合实际所需和激励生育人群的生育意愿。

第二，《个人所得税法》规定纳税人父母可以按照每个子女每月1000元的标准进行定额扣除，养育未成年子女的成本如第一章所述，包含生活、教育、旅游等各方面的支出，尤其大中城市的养育成本更高，每月1000元的扣除标准根本无法完全覆盖维持未成年人基本生活的必要费用；加之我国国情是经济发展地域差异较大，导致未成年人教育阶段支出也存在较大差异。东部地区经济发展速度远高于西部地区，而且不同城市经济发展也不尽相同，由此导致子女的教育实际支出在不同的地域呈现很大差距。基于税收公平的原则，笔者建议充分考虑地域经济发展的差异性因素，收入差距与教育阶段支出的差异因素，制定不同的扣除标准。[1] 因此，今后的立法改革中，可将抚养支出中的日常基本生活费用与教育费用依据被抚养人年龄的不同划分而制定具有差异性、阶梯状的科学层次；此外，还应当依据被抚养人对相关必要费用的实际需求以及该类费用的一般市场价格情况来灵活确定可扣除的上限额度。[2] 从而实现据实扣除与定额扣除相结合的附加扣除方式，体现国家在征税方面的合理性与人性化。

第三，《个人所得税法》对未成年子女的教育经费专项扣除是在假设未成年子女是健康的，且正在接受学历教育的情境下进行的。然而，有些家庭不得不面对养育的子女是残疾人的现实，而且残疾未成年人的特殊教育费用要远远高于健康未成年人的教育费用，对于那些养育残疾未成年人的家庭来

---

〔1〕 参见何代欣：《个人所得税分类与综合改革研究：法国税制借鉴》，载《地方财政研究》2013年第8期。

〔2〕 参见徐妍：《个人所得税赡养老人专项附加扣除制度法律问题研究》，载《学习与探索》2020年第1期。

说，医疗费用、康复费用、父母的陪护照护费用都是一笔不小的开支，这一群体也应该进入《个人所得税法》修订的视野，才更有利于保障未成年人人权以及人权平等的精神。鉴于我国现行专项附加扣除并未考虑残疾未成年人的额外支出的不足，建议按照残疾子女的残疾程度和年龄，增加特殊教育和康复训练的费用抵扣，减少残疾子女家庭的负担。[1]

---

〔1〕 何国洪：《我国个人所得税专项附加扣除优化建议》，载《税务前言》2020 年第 27 期。

第三章　社会分担未成年人养育成本

第一节　社会分担未成年人养育成本的立法变迁与问题检视

一、社会分担未成年人养育成本的立法变迁

(一)20 世纪与 21 世纪初期社会分担未成年人养育成本的表征

1978 年在中华人民共和国成立历史上是具有深远意义的。党的十一届三中全会拉开了中国改革开放新时期的大幕,社会主义中国的经济模式逐步从计划经济向市场经济转型,开辟了建设中国特色社会主义道路的新起点。这种转变从根本上改变了城市劳动力市场的格局,对有偿和无偿工作中的两性平等产生了深远的影响。国有企业进行了大规模改革,部门权力下放并伴随私有化、公司制、股份制的推行,既结束了为城市工人提供终身就业和平等劳动报酬的时代,也削弱了将生育成本内化并在中央政府规划下保护女性生育的体制机制。在利润压力下,企业越来越不愿意满足女性员工的照护需求,因此,照护未成年子女使女性员工面临失去收入或被完全解雇的风险。此外,我国以企业为基础的社会主义福利制度开始逐步解体,导致国家和企业对以补贴未成年人照护和带薪产假形式提供的福利支持大幅下降,未成年人的照护责任开始转向以家庭为主的模式。

国家退出社会再生产和社会保护,增加了城市女性参与劳动力市场的困难。事实表明,女性比男性容易被解雇,在私营企业再就业的困难也相应增

加。其根本原因是女性承担更多的家庭责任反而被认为缺乏灵活性而更不可靠。因此,女性尤其是已婚女性的失业率高于男性,女性的失业时间相对更长。自20世纪90年代以来,女性退出劳动力队伍的比率居高不下,已婚女性就业率的下降是中国城市家庭收入不平等加剧的诱因之一。现象表明,在公共部门重组后,女性比男性更有可能经历下滑的职业流动,进入工资较低、技能要求较低的工作领域。越来越多的城市工人,主要是女性职工被推到非正规部门,工作特点通常表现为临时或兼职,不稳定且低薪。因此,在改革后,性别工资差距明显扩大。

计划经济时期,我国与其他社会主义国家一样,建立了功能完备的公共托儿系统,涵盖了未成年人出生后几个月至进入小学的整个阶段,但是不容否认的是,城市家庭比农村家庭更容易获得公共补贴的托儿照护服务。经济改革给中国的育儿政策带来了两大变化。

一是改革后的政策强调了正规幼儿保育在促进幼儿教育方面的作用,同时淡化了其在支持职业女性方面的作用。将幼儿保育方案的双重职能脱钩是1989年国务院颁行的《幼儿园管理条例》,根据条例的规定,政府补贴的托幼方案不再涵盖3岁以下的幼童。自此,我国的托幼服务政策主要是城镇托幼逐渐被窄化变性,演变为学前教育政策,相应地,为3周岁以下幼童提供公共资助的托儿所逐渐消失。

二是政府和企业提供的育儿资助大幅度减少,此变化尤为明显。随着改革步伐的加快和利润压力的增加,城市的绝大多数企业停止向员工提供未成年人托育服务。根据有关部门2006年开展的“中国企业社会责任调查”显示,那些兼营幼儿园的企业在国有企业中所占比例不足20%,在样本中仅占所有企业的5.7%。由于政府对社会服务的供资减少,许多公共补贴的照护设施要么被迫关闭,要么转变为营利性的商业设施,1997~2006年,我国公立幼儿园的数量从157,842所下降到55,069所,减幅达到28.5%。[1] 政府逐

---

〔1〕 Fenglian Du & Xiao-yuan Dong, *Women's Labor Force Participation and Childcare Choices in Urban China during the Economic Transition, in Xiao-yuan Dong and Sarah Cook eds.*, Gender Equality and China's Economic Transformation: Informal Employmentand Care Provision, Economic Science Press, 2010, p. 98.

渐意识到未成年人照护模式的需求与变化，在 2001 年颁行的《幼儿园教育指导方针》中，正式倡导了一种多元化的未成年人照护方法，即以“国营幼儿园为骨干和榜样”，以“社会力量为主要提供者”。从此，未成年人照护改革引起了社会公众对我国未成年人照护方案的可用性、可负担性和质量的关切。我国经济从农业向工业基础的结构性转变也给照护经济带来了新的挑战。伴随工业经济的快速发展和城市化进程的不断加快，从而使工作场所与家庭加速趋向分离，增加了女性对育儿照护服务的需求。但是，由于得不到公共补贴的未成年人照护方案的支持，农村地区的绝大多数女性和城市的移徙女性不得不依靠非正式的替代照护方案或收费的日托方案，她们才得以进入劳动力市场。

相较于城市而言，自 1978 年经济改革开始以来，我国农村经济也发生了根本性变化。家庭联产承包责任制度取代了单户经营的人民公社体制，随后在 20 世纪 80 年代中期我国农村又扩大了乡镇企业的非农农村工业就业。这些企业在 20 世纪 90 年代中后期迅速私有化。同时，随着数千万农民在全国各地流动寻找工作，农村—城市移徙成为中国经济的一个主要特征。农村的转型带来了收入的快速增长和农村地区的大规模减贫。虽然农村女性在改革后期受益于农村收入的增加和非农业就业的增长，但她们并没有享有与男性同等机会参与新的创收活动。相较男性，农村地区的女性更不可能参与当地的非农业工作。在城市中，女性移民主要集中在流向华南出口工厂的劳动力中，而在服务部门，她们充当家庭佣工，在宾馆与餐馆就业。女性的这种移徙模式也带来一系列问题，包括难以获得充分的保健、子女的教育、体面的住房和目的地区域提供的未成年人照护与教育等服务。女性劳动者们更加关注的是劳动条件，如工作时长，工资数额是否及时发放以及工作环境是否影响其健康等。尽管已经有大量的研究定位在经济改革对女性劳动力市场的影响，但大多数研究聚焦在有报酬的工作方面，鲜有关注生育影响经济地位的变化，尤其是女性身兼家庭照护者和赚钱养家者之双重紧张角色。因此，无酬的家庭照护一直以来被忽视，其对女性参与有酬劳动及相关福利的影响是非常深远的，家庭承受着巨大的照护未成年子女的经济压力。正如前文所述，我国政府在改革后期将聚焦点放在找到最有效的方式重组生产经济，因此，忽视女性生育的社会贡献甚至严重损害生育的保护机制，政府和雇主大大减少了对女性生育提供保护与照护的支持，尤其在设计新的社会保障制度时，完全忽视了女性的无偿照护工作这一重要贡献。

（二）社会分担未成年人养育成本的立法概览（特殊—普遍）

21世纪以来，社会公平问题成为人们普遍关注的热点问题。随着构建“和谐社会”战略的提出以及公共政策的“社会转向”，我国开始出现社会政策的扩张，弱势未成年人群体的照护问题进入政策视野。[1] 进入21世纪以来，我国政府正在逐步完善对困境未成年人与孤残未成年人的救助。体现在国务院与民政部颁布的一系列规范当中，2006年国务院颁行的《关于加强孤儿救助工作的意见》正式将孤儿救助范围由福利院集中供养孤儿扩大到散居孤儿和事实无人抚养未成年人；2014年国务院颁行《国家贫困地区儿童发展规划》，提高了贫困地区未成年人照顾的资助额度和服务水平；2016年国务院印发《关于加强农村留守儿童关爱保护工作的意见》，从顶层政策角度涵盖了农村留守儿童的监护、福利及保护问题。民政部分别于2004年、2007年与2009年开始实施“四免一关怀”政策，为受艾滋病影响的未成年人群体提供照顾服务和经济资助；出台“儿童福利机构建设蓝天计划”“孤儿最低养育标准”，有力地维护孤儿、弃婴的合法权益，促进社会公平正义和人民共享改革发展成果。同时，民政部于2006年提出建立“适度普惠的儿童福利体系”，并先后开展两批全国试点。此处“普惠”并非字面意义上的涵盖大众的普惠，而是指对特定群体的普惠。自然，普通家庭的未成年人的照护政策发展则相对缓慢，尤其是3周岁以下的幼童，几乎没有涉及对其照护的有关政策。表现在0～3周岁的幼童家庭没有任何津贴，也没有父母照护的优惠政策，3周岁以下幼童的照护服务也极为匮乏。相反，社会现实则是家庭与女性对3周岁以下幼童照护服务的需求非常强烈。由于主管部门和政策导向的原因，

[1] 参见岳经纶、范昕：《中国儿童照顾政策体系：回顾、反思与重构》，载《中国社会科学》2018年第9期。

社会力量参与照护服务又受到很大限制,幼童家庭基于信赖与安全的因素考虑,也很难从市场获得质量、信誉均能称心的照护服务,自然而然,母亲和祖父母成为3周岁以下幼童的主要照护者。[1]

从生育保险与医疗保险的变迁来看,2019年4月,国务院发布《关于全面推进生育保险和职工基本医疗保险合并实施的意见》,该意见整合生育保险和职工基本医疗保险基金及管理资源,通过强化基金共济能力,提升管理综合效能,降低管理运行成本,寻求建立适应我国经济发展水平、优化保险管理资源、实现两项保险长期稳定可持续发展的制度体系和运行机制。有人对国务院《关于全面推进生育保险和职工基本医疗保险合并实施的意见》给予客观分析,全国妇联妇女研究所副研究员杨慧指出,它具有三大亮点:一是扩大了原有生育保险的覆盖范围;二是减轻了部分单位承担的生育成本;三是保障了职工生育期间的相关待遇。[2]

二、社会分担未成年人养育成本的问题检视

(一)留守未成年人问题概述

伴随我国经济的飞速发展及社会转型,农村剩余劳动力进而大规模向城市转移,基于城乡二元制下的户籍制度和教育制度的掣肘,进城务工的农民工无法长期与未成年子女一起生活,无法为他们提供来自家庭的陪伴与教育。这些未成年子女被迫留在原户籍地由父母一方以及祖父母(外祖父母)或委托其他亲属或朋友照护。这些未成年人就成了一个"新的群体"——"留守儿童"。[3]这个群体也是我国社会转型过程中产生的一个特殊的弱势群体。

从20世纪80年代初到2015年,我国流动人口规模与增长速度,史无前

---

[1] 参见《上海携程亲子园虐童事件更加突出社会对3岁以下幼童托育服务的可信赖度的质疑》,载中国法院网2019年1月11日,https://www.chinacourt.org/article/detail/2019/01/id/3653300.shtml。

[2] 参见周韵曦:《让更多妇女和家庭享受生育保险待遇》,载《中国妇女报》2019年3月27日,第1版。

[3] 2016年2月14日国务院《关于加强农村留守儿童关爱保护工作的意见》,本意见界定了留守儿童的内涵:"留守儿童是指父母双方外出务工或一方外出务工另一方无监护能力、不满十六周岁的未成年人。"此前对于农村留守儿童的定义是"父母一方外出务工、不满18周岁"。

例，在流动人口大幅增加的背景下，青壮年流动人口的子女数量急剧增加。[1] 2010年，全国18岁以下留守儿童数量达6973万人，其中农村留守儿童规模高达6103万人，比2005年增加242万人，增长4.1%。[2] 欣喜的是，2016年国务院印发的《关于加强农村留守儿童关爱保护工作的意见》，明确提出各级政府要把加强农村留守儿童关爱保护工作作为自己的重要职责，家庭和全社会也要承担起这一共同责任。为此，全国各个省市针对留守儿童的具体情况分别颁发了地方法规。

如上所述，留守未成年人的相关问题已成为我国社会发展进程中亟待解决的民生问题。2016年1月27日，时任国务院总理李克强在国务院会议上对与会者说："决不能让留守儿童成为家庭之痛社会之殇！"[3] 总理的担忧和告诫，再一次将根本上解决留守未成年人问题提到了议事日程上来。为了了解留守未成年人现状，获取第一手资料，笔者以甘肃省某县和福建省泉州市某区为对象，以2017年为抽样时间节点，分别对8479名、223名留守未成年人进行了问卷调查。

甘肃省某县：2017年上半年在册留守未成年人8479人，占在校人数的17.1%。在留守儿童中，父母共同外出的占留守未成年人总数的10%；父母一方外出的占留守未成年人总数的90%。很明显，90%的父母选择一方外出，另一方留家。

福建省泉州市某区：据2017年统计，在册留守未成年人223人，占在校人数的1.07%。在留守未成年人中，父母共同外出的占留守未成年人总数的44.7%；父母一方外出的占留守儿童总数的55.3%，父母一方外出比双方外出比例高出10%。上述一南一北两个地区因地域、经济发展速度差异，留守未成年人数量有明显差异，一致的是，父母一方外出的比例均高于双方外出，凸显近年来父母对未成年人的关注度提升。

---

〔1〕 参见段成荣：《解决留守儿童问题的根本在于止住源头》，载《武汉大学学报（人文科学版）》第2期。

〔2〕 参见段成荣：《解决留守儿童问题的根本在于止住源头》，载《武汉大学学报（人文科学版）》第2期。

〔3〕《李克强：决不能让留守儿童成为家庭之痛社会之殇》，载中国政府网2016年1月27日，https://www.gov.cn/guowuyuan/2016-01/27/content_5036696.htm。

(二)留守未成年人的身心健康问题

从调查情况看,对留守未成年人而言,无论是经济发达地区福建省泉州市,还是经济欠发达的甘肃某县,都存在安全隐患突出、情感支撑缺乏、亲子疏离引发的家庭教育缺失、学校教育缺乏针对性等问题。

首先是人身安全无法保障。留守未成年人面临摔伤、溺水、车祸、食品安全、性侵甚至群死群伤的安全威胁。近几年,媒体报道中涉及留守未成年人安全的事件已经远远超出了一般范畴,对社会、家庭和个人造成了严重的后果和极大的危害。例如,贵州省毕节市某地,近年来连续发生数起危害留守未成年人的恶性事件[1]。与这些恶性事件相比,留守儿童则更多面临的是来自同龄人的伤害以及由此造成的心理疾病,已知的校园暴力受害对象大多集中在留守未成年人群体。这些关涉留守未成年人安全的种种问题不仅刺激着普通人的神经,拷问着社会的良心,更是严重冲击着社会道德底线。

从福建省泉州市某区调查情况看,有 42.2% 的受访者表示"有时会"受到欺负或者人身伤害,7.4% 的受访者表示"时常会"受到伤害。调查被伤害的原因时,如图 3 - 1 所示,有 25.2% 的受访者表示是父母不在身边,缺乏安全感,导致自己性格内向胆小,进而易被其他同学欺负。从另一方面看,挑衅欺负低年纪或者弱势者的比例高达 36.8% 。

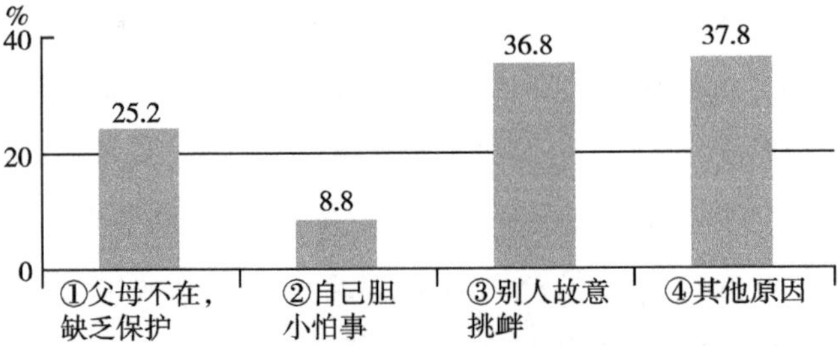

图 3 - 1　被别人欺负或伤害的原因

资料来源:福建省泉州市某区调查数据。

---

〔1〕 2012 年 11 月,5 名留守儿童在冷雨夜躲进垃圾箱生火取暖,结果因一氧化碳中毒死亡,最大的 13 岁,最小的 9 岁;2013 年 12 月,5 名留守儿童在放学路上被农用车撞死;2014 年 4 月,曝出至少 12 名小学留守女生被教师性侵,最小者仅 8 岁。参见宋石男:《留守儿童:在泪水中结束一生》,载《中国好学者》2017 年 6 月 12 日,http://www.360doc.com/content/17/0612/01/1724486_662013170.shtml。

其次是情感交流受阻。留守未成年人多存在性格内向、孤僻、倔强，缺乏交往等现象。会出现“想早点独立”“想让父母安慰自己”“觉得没有人关心自己”“觉得别人看不起自己或自己不如别人”之类的想法，有些孩子甚至想过离家出走。从福建省泉州市某区调查可知，因父母外出务工造成亲子分离，导致迫切期望与父母团聚的留守儿童占比 55.2%；有 11.2% 的受访者表示父母外出对自己有很大的负面影响（受未成年人自我意识不成熟的干扰，此数据存在一些预判空间，这些留守未成年人往往要到成年之后才能意识到负面影响的存在）；有 74% 的受访者表示心里话最想和父母倾诉，可是父母不在身边无法达成此愿。从心理学角度而言，儿童成长过程中父母扮演最重要的角色。因父母外出务工导致儿童丧失了与父母亲近、倾诉问题的机会，情感交流出现的一系列问题，将会成为他们成长过程中缺失的一个关键环节，其结果是孩子缺乏对爱的认知，甚至埋下恨的种子，导致心理畸形，成年之后，外界环境一旦发生变动，极易引发极端事例。

再次是行为习惯缺乏正确引导。如图 3－2 与图 3－3 福建省泉州市某区的调查显示，留守未成年人在行为习惯与道德习惯方面，与正常同龄人有明显差别，生活习惯较差，主要表现在懒散、不讲究个人卫生；缺乏礼貌和待人常识；学习方面课堂违纪行为频繁，学习没有计划性，学习兴趣不高，拖欠或不做家庭作业，撒谎欺骗老师和监护人；荣辱意识欠缺，不在乎同学、监护人及周围人对自己的评价。个别留守儿童甚至有抽烟、沉溺网吧、赌博等不良行为。

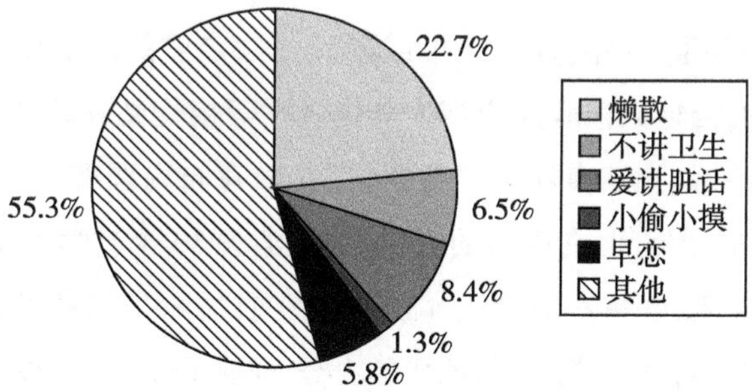

图 3－2　不良生活习惯原因

资料来源：福建省泉州市某区调查数据。

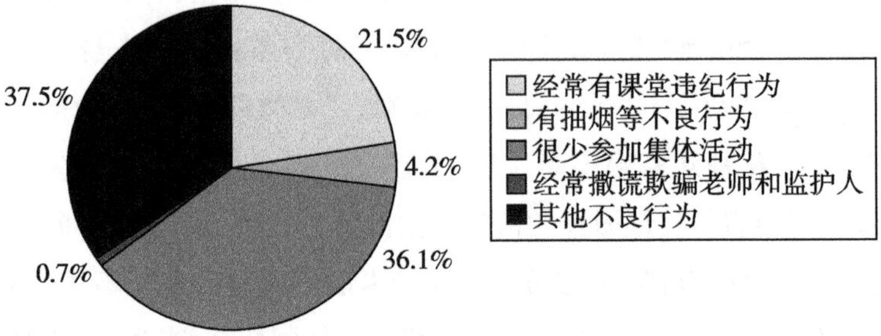

图 3-3　不良道德行为习惯表现

资料来源：福建省泉州市某区调查数据。

孩子是父母的镜子，无论是生活习惯抑或道德规范，父母的行为都在无形当中影响着孩子的人生观、世界观的形成，但是这种影响尚未在学术研究中得到应有的重视。广东高校教师黄灯撰写的《一个农村儿媳眼中的乡村图景》指出，留守儿童在成长过程中因缺乏模仿、学习的机会，待他们成年之后，可能会迷茫，也许对整个世界也感到不知所措。[1]

最后是学校教育的困境以及针对性措施的缺乏。我国《宪法》规定受教育权既是公民的基本权利，也是其基本义务，儿童的健康成长与接受良好的教育密不可分，这个过程需要家校配合，共同努力，才能保证未成年人顺利完成九年制义务教育。与此同时，《中华人民共和国义务教育法》第 12 条规定："适龄儿童、少年免试入学。地方各级人民政府应当保障适龄儿童、少年在户籍所在地学校就近入学。父母或者其他法定监护人在非户籍所在地工作或者居住的适龄儿童、少年，在其父母或者其他法定监护人工作或者居住地接受义务教育的，当地人民政府应当为其提供平等接受义务教育的条件。具体办法由省、自治区、直辖市规定。"根据《农村教育布局调整十年评价报告》显示，21 世纪初的十年间，在中国的农村，每天消失 30 个教学点、63 所小学和 3 所初中，这意味着，每一小时消失 4 所设置在农村承担义务教育的学校。曾经在农村基本实现的"村村有小学"的办学面貌不复存在，被客观现实所迫

---

[1] 参见黄灯：《一个农村儿媳眼中的乡村图景》，载澎湃新闻网 2017 年 1 月 31 日，https://www.thepaper.cn/newsDetail_forward_1608184。

造成的撤销或合并现象普遍存在。调查显示,经过十余年的撤并,居住在农村的孩子上学距离从平均 1.6 千米延长至 4.0 千米。"辍学潮"不可避免。[1]

上述现状对于家庭教育缺失的留守未成年人来说更是雪上加霜,而能够坚持接受义务教育的留守未成年人则表现为更加珍惜学校教育,使学校教育在他们成长过程中发挥了重要作用。然而现实是,即便是能完成九年义务教育的留守儿童,其在校教育也存在诸多问题。以上述两地调查的情况为例,从教育指导思想来说,当前农村教育忽视乡村社会现状,也忽视乡村未成年人作为价值主体对学校教育的个性化需求,农村学校教育的城市化倾向表现明显,特别是片面追求知识教育和升学率,不可避免地造成了农村留守未成年人这个特殊社会群体个性化需求被严重忽视。从教学内容上来说,知识教育和应试教育以外的人格培育以及必要的道德、安全、法制教育等开设不足或者流于形式。从教育方式和手段来说,沿袭传统、陈旧落后,与留守未成年人的现实生活及实际需要脱节,既缺乏先进的手段和方法,也没有形成针对留守儿童的需求教育措施。综合以上情况,留守未成年人难以从学校教育中获取相应正确人格素质培养和指引,也没有较为完备的条件形成必需的安全与法制意识。

(二)留守未成年人问题检视

首先,父母亲自养育的缺位是留守未成年人问题的主观原因。《中国留守儿童心灵状况白皮书(2015 年)》显示,在 6100 万 17 岁以下的留守儿童中 15.1%(921 万)的孩子一年没有见过父母,有 4.3%(262 万)的孩子甚至和父母已有一年没有联系。[2] 父母子女没有共同生活的状况导致亲子沟通模式和内容不断窄化到模式化的问候甚至盘问,天然充分的亲子互动缺乏,叮嘱式语言单一反复,这些交流互动又会进一步引发孩子的厌烦逆反。亲子沟

[1] 参见袁鹏:《留守儿童之痛 需理性面对》,载《中国妇女报》2016 年 2 月 21 日,第 A01 版。

[2] 参见李亦菲:《中国留守儿童心灵状况白皮书(2015 年)》,载百度百科 2015 年 6 月 18 日,https://baike.baidu.com/item/%E4%B8%AD%E5%9B%BD%E7%95%99%E5%AE%88%E5%84%BF%E7%AB%A5%E5%BF%83%E7%81%B5%E7%8A%B6%E5%86%B5%E7%99%BD%E7%9A%AE%E4%B9%A6%282015%29/17822929?fr=aladdin。

通不畅,关系僵化,留守未成年人对家的概念从不可感触逐渐演变为淡薄与冷漠。

我国《民法典》第26条至第38条对未成年人的监护做了纲领性规定。除此之外,《中华人民共和国预防未成年人犯罪法》《中华人民共和国义务教育法》也有相关监护之规定。尤其2021年6月1日生效的《未成年人保护法》对于监护更是做了细致的全景式的规定。通观这些法律,均规定父母是未成年人的首位监护人,其后依次为其他近亲属、自然人及组织;保护、照顾及教育未成年人是监护人基本职责,同时管理未成年人的财产,作为法定代理人代理未成年人进行民事活动和诉讼活动等。但当前农村留守未成年人的监护现状大多是由祖父母(外祖父母)或者亲友代为监护,监护人由于自身事务较多、健康状况不佳或者精力不济等原因,难以达到法律法规关于委托监护职责的要求,导致无法充分有效地完成监护职责,相应地,留守未成年人的成长进而就出现前述的若干情形。[1]

其次,教育工作的错位是留守未成年人问题的客观原因。留守未成年人主要生活在农村偏远地区,自然环境导致安全措施相对匮乏,自然环境本身存在较多的安全隐患,但是没有必要的救助设施或者设施非常简陋,甚至没有任何提示。这样的自然环境,对于缺乏安全教育与安全意识的留守未成年人,外出玩耍造成意外伤亡也就难以避免。同时,教育部门在各项考核指标的压力下,重点保证升学率,安全教育不被关注和重视,甚至教师竟然沦为留守未成年人的施暴者。就一般规律而言,年龄甚小的未成年人被性侵后第一时间想告诉父母,但是父母远在外地,加之加害人的威胁哄骗,受害人不敢告诉他人,在此种情形下,自然为加害人施暴创造了充分条件。现行教育体制框架内,专门的安全教育指标考核体系缺乏,在人员配备和专业知识培训等方面,缺乏明确的政策支撑和资金投入。

---

〔1〕 甘肃省某县监护人的情况以及监护表现:留守儿童监护人文化程度普遍低,小学文化程度占60%,监护人教育孩子的知识源于自己摸索的占48.7%,从长辈那里学来的占24%,而通过家庭教育培训班或家长学校学习的占2%,近30%的监护人很少或从不主动与孩子聊天,关心最多的是孩子的学习,其次是生活情况,过问孩子情绪问题的只占10%。

最后,城乡二元体制的定位是留守未成年人问题的根本原因。一是城乡差距进一步扩大,1985～2006年,城乡居民人均年收入比从1.73∶1扩大到3.27∶1。其结果是造成人口的大规模迁移,我国经历人口大迁移堪称世界之最,尤其四川省、重庆市有30%以上的农村劳动力离开了土地。[1] 年轻的农村父母为了生计离乡在外,留下了家里的老人和未成年子女。“上有老下有小”的现实窘迫,农村有限的经济来源,繁华大都市的机会,都推着他们加入到外出务工的队伍当中。但是,这些农村父母在城市赚取的收入又无力负担未成年子女在城市接受教育的高额费用。二是户籍制度的限制,农民工无法平等享受工伤、医疗、养老等城市居民的福利,原本就不高的薪水报酬结合这些负担及其经济压力,将未成年子女留在农村老家成为无奈的一个选择。三是就工作性质而言,这些留守儿童的父母因文化层次普遍不高,在城市的工作常处于变动之中,换工作,搬家成为生活常态,未成年子女与其父母在城里颠簸不定,还不如留在农村稳定安居,这成为留守未成年人现象的另一成因。四是城市接纳包容性不够。根植于经济因素的差距,农民工子女和城市家庭的子女在家庭教育、穿着打扮、生活习惯、兴趣爱好等方面存在很大差异,出现城市家庭子女轻视农民工子女的现象,同时加剧了农民工子女内心的自卑心理。自然而然,一些农民工子女会主动放弃在城市念书的机会。

(四)“流动未成年人”社会分担养育责任检视

除农村留守未成年人作为一个备受关注的群体在照护方面存在上述问题之外,基于个人的选择,很多农村或者城镇年轻父母带着未成年子女留在大中城市,这些子女离开熟悉的环境成为“流动未成年人”。他们进入陌生的环境,缺乏亲友的关照,又无法充分融入大中城市环境,无法得到陌生环境公共服务的协助,加之我国离婚率的逐年攀升,单亲家庭的数量激增。无论是家庭功能弱化还是家庭规模小型化,均使照护成为社会关注的焦点问题。

[1] 参见郭玮:《城乡差距正进一步扩大,必须引起我们的关注》,载搜狐网2019年12月2日,https://www.sohu.com/a/357939226_237819。

以家庭为主的未成年人照护显然进入困境之地，无形中对未成年人、家庭乃至社会产生了负面的影响。要缓解日益凸显的未成年人“照护危机”，急需系统的政策干预。在全球化、知识经济和人口老龄化的背景下，未成年人照护政策在很多国家逐渐由社会政策的边缘走向中心，由“福利”政策转变为一种兼具“福利”和“投资”性质的政策。西方国家的经验表明，增加未成年人照护投入可以起到支持母亲就业、助力经济转型、促进社会公平、提高生育水平等多种社会目标。[1] 因此，政府应该认识到依赖家庭承担未成年人照护责任的局限性，进而加大在未成年人照护领域的社会责任。

我国家政服务市场面临诸多问题：家政工人地位低，工资低，存在社会排斥和社会歧视，不受现有社会保障制度的覆盖，家庭和照护服务市场的发展已将部分家庭的照护负担从中上层女性转移到在劳动力市场边缘挣扎的女性，从而使社会经济不平等永久化。民众普遍认识到，缺乏负担得起、体面的托儿服务是有年幼子女的女性参与有偿工作的主要障碍。市场提供的托育服务通常被认为是无法满足家庭的实际需求的，因为自付费用的递减，往往给低收入家庭造成成本障碍。有学者利用 1991 ~ 2004 年中国健康和营养调查[2]的数据，研究了未成年人托育改革过程中我国城市女性对未成年人托育选择和劳动力参与的影响。研究表明，我国在提供未成年人托育方面采取多元化办法，加上以雇主为基础的福利待遇之后果，创造了一个两级制度。在这一制度中，高质量的未成年人托育补贴服务主要惠及已经富裕的父母——国家机关的工作人员和仍然能够提供未成年人托育服务的大型国有企业的员工，而其他父母则必须依靠私立或商业化公立幼儿园的收费服务来满足他们的需要。大多数未成年人托育设施没有注册，因为它们不符合安全、卫生、师生比例等方面的规定，从业人员缺乏教师资格。收费低廉的未成年人托育机构似乎对移徙女性具有重要的吸引力。在访谈中，许多移徙女性

---

[1] 参见岳经纶等：《中国儿童照顾政策体系：回顾、反思与重构》，载《中国社会科学学报》2018 年第 9 期。

[2] 中国健康和营养调查分别于 1989 年、1991 年、1993 年、1997 年、2000 年、2004 年及 2006 年进行，每次调查分别在黑龙江、辽宁、山东、河南、江苏、湖北、湖南、贵州和广西 9 个地区的城市和农村选取 3800 户家庭与 14，000 名个人作为样本。

表示，她们不得不待在家里，或选择自营职业或不定时工作，以照护学龄前未成年人。一些工作女性认为，如果她们可以，她们宁愿待在家里，自己照护未成年子女，因为移民家庭可负担的托育服务质量不尽如人意。过去30年农村经济转型也极大地改变了农村女性参与劳动力的模式，加剧了工作需求与育儿之间的紧张关系。这些紧张关系通常被认为是在削减未成年人托育数量和质量的消极影响与额外收入的积极影响之间的平衡。[1]

第二节　社会分担未成年人养育成本的必要性证成

一、社会分担未成年人养育成本助益于实现"幼有所育"的民生目标

党的十八大以来，我国民生建设站在了一个新的历史起点，表现在如前所述的留守未成年人的养育困境解决政策方面以及适龄未成年人入园问题解决政策等多方面，取得了巨大进展。如前述，党的十九大报告、二十大报告均强调"幼有所育"的民生政策目标。由此可见，未成年人成长教育这一亟待解决的焦点问题已然进入党治国理政的决策规划之内，未成年人的养育问题已然成为新时代民生发展的重点。

（一）"幼有所育"助益于经济与社会发展

我国的社会政策体系重要组成部分应该包含未成年人的养育政策，近些年来该政策的缺失及对其的轻视对我国经济社会与生育意愿带来的负面影响日益显现。在当前社会经济发生巨变的背景下，家庭中的未成年人"养育危机"体现在微观与宏观两个层面。就微观层面而言，体现在女性工作——家庭冲突、未成年人养育服务短缺、（外）祖父母与母亲的照护压力等方面；宏观层面而言，典型如女性面临养育未成年人与其职业发展冲突，导致其就业率下降，从而削弱了家庭的生育意愿。所以，必须重新认识未成年人养育政策在增进家庭福祉、促进男女两性平等、缓解工作——家庭冲突，从而进一步推动我国经济、社会和人口健康发展中的积极作用。与此同时，我国社会

〔1〕 Sarah Cook & Xiao-yuan Dong, *Harsh Choices: Chinese Women's Paid Work and Unpaid Care Responsibilities under Economic Reform*, Development and change, Vol. 42:4, p. 949(2011).

为未成年人提供安全高质量的早期养育照护与教育服务能够有效增加我国未来的人力资本,推进社会公平。伴随我国从劳动密集型经济转向知识密集型经济,从人口大国转向人力资源大国,政府对人力资本投入的重视程度在不断增强,未成年时期被认为是我国人力资本投入最有效的阶段,但是近些年来人口出生比例下降明显,我国人口劳动力匮乏的国情显现,其结果是老龄化正逐渐成为我国社会的主流状态,壮年劳动力的减少对我国经济发展与社会保障体力的负面影响不言而喻,改变这种现象最有效的办法是"投资未成年人",这也是有效应对未来"人口负债"的中长期发展战略。[1] 总而言之,在人口老龄化趋势明显、全面建成小康社会以及"全面三孩"政策的宏观环境下,以分担养育成本为目标的未成年人照护和服务政策将扮演关键角色。

（二）"幼有所育"政策助益于培养未来的劳力资本

就我国具体的育儿情况而言,从收入方面分析,未成年人因缺乏工作能力而处于经济依赖阶段,女性虽有工作能力,但因照护负担无法完全投入工作或工作不稳定,亦容易导致家庭所得不足而陷入经济窘迫。再从支出方面分析,即便家庭有收入来源,却因育儿造成支出压力巨大,也可能导致经济窘迫,可见育儿家庭陷入经济窘迫的概率相当高,由此凸显育儿责任对家庭可能造成的贫穷风险。加之未成年人经济安全多数倚靠家庭内移转来维系的现况,既然未成年人是我国未来的公共财富(劳力资本),那么育儿责任的风险自然应该社会化。市场经济体系中往往将工作的表现作为对价回馈的标准。在这样的经济体系中,承担照护未成年人角色所需要的成本及风险就会增加。养儿育女的直接经济成本较易量化,但是还包括付出的时间成本,甚至放弃个人职业发展等机会成本。在过去社会保障制度尚未建立的情况下,如果没有儿女,那么照护与经济安全等家庭移转机制无法运转,所以多数人将"养儿防老"奉为圭臬。但现今全球化下市场经济非常发达,资源在时间

---

〔1〕 See James J. Heckman, *China's Human Captial Investment*, China Econmic Review, Vol. 16:1, p. 67(2005).

上的重新分配往往通过“资本市场”加以移转，市场借着大数法则有效地分摊不确定性风险。加之养老金等社会保障制度的健全，养儿育女已不再是老年经济安全保障的主要方式，市场机制与社会安全制度均能够完成资源世代移转或个人生命周期移转的功能。未成年人是未来的劳动与纳税人口，是支撑社会福利制度能否永续发展的关键。但是这些养育未成年子女的父母亲，当其年老时并不能排除那些没有养育过子女的老年人凭借其经济能力购买当期劳动人口所生产的产品，易言之，就是以其公民身份购买国家生产的公共财产，包括老年人福利服务与全民保健服务以及长期照护服务等。前述所言未成年人是我国未来的劳力资本，但国家却无法自行生产未成年人，育儿与否以及数量的决策其实取决于家庭。因此，若要提高未成年人的数量与质量，就得针对生养未成年人的行为进行补贴，因此社会分担未成年人养育成本乃社会正义之体现。[1]

虽然未成年人被视为国家未来的劳力资本，但目前仍是需要受保护的依赖者，对其福祉保障之理念，也从生存权的维护，扩展到人权发展之保障。联合国2002年关于适合儿童成长的世界决议中有句重要宣言，“我们不是支出，我们是投资”；一个所有儿童都能享受童年的世界；一个游戏和学习的时代，在这个时代，他们受到爱、尊重和珍惜，他们的权利得到促进和保护，没有任何歧视，他们的安全和福祉是最重要的，他们可以在健康、和平和尊严中发展。[2]

二、社会分担未成年人养育成本助益于女性平衡工作与家庭

（一）性别分工的理论争辩

性别分工模式的变迁是与女性主义以及福利国家的政策相适应的。女性主义运动推动福利国家的政策变革，其中女性主义又经历了自由主义女性主义、社会主义女性主义和激进主义女性主义三个阶段。而福利国家的类型

---

〔1〕 参见王淑芸、郑清霞、王正：《儿童津贴之合理性与可行性研究》，载《台大社会工作学刊》第27期（2013年）。

〔2〕 See Lister. R, *The Third Way's Social Investment State*, in J. Lewis and R. Surender eds., Welfare State Change: Towards a Third Way?, Oxford University Press, 2004, p. 178.

如第二章述及，分为自由主义(liberalism)，保守主义(conservatism)以及社会民主主义(social democratic)福利国家，在此不做赘述。对福利国家的认识也需要结合女性主义运动来认识，历史上，第一次女性主义运动是以争取平等的选举权为主要目标，第二次运动则扩展到平等就业、家庭生育乃至性生活领域，以此批判性别歧视和男性权力为主要目标。两次女性主义运动逐步向传统的性别规范和性别分工提出挑战，逐渐力争女性与男性同等的权益与机会，最终消除女性因其性别而遭受的不平等和不公平待遇。在三个女性主义阶段中，自由女性主义否认女性平等地位的揭示仅局限于公共领域，因此单纯在公共领域中追求女性机会增幅，故而忽略了女性在现实生活最为关键的部分。自由女性主义忽视了两性的生理差异，性别角色和劳动分工的性别差异。激进女性主义虽将关注点停留在家庭，从而强调父权制度对女性的压迫，但它没有关注父权制度存在的历史、社会和文化环境。她们将女性遭受压迫归咎于男性对女性身体的操控，强调人们更多关注家庭暴力、强奸以及流产等现象，将两性关系的冲突绝对化、普遍化，认为该冲突无法避免、无法克服甚至无法改变。激进女性主义的主张似乎走得更左。社会女性主义充分认识到了女性出于被剥削地位，在很大程度上是因制度安排——女性无偿的家务劳动承担之角色，导致其在经济上对婚姻的依赖。基于此，社会女性主义指出要想改变此被动地位，就必须推翻其所依存的物质基础，由此女性平等就业，接受教育以及福利国家根据资本的利益在组织家庭生活中所扮演的角色就成为这一流派所关注的主题。[1]

如前所述，女性主义尤其社会女性主义的理念推动了社会性别理论的发展，从而对福利国家女性角色的塑造起着非常关键的作用。阶级社会趋向于把男性的工作社会化，把女性的工作家庭化，男性从事用于交换目的的社会劳动，女性则主要从事家务劳动，家务劳动因为没有交换价值只有使用价值

---

〔1〕 参见彭华民:《西方社会福利理论前言:论国家、社会、体制与政策》，国家社会出版社 2009 年版，第 169 ~ 173 页。

而不被看成真正的劳动，即不属于公共领域内的劳动。[1] 布卢姆（Bloom）甚至认为女性要求男性公平分担更多的免费家庭责任会削弱男性的男子汉气概。[2] 这种分工也就是我们所指的“男主外、女主内”的分工模式，传统家庭角色分工模式表现为女性从事未成年人养育工作，完成青少年的社会化和提供亲密关系的氛围。家务劳动的无偿性与市场劳动的有偿性相比较，导致女性的价值被贬低，使其沦为家庭经济的依靠者，就此确立了女性在家庭中的从属地位，更大程度上影响了女性在社会生活中实现独立的愿望。女性作为家庭照护的主要提供者和家庭劳动的主要承担者，两个角色共同形成了女性外出就业的角色障碍。总而言之，女性作为家庭经济依赖者，不仅导致了女性在家庭中的从属地位，而且使女性的经济地位在家庭内部乃至社会上都不能与丈夫的经济地位相提并论，从而失去了独立的人格和地位。[3] 奥金（OKin）发现，正是由于女性养育未成年子女的责任、从属地位、依赖性以及历史和当代婚姻习惯所形成的有效部分的相互联系，才使女性在经济和社会中呈现弱势。[4] 男女两性家庭角色与社会角色的定位构成了男女两性的首要身份，而家庭又是支撑福利国家体系的重要基石，从而维持甚至强化了女性的被统治地位与性别不平等结果。[5] 奥金也早就指出，就是对女性这种人类生育工作持续性的忽略和贬低，才有了这种性别之间持久稳固的劳动力分工和越来越不稳固的婚姻关系。[6]

---

〔1〕 参见谭琳、陈卫民：《女性与家庭：社会性别视角的分析》，天津人民出版社 2001 年版，第 11 页。

〔2〕 参见［美］苏珊·穆勒·奥金：《正义·社会性别与家庭》，王新宇译，中国政法大学出版社 2017 年版，第 48 页。

〔3〕 参见彭华民：《西方社会福利理论前言：论国家、社会、体制与政策》，国家社会出版社 2009 年版，第 176 页。

〔4〕 参见［美］苏珊·穆勒·奥金：《正义·社会性别与家庭》，王新宇译，中国政法大学出版社 2017 年版，第 193 页。

〔5〕 参见彭华民：《西方社会福利理论前言：论国家、社会、体制与政策》，国家社会出版社 2009 年版，第 180 页。

〔6〕 参见［美］苏珊·穆勒·奥金：《正义·社会性别与家庭》，王新宇译，中国政法大学出版社 2017 年版，第 123 页。

（二）女性工作与家庭双重角色的冲突

1. 工作场所对女性和家庭的“敌意”

性别刻板印象是导致“普遍的工作文化”的原因，这种文化限制了自由的选择。雇主采取“理性赌博”，即雇佣工人坚持传统的性别角色，为男性提供职业晋升和加薪，并将子女和家庭的责任分配给女性。工资差距和职业隔离是基于性别的工作和家庭冲突的结果，形成恶性循环，进而使得男女两性的选择有限。工作与家庭的冲突是因为一般意义上的工作场所规范设想，一名员工需要完全忠实于其雇主，或因他没有家庭，或因他有家庭，但其妻子承担了家庭所有的事务。这种理想的雇员规范并不是没有性别化的，相反，它是围绕着典型的男性的生活模式来设定的。工作场所是围绕这一理想雇员设计的，从围绕男性身体特点到职业模式和基于不因分娩或照护活动而中断工作的雇员的晋升。随着女性进入劳动力市场，作为工作场所基础的这一男性标准引起了冲突。易言之，职业女性所面临的工作—家庭平衡困境的核心要义是女性享有的生育权与劳动权两者的矛盾。具体而言，工作—家庭的平衡是指女性既可以平等地参与有偿工作，又能胜任家庭角色，以此从工作与家庭中获得同样的满足，从而实现工作与家庭角色称职，将冲突降至最小化。[1] 但从很多已有的研究结果来看，无一例外发现女性面临的工作—家庭冲突明显要高于男性。[2]

美国学者2005年研究发现，尽管事实表明女性也很出色，但与男性相比，评价仍低于男性。因此，一名女性可能不得不更加努力工作而获得与男性同事同等的评价，这就导致了更多工作与家庭的冲突及压力，女性大多从事兼职工作，才能使她们能够将家庭责任与工作相协调，77%的职业女性表明事实如此。卡尔森（Carlson）早在2001年的研究表明，两性均为全职状态，

---

〔1〕 Marks. S. R & S. M. MacDermid, *Multiple Roles and the Self: A Theory of Role Balance*, Journal of Marriage and the Family, Vol. 58:2, p. 429(1996).

〔2〕 Grzywacz, J. G, Almeida, D. M, & D. A. McDonald, *Work-Family Spillover and Daily Reports of Work and Family Stress in the Adult Labor Force*, Family Relations, Vol. 51:1, p. 28 – 30(2002).

女性实际上承担更多工作与家庭的冲突压力。[1] 具体而言,一方面,伴随女性的劳动参与率日益提升,职业女性不免因孕、产、哺乳等养育负担而使其职业中断,甚至可能因此失去晋升或加薪的机会;另一方面,女性承担了更多的因养育未成年子女产生的一系列家务劳动,在其过程中,女性不免压缩用于休闲娱乐的时间。研究还发现,工作—家庭的冲突存在两个方向,一是工作对家庭的冲突,二是家庭对工作的冲突。[2] 工作场所的设置一直是为了容纳传统的雇员,即有妻子在家照顾家庭和未成年子女的男性。工作场所结构假设雇员没有其他义务,可以将所有精力投入工作中。然而,当女性以多重角色和责任进入工作场所时,工作场所传统上没有更大的灵活性。结构性障碍阻碍了女性劳动力实现平等的能力。妈妈轨道(指女性不得不花更多时间照料子女)被强加于许多女工。由于工作时间表和福利并不总是符合负有家庭责任的雇员的需要,因此出现了时间冲突。学校的作息时间与工作时间发生冲突,工作场所的职业周期与家庭和家庭成员的生命周期发生冲突。这种冲突产生了性别化的劳动模式,其中男性的职业发展是线性和不间断的,而女性的职业发展是点性并经常中断的,对于那些长期不间断工作的雇员而言,工作福利往往更好。因此,女性雇员工作时间通常受到影响,退休后的收入要比男性雇员少得多。与此同时,最理想的工作,最有利于晋升的工作往往是全职的,由于女性在家庭照护方面继续承担比男性更多的责任,她们更有可能从事兼职工作。女性也比男性更有可能、更为普遍和更长时间离开劳动力市场,而且她们在周末、轮班和加班方面往往受到更大的限制。由于许多高薪工作都需要加班或出差,女性往往无法接受或可能得不到这些工作,并因此面临不利的工作后果和提高能力的限制。理想的员工规范是围绕着男性的身体和生活模式创造的,使女性员工无法充分竞争,并在某种程度上导致不利。

---

〔1〕 Grzywacz, J. G, Almeida, D. M, & D. A. McDonald, *Work-Family Spillover and Daily Reports of Work and Family Stress in the Adult Labor Force*, Family Relations, Vol. 51:1, p. 32(2002).

〔2〕 Frone M. R, Yardley. J. K&K. S. Markel, *Developing and Testing an Integrative Model of the Work Family Interface*, Journal of Vocational Behavior, Vol. 50:2, p. 147(1997).

在以男性为导向的工作场所结构下,将孕妇和新生儿母亲纳入福利范围的唯一方法是将她们视为不完美或残疾的男性。由于只有女性有资格享受产假,休假使她们的职业受到不利的影响。在此情况下,真正的不平等是由于试图将女性安置在忽略其身负育儿责任的工作场所。因此,必须将注意力分散在家庭和事业之间的女性不能在市场上有效地与没有任何风险的男性竞争,无法将大部分注意力投入到她们的事业中。只要女性面临事业和家庭的双重责任,她们就不会在市场体系中取得成功,而市场体系的成功需要坚定不移的奉献精神。[1]

2. 理想的父母规则:父母意味着"母亲"

尽管进入劳动力市场的女性面临家庭与事业的冲突,但仍然有越来越多的女性进入就业市场。在家庭领域中,男性没有类似的转变。虽然我们的法律规定夫妻双方在家庭与社会活动中平等,但我们的传统文化将更高的思想价值放在母亲身上,而不是父亲或父母。物质上供养子女的父亲被视为好父亲,仅物质上供养子女的母亲被视为剥夺了子女所需的照料和关注,良好的母性仍然被定义为母性的存在。工作的母亲只是一个好母亲,单身"母亲"和"工作"母亲被视为不完美的母亲。父权意识形态是造就社会公认母性刻板形象的根源,受到这种修辞和意识形态的影响,致使文化和社会力量创造了对女性"单一的、本质主义的社会理解"。这种理解为雇主假设女性对工作的承诺和对劳动力的依附提供了一种明显的理由。[2] 工作场所采纳了这种僵化的父权制家庭观念,将理想的雇员打造成那种仅从事无酬家务劳动包括育儿在内的女性的配偶,也称从事有报酬劳动的男性劳动者。市场工作是围绕这个理想的雇员标准,即"没有时间休假生育,没有抚养子女的责任,并可在短时间内全职并加班"。这一假设依赖于对家庭和事业的奉献之间的二

[1] John Bouman, Kinsey Alden Dinan & Nancy K. Cauthen, *Improving Work Supports: Using the Family Resource Simulator to Identify Problems and Test Solutions*, Northwestern Journal of Law and Social Policy, Vol. 4:1, p. 96(2009).

[2] John Bouman, Kinsey Alden Dinan & Nancy K. Cauthen, *Improving Work Supports: Using the Family Resource Simulator to Identify Problems and Test Solutions*, Northwestern Journal of Law and Social Policy, Vol. 4:1, p. 99 - 100(2009).

分法，需要坚定不移地忠诚投入工作。这一现象在德国亦是如此，父亲休育儿假虽然被法律认可，但整个社会观念并不认可，尤其不被雇主接受。因此，男性雇员休育儿假时非常担心对职业发展有影响，主要原因在于男性所得报酬平均高于女性，大多家庭中母亲的收入可以忽视不计，但父亲的收入绝对不能被轻视。[1]

3. 养育责任归于家庭的历史传统加剧了女性的角色冲突

我国改革开放之后，把生育看作个人责任或者家庭责任，该观点已经感染了我国大众对养育子女的态度，个人选择意味着个人义务，法律忽视了考虑雇员和父母角色的主观方面，以及两者的社会价值。换言之，由于国家认为怀孕和生育仅属于个人选择，而非在社会背景下具有规范意义，由此产生的义务及其费用应由个人承担。自然法学派关于亲权的概念是：父母在没有国家参与的情况下，有义务照护子女。国家意图是依靠家庭来照顾和保护社会弱势成员，并生产和教育其未来的公民。虽然未成年人照护工作属于家庭责任，但又将之归属于女性所应承受的主要负担。由此观之，这种性别化的工作是片面的，导致照护者被边缘化，因为她们的所为超出了"工作"，而且在道德上比"工作"更"崇高"，进一步加剧了家庭和市场工作的性别分割。[2]

平等的家庭角色分工则是以夫妻和谐共担家庭生活支出和家务劳动，享有平等的机会参与家庭之外的社会活动为原则的家庭角色分工模式。根据联合国提高妇女地位司的调查发现，在大多数国家，女性无论是否就业，都承担着有关家务的劳动，尤其是照护未成年子女的主要责任。因此对大多女性来说，家庭与工作紧密联系，家庭也是其工作场所；反观男性，工作意指家庭以外所从事的既有固定的工作时间表又有固定收入的劳动，工作期间可以不

---

〔1〕 Malene Schmidt, *Employment the Family and the Law Current Problems in Germany*, Comparative Labor Law & Policy Journal, Vol. 27:4, p. 451 (2006).

〔2〕 John Bouman, Kinsey Alden Dinan & Nancy K, Cauthen, *Improving Work Supports: Using the Family Resource Simulator to Identify Problems and Test Solutions*, Northwestern Journal of Law and Social Policy, Vol. 4:1, p. 103 (2009).

管家务劳动。[1]

有学者指出,担负较多育儿与家务工作的职业女性,常面临许多重大的角色冲突乃至影响身心健康与家庭和谐等问题,其中,母亲的身心压力或其婚姻与家庭的不稳定,正是危及儿童发展、照顾质量或保护能力的重要因素。[2] 承担家务劳动的大多女性,由于本人的选择或经济上的需要都会外出参与市场劳动从而获得报酬,这一客观事实限制了女性在育儿劳动所花费的时间。[3] 相反,将更多时间花在育儿而非有偿劳动的女性需要找到其他的经济支持,这就使其沦为了衍生受扶养者。[4] 恰如奥金所言,法律上承认男女之间的平等权,但实际上不平等持续存在,因为女性,不管她们是否从事付薪的工作,都负担着家庭中不付费的劳动,在职业技能发展和经济安全上遭受着巨大损害。[5] 尤其是对于大多数家庭来说,配偶一方依赖另一方提供经济来源越来越不可行。[6] 对于单收入家庭而言,这种情况更为严重,因为根本没有放弃有偿工作而从事无报酬家务劳动的选择可能性。[7]

大部分女性在照护未成年子女的同时,也在从事有薪劳动,照护婴幼儿的时间刚性特点对她们的工作表现或职业规划都产生了一定影响。有调查

---

〔1〕 参见谭琳、陈卫民:《女性与家庭:社会性别视角的分析》,天津人民出版社 2001 年版,第 81 页。

〔2〕 See Lister R, *Investing in the Citizen-Workers of the Future: Transformations in Citizenship and the State under New Labour*, Social Policy and Administration, Vol. 37:5, p. 427 – 429(2003).

〔3〕 See Daniela Kraiem, *Consumer Direction in Medicaid Long Term Care: Autonomy, Commodification of Family Labor, and Community Resilience*, American University Journal of Genfer, Social Policy & the Law, Vol. 19:2, p. 680(2011).

〔4〕 See Daniela Kraiem, *Consumer Direction in Medicaid Long Term Care: Autonomy, Commodification of Family Labor, and Community Resilience*, American University Journal of Genfer, Social Policy & the Law, Vol. 19:2, p. 680(2011).

〔5〕 参见[美]苏珊·穆勒·奥金:《正义·社会性别与家庭》,王新宇译,中国政法大学出版社 2017 年版,第 53 页。

〔6〕 See Daniela Kraiem, *Consumer Direction in Medicaid Long Term Care: Autonomy, Commodification of Family Labor, and Community Resilience*, American University Journal of Genfer, Social Policy & the Law, Vol. 19:2, p. 680(2011).

〔7〕 See Daniela Kraiem, *Consumer Direction in Medicaid Long Term Care: Autonomy, Commodification of Family Labor, and Community Resilience*, American University Journal of Genfer, Social Policy & the Law, Vol. 19:2, p. 681(2011).

显示,女性为了照护未成年子女,经常会有迟到早退、请假、减少工作时间、从事要求较低报酬的工种、收到有关绩效/出勤率的警告、完全放弃工作、放弃晋升、提前退休以及失去工作福利的情况。[1] 与此同时,如前章所述,女性照护未成年子女在职场遭到歧视。[2] 工作/家庭之冲突程度在不同国家之间会因社会文化的差异和政府的态度以及所采取的措施的不同而有分别。男性参与家务劳动的程度,政府在产假、育儿津贴、公共照护服务方面对就业女性的政策支持力度等,都会影响女性的角色冲突的程度。一般而言,那些生活在福利水平高、政府自觉地将性别平等作为政策目标之一国家的女性,要比那些生活在政府基本不采取性别平等政策国家的女性,面临的角色冲突要小。[3] 但又因为各国的家庭政策偏重保护女性员工的合法权益,与此同时不免会给用人单位造成较高的雇佣成本,最终使女性对雇主的吸引力下降。[4]

在我国,女性的角色冲突逐渐显现是在市场经济确立之后并随社会经济

---

〔1〕 See Lynn Friss Feinberg, *The Dual Pressures of Family Caregiving and Employment: Six in 10 Family Caregivers are in the Labor Force*, Public Policy Institute, Vol. 5, p. 3(2016).

〔2〕 family responsibilities discrimination, FRD, FRD 是基于对子女、老年父母或生病配偶和伴侣的家庭照顾责任对工人的歧视。它不仅包括怀孕歧视和阻碍女性成为母亲时提高地位的“母亲墙”(相当于所有女性所面临的“玻璃天花板”,即基于对母亲能力和工作承诺的定型观念,无法在职业生涯中取得进步。这个词源于学术界),而且还包括对寻求为幼儿、老年父母或生病配偶承担更大家庭照顾角色的男性的歧视。See Lynn Friss Feinberg, *The Dual Pressures of Family Caregiving and Employment: Six in 10 Family Caregivers are in the Labor Force*, Public Policy Institute, Vol. 5, p. 3 – 4 (2016).

〔3〕 随着第二次世界大战结束,人权保障思潮在西方发达资本主义国家方兴未艾,建设福利国家成为多数政党的执政目标之一。每个国家的社会福利制度均一定的社会性别分工模式的假定基础上所构建。按照对家庭中性别分工模式的假定的不同,社会福利制度可分为两种类型:第一种建立在男性承担养家责任,妻子处于经济依赖的假定基础上。其特点是:按夫妇的平均收入计算所得税,税收制度对妻子做家庭主妇的家庭有利;福利津贴以家庭为单位支付,以整个家庭的生活状况为依据;妻子可基于丈夫就业取得社会保障的权利;鼓励家庭妻子承担照料未成年子女的责任,母亲可享受较长时间的不带薪育儿休假,政府给予一定的育儿津贴。德国为典型代表。第二种则是建立在绝大多数达到劳动年龄的健康男女都就业或寻找工作的假定基础上。特点是:按个人实际收入分别征收所得税;福利津贴主要以个人为单位支付;通过母亲的带薪育儿假、缩短工作时间以及公共的未成年人和老人照护设施服务,从而解决就业与家庭照护之间的矛盾。代表国家有北欧诸国。See Lewis J, *Gender and the Development of Welfare Regimes*, Journal of European Social Policy, Vol. 2:3, p. 159 – 173(1992).

〔4〕 See H Mandel, *Rethinking the Paradox: Tradeoffs in Work-family Policy and Patterns of Gender Inequality*, Community Work & Family, Vol. 14:2, p. 159 – 176(2011).

发展愈加明显。改革开放之前的福利政策几乎是全方位的,如前述“家国一体”理念下,单位福利几乎涵盖了职工的全部生活,除职工本人的就业与生活单位包揽外,职工需要照护未成年子女的负担都由单位负责。这种全方位的福利政策在很大程度上解决了女性在工作与家庭之间的冲突。单位也就是职工的“家”,兼有生产和生活职能,职场的有酬劳动与家庭的无酬劳动界限变得模糊,女性因照护未成年子女暂时中断就业时,可以根据相关规定享有假期而不会影响其领取工资福利。因为对单位来说,女性的家务劳动在一定意义上是社会工作的延伸,由此可以说,改革开放前的单位福利制度充分调和了女性工作与家庭角色的冲突。[1]

随着女性的教育水准提升,劳动市场对女性劳动力的需求等,皆对于传统的男性养家模式产生冲击,过去单纯在家从事无酬家务工作与照护工作的女性,如今的生活场域除了家庭之外,还增加了劳动市场的职场场域。已有研究表明,母亲身份会明显增加中国城镇女性的家务劳动量,但父亲身份和子女年龄结构对男性家务劳动时间没有显著影响。同时,尽管平等的性别角色观念促使男性更多地参与家务劳动,但中国城镇女性仍肩负家庭劳动和社会工作的双重压力,使女性在时间、行为和角色方面都表现出工作/家庭冲突。[2] 因此,当女性展示良好的工作绩效,以维持自己的职位与社会资本时,有时只能在生育与市场劳动之间做出选择。因为在毫无育儿支持的情况下,照护未成年子女花费的时间与金钱成本即是最直接面临的难题。为此,女性常常采用一系列适合自己的工作和生活特点的方式来照护未成年子女,并设法协调照护未成年子女的家务劳动和其他家庭内外的劳动之间的矛盾。[3]

在第一章中,我们曾谈到女性面临养育未成年子女与职业的冲突更加明

---

[1] 参见谭琳、陈卫民:《女性与家庭:社会性别视角的分析》,天津人民出版社 2001 年版,第 119 页。

[2] 参见卿石松:《性别角色观念、家庭责任与劳动参与模式研究》,载《社会科学》2017 年第 11 期。

[3] 参见谭琳、陈卫民:《女性与家庭:社会性别视角的分析》,天津人民出版社 2001 年版,第 95 页。

显,养育的精细化与就业歧视的显性隐性并存。家庭的照护压力加剧,尤其是女性和未成年人祖父母的照护压力激增。就笔者访谈的生育人群中,公务员、企事业单位职员、自由职业者一致趋同愿意生育多孩,但前提条件是有人帮助其照护新生育的子女。如果双方父母年纪较大,在照护一孩时已经付出全部心血,身体健康衰退,如果继续再照护二孩甚至三孩,明显身体与精力已经不允许,从而也就使得育龄夫妻放弃生育计划。照护未成年子女的压力是阻却育龄夫妇生育二孩的重要因素之一,另外,很多家庭中女性不愿意生育的理由还是出于对就业歧视的担忧。

(三)社会分担养育成本有效缓解女性的“双肩角色”冲突

平衡两性工作与家庭责任,是大多数国家社会福利政策的目标。如英国承认照护未成年人既是公共责任,也是私人责任,以此提升父母(实际上通常仍然是母亲)将有偿就业与家庭责任结合起来的能力。[1] 从我国当下的生育率而言,应积极重视以家庭为核心的广泛意义上的未成年人福利政策。在母亲角色负荷过重的情况下,如何维护未成年人最大的照顾福祉,是一个长期存在却不被正视的问题。如前所述,担负较多育儿与家务劳动的职业女性,常面临许多重大的角色冲突乃至影响身心健康与家庭和谐等问题。其中,母亲的身心压力或其婚姻与家庭的不稳定,正是危及未成年人发展、照护或保护质量的重要因素。由此可见,如何支持母亲平衡子女的照顾、家务与就业,必须作为儿童福利政策的一环。笔者在第二章构建照护服务的制度时,提及保障家庭对未成年人子女照护的质量、政府应积极举办公立性质且普及化的托育照护服务,价格既优质又亲民,或者给家庭提供较为充足的托育补贴。该举措是政府推动国家、社会与家庭共担养育未成年人的责任,积极营造友好的生育和养育环境,从而保护家庭稳定与就业安全,创造有利于公民婚育的条件,达到降低少子化的冲击、维持人口年龄结构的稳定的目标。对于职业女性“蜡烛两头烧”的困境而言,此计划切合许多双薪家庭的就业

[1] Lister R, *Investing in the Citizen-Workers of the Future: Transformations in Citizenship and the State under New Labour*, Social Policy and Administration, Vol. 37:5, p. 427-443(2003).

与经济安全需求。因此,除劳动政策鼓励女性进入就业市场,积极向女性提供一个更为友善的工作环境为目的之外,更为重要的是,我国要将平衡工作与家庭列为重要的社会政策愿景。[1] 质言之,女性的家庭角色对家庭的贡献是有目共睹的,然后由于受传统性别规范的局限,女性承担的家庭劳动的社会价值与经济价值往往得不到应有的报偿与社会的承认,甚至还可能因难以估量其应有的交换价值而否认其价值。这种状况对女性的家庭与社会地位产生了深刻的消极影响。社会承认女性所从事的家务劳动的价值,对提高女性社会地位,改善女性发展环境具有十分重要的意义。[2]

第三节 域外社会分担未成年人养育成本的政策评析

一、社会民主模式:工作与家庭平衡的政策评析

(一)瑞典模式:工作与家庭平衡的政策

瑞典工作与家庭政策的基础是平等愿景,这里的平等主要是指两性平等。两性平等意味着男女两性在家庭和工作中有相同的机会和责任。每个人都需要从事有偿的市场工作,并且要自食其力。在劳动力市场中,平等的愿景不仅要求同工同酬,而且要求在职业、权力结构和特定公司内男女分配大致平等。在家庭领域,平等意味着将所有家务和育儿责任所花费的时间平均分配。瑞典工作/家庭平衡的政策目标是促进女性参与劳动力市场,进一步促进家庭责任的平等。由于政策制定者认识到性别角色的转变对于女性进入劳动力市场至关重要,所以政策注重男性角色。这就要求政府主导以此重塑公众对父亲身份的观念与认知,特别是鼓励父亲更多地参与未成年人照

---

[1] 员工福利与额外所得的大趋势是以家庭为中心,尤其是育婴假和生育奖励。早在 2015 年 8 月 6 日,网飞公司宣布给新晋父母提供一年的产假和陪产假,这在业界引起了一些波动。这些父母也可以自由选择半休假或全职的工作方式,在这一年内他们可以在有需要时请假离开。其他公司注意到这些趋势,除了慷慨的育婴假政策之外,在现在的员工福利列表中你还可以找到辅助生育、为新回归职场的父母提供咨询、为新晋父母提供一次性"育儿奖金"等项目,甚至为出差的职场妈妈提供母乳递送服务也囊括在内。参见《网飞公司新爸妈将有一年带薪休假》,载《英语世界》2017 年第 8 期。

[2] 参见谭琳、陈卫民:《女性与家庭:社会性别视角的分析》,天津人民出版社 2001 年版,第 107 页。

护。瑞典注重女性平等参与现有劳动力市场结构之政策起源于1960年代瑞典劳动力短缺的事实。据研究得知，瑞典的失业率只有2%，女性参与率几乎与男性平权，达到80%。所以大众担心瑞典的劳动市场无法满足劳动力就业。[1]

瑞典的工作/家庭政策涵盖多方面，是一个广泛、全面的系统，包括获得怀孕福利和家庭津贴、一般社会福利政策、儿童照护以及税收政策，几乎所有这些福利都是普及型的，而且不需要任何资产调查即可获得。

其中怀孕福利给孕妇提供全面的保健服务，包括产前、分娩和产后护理全过程。如果工作环境对胎儿有风险，孕妇则有权在分娩前2个月提前休假。所有的家庭能够获得基本的儿童津贴，以此补贴家庭抚养未成年子女的费用。对有3个或3个以上未成年子女的家庭相应增加津贴数额。另外，政府还为家庭教育和住房费用提供支助，教育和住房补助需要申请并经核准后才能发放。瑞典还提供另外两项重要津贴，照护津贴和父母保险。照护津贴旨在为照护残疾儿童的父母提供收入补贴，父母保险旨在为那些休假照护新生儿（包括收养儿童）或生病儿童的父母提供补贴。具体而言，在子女出生时，父母可以休360天的假期，其中270天享有90%的工资，剩余90天为固定的最低福利。由于没有单独的产假计划，父母保险计划的目的是支持为母亲提供产后假期，以及为母亲或父亲提供育儿假。父母双方在子女出生后均可以休假一段时间，该计划保证父亲在子女出生后可以休10天父亲假。育儿假是向那些需要照顾生病的儿童父母提供的假期，每年60天。最后一项是父母一方或双方都有权在子女8岁之前从事兼职工作（一天6小时）。除了常规的福利待遇，瑞典的优惠政策还惠及因父母离婚或婚外生育的子女。瑞典一以贯之的政策是要求父亲抚养其亲生子女，如果非亲生父母不能或不愿支付足够的抚养费，可在必要时申请政府向其提供儿童养育津贴，以弥补抚养费的不足，从而确保儿童最低的生活水平。除上述政策外，瑞典还拥有

[1] See Nancy E. Dowd, *Envisioning Work and Family: A Critical Perspective on International Models*, Harvard Journal on Legislation, Vol. 26:2, p. 311 – 316(1989).

全面的育婴系统,市政当局按照中央的标准管理,为 18 个月至 12 岁的未成年人提供各种公共日托服务,这项服务的前提是父母充分利用其育儿假,在育儿假用尽后向家庭提供的公共服务。

瑞典工作/家庭政策的另一个独特组成部分是税收制度,民众普遍认为该制度对家庭收入结构和劳动力市场参与模式具有关键影响。瑞典的税收政策已经从以家庭为基础的制度转向以个人为基础的制度,这符合每个成年人应该自给自足而不是依赖他人的理念。税收按照个人征税,而非以整个家庭为标准。[1] 高税率其目的在于鼓励女性进入劳动力市场,使双收入成为许多双亲家庭的实际必需品。瑞典工作/家庭政策的最后一个重要特征是对单亲父母的待遇,在平等观的理念下,单亲父母不仅有权获得与其他父母相同的福利,而且他们还可以获得未成年人照护与住房的优惠,保证获得额外的家庭津贴,并有资格享受特别税收减免。这些规定反映了瑞典政府承诺向所有未成年人提供充分的家庭支助,而不考虑家庭结构形式。[2]

(二)瑞典政策模式的利弊评析

瑞典以促进男女的性别平等为目标,为女性平等地参与劳动市场提供支持,也为男性更多地分担家务提供便利,重点放在提供完备的公共托儿设施和服务,允许父母双方有平等的育儿休假权利等。在制定具体支助政策时,瑞典等国家更多地是体现婚姻双方的平等地位,而反对向就业母亲提供特殊保护,认为这样会不利于女性就业。瑞典的工作/家庭政策产生了巨大影响。就其本身而言,它极大地改变了男女的家庭和工作模式。主要由于瑞典政策所依据的平等观点以及该政策的综合结构。瑞典工作/家庭政策的每一个组成部分相互关联。

瑞典政策高度一体化的性质并非没有缺点,它支持特定的工作/家庭模式,同时限制了个人选择。例如,缺乏对 2 岁以下未成年人的照护,实际上需

---

〔1〕 See Nancy E. Dowd, *Envisioning Work and Family: A Critical Perspective on International Models*, Harvard Journal on Legislation, Vol. 26:2, p. 320 – 321(1989).

〔2〕 See Nancy E. Dowd, *Envisioning Work and Family: A Critical Perspective on International Models*, Harvard Journal on Legislation, Vol. 26:2, p. 323(1989).

要父母带着未成年子女孤注一掷的休假,而忽视个人的愿望或工作职业的需要。同时,劳动力市场参与的价值也给所有家长带来了工作压力。总体而言,瑞典的工作/家庭政策通过一个公共、政府控制和结构的运行,管理家庭生活的大部分。这种政策运作的优点在于保证为所有人提供大量物质支持达到平等。

瑞典政策的两个特别显著的实质性努力就是重塑传统的性别角色和对待单亲父母。一是政府有意参与公共教育,以促进重新思考性别角色,特别是男性角色。而男性角色的转变,一方面是政策推动的结果,另一方面政策对公众意识产生了显著的影响。二是瑞典对单亲父母特别是单身母亲的支持,她们作为一个群体,并没有遭受典型的美国单身父母的严重经济贫困,但她们获得的支持仍然是有限的,该限制似乎是为了鼓励双亲家庭,避免单亲家庭在经济上处于优势。这些限制似乎也是基于这样一种假设,即双亲家庭对未成年人的发展至关重要,尽管有数据表明,社会经济因素与家庭稳定更加密切关联着未成年人的发展结果而非父母双全的双亲家庭。瑞典政策的平等愿景与女性在社会中的实际地位尚存显著差距。工作/家庭政策使女性进入劳动力市场成为可能,甚至必不可少,但这并没有显著改变她们在劳动力市场中的地位。通过增强家庭和工作融合从而助益于减少工作与家庭冲突的政策,却未能在工作场所实现实质性的两性平等。虽然女性参与劳动力市场的程度与男性几乎相同,但近乎一半的女性劳动力是仍然是兼职,而且,女性兼职者工作岗位少,加入男性主导的职业领域比例较低,甚至在女性主导的行业中也很少晋升到中级或高级职位。相比而言,公共部门的情形比私营部门略好一些,其部分原因在于“女性工作”在该部门占主导地位,以前的无酬照护工作现在大部分由公共部门的女性职业者提供。由此可见,家庭福利的模式也仍然存在明显的性别差异。[1]

总之,瑞典的平等愿景虽然明确不分性别,但含蓄地采用了以男性为主

〔1〕 See Nancy E. Dowd, *Envisioning Work and Family: A Critical Perspective on International Models*, Harvard Journal on Legislation, Vol. 26:2, p. 325 – 326(1989).

的工作/家庭关系标准。平等意味着确保女性有平等机会按照现有(男性)标准工作。提供一些时间福利,以缓解家庭责任与工作职责之间的明显冲突,并为替代照护提供托儿设施。与此同时,政策对标准本身进行了一些修改,以鼓励重新分配家庭责任,并将平等原则从工作/家庭领域扩展到纯粹的家庭领域。这使女性在工作和家庭责任方面实现了表象的平等,但在地位、机会或责任承担方面没有实现平等。虽然政策旨在促使更多的男性在育儿和家务方面发挥更积极的作用,但实质则是女性在家庭领域仍然承担着更为繁重的责任。尽管女性劳动力参与程度有所提升,但工作隔离仍然没有消除,女性非全时工作与较低的社会地位仍然是常态,晋升到中级或高级职位的情况也极为罕见。[1]

二、保守国家模式:工作与家庭平衡的政策评析

(一)法国模式:工作与家庭政策

法国的工作/家庭政策包括宽松的产假福利、育儿假和慷慨的家庭津贴。家庭津贴除了为所有家庭提供了经济支助的基线,还为那些额外需要的家庭提供了补充支助。不可否认的事实是,生育子女和抚养子女不可避免会增加家庭开支,加之由于分娩及抚养子女而在一段时间离开工作又会减少家庭收入。这种慷慨的津贴制度虽然不论家庭规模大小,均可以申请得到相应数额,其他津贴只提供给那些抚育有两个以上未成年子女的家庭。对绝大多数3口之家而言,家庭津贴更为有限,基本上是指产妇津贴,具体而言,这种津贴是指无论母亲是否受雇,从怀孕的第4个月起直至分娩后的3个月为止都有权领取津贴,如果期满根据需要,该津贴还可以继续发放,最长可达32个月。母亲可以自由支配该津贴。法国的政策包含所有与怀孕及分娩有关的医疗费用都由国家健康保险支付,还向所有家庭提供子女从出生到2岁或3岁的未成年人津贴,不论父母双亲是否有一人或两人均有劳动报酬,都可以

---

〔1〕 See Nancy E. Dowd, *Envisioning Work and Family: A Critical Perspective on International Models*, Harvard Journal on Legislation, Vol. 26:2, p. 328(1989).

领取该津贴,该津贴旨在补贴支付婴幼儿的家庭外照护或家庭内照护费用。

法国政策规定的孕产时间福利包括强制性产假和选择性育儿假。产假的特点是,如果孕产妇在休假期间工作,雇主将受到处罚,因此必须休产假,包括16周的工作保护假(产前6周和产后10周)。育儿假可长达两年,保证父亲或母亲享有工作保障的无薪假期。然而,这一福利的覆盖面有限,为了获得休假资格,雇员必须在超过100人的受雇企业工作,并在子女出生前至少受雇12个月。相较瑞典的政策而言,法国政策缺乏规定未成年人生病时的照顾假。与瑞典的性别中立模式分担育儿目标相反。法国模式呈现强烈的母亲导向,其工作/家庭政策根据母亲的在业情况将继续向未成年人提供照护的假设,围绕在业母亲的需要制定政策。根据法国的政策,产假是母亲在第一孩出生前6周和出生后10周内享有的假期,如有一孩以上子女的母亲可以享受更长的假期。该产假带有强制性带薪属性,薪资一般等于净工资。在产假结束后,父母中任何一方都可享受带薪育儿假,直至子女3岁。那些有一名以上未成年子女的家庭可领取家庭津贴,该津贴旨在为年幼的未成年人提供照护服务,两岁半的未成年子女有资格享受全天候的学前教育项目,因此,在法国,无论父母是否在职,几乎所有的未成年人都参与了学前教育项目。

法国的未成年人照护和学前教育几乎普及,无论父母是否参加有酬工作,都能获得照护假,未成年人照护体系包含两个基本组成部分:2岁或3岁以下未成年人的日托,2岁或3岁以上未成年人的学前教育,直到其满7岁入学。日托由市政当局管理,主要是由当地财政支持,父母也需要缴纳一定比例的费用。另外,由于法国日托照护较为短缺,致使托儿所费用较为昂贵,加之当地政治因素的制约,入学资格往往仅赋予职场母亲的子女,结果是4岁以上的未成年人几乎在全日制或非全日制学校就读,有些市镇学校还在午餐时间和放学后提供补充照料。

与瑞典一样,在法国,单亲父母除可以享有普通家庭领取的福利外,还有资格获得额外福利,这种福利是法国政策近几年新增的,主要指家庭津贴之外的额外津贴,额外津贴旨在保证单亲父母能够留在家里照护年幼的未成年子女，不足10%的家庭能享受到该福利津贴。除此之外，法国政策还提供一种特别津贴，旨在向那些刚离婚的单亲父母预期进入或重新进入劳动力市场之前提供短期援助。

税收作为一项支持家庭的政策，被视为家庭支助结构的有机组成部分。法国税收政策按照单位制度对家庭的每个成员进行统计，具体是每对父母为一个单位，未成年子女则是成人的一半，然后将单位总数计算，用于划分和扣除税务责任。在该税收政策下，职场父母的工资增加到整个家庭收入中。因此，家庭收入的税率可能随着净收入的增加而增加。[1]

（二）法国工作与家庭政策评析

法国的家庭政策则以各种名目的未成年人津贴和父母育儿津贴来解决女性在工作和家庭间的矛盾，重点支持女性承担养育子女的责任。为了适应女性就业日期增长的趋势，法国的政策体系则是建立旨在帮助就业女性承担家庭责任为主要内容，体现在发展公共托儿设施和照护服务，赋予因抚养未成年子女而休业在家母亲优厚的津贴。总体而言，法国从其主要人口目标的角度来看，其政策体系只是取得了适度的成功，但是法国老龄化用了126年时间，在发达国家中历时最久。家庭津贴制度所支持的庞大家庭规模相当于女性劳动力市场参与率的急剧下降。虽然育有3名以下子女的母亲在很大程度上仍然留在劳动力市场，但育有3名以上子女的母亲参与率明显下降。津贴制度还假定生育子女的决心和参加有酬劳动的决定主要出于经济动机，即家庭只有在负担得起的情况下才会生育子女。然而，最慷慨的津贴是留给多子女家庭的，因此，这一政策几乎没有为绝大多数家庭提供政策预期的必要的经济支助。同时，该制度因过分依赖经济因素，而忽视了工作/家庭的其他激励因素。就女性地位的角度而言，法国模式与瑞典模式有些不同，法国的女性家庭角色与责任几乎没有受到政策的影响，然而，在劳动力市场中，法国女性的地位与瑞典女性的地位非常相似，总体而言，女性的工资仍然低于

---

〔1〕 See Nancy E. Dowd, *Envisioning Work and Family: A Critical Perspective on International Models*, Harvard Journal on Legislation, Vol. 26:2, p. 323 – 334 (1989).

男性，她们集中在少数职业领域，处于职业和管理等级的底层，法国一直没有采取瑞典女性以弹性工作为主的模式。[1]

与瑞典模式一样，法国的工作/家庭政策对工作/家庭产生了巨大影响，为女性和家庭提供了必要的支持。法国的工作/家庭政策意味着该制度被视为一个既定的制度福利。法国政策的特点之一是提供大量经济支助和不需要劳动力市场参与的未成年人照护是偶然的，尽管也新增了不分性别的措施，但法国的政策反映了父权制和家长式的观念，这一愿景的狭隘界定限制了法国政策对传统性别角色的影响。虽然法国政策明确以女性为中心的愿景使女性能够清楚地看到并现实地面对其地位。女性被认为是特殊和不同的，有着独特的需要，不仅与她们承担生育的职能有关，而且与她们承担主要照护者的职责有关。政府在接受差异的前提下，制定了相关使女性既能生育又能工作政策。

法国以女性为中心的愿景，就像瑞典的平等愿景一样，不是由女性产生的。更重要的是，以女性为中心的愿景仅仅是一种幻觉，女性中心这一愿景仍然牢牢地固定在传统的性别角色中。因此，女性作为母亲的职责得到强化，工作与家庭问题被视为仅仅事关女性，相应男性的家庭角色是相对不变的，或者说男性是不参与家庭角色的，而是基本作为经济供养角色存在。总之，法国政策对女性的关注体现了对女性现有家庭角色的敏感。[2]

瑞典和法国的工作/家庭政策的制定助推了工作场所的结构变化，减少了工作与家庭需求之间的冲突，并支持了家庭的基本职能。虽然这两个国家的政策都没有对工作场所进行根本性的调整，意味着接受需要家庭支助结构来补充基本的工作场所结构。在这种积极的结构变革中，明显没有反歧视的动力。政策并没有着眼于纠正消除歧视性障碍，而是依靠平权行动来改变现有结构。总之，瑞典和法国的政策都充满了社会福利和社会政策的基本伦

---

〔1〕 See Nancy E. Dowd, *Envisioning Work and Family: A Critical Perspective on International Models*, Harvard Journal on Legislation, Vol. 26:2, p. 335(1989).

〔2〕 See Nancy. E. Dowd, *Race, Gender, and Work/Family Policy*, Washington University Journal of Law & Policy, Vol. 15, p. 236(2004).

理,两个国家都接受福利国家的广泛概念,在这种强烈的社会福利伦理的背景下,瑞典和法国认为照护未成年人是一种社会责任。对未成年人的社会重视,以及对未成年人的高度重视,是非常强烈的政策潜流。[1]

三、自由主义模式:工作与家庭平衡的政策评析

(一)英国工作与家庭的平衡政策评析

照护和教育未成年人政策一直是政府投资于未成年人的主要服务工具。未成年人被视为100%的国家未来,对未成年人的投资包括改善现金支助和服务。在现金方面,政府一次性针对第一胎子女增加了普遍的未成年人福利,通过新的税收抵免计划,增加了低收入家庭中对未成年人的支助,并改善了对未成年人的社会援助方式,实行了法定的教育维持津贴,以鼓励低收入家庭的未成年子女继续接受学校教育,政府还增加了新的未成年人信托基金,这是一种以资产为基础的福利形式,它本身被认为是"社会投资国家"的关键基石。假期方面,英国改进了带薪产假的规定,并引入了有限的带薪陪产假和无酬育儿假,母亲分娩后有6个月的产假,并允许父亲最多可享受6个月的"额外陪产假",母亲也可以将部分产假转移给父亲。这将对支持传统的性别分工的性别文化构成更明显的挑战。然而,它含蓄地承认有必要改变性别文化,以鼓励更多的男性从事未成年人照护工作,并强调男性在未成年人照护方面的作用更为普遍。正如负责养恤金事务的国务秘书大卫布伦基特(David Blunkett)指出,该政策旨在发挥"男性在为未成年人甚至整个社会的利益抚养未成年子女发挥真正作用"。总体来说,尽管未成年人照护战略存在种种缺陷,但它在英国社会政策方面还是取得了很大突破,表现在它承认照护未成年人的公共责任和私人责任,以及促进父母(实际上通常仍然是母亲)将有偿就业与家庭责任结合起来的能力。

未成年人已从社会政策的边缘走向核心。财政支助和未成年人照护/早

---

〔1〕 See Nancy E. Dowd, *Envisioning Work and Family: A Critical Perspective on International Models*, Harvard Journal on Legislation, Vol. 26:2, p. 339(1989).

期照护服务方面的总体支出大幅增加。政策第一个关注的根源是所谓的"新的未成年人范式",它将未成年人视为现在的"beings",而不仅仅是潜在的成年人或"becomings",作为未来的劳动力,未成年人被视为"社会投资国家"的主要资产。这一模式既侧重于将有偿工作作为公民身份的首要义务,也侧重于其承认未成年人为社会公民的资格。[1]

自1990年以来,未成年人保育和扶贫政策之间的关系似乎发生了两次重大变化。首先,政府制定了一项反贫困政策,确定母亲的责任不仅包括维持未成年人的身体和道德福祉,而且还包括增加对其本人和子女经济福祉的责任。其次,政府为女性创造包括未成年人照护工作的就业方案。例如,越来越多的证据表明,女性获得收入对于减少家庭陷入贫穷的贡献十分重要。典型如1996年,英国41%的单亲家庭中,有一半以上的家庭收入高于平均收入水平的家庭,而没有工作的家庭则为零。在双亲家庭中,母亲的收入在减少家庭贫困风险方面具有重要意义。

有偿工作是新工党包容性社会战略的一个关键主题,要求所有成年人,无论男女、夫妻以及同居伴侣均被视为有责任进入劳动力市场。换言之,国家有责任确保所有成年人参与劳动力市场。自然,缺乏可以负担的未成年人照护仍然是女性参与劳动力市场的主要障碍,因此国家政策旨在消除这些障碍。托利政府后期推出了"失学未成年人保育倡议",这项刺激计划旨在为学龄前未成年人创造新的照护场所,其目的是"为学龄儿童的父母和监护人提供更充分参与劳动力市场的机会,增加政府提供的托儿数量和质量"。自1997年以来,劳工管理部门更加重视将未成年人照护作为一项扶贫和就业战略,从而出台了诸如未成年人照护、工作家庭税收抵免和未成年人保育税收抵免等政策。这些举措旨在将税收抵免与英国"一揽子"措施联系起来,旨在提供新的未成年人保育场所,特别是为那些低收入的在业母亲提供未成年人照护服务。英国政府颁行的《国家儿童保育战略》指出,"如果有更多的

---

[1] See Ruth Lister, *Children (But Not Women) First: New Labour, Child Welfare And Gender*, Critical Social Policy, Vol. 26:2, p. 315 - 335(2006).

人能够获得就业机会,我们的经济将会繁荣,因为他们能够获得高质量、负担得起以及可获得的未成年人照护服务"。英国政府已经接受了未成年人照护在整个经济发展中的重要作用这一理念。具体表现在,地方政府向幼儿发展和未成年人照护机构提供了额外资金,以支持 0 ~ 14 岁未成年人的照护服务。例如,提供日托服务的私立托儿所可以得到地方政府的财政支助,向 3 ~ 4 岁的未成年人提供 2.5 小时的学前教育。英格兰和威尔士以及苏格兰居民区,汇集了地方企业、地方政府、私营企业,为当地居民提供就业机会,不仅保证育有未成年子女的当地居民有机会进入更广泛的劳动力市场,而且提高这些地区未成年人托育服务的质量。

英国政府承诺增加当地低成本和有补贴的未成年人照护的供应,从而减少居民就业与职业发展的障碍,因为发展当地的未成年人照护服务可以增加当地的就业机会,并强调建立当地未成年人照护的专门机构。毫无疑问,未成年人照护服务的增加对使用该服务的人群产生了重大影响。据未成年人照护服务对贫困地区影响的研究报告称,"借助机构照护的母亲们发现,她们参与有偿劳动的工作时间和对未来就业的期望都有所改善"。但从未成年人照护部门的工作人员来看,他们基本属于兼职且低薪,该行业没有规范标准,人员流失严重,缺乏工作的持续性与安全性,缺乏法律的约束力,致使该行业没有制度保障。因此,要改变这种现状,就需要一个战略方法,必须构建一个摆脱这种兼职、低薪模式的就业环境。只有在未成年人照护需求集中、收入稳定、基础设施完备的地区,才能真正做到这一点。保障未成年人照护从业人员的需求也是其中需要解决的一个问题。该研究报告在其他地区的研究也发现,对未成年人照护从业人员进行专业培训,使其从事的行业渐趋永久性从而使得这些从业人员更有信心与动力。

研究发现,现有从业人员基本完成了初级市场的培训,进阶的培训则非常之少,从而阻碍了未成年人照护这一行业向可持续方向的发展,也导致未成年人照护部门的收入出现了巨大差距,高薪资人群基本属于经过专业培训拥有专业资格证的人,低薪资人群则是没有经过专门培训的,由于收入低,离职率自然就高。因此,促进未成年人照护行业进一步发展必须超越劳工政策的简单就业目的，促进未成年人照护行业发展可以在减贫方面发挥重要作用，促进地方经济与社会发展，很大程度上影响着父母和未成年人的生活质量，未成年人照护服务还可以在当地创造可持续的就业机会，并能助力从业人员维持可持续的就业能力。[1]

根据统计，拥有工会机构的行业比没有工会机构的行业更有可能保证从业人员享有育儿假、带薪休假、未成年人照护服务待遇。带薪休假和病假等福利其本质是工会利用他们的议价能力从雇主那里为雇员争取到的福利。其他有利于家庭的政策似乎更多地源于工会对雇员福利集体发声的有效回应。

总之，英国的工会似乎以两种方式积极推动了一些有利于家庭的政策提供，特别是育儿假、带薪休假和工作分担选择，工会通过和雇主谈判为雇员争取到额外福利，并向雇员宣讲现有政策，并在雇员需要使用该政策时积极代表雇员发声。[2]

(二)美国工作与家庭政策评析

美国在帮助育儿家庭参与有酬劳动方面支持力度很小，同时也是最后实施育儿假立法的工业化国家之一。从历史上看，政府针对工作和家庭问题上的行动，受到家庭隐私、家庭自治、家庭自给自足和政府最少干预等价值观的影响。随着美国家庭的人口变化、女性参与有偿劳动的数量增加、人口老龄化加剧以及雇主—雇员关系的演变，政府被迫面对工作/家庭的现实做出了一系列政策决定。

第二章述及的 1993 年《家庭和医疗假法》是克林顿总统就职后签署的第一项法案，该法案是在国会历经长达 8 年的立法斗争的结果。该法规定，父母每年享有 12 周的无薪假期，以此照护新生儿或收养的未成年子女，照护患有疾病的未成年子女，其中产妇的产假包含在 12 周以内。该法还规定，产后

〔1〕 See Scott G, Campbell. J & Brown. U, *Child Care, Social Inclusion and Urban Regeneration*, Critical Social Policy, Vol. 22:2, p. 236(2002).

〔2〕 See John W. Budd & Karen Mumford, *Trade Unions and Family-Friendly Policies in Britain*, Industrial and Labor Relations Review, Vol. 57:2, p. 212(2004).

女性雇员有权复职或被安排在同等的工作领域，并享有相同的工资和其他福利。《家庭和医疗假法》旨在实现“家庭稳定及工作场所持续的生产力”。其目标是平衡工作/家庭的冲突、促进家庭的稳定和经济安全并维护家庭的完整。雇员有权因生病、子女出生或收养子女以及照顾生病的子女并以符合雇主合法利益的方式休假，休假主体不分性别，以此促进男女就业机会平等的目标。[1]

美国政策的特点之一，是雇主作为社会福利的提供者，大多数美国民众依靠与工作机构的联系，而非依靠政府来获得基本的保障，从而避免陷入经济困境。美国政策选择了通过雇佣关系提供社会福利并由政府监管的制度，包括养老金、奖金、退休福利、基本生活、健康和残疾保险、休假时间、病假、产假、育儿援助在内等均由雇主提供，并已成为“大多数美国人社会福利的主要来源”。私营企业提供了几乎1/4的社会福利，雇主将其收益总额的40%至65%用于雇员福利，其中8%是法定的。[2] 雇主通过向雇员因本职工作甚或与本职工作无关的某些社会义务承担责任从而提供上述福利，向雇员家属和退休雇员提供健康保险，向雇员提供失业补偿和福利既是雇主对那些无故离职的前雇员的义务，也是基于工作场域是雇员获得福利的唯一途径这一现实。

美国《家庭和医疗假法》允许雇主确定雇员的健康状况予以诊断，该法规定，雇员可以因自己生病或其家庭成员生病需要照护而休假，休假雇员需要提供医院对疾病诊疗的证明。雇员为了符合休假资格，就需要向雇主提供医院开具的自己无法工作的证明，显而易见，该法为雇主提供了较大程度的酌处权。雇主可要求雇员以与医疗有关的理由申请休假，须提供书面的诊疗证明。在休假期间，雇主有权要求雇员定期提交有关情况报告，比如雇员身

---

〔1〕 See Lisa Bornstein, *Inclusions and Exclusions in Work-Family Policy: The Public Values and Moral Code Embedded in the Family and Medical Leave Act*, Columbia Journal of Gender and Law, Vol. 10:1, p. 88(2000).

〔2〕 See Lisa Bornstein, *Inclusions and Exclusions in Work-Family Policy: The Public Values and Moral Code Embedded in the Family and Medical Leave Act*, Columbia Journal of Gender and Law, Vol. 10:1, p. 92-93(2000).

体恢复的情况和重返工作的意图，如果雇员申请不间断休假，则需要向雇主详细说明该休假的理由。该法赋予雇主对雇员关于健康和探亲休假决定的密切参与和决策权，该法案将非核心家庭没有列入保护范围，虽然越来越多的未成年人是由祖父母照护的，但祖父母被排除在《家庭和医疗假法》的覆盖范围之外，换言之，充当照护者的祖父母不可能享有《家庭和医疗假法》规定的假期，虽然有近400万未成年人与祖父母生活在一起。据统计，50岁以上的祖父母中有11%主要照护其未成年的孙子女。在此需要指出的是，该法案将同性恋者也被排除在保护之外。显然，这些规定对雇员的身份以及性取向有明显的差别对待。[1]

美国《家庭和医疗假法》虽然通过提供育儿假和医疗假表现出平等和进步，但其具有微妙的歧视倾向，如前述，祖父母和同性恋伴侣均排除在法律保护之外。由此该法案是以一种特殊的道德为原则，仅仅赋予传统的、中产阶级的、男户主的家庭休假的权利。[2]

四、去家庭化模式：工作与家庭平衡的政策评析

鉴于新的人口现实，国家逐渐认识到传统上育儿责任依赖家庭的局限性，随着公众对家庭照护需求的增加，政府也努力回应民众对家庭照护的需求。经济合作与发展组织的数据显示，在韩国，家庭社会支出占社会支出总额的比例从1990年的1%上升到2009年的8.3%，是各类社会支出中增长最快的，也是仅次于老年和保健方案的第三大公共支出。与此同时，经济合作与发展组织于2014年发现，日本家庭支出在1990年占社会总支出的3.1%，到2009年该比重上升到4.2%，家庭支出是一个仅次于老年需求增长速度的部门。总之，日本、韩国两国改变了之前国家对未成年养育的不干涉理念。

---

〔1〕 See Lisa Bornstein, *Inclusions and Exclusions in Work-Family Policy: The Public Values and Moral Code Embedded in the Family and Medical Leave Act*, Columbia Journal of Gender and Law, Vol. 10:1, p. 113(2000).

〔2〕 See Lisa Bornstein, *Inclusions and Exclusions in Work-Family Policy: The Public Values and Moral Code Embedded in the Family and Medical Leave Act*, Columbia Journal of Gender and Law, Vol. 10:1, p. 99(2000).

根据经济合作与发展组织的报道，日本、韩国两国均改进措施意在提升人口数量，增加对家庭的投资力度。具体表现在，在日本，2010 年 5 岁以下未成年人在幼儿保育和教育服务方面的总入学率为 58.1%，在韩国为 66.8%；25 岁至 39 岁女性的劳动力参与率在日本为 70.4%，在韩国为 62.3%。日本、韩国两国都历经了由政府融资和私人投资（包括营利性或非营利投资者或两者的组合）以及政府融资和政府提供托育服务构成未成年人照护服务的发展阶段。[1]

首先，在未成年人照护服务方面。为了促进工作与家庭的协调，提升民众的出生意愿，日本政府推出了天使计划（1994 年）和新天使计划（2000 ~ 2005 年），扩大了托育设施的数量，并加强了政府提供的各类照护服务。2010 年，政府承诺扩容未成年人照护机构招收的幼儿人数，提高社区的未成年人照护能力，鼓励更多的男性参与未成年人照护。在托育设施方面，日本有公共和私人投资两种类型，大多数私立未成年人照护机构由家庭为单位的主体设立，其中大多属于经过注册和认证的非营利组织。在当时，日本大约一半的托儿所由中央和地方政府经营，其余的则为非营利组织经营。1997 年之前，日本只有地方政府才提供未成年人照护服务。随着 1997 年《儿童福利法》的修订，父母和监护人可以自由选择托儿设施。当然，他们仍然需要向地方政府申请才可入托（入园），最终由市政当局根据行政准则作出决定并优先考虑全职母亲的需求，兼职或非正式就业母亲以及全职母亲则靠后等候。[2]

韩国于 1961 年颁行《儿童福利法》，规定了未成年人照护服务，但未成年人照护服务的规定在 20 世纪 90 年代之前实施极为有限。继 1991 年《婴儿照料法》之后，韩国的未成年人照护服务规模迅速扩大，立法方面，韩国相继颁行《三年期儿童保育设施扩展计划》（1995 ~ 1997 年）、《国际儿童福利协会改革计划》（2004 年）、《低生育和老龄化社会第一个基本计划：桑罗马吉计

---

[1] See Mi Young An & Ito Peng, *Diverging Paths? A Comparative Look at Childcare Policies in Japan*, South Korea and Taiwan Social Policy & Administration, Vol. 50:5, p. 2 – 4(2015).

[2] See Mi Young An & Ito Peng, *Diverging Paths? A Comparative Look at Childcare Policies in Japan*, South Korea and Taiwan Social Policy & Administration, Vol. 50:5, p. 7(2015).

划》(2005～2010年)、《儿童关爱计划》(2009年)和《免费护理和教育方案》(2013年)。五项立法均旨在鼓励扩大未成年人照护服务的层次与规模。在未成年人照护服务机构中90%以上为营利性经营,剩余的公共照护机构由中央和地方政府建立并管理。与日本不同的是,获得托育服务的机会不因育有未成年子女的父母是否就业而有所区分。韩国政府于1996年开始向低收入家庭提供未成年人照护补贴,并在2010年逐步将覆盖面扩大到中等收入家庭,补贴数额视家庭收入而定。作为免费提供未成年人照护计划的一部分,所有学龄前未成年人的家庭在使用机构服务时都有权获得政府补贴,尽管《免费护理和教育方案》计划旨在全民覆盖,但没能实现所有未成年人照护费用都得到政府支持的目标。[1]

其次,关于产假与育儿假规定。1947年,日本实行了《产假法》,作为《劳动标准法》的一部分,给予产后母亲最多14周的无薪假期。自1986年以来,在产假中增加了工资补偿,截至2007年,母亲在产假期间获得工资总额的60%。1992年颁布的《育儿假法》规定,为就业保险缴款超过一年的员工提供365天的育儿假。修订后的《就业保险法》提升了父母休育儿假的工资补偿数额,达到初始工资数额的50%。随后政府为了鼓励父母休育儿假,完善了育儿假的制度,将父母双方都休育儿假的期限延长到13个月。

韩国政府于1953年将产假列入《劳动标准法》。该法允许职业母亲享有60天的全薪假期。2001年颁行《平等就业机会和工作及家庭和解支助法》,该法将全薪假期延长到90天。

最后,关于未成年人津贴。日本于1972年引入未成年人津贴,作为对有多个子女未到学龄前的低收入家庭的收入支助。最初只向第3个子女以及更多的子女提供津贴,后来又扩大到包括第1个和第2个子女。2001年,政府提高了领取津贴的收入门槛和福利数额,2009年又完全取消了领取津贴的收入上限,使津贴成为一项普惠性政策。2010年日本政府将津贴扩大到

〔1〕 See Mi Young An & Ito Peng, *Diverging Paths? A Comparative Look at Childcare Policies in Japan*, South Korea and Taiwan Social Policy & Administration, Vol. 50:5, p. 8(2015).

从出生到初中教育阶段结束(通常为14岁)的未成年人。

由上可知,日本的未成年人津贴并非衡量家庭化的准确标准,因为传统观念中,未成年人津贴的主要目的是减轻未成年人贫困,而非为学龄前未成年人提供托儿支助。因此,未成年人津贴改革旨在降低所有家庭的育儿费用。《儿童津贴法》在承认父母和其他监护人负有抚养未成年人首要责任的前提下通过向照护未成年人的父母或其他监护人支付未成年人津贴,旨在促进家庭生活的稳定和未成年人的健康成长。未成年人津贴的财政支持是韩国于2010年推出的一项相对较新的政策理念,其目标鼓励低收入家庭承担起全部的育儿责任,而非使用机构提供的照护服务。最初,韩国向1岁以下的未成年人提供津贴,随后扩及2周岁以下的未成年人。日本、韩国两国的政策表明,福利模式正在从保护模式转向社会投资模式,后者更富有成效。虽然未成年人照护政策存在重大的跨国差异,这些措施包括旨在动员女性获得有偿工作的政策干预,为家庭照护和女性有偿工作提供全面支持。通过比较日本、韩国两国的未成年人照护政策,发现其差异是明显的。在2000~2010年,日本、韩国两国都增加了对未成年人照护的财政支助,具体在日本,增加的大部分是家庭照护子女的财政支助,韩国则加强了支持家庭使用照护服务的政策。由此可见,在日本、韩国两国,父母获得托儿服务的不同支付方式对性别平等和性别关系有不同的影响。日本的混合家族主义反映了通过国家提供未成年人照护服务与给予家庭照护的财政支持从而推进两性平等。

综上,日本、韩国两国的政策是鼓励女性阶段性就业,从而缓解工作与家庭的角色冲突。日本、韩国两国的基本认知仍然停留在养育未成年子女应由家庭特别是母亲来承担。由此,从社会宏观的角度审视就业政策、福利政策和家庭政策,三者相互关联、协调配合:一方面,可以提高女性就业、增强女性经济自立能力;另一方面,也可以减轻职业女性的家务负担,从而缓解其角色冲突。如果三者不协调,则不免产生新的问题。就鼓励女性参与社会劳动为目标的福利政策调整而言,日本为了推动工作家庭平衡,2005年出台《培育下一代援助对策推进法》,该法强制地方政府和雇主制订行动计划,支持下一代的育成,由中央政府制定标准和原则,地方政府和企业主根据标准制订自己的行动计划。除日托服务与健全的课后未成年人照护之外,政府还规定雇主应为有3岁以下子女的员工建立短期工作制度,免除加班的义务。政府给那些积极支持工作和家庭生活平衡的公司给予补贴。我们可以认为日本的未成年人照护政策通过劳动去家庭化比韩国的未成年人照护政策具有更强的性别平等效应。日本相较韩国,未成年人照护服务由政府提供的占比最大,政策促使家庭平衡工作与家庭冲突,从而促进更为平等的性别分工,还是仅仅模糊了两性平等与有酬和无酬劳动之间的界限,尚待观察。在韩国,2010年通过对未成年人照护服务提供更多数额补贴和普遍范围的财政覆盖,地方发展基金和妇女发展基金的财政支持程度有所提高。理论层面而言,这项举措本应激励女性尽可参与有酬劳动。然而,尽管有国家政策干预,男性养家糊口的家庭模式仍然没有明显变化。一方面,财政补贴鼓励父母使用以市场为中心的托育服务,另一方面,2010年以来,家庭照护津贴也有大幅增加。因此,韩国是否在向支持家庭照护的财政支持转变尚不明确。我们的分析表明,未成年人托育服务获得财政支助的规模,可能是促进女性就业率上升的另一个重要因素。

上述可知,日本、韩国两国均可被认为是“去家庭化体制”,因为他们均扩大了由市场和国家提供的非家庭照护规模,照护未成年子女的费用在国家和社会之间会重新分配。这些政策可能有助于消除两性不平等的影响,改变男性作为养家者的家庭模式,易言之,在日本、韩国两国,消除两性不平等的方法和程度各不相同。此外,越来越多的去家庭化倾向表明照护制度可能已经对不平等的性别分工产生了积极的影响,或者这些制度可能只是有相互冲突的迹象,对政策干预下关于性别关系和家庭的规范性假设没有明确的共识。家庭政策往往导致不同价值观之间的竞争,这可能比其他政策领域的竞争更大。男女两性、不同社会阶层、不同地区对如何提供未成年人照护服务和由谁提供未成年人照护服务可能存在不同观点。在某种程度上,如何平衡有酬工作和男女在家庭中从事的无酬照护劳动的整个问题,既是政治家与专业人员关注的问题,也是父母对育儿责任如何分担的委婉表达。

对未成年人照护政策的比较分析有助于我们预测体制安排与性别分工

之间的关系,并为我们提供关于决策过程中所包含的性别假设或想法的提示。随着日本、韩国两国顺应全球日益增加的未成年人照护服务支持的趋势,我们将需要关注他们的政策如何通过有偿就业、工作与家庭和解或真正的选择有效地促进两性平等以及对女性赋权,从而客观评价政策的优劣。

第四节　社会分担未成年人养育成本的制度设计

一、社会政策惠顾女性平衡工作与家庭

如上所述,与未成年人养育成本承担紧密联系的女性就业问题,相应可以实施的家庭政策或措施主要包括育儿津贴、产假、育儿假、政府对婴幼儿照护服务设施的提供等,以此平衡女性家庭与工作紧张的关系。通过减轻女性家务负担,补偿育儿家庭的照护支出,以缓解女性就业面临的角色冲突。改革开放之前,我国倡导女性普遍就业的目标是通过"单位"福利为就业女性提供完备的托管服务实现的。虽然那时我国没有"家庭政策"的概念,但实际上具备了一套较为完备的家庭政策体系,从而使女性的角色冲突得到有效的缓解。但是,改革开放后,由于"单位"制度发生变化,女性的角色冲突问题开始显现。特别是我国传统的社会保障和社会福利制度是建立在普遍就业基础上的,社会福利(social welfare)接近于工作福利(workfare)。随着就业形势趋向严峻,失业和下岗人员增多,一些人将面临失去社会保障的可能,这就给我国的社会福利政策和家庭政策带来了新的课题。在这种新形势下,社会政策的改革与创新就显得非常紧迫和重要了。对于失业和下岗问题,政府通过再就业工程和建立完善失业社会保险制度积极应对。因为女性就业具有一定的特殊性,因此解决女性因生育造成职业中断的对策也应该反映女性就业的特点,把缓解女性角色冲突问题纳入再就业工程的方案之中。

(一)政府对女性就业的政策支持选择

我国法律法规在保障女性平等就业、职业发展等方面可谓全面,但具体实施过程中,政府的主导作用可谓关键。尤其是政府制定的相关政策不仅影响劳动市场,而且影响家庭经济和家庭生活,这些政策对帮助女性解决就业

问题,平衡工作与家庭角色冲突至关重要。总体而言,女性就业的社会政策基本分为三类:第一类是旨在保障女性获取就业机会的平等权利的政策;第二类是旨在通过社会福利制度与税收制度,从女性就业意愿的视角间接调节女性就业的政策;第三类是通过减轻因生育、养育导致失业造成的负面影响的政策,为女性就业提供支持。

保障女性就业机会均等是国际社会长期以来致力的目标。各国法律通过明令禁止在工作方面的一切歧视女性的做法,比如,任何用人单位不得以性别为由拒绝招聘女性,或对女性提出比男性更为苛刻的招聘要求;不得因性别不用而将相同工作内容给予不同的报酬。各国政府部门加强对用人单位的监管以保证这些法律法规得以顺利实施,根据现实中的问题制定更具体的政策,尤其对那些含有间接性别歧视或潜在对女性就业带来不良影响的规则,要积极予以规制。比如为了应付养老金支付的危机,有些国家提高获得足额养老金所需的就业年限,从而使得女性受到的影响比男性大。其原因则在于弹性就业制度的发展,女性更愿意选择非全日制就业以此兼顾家庭,相应平均有缴费资格的年限也就缩短。此外,政府还应评估各项具体政策对不同婚姻、家庭状态下的女性产生的不同影响。

在许多国家,社会保障制度是基于男性在家庭中扮演养家糊口的角色的假定构建的,女性可以通过丈夫的就业获得享受社会保障的权利,包括养老保险、医疗保险等。在这种制度中,家庭而非个人是生活保护和享受社会福利的单位。这种制度安排一方面有利于家庭内部进行合理的劳动分工,但另一方面也造成女性就业的"边缘化"倾向,女性从事的工作常常是社会保障体系覆盖范围之外的。近年来,由于婚姻家庭方面出现许多新的情况,如晚婚和不婚、婚外生育、未婚生育等现象日趋普遍,加上女性主义运动对其权利的强调,有些国家的社会保障制度有从以家庭为保障单位向以个人为保障单位转变的趋势。在转变过程中,女性就业和福利问题成为政府制定社会政策的重要议题,不同的制度安排对女性的影响也就不同。就养老金制度而言,目前各国大致分为三种类型:第一类是以公民权利为基准的全民享有的基本保障制度;第二类是以就业为基准,与劳动所得密切挂钩的所得保障制度;第三类是以维持基本生活水准为目标的补助养老金制度。[1] 显然,对女性来说第一种制度是最有利的。政府在选择具体做法时应充分考虑其对女性就业产生的影响。帮助劳动者平衡工作和家庭的地方立法中,甘肃省的措施可谓具有领先性。2019 年 4 月 10 日,甘肃省妇联、省人社厅等 7 部门制定出台《甘肃省促进女性公平就业工作的意见》,旨在倡导各相关部门积极推动正在逐步完善的女性生育社会保障体系,对女性职工达到一定比例的用人单位在税费减免、融资贷款等方面给予相应的政策奖励。正面鼓励并奖励用人单位在促进性别平等方面的良好实践也是国际上普遍采用的方法,有助于减少男女用工成本差异,并倡导企业积极承担相应的社会责任,从而有助于形成良好的社会风尚。[2]

(二)政府倡导建立灵活富有弹性的就业制度

弹性就业制度其特点就在于"弹性"二字,是指职员与用人单位签订工作合同以非连续、非固定及非全日制的就业方式和工作时间为其核心内容,是一种相对灵活的就业制度,显著特征是劳动参与形式多样化与工作时间自由选择化。主要形式包括临时就业、非全日制就业(Part-time employment)和派遣就业等。临时就业则是指一时性的、期间限定的就业。通过更新合同,临时就业关系也可能变为恒常的、长期的雇佣关系,但即便是长期雇佣,就业者的权利义务仍由临时性工作合同决定,以此区别于正式雇佣的职员。非全日制就业也称非常勤就业,是指周工作时间低于一定标准的就业,如每天工作时数不满,或每周出勤天数不满等等,形式较为多样化。各个国家在具体规定上存在差异。如前述瑞典规定每周工作少于 31 小时的即可认定为非全日制就业,日本则规定非全日制就业的周工作时数上限为 35 小时。值得注意的是,这种类型的就业不一定就是临时性的,也可能是长期的固定的就业。派遣就业是指通过劳动合同受雇于某一雇主,然后根据雇主的指派为第三方

---

[1] See Sandra K. Danziger, E. O. Ananat & K. G. Browning, *Child Care Subsidies and the Transition from Welfare to Work*, Family Relations, Vol. 53:2, p. 219 – 228(2004).

[2] 参见朱婕:《甘肃省近日制定出台促进女性公平就业工作意见》,载《甘肃日报》2019 年 4 月 11 日,第 2 版。

工作的就业形式。雇员与雇主签订雇佣合同，与第三方只是工作关系。这种形式的就业适合于某些专业技术人员和一些服务业从业人员。

1980年以来，有些国家在重构劳动力市场、调整雇佣政策的过程中，出现了就业制度"弹性化"的趋势。各种不同于传统就业形式的"不规则"就业形式被纷纷引入并广泛流行开来，尤其是非全日制就业形式发展迅猛，非全日制就业者在就业者总人数中的占比不断攀升。1991年，欧盟国家的女性就业人口中有28.5%是非全日制就业者，相对地，男性非全日制就业者的比重只有4%。女性在非全日制就业者中占绝大多数，在德国甚至高达90%。另外男女两性选择非全日制就业形式的年龄分布也不相同，男性选择该种就业形式的年龄主要集中在年轻和年老两个阶段；女性选择该种就业形式的年龄分布则无规律可循，没有受限于照护任务繁重的"子女成长期"。实际数据表明，在法国，1990年约有46%的女性选择非全日制就业时并没有子女，在西班牙只有10%的女性自称要照护家庭从而选择了非全日制就业形式。[1] 上述表明，女性选择非全日制就业形式并非权宜之计，而是该种就业形式已然成为一种流行的就业形式。在日本，女性选择非全日制就业形式也日趋普遍，非全日制就业形式也促进女性劳动力参与率不断上升。1975年到1995年20年间，女性就业者中非全日制就业者比例从17.4%上升到31.6%。[2]

以非全日制就业形式为代表的弹性就业制度，正向而言，因女性工作的特点，方便女性兼顾家务，帮助就业女性缓解工作角色与家庭角色的冲突，促进女性就业；负向而言，这种就业形式一般是较低的报酬、不完善的社会保障以及不被重视的职业声望，因此，也可能会加强女性在劳动力市场中的弱势地位，从而造成女性就业困难的不利影响。据1994年日本劳动省关于就业形式多样化问题的综合调查，虽然人们对非全日制就业形式，在工作时间、工作内容、工作中的人际关系等方面比较满意，但在工资福利、学习培训等方面

---

〔1〕 Jill Rubery, Mark Smith & Colette Fagan, *Women's Employment in Europe*: *Trendand Prospects*, Routledge, 1999, p. 274.

〔2〕 日本经济企划厅：《国民生活白书：平成9年版》，大藏省印刷局1997年版，第306页。

的满意程度则很低。[1] 从1980年以来，我国学术界在研究女性就业问题的过程中，已有学者提出“女性半天工作制”“女性阶段性就业”“女性弹性就业”等弹性就业形式的观点，但该观点并没在劳动市场和企业劳动制度改革的实践中得到有效与积极的回应。因此弹性就业没能盛行。其原因主要有两点：一是民众的就业观念仍然陈旧。用人单位和职工本人坚信固定、连续且全日制的工作形式才称为真正的就业，而非全日制的工作形式仅为临时的、过渡性的，并且是不稳定的就业形式，是一种非正式的就业。用人单位对该就业形式不熟悉，不热心；员工个人对该就业形式也缺乏安全感、稳定感。二是非全日制就业的配套政策、改革制度均没有被提上日程。我国传统的社会保障制度，尤其是企业的福利制度，均视全日制就业者为福利对象，因此民众除非万不得已，一般不愿接受缺乏社会保障的其他就业形式。[2]

就业形式“弹性化”是近年来国际劳动就业制度发展的趋势，尤其是在新经济部门受到广泛的欢迎。许多国家将其作为雇佣调整的重要手段之一。随着我国经济发展与社会转型的不断深入，传统的固定工时制度已然发生了很大变化，就业制度也呈多样性，弹性化也成为大势所趋。就当下而言，要顺利推行弹性化就业政策，一方面，需要转变大众的就业观念，另一方面，需要严格执行《社会保险法》，在社会保障制度中将不同就业形式的劳动者均纳入社会保障范围。

（三）扩大带薪产假的覆盖率

随着市场化改革的推动以及经济模式转型引发的劳动力市场竞争进一步加剧，引发的后果之一，则是非公有制经济模式增加，带薪产假对女性劳动者的保障效果则进一步弱化。1997年以后，带薪产假的覆盖率与休假天数都有显著下降趋势，带薪产假对受教育程度高、全日制就业以及在公有部门就职的女性劳动者保障是到位的，反之，那些受教育程度低、非全日制就业以及在私有部门就职的女性劳动者之保障则是不足的。生育女职工其带薪产

---

〔1〕 日本劳动省编：《劳动白书：平成8年版》，日本劳动研究机构1996年版，第193页。

〔2〕 参见谭琳、陈卫民：《女性与家庭：社会性别视角的分析》，天津人民出版社2001年版，第131～139页。

假覆盖率和休假天数与是否受过大学教育、是否在政府与事业单位有编制部门就职、是否在国有企业或私有企业就职，均有很大差异。显而易见，那些受过大学教育、在有编制的部门就职、在国企就职的女性带薪产假的覆盖率和休假天数均高。因此，带薪产假对女性的工资率有显著的负面影响，表现在带薪产假增加 1 天，女性的工资率将减少 2%，这种效应在 1997 年之后更为显著；带薪产假对女性工资率的负面影响对于受教育程度低的女性更大。[1]

针对上述问题，基于平等公民的理念，我们要进一步完善相应的制度，从而使带薪休假的具体实施更为公平，即扩大带薪产假的覆盖范围。政府应该将那些受教育程度低、非正式就业者、临时就业者、私有企业就业者均赋予带薪休假的福利，让所有的育龄女性在生育后均能享有产假待遇，并严格执行，通过推进税收融资、社会救助和社会保险等多元集合型融资措施，推行生育保障制度，以此提高生育保障覆盖范围；结合当前我国正在试点的生育保险与医疗保险合并改革，政府可以依托现有的医疗保险制度，以政府补贴、个人缴费、社会救助等多元化融资方式将尚未参保的人群纳入生育保障体系中，扩大生育保障的覆盖范围，加快推进生育保险与医疗保险的合并；政府应该加强对用人单位特别是私有企业、非正式就业形式的监管和对女性劳动者的保护，对于产假期间降低工资、变相解聘等做法进行严厉惩罚，从而增强对女性的就业保护。[2] 另外，对于自雇者这个群体，我们建议对其发放育儿津贴以激励其提升生育意愿。

（四）提高分娩报销比例

当前我国参加城镇职工医疗保险的女职工剖宫产定额报销费用在 2500～4000 元，顺产定额报销费 2000～3000 元，但目前在三级医疗机构行剖宫产术

---

〔1〕 参见贾男、杨天池：《带薪产假与女性工资率——基于各省晚育产假奖励政策的实证研究》，载《当代财经》2019 年第 12 期。

〔2〕 参见贾男、杨天池：《带薪产假与女性工资率——基于各省晚育产假奖励政策的实证研究》，载《当代财经》2019 年第 12 期。

医疗总费用约1万元,顺产医疗总费用约6000元,个人负担费用较多。[1] 第三期中国妇女社会地位调查分析发现,分娩费用报销水平和产假期间生活补贴水平对生育后女性的职业中断影响较大,分娩费用全部报销的女性因生育中断职业的比例仅为全部自费女性相应比例的一半,提高分娩花费的报销比例和生育津贴,会在一定程度上降低女性生育时的职业中断率。2020年第四期中国妇女社会地位调查分析发现,我国35岁以下女性最近一次生育时,住院分娩费用可以报销或有补贴的比例为66.8%,比第三期调查的数据提高32.1%;城镇和农村分别比2010年提高30.8%和32%。[2] 由此可见,增强社会承担人口再生产中的责任,进一步完善生育保险制度,解除职业女性生育的后顾之忧,提高生育保险统筹层次和保险水平,尤其是提高分娩费用报销比例和生育津贴,分担女性在生育中承担的经济成本,给女性生育更多的支持,解除女性的生育隐忧,为职业女性创造更加平等的发展环境。[3] 与此同时,经济社会的发展必然伴随环境污染与食品安全的隐患,同时育龄群体普遍存在生活与工作压力增大,使其生殖力下降而不孕率持续攀升。有调查发现,城市女性在高强度工作压力下,生活不规律导致不孕不育等客观生育障碍所带来的不能生占比也越发上升。[4] 如果要实现生育,必然要借助人工辅助生殖的技术,这又是一笔不菲的开支。目前将此笔费用纳入医保报销范围的只有北京市(2022年3月26日实施)。[5] 作为首善之区,北京市的垂范值得推广,补贴那些通过人工辅助手段实现生育愿望的育龄夫妇,也助

---

[1] 参见《自治区政协委员谈“三孩”配套支持措施｜让更多人生得起养得起、生得好育得好》,载广西新闻网2022年9月18日,https://baijiahao.baidu.com/s?id=1722189840293060772&wfr=spider&for=pc。

[2] 参见《第四期中国妇女社会地位调查数据情况》,载《中国妇女报》2021年12月7日,第4版。

[3] 参见黄桂霞:《生育支持对女性职业中断的缓冲作用——以第三期中国妇女社会地位调查为基础》,载《妇女研究论丛》2014年第4期。

[4] 参见陈友华、孙永健:《生育政策及其配套支持措施:认知偏误与政策偏差》,载《广州大学学报(社会科学版)》2022年第4期。

[5] 参见北京市医疗保障局于2022年8月19日发布的《北京市医疗保障局 北京市卫生健康委员会 北京市人力资源和社会保障局关于规范调整部分医疗服务价格项目的通知》(京医保发〔2022〕28号),载北京政府网,http://ybj.beijing.gov.cn/zwgk/2020_zcwj/202208/t20220819_2795691.html。

益于提高我国人口出生率。

二、重塑社会对生育予以关注的理念与文化

(一)塑造关爱孕哺期女性的社会观念与文化

在计划生育前期,我国正处于婴儿潮时期,养育成本为大众均能接受,加之公立托育机构数量充足,因而民众生育意愿强烈,社会观念上自然将生育视为家庭内部的事情。虽然我国法律在工作场所对孕哺期女性有特殊的保护,但社会大众并没有塑造出优待孕哺期女性的观念与社会环境,处于特殊时期的女性在公共场所基本和普通女性并无二致。但是,由于社会以及自然环境的变化,衍生而来的副产品则是生育率以及生育能力的降低,尤其大中城市,育龄女性自然怀孕乃至自然生产的比例也逐渐降低,有些女性整个孕期中大半要卧床保胎,有些则为了经济需要继续外出工作打拼,对于后者,社会以及工作单位的关怀显得至关重要。加之,生育成本的攀升导致大众生育意愿处于低迷时期,要提高生育意愿,营造对孕妇的特殊关怀的社会文化凸显生育对国家与社会的意义。

孕期女性既要忍受身体的各种不适,又要在工作单位尽心尽责,尤其不可避免需要进入公共场所,公共场所提供便利成为必要;比如孕期女性在公共场所购物时享受绿色通道,乘坐飞机、火车、公交、地铁等公共交通工具时享受优先待遇,倡导整个社会对孕期女性的关怀礼让、温暖照顾。另外,政府在特殊时期给予孕期女性定向照顾,由单位或者住所所在社区向孕妇提供生活用品配送上门,并在费用方面给予些许优惠,让孕期女性感受到生育子女不仅是家庭私领域的焦点,更能得到社会乃至政府的关怀,从而创造友好的生育社会环境激发育龄女性生育的意愿。

(二)保障哺乳期女性拥有安全私密的哺乳环境

对于哺乳期的女性,哺乳环境也是一直以来困扰哺乳妈妈的社会问题。女性哺乳、挤奶、给婴儿换尿布都需要一个私密、干净的空间,但我国可供这些妈妈和宝宝使用的母婴室却非常稀少。根据第一财经 2019 年 3 月发布的《中国城市母婴室白皮书》,中国内地所有城市总共拥有的母婴室数量仅

2643 间,其中只有 7 座城市拥有超过 100 间母婴室。世界卫生组织在《婴幼儿喂养全球战略》中提出,6 个月以内的婴儿应该给予纯母乳喂养,以实现婴儿最佳成长、发育和健康的目标。但此前多项调查均显示,我国 6 个月以下婴儿的纯母乳喂养率偏低,不足 30%,远低于 43% 的世界平均水平。[1] 2018 年,中国发展研究基金会发布了《中国母乳喂养影响因素调查报告》,其中显示,“在社会环境层面上,缺乏家庭支持、包容的职场环境、社会和政策环境、公共设施等,都会增加女性进行纯母乳喂养的难度”。[2] 基于此,2016 年 11 月 15 日,原国家卫生计生委联合国家发展改革委、住房城乡建设部、交通运输部、国家旅游局、国家铁路局、中国民航局、全国总工会、全国妇女联合会、中国铁路总公司,为贯彻落实《中共中央　国务院关于实施全面两孩政策改革完善计划生育服务管理的决定》(中发〔2015〕40 号)精神,完善配套政策措施,加快推进母婴设施建设,出台《关于加快推进母婴设施建设的指导意见》(国卫指导发〔2016〕63 号),为了满足群众对母婴设施建设的需求,支持母乳喂养,保障母婴权益,积极营造生育友好的社会环境。文件提出到 2020 年底,应配置母婴设施的所有用人单位基本建成标准化[3]的母婴设施。各个地区的工会女职工组织应根据不同行业、不同类型单位女职工的需求,通过项目化运作、社会化推进,为特殊生理期女职工提供安全、卫生、私密的休息哺乳场所。截至 2017 年 9 月,全国陆续建立女职工休息哺乳室的基层企事业工会达 29.6 万个,其中涵盖用人单位 62.3 万家,女职工 1849.4 万人。[4] 继后于此规,江苏省苏州市政府于 2016 年 11 月 29 日通过了《苏州市公共场所母乳哺育设施建设促进办法》(2017 年 2 月 1 日实施),该规章对多类公共

---

〔1〕 参见梁静怡:《广州母乳喂养促进条例今日通过,让妈妈有尊严地母乳喂养》,载搜狐网 2019 年 10 月 29 日,https://www.sohu.com/a/350420942_114988。

〔2〕 参见梁静怡:《广州母乳喂养促进条例今日通过,让妈妈有尊严地母乳喂养》,载搜狐网 2019 年 10 月 29 日,https://www.sohu.com/a/350420942_114988。

〔3〕《关于加快推进母婴设施建设的指导意见》提供的标准:面积一般不低于 10 平方米,防滑地面,带安全扣的婴儿尿布台,提供热水和洗手液的洗手台,婴儿床,便于哺乳休息的座椅,便于放置哺乳有关用品的桌子,电源插座,垃圾桶,保护哺乳私密性的可上锁的门、帘子遮挡设备等。

〔4〕 参见我国关于 CEDAW 第九次履约报告。*Committee on the Elimination of Discrimination Against Women Ninth Periodic Report Submitted by China under Article* 18 *of the Convention*, due in 2018 ****** [Date received: 26 March 2020].

场所提出了具体的母婴室建设要求，但政府规章法律位阶低，缺乏强制效力，也缺乏相应罚则。2018 年 9 月 20 日，北京故宫博物院率先开设母婴室，为哺乳期妈妈提供了贴心安全的哺乳环境，彰显首善之区的人文关怀。广东省广州市人大常委会于 2019 年 10 月 29 日颁布《广州市母乳喂养促进条例》（2020 年 3 月 1 日实施），成为中国首部促进母乳喂养的地方性法规。相较于江苏省苏州市的政府规章，广东省广州市的地方法规其亮点在于，将母婴室从民生工程走向了法律强制。特定的医疗机构、交通运输场所、公共文体服务场所、公共服务机构、旅游休闲场所和商业零售场所六类公共场所应当建设母婴室。为了保障该母乳喂养条例的落实，公共场所建设单位没有按照条例规定的标准建设母婴室的，由相关行政管理部门责令限期整改，逾期不改的，对其予以 2 万 ~5 万元的罚款。广东省广州市的优良举措可以推广至全国，按照立法先行，政府倡导，社会参与的思路，形成全社会给予哺乳期女性充分重视与尊重的社会文化，也从实际凸显社会各个部门对育儿责任的担当。

国家立法层面，2021 年修订的《人口与计划生育法》第 29 条明确公共场所和女职工比较多的用人单位应当配置母婴设施，为哺乳期的母亲提供便利条件。自下而上的母婴设施配置立法，凸显我国构建友好养育环境的立法理念。

（三）社会提供多元化的公共照护服务机构

前述第二章谈及我国顶层设计上，国家在公共照护机构方面予以资金的投入、照护机构的标准、从业人员的准入、监管等予以规范化。在此不再赘述。从社会层面而言，照护机构的多元化是让职业女性从容应对工作/家庭冲突的强有力保障。对此，我们应该根据家庭的实际需要，明确政府在公共托幼服务中的主体责任，支持用人单位和社会力量兴办婴幼儿托育服务机构，除了日托模式，依照相关规定设立其他照护机构，诸如延长照护服务、假期育儿服务、夜间育儿服务、特殊育儿服务等多种照护模式。多元化的育儿援助项目让父母可以根据自己的实际情况有更多的选择。[1]

---

〔1〕 参见马春华：《当代日本家庭变迁和家庭政策重构：公共资源的代际再分配》，载《社会发展研究》2017 年第 3 期。

(四)倡导文明的婚恋观

近些年,我国农村适婚男性多于女性,性别比失衡对男性造成婚姻挤压后果,彩礼飙升,娶不起成为农村地区适婚男性的大难题。相较城市而言,农村地区有着较为传统的生育观念和文化,结婚自然就有生育行为。基于此,我国地方政府近几年介入天价彩礼的陋俗整顿,比如加大对天价彩礼、大操大办等婚嫁陋习危害的宣传力度,营造社会氛围;简化、创新婚礼形式,以简约适度、"零彩礼"、集体婚礼等形式引领时代风尚;将抵制高价彩礼、铺张浪费等纳入村规民约、居民公约,对彩礼的标准、婚宴的标准、随礼标准、参加人数等做出规定。对陋俗的整顿旨在保障农村地区男性的结婚权,加之我国大量的农村地区传统观念中结婚与生育相伴而行,由此,结婚成本下降,生育问题也就迎刃而解。

三、推进非婚生子女与婚生子女实质的平等

当前我国非婚生育的人群不可低估,对非婚子女应须给予一切平等权利,体现在生育保险、落户、入学等方面,不得歧视。我国 2001 年《婚姻法》和《民法典》一致明确规定:非婚生子女享有与婚生子女同等的权利,任何人不得加以危害和歧视。不直接抚养非婚生子女的生父或生母,应当负担子女的生活费和教育费,直至子女能独立生活为止。然而,这只是原则性要求,尽管"全面二孩"政策已经实施 6 年有余,"全面三孩"政策实施已逾一年,但在全国不少城市与地区,由于政策、观念等方面的滞后,生育保险自然没有将非婚生育女性纳入,更重要的是,户口仍然是非婚生子女首先面临的一大难关。一些省份与地区对非婚生育依然征收社会抚养费,典型如修订前《山东省人口与计划生育条例》第 38 条第 1、2 款规定,"对符合法定结婚条件未办理结婚登记而生育第一个子女的,应当自生育之日起六十日内补办结婚登记;逾期未补办的,依照第三十六条规定基数的五分之一征收社会抚养费。对不符合法定结婚条件而生育子女的,依照第三十六条规定基数征收社会抚养费"。甚至在 2020 年,也有因向当事人征收社会抚养费而被当事人诉至法院的案例。

案情概况：上诉人湖南省株洲市茶陵县卫生健康局因与被上诉人刘某生社会抚养费行政征收一案，不服湖南省醴陵市人民法院（2020）湘0281行初114号行政判决，向湖南省株洲市中级人民法院提起上诉。经查明，被告湖南省株洲市茶陵县卫健局对湖南省株洲市茶陵县平安医院的谭某平生育的女儿时间为2015年1月16日和湖南省株洲市茶陵县妇幼保健计划生育服务中心出具的《出生医学证明》中刘某生之女刘某悦的出生时间确认为2016年5月1日，没有进行甄别属于事实不清。故被告湖南省株洲市茶陵县卫健局于2020年10月2日作出的茶（卫健）征字（2020）年第11号《征收社会抚养费决定书》，认定事实不清，且程序违法，应予撤销。据此，依照《中华人民共和国行政诉讼法》第70条之规定，判决撤销被告湖南省株洲市茶陵县卫生健康局于2020年10月2日作出的茶（卫健）征字（2020）年第11号《征收社会抚养费决定书》；案件受理费50元，由被告湖南省株洲市茶陵县卫生健康局负担。[1]

该案裁判要旨：2016年1月1日我国《人口与计划生育法》明确全面实施二孩，提倡一对夫妻生育两个子女，此案当事人夫妇恰好是两人离婚后生育二孩，属于典型的非婚生育。最终的行政判决根据从旧兼从轻的原则，认为计划生育行政部门以当事人违法生育二孩为由作出社会抚养费征收决定，既与国家现行法律和政策相违背，亦不能起到积极的社会效果。

"国内未婚生育申领生育保险金典型案"

从2017年冬天起至2020年2月11日，张萌（化名）在过去的4年内，为了给儿子争取到社会抚养金，先后4次将政府告上法庭，她也成为我国争取生育保险第一案的当事人。当她准备向上海市社会保险事业管理中心申请生育保险时，却因"没有计划生育证明，不符合要求"被拒。"没有生育保险金、没有交社会抚养金"。生育保险是一项保障公民在生育情况下依法从国家和社会获得物质帮助的制度。女性生产后可向社保部门申领生育保险金，

---

〔1〕 参见湖南省株洲市中级人民法院行政判决书，（2021）湘02行终16号。

弥补产假期间的工资收入,并享受生育医疗待遇。显而易见,张萌因非婚生育而不能享受生育保险金。根据《上海市申请享受生育保险待遇计划生育情况审核办法》规定,生育保险申请人需提供夫妻双方的婚姻状况证明。张萌属于非婚状态,无法提交婚姻状况证明。2017 年 7 月,张萌在上海市浦东区金杨街道办事处申请《计划生育证明》,但因未能提供配偶身份信息和婚姻证明,街道没有受理。2018 年 1 月 23 日,张萌向上海市社会保险事业管理中心申领生育保险待遇,但因为没有《计划生育证明》,且表示无法进一步补全,上海市社会保险事业管理中心告知张萌申请业务不能办理。张萌先后起诉了金杨街道办事处和上海市社会保险事业管理中心,均败诉。上海市第三中级人民法院的二审判决书显示,根据相关法律和办法,只有计划内生育的妇女才有权利申领生育生活津贴、生育医疗费补贴,且申请时需提供人口和计划生育管理部门出具的属于计划内生育的证明。上海市社会保险事业管理中心认定张萌不符合申领条件并无不当。2019 年 7 月,张萌向上海市高级人民法院提出了再审申请,2020 年 2 月 11 日,她收到上海市高级人民法院对于不予再审的裁定书,这已经是她收到第四次否定性裁判了。2020 年 7 月,张萌再次向上海市人民检察院提出抗诉申请,结果还是没有成功。在张萌本人在内的未婚妈妈团与律师、志愿者、人大代表的共同努力下,事情终于有了反转。2020 年 12 月 25 日,上海市民政局宣布“计划生育情况审核事项”(沪民基发〔2020〕23 号),退出社区事务受理服务中心受理清单。张萌历经行政复议、行政诉讼、申请再审和抗诉等辛苦的维权,终于在 2021 年 3 月初拿到了生育保险金。[1]

这笔生育保险金彰显上海市对未婚妈妈在生育津贴与医疗待遇方面的平等待遇。这也是上海市继广东省卫生健康委员会于 2020 年 3 月(粤卫信〔2020〕9 号)率先在全国对未婚妈妈的生育保险金予以保障的举措。

综上,在生育子女的问题逐渐由公权力干预转向父母自主决定的社会背

[1] 参见《未婚妈妈为生育金奔走四年:不仅为了钱,更为平等的权益》,载光明网,https://m.gmw.cn/baijia/2021-03/28/1302193941.html。

景下,《民法典》第1071条明确规定:"非婚生子女享有与婚生子女同等的权利,任何组织或者个人不得加以危害和歧视。不直接抚养非婚生子女的生父或者生母,应当负担未成年子女或者不能独立生活的成年子女的抚养费"。第1127条规定,第一顺位继承为配偶、子女、父母。子女包括婚生子女、非婚生子女。那么在相应的政策中,应该赋予非婚生子女平等的落户权,相应入学、医疗保障等权利也就迎刃而解。同时也应该赋予生育母亲平等的生育保险待遇。第一,宽容对待非婚生子女的落户问题。虽然根据《国务院办公厅关于解决无户口人员登记户口问题的意见》的相关规定,非婚生子女落户在程序上简便很多,但根据上述案例反映的事实,各地仍然对非婚生子女落户的政策没有统一。因此,建议使用宽容的态度放开非婚生子女的入户条件。第二,建议对没有履行抚养义务也不给办理落户的父母追加法律责任,在此可参照纳入治安管理法。第三,社区、街道和学校等基层组织应该积极介入非婚家庭,帮扶非婚生子女的身心成长,进而保障非婚生子女的基本权利,破除对非婚生子女歧视以及对其利益侵害的观念,不仅需要不断完善立法与相关政策,而且需要全社会高度关注非婚生子女的切实利益,让非婚生子女同等享有婚生子女一样的社会发展红利。

四、提升用人单位对潜在生育压力的应对能力

因为我国经济发展模式的多样性,用人单位包括各种形式的企事业单位,我们的重点是仅指非公企业或者临时用人单位。用人单位女职工越多,承担的生育压力越大。根据《女职工劳动保护特别规定》第8条之女职工产假期间应发放生育津贴的规定,"对已经参加生育保险的,按照用人单位上年度职工月平均工资的标准由生育保险基金支付;对未参加生育保险的,按照女职工产假前工资的标准由用人单位支付"。因此女职工数量越多的单位,需要支付的生育津贴数量也相应增多。此外,根据前述我国28个省(自治区、直辖市)的《人口与计划生育条例》的规定,女职工生育后享有158~190天不等的产假,一是会产生新的经济成本,二是会造成用人单位员工短缺的压力,因此休产假期间女职工的工作面临用人单位重新寻找合适替代者的困

境。尤其是那些技术含量高的工作,替代者或新聘人员还需要重新培训才可胜任,影响单位整体工作的进度。前章也述及,无论国际公约抑或我国《劳动法》和《中华人民共和国劳动合同法》中,均规定男女享有平等的就业权利、同工同酬。但实际上,用人单位出于自身利益的驱动,针对女性采用就业歧视的规定不可避免。尤其休产假在“全面三孩”政策国情下,一方面加剧女性的工作/家庭平衡之困境,另一方面增加用人单位潜在的生育成本。因此,在生育保障的制度中,如何平衡女性劳动者与用人单位的利益,显得更为重要。

首先,保障女性职工的生育权和劳动权。政府鼓励有条件的用人单位配置托育照护服务设施,从而减轻女性员工的生育隐忧;用人单位细化怀孕职工的合理工作时间与工作强度,以此保障生育女性产假后能够返回原工作岗位等保障措施;加强生育保险制度实施的管理和监督;针对不同性质单位以及不同职业类型的女性,其产假期间工资趋同;推行产假期间弹性工作制,尽可能让女性员工兼顾养育与工作。

其次,保障用人单位尤其是企业的利益。赋予用人单位对本单位女性职工生育怀孕的了解权,从而有利于单位有充足的时间对员工以及工作任务进行调整并合理安排;缩小女性职工比例不同而造成用人单位生育成本的差异,从而降低就业性别歧视的发生率。建议以生育保险为基准,另行建立生育保障基金,发放流程是用人单位首先提出申请,提供生育员工的身份信息,国家审核后将基金按照用人单位提供的生育员工数量先行发给用人单位,再由用人单位发放给生育职工,该举措旨在减轻单位因员工生育遭受的潜在损失,保障生育后员工顺利返回岗位。总之,通过生育基金保障制度,用人单位分担生育家庭的成本,双重疏解用人单位与家庭的生育压力,最终保障“全面三孩”政策的顺利实施。[1]

---

〔1〕 Mi Young & Ito Peng, *Diverging Paths? A Comparative Look at Childcare Policies in Japan*, South Korea and Taiwan Social Policy & Administration, Vol. 50:5, p. 7(2015).

第四章　家庭分担未成年人养育成本

第一节　家庭分担未成年人养育成本的理论概述

一、人力资本理论

良好的家庭无疑为形成与发展人力资本提供了重要的环境，尤其在经济全球化形势之下，劳动力的素质更凸显出对国家经济和社会发展至关重要的影响，相应地，有关家庭的立法与政策对一个国家提高劳动力素质具有重要的作用。经济全球化趋势使一国政府对国内经济活动的干预受到双重限制，一方面是国际规则的限制，另一方面则是本国市场中不确定因素和资本与劳动力在世界范围内的自由流动的限制。就此意义而言，更加突出了政府在经济发展中的重要作用，即要求政府与其他市场主体之间形成一种合作经营的伙伴关系，建立该伙伴关系的关键之一则是：政府与其他市场主体均面临劳动力素质的问题。在政府层面，社会成员适应劳动力市场变化的能力不但关乎经济发展，而且关乎就业、贫困以及贫富差距等问题的解决；在其他市场主体层面，企业在技术和管理方面的创新之竞争能力最终取决于所拥有的人力资本以及所处环境的劳动力素质。[1]

就传统观念而言，人力资本是指劳动者个人所拥有的、能够为企业或雇主所使用的知识技能。但在知识经济时代，市场或企业对劳动力素质的需求

---

〔1〕 参见张秀兰、徐月宾：《建构中国的发展型家庭政策》，载《中国社会科学》2003 年第 6 期。

也相应发生了变化,除知识技能等反映劳动者认知能力的人力资本之外,劳动者的"软技术",诸如良好的人际沟通能力、团队合作精神、领导能力以及创新精神也都成为劳动者人力资本的重要构成因素。除此之外,价值与伦理观念、精神和情感等能够影响劳动者工作动机与行为的因素也被认为是人力资本的组成部分。[1]

现代观念中的人力资本是一个人拥有的从事具有经济价值活动的能力、知识技能,它主要靠学习、训练和经历来获取和积累,是决定劳动生产率的一个主要因素。[2] 显而易见,人力资本的新内涵与其家庭有着不可分割的联系,凸显家庭对人力资本形成的重要作用。假如说个人的知识技能主要来自教育机构,那么个人的社会能力、价值观念乃至精神品质均与家庭有着千丝万缕的联系。在人力资本形成过程中,家庭环境对婴幼儿与青少年的教育有着关键性的影响。整个未成年时期奠定的生活基础决定其成年以后的生活质量。正如 T. 帕森斯(Parsons Talcott)等所说:"家庭决定成年人性格的稳定性。"[3]埃什尔曼(Eshleman, J. R.)也曾说:"无论对未来,抑或现在的劳动力而言,家庭均是滋养他们健康成长的基本社会结构;家庭既'包含巨大的利益和热烈的情感';家庭为每个人提供的福利、友谊、自我价值、保险以及爱,都远远多于其他任何方面的来源。"[4]由此我们可以说,随着人的精神要素在人力资本内涵方面的提升,家庭在人力资本视野下,对经济发展及社会政策的推动作用已经越来越被人们所认同。传统观念而言,女性的平均预期收入要低于男性,因此,女性通常更多会对婚姻进行有价值的投资,表现在抚养未成年子女和照护其他家庭成员,然而这些投资在离婚后几乎没有一般的市场价值,因为它们非常"专业化",这意味着妻子在承担经营家庭的主要责任时"耗尽了她的资本资产"。相比之下,男性通常在婚姻存续期间采取提

---

[1] See OECD, *The Well-being of Nations :The role of Human and Social Capital*, 2001.

[2] 参见费方域:《企业的产权分析》,上海三联书店 1998 年版,第 129 页。

[3] See Parsons Talcott & Robert F. Bales, *Family, Socialization and Interaction Process*, The Free Press, 1955, p. 16 – 17.

[4] [美]J. 罗斯・埃什尔曼:《家庭导论》,潘允康等译,中国社会科学出版社 1991 年版,第 83 页、第 77 页。

高收入能力形式的投资,离婚后,投资具有显著的一般市场价值。这种劳动分工的结果便是,婚姻解体致使妻子的投资几乎丧失价值,而丈夫的投资在有偿劳动力市场上则完好保留甚至升值。因此,婚姻解体的风险可能会使女性在婚姻存续期间不太可能完全做出惠及整个家庭的行为。一个理性的妻子只有在选择预期回报超过自己收入能力的预期回报时,才会承担主要的家庭责任。人力资本可以在婚姻存续期间产生、增加或者减少。婚姻被视为一种经济伙伴关系,配偶双方一般会不遗余力地加强其中一方的人力资本从而实现家庭总收入最大化的家庭战略。从这个角度来看,受益配偶在婚姻解除后所得收入的一部分表现为“合伙企业”经营所得的资产,婚姻解除时在夫妻之间进行分配。理论上,对婚姻存续期间人力资本的增加,配偶双方如何公平分割与对待的观点有二。第一种观点认为,配偶一方有权分割她期望因双方共同努力加强配偶另一方的人力资本,这是实现家庭总收入最大化的战略之一。从这个角度来看,受益配偶在婚姻解除后所得收入的一部分就是“合伙企业”的资产,在夫妻间进行分配。第二种观点认为,妻子有权因她的直接贡献和她为提高其配偶的收入能力而遭受的间接损失获得补偿。[1] 美国人力资本专家克劳斯科普夫(Krauskopf)和塔恩斯(Starnes)指出,人力资本理论的新动向主要关注预期收益,通过支持配偶可能对婚姻解除后的收入有间接的经济利益,提升在婚姻解除时补偿的可能性。具体而言,婚姻解体时,妻子有权请求丈夫赔偿她为增加丈夫收入而遭受的损失,其中包含她自己在人力资本方面的任何牺牲。[2]

家庭法学者埃尔曼(Ira Ellman)强调,除配偶承担照护子女的主要责任外,只有在牺牲人力资本的行为具备“经济上理性”时,后续的索赔才会得到尊重。这意味着,收入能力的减少是由于预期损失将被另一方收入能力的增强所抵消,从而最大限度地增加整个婚姻单位的人力资本。在正常情况下,

---

〔1〕 See Charles P & Kindregan Jr, *Reforming Alimony: Massachusetts Reconsiders Postdivorce Spousal Support*, Suffolk University Law Review, Vol. 46:1, p. 40(2013).

〔2〕 See Charles P & Kindregan Jr, *Reforming Alimony: Massachusetts Reconsiders Postdivorce Spousal Support*, Suffolk University Law Review, Vol. 46:1, p. 40 - 41(2013).

在没有子女的婚姻中,配偶一方一般会外出参与有酬劳动也不会留在家里。因此,埃尔曼主张补偿费理论的逻辑是:配偶一方应该补偿的是另一方放弃机会来增强自己收入能力所作的牺牲。父母照护未成年子女是一种应为的"传统理想"。例如,即使未成年人照护服务可以低于其照护者所放弃的收入额的价格购买,提供这种照护服务的配偶也有资格获得补偿,原因是收入高的配偶一方没有因另一方失去收入能力而受到任何影响,当未成年子女的照护责任在夫妻间平摊,配偶双方都遭受部分人力资本的损失时,婚姻解体时双方分担损失则显得很公平。[1]

二、未成年人与父母依恋关系建立理论

贝克尔曾指出,"具有利他主义思想的父母是孩子最好的看护人,因为他们能够考虑自己的行为对孩子健康的影响,他们有时为了增加孩子的消费和安逸,宁愿牺牲自己的消费和安逸"[2]。因此,未成年人和父母建立起亲密关系是通过如下几个方面完成的。

第一,从未成年人成长的客观规律来看,在整个婴幼儿时期,它们接受的养育环境与状况会影响其身心健康以及未来一生的发展。科学研究发现,婴儿在胎儿时期大脑发育迅速,出生后至3岁之前更是各方面迅速发展的重要阶段,良好的环境刺激加之科学的养育会对大脑的发育产生直接影响进而影响整个人生的发展。0~3岁的婴幼儿处于人生的初始阶段,无论语言表达还是行为等能力都极其有限,需要父母或其他亲属精心照护,呵护关爱,该阶段的养育应该突出养,其次才是教。婴幼儿生活的家庭则是对其养和教的最初单元。客观而言,婴幼儿尤其是3岁以下的婴幼儿与父母有着天然的情感和生存纽带,生存能力与适应能力均比较弱,若将其与父母分离,不可避免增加其成长的风险。主观而言,更多的父母或家长也不舍得将婴幼儿(3岁以下)送往照护机构。基于婴幼儿的发育成长特点和生理特征,家庭毫无疑问

---

[1] See Charles P & Kindregan Jr, *Reforming Alimony: Massachusetts Reconsiders Postdivorce Spousal Support*, Suffolk University Law Review, Vol. 46:1, p. 40 – 41 (2013).

[2] [美]加里·斯坦利·贝克尔:《家庭论》,王献生、王宇译,商务印书馆1998年版,第392页。

应该是婴幼儿最主要的照护场所和中心场域，即家庭在婴幼儿 3 周岁前的“幼有所育”中具有基础核心性地位。易言之，0 ~ 3 岁婴幼儿应以家庭养育为主，社会化养育为辅。有学者指出：“人出生之后均有一个较长的依赖父母期，这个依赖期基本是在家庭中度过的，家庭帮助婴幼儿逐步完成自我认知的过程，同时完成自我与父母关系的认知过程；家庭还帮助婴幼儿形成初期的个性倾向，培养语言与表达能力；家庭还为未成年人提供游戏和活动场所，帮助婴幼儿按照规范承担相应角色，并且随婴幼儿年龄的增长，最终将其引入社会。”[1]

第二，就未成年人心理发育的客观规律而言，未成年人自出生时起与父母建立的心理依恋关系助益于其身心健康成长。正如美国心理学家简·B. 布鲁克斯（Jane B Brooks）所述：“父母这个词有很多种定义——母亲、父亲、赋予新生命的人、监护人、保护者。概括这些定义，我们可以说父母就是养育子女全方面成长的个体——他们喂养、保护、指引新生命度过整个发展历程。”[2]从出生时起，未成年子女与父母就开启了日常的亲密交往，父母的陪伴以及人生经验的分享在父母与未成年子女间形成了心理上的依恋关系。“依恋是对一个提供安全和情感支持的形象的一种强烈的心理联结。依恋在亲子关系方面，是指给子女安全和保护感，为子女探索这个世界提供了安全的基础。在婴幼儿和童年期，他们从父母那里得到安全。”[3]“婴幼儿和未成年人在依恋上的差别并不是在于他们是否有依恋情感——几乎在所有的未成年人中，依恋都会成为生活的部分。婴幼儿以及青少年时期，父母的关爱举足轻重”；“父母的亲近和关爱支持了婴儿身体的成长和幸福感。父母的照护也可以帮助减缓生理系统反应过度的婴儿对刺激的反应，从而避免在后来的未成年人时期害怕和拘谨的行为。在未成年人早期，父母的行为不仅会

---

〔1〕 邓伟志、徐榕：《家庭社会学》，社会科学文献出版社 2001 年版，第 25 页。

〔2〕 [美]简·B. 布鲁克斯：《为人父母》，包蕾萍、李秀芬、马明伟译，上海人民出版社 2017 年版，第 3 页。

〔3〕 [美]简·B. 布鲁克斯：《为人父母》，包蕾萍、李秀芬、马明伟译，上海人民出版社 2017 年版，第 6 页、第 35 页、第 36 页。

给予子女安全感,也会促进子女在未成年时期智力的发展";[1]"父母的角色是抚养和保护子女,帮助他们成为一个有用的人。他们在子女的发展过程中,不断为他们提供直接的、个性化的照护和关心。我们的社会赋予了父母决定子女行为的主要权利,因为它假定父母是真正全身心关注子女的人,而子女是不独立的,没有能力作出正确决定的。父母的任务就是确保子女的生存,教会他们的习惯,满足他们的需要,为他们提供丰富的经历,促进他们全面发展。父母是子女生活中唯一最重要的影响和资源"。[2]

与此同时,美国学者奥克尼尔(Shannon P. O'connor)指出,"父母子女关系对未成年人的心理、情绪以及精神健康的发展有着主要的影响。父母对未成年人持续的生活供养、情感支持以及激励是很关键的。心理学家承认对未成年人与之适格或不适格的父母之间情感关系的干预将造成未成年人极大的痛苦,该学科研究数据隐含未成年人最佳利益最好由坚固的父母子女关系来保障。因此,该关系不该因缺乏一个明显的实质的身体或精神伤害而被长久地终止,终止父母子女关系对未成年人造成的伤害远比终止之前所谓的身体或精神的伤害严重"。[3] 美国华盛顿大学罗德岛(Rhode)学院法学博士卡朋特尔(Carpenter)指出,"未成年人的成长经历一些发展阶段,每个阶段都有既定的任务,每个未成年人必须顺利越过每个早期阶段的任务才可成功进入随后的阶段。由于未成年人在婴幼儿时期身体呈无助之故,依赖于成年的照护者为其提供一个安全的环境。通过日常的交往,未成年人与其主要的照护者形成了依恋关系,这个主要的依恋关系有助于未成年人完成成长的任务。一旦外部环境被中断(disruption),尤其是关涉未成年人与心理父母的关系,会影响他们的心理发展。尽管该影响因特殊的发展阶段而有差异,但是,反

---

〔1〕[美]简·B.布鲁克斯:《为人父母》,包蕾萍、李秀芬、马明伟译,上海人民出版社2017年版,第3页。

〔2〕[美]简·B.布鲁克斯:《为人父母》,包蕾萍、李秀芬、马明伟译,上海人民出版社2017年版,第6页。

〔3〕Shannon P. O'connor, *Due Process and the Fundamental Right to Family Integrity: A Re-Evaluationof SouthDakota's Parental Termination Statute*, South Dakota Law Review, Vol. 24, p. 454 (1979).

复的中断则会给未成年人依恋关系的形成造成累积性的损害。未成年人无法通过客观外部事件感受时间的经过，他们是用处理挫败焦虑的能力来体验时间的经过，成年人可能容忍的分离经证明对幼童是有伤害的。因此，让未成年人与心理父母的分离时间应该尽可能缩短”。[1] 我国蒋月教授也说："让未成年人和父母一起在家庭中生活，这是人类迄今为止最成功的育儿经验。"[2]

三、家庭助益于未成年人树立正义观角色理论

自然人个人角色的有效发挥是市民社会的核心。该理论强调家庭对未成年人个人角色的有效发挥具有重要的影响。该理论将自然人个人生活分为横向与纵向两个层面。就横向而言，自然人工作、学习、家庭责任的承担与休闲娱乐能否平衡，从而决定自然人个人角色的有效发挥；就纵向而言，角色有效发挥表现为自然人生命的不同时期能否发挥有效的作用。自然人在生命的不同时期能够有效地发挥作用，不仅直接影响其个人的生活质量，而且也影响社会整体的发展。在一个正义的社会里，家庭的结构与实践必须给予女性与男性同样的机会来发展她们的能力、参与政治权力、影响社会决策，并且经济无忧。因为家庭对儿童道德培养产生的巨大影响是不可低估。家庭是正义集中的场域，家庭是形成道德发展的基本机构，家庭的结构和实践必须和社会大环境的正义保持一致，这样才能培育出并维持社会需要的那种正义感。在未成年人成长的过程中，培育强烈的正义感是必不可少的，一个恪守正义的体系将会伴随他们最早的人生阶段和重要的成长期，他们要在这样的环境里被关爱，被抚育，也要在这样的环境里学会遵守和尊重正义原则。[3] 家庭作为一种机制，正义是其关键性的美德。我们必须认识到，家庭生活所享有的许多资源——休闲、教育、金钱、时间和注意力，这些资源绝对

---

〔1〕 Lisa Carpenter, *Changing The Balance, Rhode Island's Amended Termination of Parental Rights Statute*, Journal of Urban And Contemporary Law, Vol. 50:153, p. 163 – 164(1996).

〔2〕 蒋月：《论儿童、家庭和国家之关系》，载《中华女子学院学报》2014 年第 2 期。

〔3〕 参见[美]苏珊·穆勒·奥金：《正义·社会性别与家庭》，王新宇译，中国政法大学出版社 2017 年版，第 29 页。

不是取之不尽、用之不竭的，此时，正义可以发挥非常重要的调节作用。[1]

四、父母养育未成年人助益于提升婚姻质量理论

简·B.布鲁克斯认为："我们会倾向于考虑父母为子女做了什么，他们是如何满足子女的需要的，而事实上，子女也满足了父母很多的心理需要。调查显示，2/3的男女称他们的爱情与家庭生活是他们生活中最满意的部分。所有种族的父母都认为，体验与子女之间的爱和亲密感是他们生养子女的最重要原因。而且，父母们还赞同这种爱具有特殊性。一项大规模研究表明，养育子女获得的满足感，超过了养育过程中所遇问题带来的烦恼。"[2]日本法学家中川善之助这样表述子女对父母的重要性："人的成长是一个漫长的过程，在此期间，子女依赖父母，需要父母的抚养、照护。更重要的是，子女的出生为夫妻创造了一个共同的希望、共同的前途；在抚育子女的过程中，父母获得了精神上的满足充实感，子女带给父母的快乐远远大于抚育子女的辛劳，大多父母为此享受该过程。而且，父母通常把子女看成是自我的一部分，是父母理想自我再来一次重生的机会，因此父母常常觉得子女比自己更重要。这就是父母抚养子女的本能，这种本能是利他的。"[3]而且，父母抚育未成年子女的使命使得夫妻关系更为巩固。

五、未成年人社会化正向转型理论

家庭是个人在不同生命阶段相关问题的交汇点，对未成年人尤为重要。如前述，国际社会中，各国一致都将保护未成年人、改善未成年人的成长环境作为国家与社会最早关注的社会福利之一。但过去很长一段时期，有很多国

---

〔1〕 参见[美]苏珊·穆勒·奥金：《正义·社会性别与家庭》，王新宇译，中国政法大学出版社2017年版，第43页。

〔2〕 [美]简·B.布鲁克斯：《为人父母》，包蕾萍、李秀芬、马明伟译，上海人民出版社2017年版，第6页、第35～36页。

〔3〕 [日]中川善之助：《新版家族法》(1967年)。转引自[日]铃木初代：《应尽照顾被保护人的私人义务——以应尽监护未成熟子女的父母的义务为中心》，陈同花译，载《外国法译评》2000年第2期。

家仅仅对那些处于困境中的未成年人给予救助。近年来，随着科学的发展，尤其是心理学、社会学与医学等领域的研究一致表明未成年人出生后最初的3年对其以后的发展具有决定性的影响。根据这些认知，各国对未成年人的救助方式逐渐转变为直接向其父母提供物质帮助。也就是说，未成年人的需要就是家庭的需要，帮助家庭实质就是帮助未成年人。

党的十八大以来，习近平总书记多次发表重要讲话，作出重要指示，就注重家庭、注重家教、注重家风等，提出了一系列带有根本性、方向性、引领性的新思想、新论断、新要求。2016年12月12日，习近平总书记在会见第一届全国文明家庭代表时强调："无论过去、现在还是将来，绝大多数人都生活在家庭之中。我们要重视家庭文明建设，努力使千千万万个家庭成为国家发展、民族进步、社会和谐的重要基点，成为人们梦想起航的地方。"[1]在2015年春节团拜会上，习近平总书记指出："家庭是社会的基本细胞，是人生的第一所学校。不论时代发生多大变化，不论生活格局发生多大变化，我们都要重视家庭建设，注重家庭、注重家教、注重家风，紧密结合培育和弘扬社会主义核心价值观，发扬光大中华民族传统家庭美德，促进家庭和睦，促进亲人相亲相爱，促进下一代健康成长，促进老年人老有所养，使千千万万个家庭成为国家发展、民族进步、社会和谐的重要基点。"[2]与此同时，党的十九届四中全会、五中全会、六中全会报告均强调"家庭家教家风的建设"，党的二十大报告再次重申加强家庭家教家风建设作为"推进文化自信自强，铸就社会主义文化新辉煌"的重要内容，从坚守中华文化立场、弘扬中华传统美德层面强调其重要性，进一步凸显了家庭在国家发展、民族进步、社会和谐中的基石作用。

因此，良好的家庭环境和称职的父母不仅有益于未成年人的身心健康、学业成绩甚至未来的发展，而且很大程度上帮助未成年人减少各种不良行为的概率，诸如普遍表现的沉迷网游、厌学逃学甚至实施犯罪行为等社会问题。

---

〔1〕 习近平：《习近平著作选读》（第1卷），人民出版社2023年版，第544页。

〔2〕 中共中央文献研究室编：《习近平关于社会主义文化建设论述摘编》，中央文献出版社2017年版，第126页。

家庭重新被引起重视之时，也同时消化了社会转型的大量成本。家庭的规模、结构及稳定性也相应发生了很大变化。在政策实施中，不仅要关注对正常家庭的一般的支持，而且在一定程度上重视家庭因社会变迁导致其变得更为脆弱的事实，从而更加重视家庭在养老育幼方面的经济成本，[1]最终实现政策对家庭支持的目标。

六、婚姻信赖利益理论

(一)婚姻信赖利益的表象——婚姻权益

婚姻是两性关系制度化的产物，婚姻的法律概念本身蕴含着某种限制和束缚，只有为当时社会制度认可的男女两性的结合方谓之有效合法的婚姻。这种制度化是社会生产力发展中自然规律起作用的结果，建立制度的结果就是确立了一种经过国家许可的模式以此规避、排斥及限制那些不符合制度要求产生而又存在于这种模式之外的现象。但是，不符合制度要求的“婚姻”，当事人的期待与身心投入也急需法律对其予以保护从而肯定其相应的婚姻权益。这里的婚姻权益也被学者称为婚姻利益，是指“无论国家、社会抑或个人，婚姻都是一种利益，而且是重大利益。就国家或者社会角度而言，人类创设婚姻制度的目的主要旨在规范两性性关系的秩序，实现人类繁衍，生生不息。与此同时，婚姻承担家庭养老、教育未成年人的职能；就婚姻个体而言，婚姻当事人享有除性生活利益之外，还享有相互扶养利益、生育子女利益、相互照顾利益等生活性利益”。[2] 我们将婚姻利益分为现实利益、信赖利益与期待利益。现实利益是指婚姻当事人或准备结婚的当事人在婚姻缔结当时以及婚姻缔结以后获得的或者享有的可得利益。例如，精神上获得的满足感、夫妻财产的积累乃至所处社会地位或阶层的提升等，也可以称为对家庭财产的支配权、出生子女的合法性、夫妻彼此的继承权以及受扶养人获得的物质与精神支持等利益；信赖利益是指一方对另一方基于婚姻誓言的信任而

---

[1] 参见张秀兰、徐月宾：《建构中国的发展型家庭政策》，载《中国社会科学》2003 年第 6 期。

[2] 蒋月：《婚姻家庭法前沿导论》，科学出版社 2007 年版，第 23 页、第 26 页。

将婚姻视为长期的共同体,从而将本人与对方的利益合二为一,甚至刻意改变自己迎合对方需要以此维护婚姻利益,并相信她(他)可以从对方的成功或者婚姻的成功中获得直接利益;随着社会发展,女性劳动参与率的提升,婚姻信赖利益不仅表现为如上所列内容,而且还表现在一方失去的明显的职业机会成本。根据《2016 年中国劳动力市场发展报告》,目前中国女性劳动参与率约为 64%,远高于世界平均水平(50.3%)。但在《2019 年中国职场性别差异报告》中,2018 年中国女性平均薪酬为 6497 元,其均值仅为男性的 78.3%。数据表现的两性差异根本原因是女性因为生养子女而付出了职业机会成本。夫妻当中之所以更多是女性一方失去职业机会——无论这种牺牲是出于自愿、被迫还是无奈——最为可能的原因是子女的额外福利,另一方职业的进步或家庭生活的改善等这些足以证明此损失是合理的预期。因此,在现代婚姻中,信赖因素变得更加复杂。它包括失去了与他人结婚的机会,以及在职业发展方面的牺牲。出现了两种不同但可能重叠的补偿制度。一种补偿制度与违反婚姻终身承诺的赔偿有关,另一种补偿制度只需承认一方在婚姻存续期间作出了较大的贡献。

期待利益则是指假如婚姻能够长久存续,婚姻当事人可以期待通过缔结婚姻而能够实现的未来利益。例如,在夫妻一方在职,另一方继续提升学历的模式中,这对夫妇至少参与了四项具有经济意义的活动。首先,双方都承受学生配偶在求学期间放弃收入的损失;其次,受雇的配偶一方为双方的生活提供经济来源;再次,在职配偶可能会放弃提高自己收入能力的机会,以支持其配偶的教育得以持续;最后,也是最重要的,双方都希望通过婚姻的全部投资成本获得回报。因此,在职配偶愿意牺牲当前的收入和职业期望,从而最终将分享其受教育配偶提高的收入能力之成果。[1]

婚姻被假设为一种"经济合伙",相应存在成本的投入,时间、金钱、机会、情感等都视为是对婚姻的投入,也就是说这种投入具有明确的目的

---

〔1〕 See Charles P&Kindregan Jr, *Reforming Alimony: Massachusetts Reconsiders Postdivorce Spousal Support*, Suffolk University Law Review, Vol. 46:1, p. 41(2013).

性——为了受益获利,意即当事人整个身心的投入。婚姻一方自愿的投入和付出不能简单地认为是对婚姻的投入与付出,更重要的是期待自己将从中受益。国家对婚姻拥有某种利益,婚姻当事人个人也对婚姻享有某些利益。因此,选择不结婚的人可能无法实现婚姻利益,当婚姻关系破裂或被破坏而终止时,之前的投入可能得不到预期的回报,付出与收益之间不能衡平,这就可能产生不公平之结果。为此,我国2001年《婚姻法》与《民法典》均权衡了各种可能性,通过相应制度设计,减少和预防这种不公平现象的发生。法律不仅保护现有的婚姻,而且对旨在缔结婚姻关系的当事人双方接触、磋商结婚的行为也包括在内,司法实践中彩礼或者赠与物的返还是对违反婚约的制裁,婚姻缔结后基于对婚姻的信赖而产生的信赖利益、期待利益受损害的,则由家务劳动补偿、离婚经济帮助、离婚损害赔偿的实现提供救济。

(二)婚姻信赖利益的表征——婚姻财产利益

前述婚姻利益的理论虽然有其特殊性,但民法中的合理信赖保护原则可以适用于婚姻。其存在的基础:一是婚姻关系是一种特殊对待的关系,当事人将自己的前途与利益寄托在未来彼此的共同配合与协作上。同时婚姻关系也兼具合同性质,对合理信赖保护的基础就是围绕合约关系推理的。二是信赖关系是围绕合约而展开的一种动态法律关系,婚姻关系又是一个凝聚感情、经济和性等多种因素形成的彼此信赖的生活共同体。在此共同体中,婚姻当事人彼此会产生善意的信赖关系,信赖关系进而会形成信赖行为,信赖行为的显性表现则是投入很多的情感以及财产,隐性投资则是对家务劳动的投入,抚养未成年子女的投入。信赖投资必然要产生信赖利益,因此,这是婚姻中产生民法上的合理信赖保护的基础。信赖保护的消极措施是对婚姻关系解除的过错一方施加的赔偿责任,如我国《民法典》第1091条的规定,一方因重婚、与他人同居、实施家庭暴力、虐待、遗弃家庭成员以及其他重大过错导致离婚的,无过错方有权请求损害赔偿。积极措施则是《民法典》第1088条规定的离婚经济补偿请求权,请求方主要因婚姻存续期间抚育子女、照料老年人、协助另一方工作从而使自己的职业发展减缓或者丧失从而产生机会成本。由此,婚姻利益具体表现在以下方面:

第一，婚姻作为一个经济共同体，我国原《婚姻法》规定的法定夫妻财产制的基本形态仍然是共同财产制，《民法典》沿袭了这一规定，说明婚后所得共同制在我国有着深厚的民众基础而得到民众的尊崇。[1]

第二，婚姻具有相互扶助的利益。就学理而言，体现在夫妻一方出现疾病困苦乃至生活无法自理或者遇到职业的挫折时，配偶另一方照顾其生活起居，同时给予精神上的安慰与鼓励。立法层面，原《婚姻法》第 20 条与《民法典》第 1059 条均有夫妻彼此相互扶养的义务之规定，司法判例也更好地践行了该规定。

第三，因继承而取得相关利益。无论配偶一方正常死亡，或者因他人侵权而亡，生存配偶方基于配偶身份均有权获得死亡配偶的财产。

第四，基于婚姻关系的社会福利权。在国外，婚姻关系权益与社会福利权有着一定区分，前者强调的是在婚姻内部关系上的利益享有权。权利主体享有权益是基于婚姻产生的亲属关系，而以婚姻为基础的社会福利权是国家对于配偶身份的特殊照顾。在我国，劳动法规定了针对配偶和子女基于身份享有的特殊权益，诸如有关探亲、住房、税收等优惠政策的国家福利。

第二节　家庭分担未成年人养育成本的正当性分析

一、父母养育未成年人是权利与义务的共同体

恩格斯曾指出："父亲、子女、兄弟姐妹等称谓，并不是简单的荣誉称号，而是一种负有完全确定的、异常郑重的相互义务的称呼，这些义务的总和便构成这些民族的社会制度的实质部分。"[2]

（一）父母养育未成年人是其享有的自然权利

我国古代《诗经》中早就频见父母对子女深切挚爱的诗句"哀哀父母，生我劬劳"；"父兮生我，母兮鞠我，抚我，畜我，长我，育我，顾我，复我"。[3] 表

---

〔1〕 参见吕春娟：《婚后所得共有契合婚姻本质——刍议〈婚姻法司法解释（三）〉第 7 条和第 5 条》，载《科学·经济·社会》2012 年第 4 期。

〔2〕 《马克思恩格斯全集》（第 21 卷），人民出版社 1965 年版，第 40 页。

〔3〕 《诗经·小雅·蓼莪》。

达诗人对父母辛劳养育儿女的感恩之心，尽显父母对未成年子女履行自然义务的勤勉。近代以来，我国在"辛亥革命"与"五四时期"提出了未成年人公养的口号，要求国家、社会设立的机关抚养教育未成年人。[1] 但这一口号违背了父母抚养、教育子女是其他机构无法轻易代替的规律而遭致实施流产。因为家庭是血缘、伦理的实体，父母对未成年子女负有天然的义务，照护子女是父母的本能。反之，"如果让一个机构决定养育责任的分配，则可能会发生更多的纠纷和争议，人们可能会争抢优势资源（健康、聪明、漂亮的未成年人），忽视劣势资源（病弱或者先天有残疾的未成年人）"。[2] 而在父母眼里，无论长相好坏，聪明与否，每个子女都是天使，自然会倾其所有的爱履行自然义务，抚育子女。父母对未成年子女的监护权本质是其权利义务的融合，亦如杨国荣教授所述："抚育子女是父母对子女最基本的义务，这种义务既反映了人类个体的生命成长和延续的规律，也源于社会保障不可能替代家庭中的养育子女的职能。父母作为子女生命的给予者，在子女来到这个世界时，便将自己置于一种责任关系——对子女的养育之责中。"[3]

古罗马哲学家西塞罗指出，"父母抚养子女一方面基于子女生存的需要，另一方面也是父母的本能使然"。[4] 法国启蒙思想家孟德斯鸠也指出，"在亲子关系中，父亲有养育子女的天然义务，这促成了婚姻宣告谁应该担负这个义务"。[5] 芬兰的韦斯特马克也曾指出，"父母对子女的情感是一种本能……"[6]

1942 年，美国华盛顿州最高法院法官米勒德（Millard）在哈德森诉哈德森（Hudson v. Hudson）一案中明确指出，"英国法已经承认父亲不以法定监护人的身份而以前辈（father）的身份享有自然权利，法律之所以承认父亲享

〔1〕 参见邓伟志、徐榕：《家庭社会学》，中国社会科学出版社 2001 年版，第 145 页。
〔2〕 王丽萍：《亲子法研究》，法律出版社 2004 年版，第 119 页。转引自苏力：《制度是如何形成的》，中山大学出版社 1999 年版，第 16 ~ 29 页。
〔3〕 杨国荣：《伦理与存在——道德哲学研究》，上海人民出版社 2002 年版，第 88 ~ 89 页。
〔4〕 [古罗马]西塞罗：《论义务》，王焕生译，中国政法大学出版社 1999 年版，第 55 页。
〔5〕 [法]孟德斯鸠：《论法的精神》（下册），张雁深译，商务印书馆 2002 年版，第 108 页。
〔6〕 [芬兰]韦斯特马克：《人类婚姻史》，王亚南译，上海文艺出版社 1988 年版，第 21 页。

有自然权利,是因为法律承认父亲承担自然义务……所谓自然义务,是指如果父亲摆脱它们就是在摆脱自然(nature)呼吁他去做的所有事情。所谓自然权利,是指如果父亲摆脱它们,法律则不可能强行主张这些义务得到完整履行……但是,在某些特殊的情况下,法律的宽容和耐心是有限度的……例如,如果一位父亲通过不道德的行为已经变成公认的不宜对子女履行自然义务,因此也不宜对子女主张权利者,法院则必须干涉。这种干涉决定子女是否由法院监护更为妥当,如果子女不由法院监护,那么法院对于父母子女之间的事项不享有更大的审判权。然而,在子女已由法院监护的情况下,如果父亲从事大量的不道德行为,致使法院相信父亲不宜主张作为父亲享有的权利,法院基于被监护人的请求就必须干涉。同样,如果父亲起初已经允许子女做某事但后来仅仅出于任性又禁止子女做某事,子女因此受到伤害,那么法院必须禁止父母任性地改变主意(假设子女起初已经做过某事,法院就无从干涉)。此外,在子女由法院监护的情况下,法院的耐心还可能被父亲从事的其他行为耗尽,在很大程度上会被虐待、冷酷的怀恨在心耗尽。在此情况下,法院均会予以干涉,但是只限于最需要、最极端的情况。在普朗利(Re Plomley[47 L. T. (N. S.) 284])一案中,英国大法官法院副大法官培根(Vice-Chancellor Bacon)就父亲和子女之间的关系表达了法院的行为准则,这一准则应该接受……他说,'上诉法院已经创制了维持数个世纪之久的法律原则,这些原则从未受到质疑。原则之一(也是最重要的),是法院(无论享有什么权力或裁判权在所不问)无权干涉父亲对子女享有的神圣权力'。对我而言,培根法官以'神圣'(sacred)这一单词总结概括的内容,就是我试图表达的内容。遗嘱监护人或者其他法定监护人享有的权利是法律权利,而父亲享有的权利是神圣的权利,这是因为他的义务是神圣的义务"。[1]

1993年,美国密歇根州最高法院"整体意见"(per curiam)指出,"父母无论穷富均享有监护子女的自然权利,这是非常确实的法律原则。父母的权利应当获得极大的尊重,在没有极其正当理由的情况下,法院不应剥夺父母的

〔1〕 See Hudson v. Hudson, Supreme Court of Washington, 13 Wn. 2d 673, 1942 Wash, p. 685 – 686.

监护权”。[1]

(二)父母养育未成年人是一项宪法权利

我国《宪法》也高度尊重婚姻家庭,旗帜鲜明地申明婚姻、家庭、母亲与未成年人均受国家保护,明确父母子女之间抚养与赡养的义务,当然强调父母对未成年子女负有抚养教育义务为首要义务。[2] 联邦德国的家庭法深受宪法中基本权利的影响,《德国基本法》第6条第1款强调婚姻和家庭受国家特别保护,第2款则明确,“照料和教育子女为父母的基本权利,亦为其至高义务,其行使应受国家监督”;[3]美国联邦最高法院从20世纪20年代到21世纪初作出的5个判决,坚定不移地肯定父母对未成年子女养育监护的权利。(1)1923年迈尔斯诉内布拉斯加州(Myers v. Nebraska)一案,该判决确认父母养育子女的权利对自由人有秩序地追求幸福而言,是基本的权利。(2)1944年普琳西丝诉马萨诸塞州(Prince v. Massachusetts)一案,该判决认为,父母是监护、照顾、抚育子女的首要责任人,这一点是很关键的,父母的基本作用和自由包括对于国家无力承担又无法阻止承担的职责做好准备。(3)1972年斯坦利诉伊利诺伊州(Stanley v. Illinois)一案,该判决承认保护家庭的完整性在宪法第十四修正案中已经有了正当程序的立法,在宪法第九修正案与第十四修正案中均有平等保护的条款。(4)2000年特罗克塞尔诉格林威尔(Troxel v. Granville)一案,该判决申明家庭生活与抚育子女的选择权是紧密相关的,美国联邦最高法院将此权利列为社会中最重要(basic importance)的权利,受到宪法第十四修正案的保护,从而反对国家毫无根据的夺取(usurpation)、漠视(disregard)与轻视(disrespect),重申父母对未成年子女的照料、抚育之权利是最为古老的基本自由权。[4]

由此,德国在宪法层面肯定父母照料抚育子女是其基本的权利,同时,

---

〔1〕 See Clausen v. Schimidt, 502 N. W. 2d 649, Supreme Court of Michigan, July 2, 1993, p. 689.

〔2〕 《宪法》第49条规定:“父母有抚养教育未成年子女的义务,成年子女有赡养扶助父母的义务。”

〔3〕 [德]迪特尔·施瓦布:《德国家庭法》,王葆莳译,法律出版社2010年版,第7页。

〔4〕 See Troxel v. Granville, 530 U. S. 57, 65 (2000).

“联邦宪法法院通过一系列判决，扩展了国家对婚姻家庭的保护范围”。[1]美国则采取联邦最高法院通过扩张解释宪法中正当程序条款的方式为家庭、父母以及子女个人提供实体与程序上的保护。[2]

（三）父母养育未成年人是其基本人权

《儿童权利公约》第9条规定，“缔约国应确保不违背未成年人父母的意愿使未成年人与父母分离，除非主管当局按照适用的法律和程序，经法院审查，判定这样的分离符合未成年人的最大利益。由于父母的虐待或忽视、或父母分居而必须确定未成年人居住地点的特殊情况下，这种裁决可能有必要”。[3] 另外，区域性的国际公约《欧洲人权公约》第8条规定：“每个人都享有私人和家庭生活得到尊重的权利，公权力机构不得干预公民行使上述权利，除非是基于国家与公共安全或国家与公共利益的考虑，为了保护他人的权利、自由、健康、道德而进行的必要干预。”[4]

（四）父母养育未成年人是其重要的民事权利与义务

我国的法律以及相关司法解释均对此有具体规定。中华人民共和国成立后颁行的1950年《婚姻法》第1条开宗明义规定：“废除……漠视子女利益的封建主义婚姻制度……实行……保护……子女合法利益的新民主主义婚姻制度。”从立法层面彻底改变了封建社会家族与亲本位的亲子关系模式，开始将亲子法的重点关注未成年人权利，第13条明确父母对未成年子女的抚养教育义务。原《最高人民法院关于贯彻执行〈中华人民共和国民法通则〉的意见》第10条细化了父母对未成年子女的人身财产负有保护义务以及具体的监护职责；[5]2001年《婚姻法》第13条在父母子女关系中再次明确：

---

〔1〕［德］迪特尔·施瓦布：《德国家庭法》，王葆莳译，法律出版社2010年版，第8页。

〔2〕 See Susan B. Hershkowitz, *Due Process and the Termination of Parental Rights*, Family Law Quarterly, Vol. 19, p. 3(1985).

〔3〕 联合国人权事务高级专员办事处：《人权：国际文件汇编》，联合国2002年版，第160页。

〔4〕 See European Convention on Human Rights, § 8.

〔5〕 保护被监护人人身与财产，监护人的监护职责包括：保护被监护人的身体健康，照顾被监护人的生活，管理和保护被监护人的财产，代理被监护人进行民事活动，对被监护人进行管理和教育，在被监护人合法权益受到侵害或者与人发生争议时，代理其进行诉讼。

"父母对子女有抚养教育的义务……"《未成年人保护法》第16～23条[1]进一步强调父母对未成年子女的监护职责与抚养教育义务;《中华人民共和国反家庭暴力法》第12条[2]要求父母履行监护职责的恰当方式;原《中华人民共和国民法总则》第26条再次重申了这一义务;《民法典》以及2022年1月1日实施的《中华人民共和国家庭教育促进法》均有父母抚养教育未成年子女的权利义务之规定。

父母对未成年子女的监护权既为法定权利,也为强制义务,是国家赋予父母的权利与义务。父母行使监护权是出于父母与子女具有天然固有的联系,因而父母有权利自行决定采用恰当的方式行使权利,履行义务。监护权作为父母的一项固有权利,就需强调该权利是针对国家或任何第三人干涉的防御性权利。第一层次强调国家不能滥用职权剥夺或者妨碍父母行使权利,第二层次强调任何第三人也不能非法干涉父母行使权利。父母监护权包含供养子女的日常生活,照顾子女的身心健康,培养子女得以精神与经济独立、具备适应社会生活的能力,而且还要管理维护子女的财产权益。

二、父母养育未成年人的职责变迁

1. 母亲身份的内涵揭示

Motherhood,[3]很多学者将其译为"母职""母亲身份",也有学者将其译为"母亲角色",认为"母亲角色"既包含了母亲怀孕、生育和养育的客观事

---

〔1〕 父母或者其他监护人应当依法履行对未成年人的监护职责和抚养义务,不得虐待、遗弃未成年人;不得歧视女性未成年人或者有残疾的未成年人;禁止溺婴、弃婴;父母或者其他监护人不履行监护职责或者侵害被监护的未成年人的合法权益的,应当依法承担责任;父母或者其他监护人有前款所列行为,经教育不改的,人民法院可以根据有关人员或者有关单位的申请,撤销其监护人的资格;依照法律规定,另行确定监护人。

〔2〕《中华人民共和国反家庭暴力法》第12条规定:"未成年人的监护人应当以文明的方式进行家庭教育,依法履行监护和教育职责,不得实施家庭暴力。"《中华人民共和国家庭教育促进法》也详细规定了父母对未成年子女监护的方式与内容。

〔3〕 参见[美]谢丽斯·克拉马雷、[澳]戴尔·斯彭德主编:《国际妇女百科全书》(下卷),"国际妇女百科全书"课题组译,高等教育出版社2007年版,第701页。

实，也包含了与之相关的意识形态，即社会文化对女性角色和地位的界定，由此给女性的照护工作进行评价，因此比“母职”涵盖范围更广。[1]

母亲身份从概念上可以划分不同的层次，母亲身份是：(1)生物学上的一个一般概念，指物种中的雌性生育繁衍后代，母亲身份中有关生育后代的方面(受孕、怀孕、分娩、哺乳)是相当稳定持久的。(2)母亲身份也是一种文化体制，由一系列抚养和照看幼儿的行为构成，而这些行为受地域性和历史性的传统、习俗、信仰、规则、法律和规范的影响。(3)母亲身份同时也是一种经验上的身份认同，使女性对自己在社会中的身份和位置有感性的认识。(4)当然，母亲身份作为一种活动或者社会任务，也是这种身份认同形成的部分原因。因为作为母亲，女性要工作、生育和抚养后代，当涉及后代的抚养时，女性身份必然包括了母亲和子女在情感上和心理上的必然联系。(5)和其他文化体制一样，母亲身份也是由许多具有强烈象征意义的元素构成的思想观念，这些元素体现在文化的各个方面，比如宗教、艺术和文学等。(6)除以上这些文化思想观念的含义外，母亲身份还包括一个政治上的概念，即生育会受到政治因素中的政策制约，如鼓励高出生率或者反对高出生率的政策等，这就引起了人们对生育政策(产假、父母假、日托)、堕胎、计划生育以及生育技术等问题的激烈争论。

2. 母亲身份(母职)的变迁

(1)理想化的母亲身份

现代母亲身份的现状是家庭和家庭户私人化的结果，在一个只有父母和子女构成的家庭中，未成年子女照护的责任主要或者完全由母亲承担，这种现状源于19世纪的工业革命，由于社会生产活动逐渐与家庭分离，男性、未婚女性以及无子女的女性都额外上班以赚取工资。生育的责任或者照护子女的责任，成为亲生母亲最重要的工作，而这些母亲大部分都是已婚的，正是这种独特的母亲身份认识，将各个阶层的女性团结在一起，尽管富裕家庭还

[1] 参见俞彦娟：《女性主义对母亲角色研究的影响——以美国妇女史为例》，载《女学学志：妇女与性别研究》2005年第20期。

是会雇用保姆和奶妈，甚至在现代社会，富裕的家庭也会请人照护子女，但对经济上不够宽裕的阶层来说，大部分家庭都无法负担聘请家庭佣人的费用。

在这种私人化背景下，母亲和子女间的特殊联系就成了关注的焦点，母亲身份成为女性的首要职责，要求她们24小时不间断地关爱、照料子女。母亲由此成了私人化家庭、无私和自我牺牲的爱的象征，拥有子女被视为非常满足的事情，由于生育和照护子女被认为是女人天性，因此成为母亲被认为是女人成为完美人生的必经之路。

在现实中，每个年轻女性对生儿育女和母亲身份的盼望，其实都是对社会体制给女孩或女性造成压力的一种反应。母性本能（maternal instinct）反映了女性对生儿育女的心理需要，也体现了社会对女性抚养和照护子女的职责的定义。[1] 作为母亲，既要保证婴童的身体与精神健康，又要投入更多时间应对因增添子女而增加的家务。当照护婴童成为母亲的主要责任时，她所能得到的任何帮助，甚至包括来自婴童父亲的，均被视为一种馈赠而非履行其分内责任。此时，母亲的工作压力会变得非常大。同时，因为观念与大众对母亲们要求非常高，而作为母亲却控制不了什么，所以做母亲这件事并不能给母亲们带来很大满足感。与此同时，照护子女的工作非常枯燥、琐碎，使人觉得孤立无援，因此照护幼童的女性产后忧郁症病发率较高，导致发病的原因除了女性因分娩发生的重大生理变化外，产后生活发生的重大变化也是一个重要原因。

（2）母亲身份的演变

20世纪薪酬经济的一个重要问题是，如何解决母亲无酬劳动与有薪劳动之间的矛盾，这集中反映在生育率和女性参与有酬劳动的人数比例之间的反比关系上。由于20世纪后期女性大量进入有酬劳动的队伍中，西方工业化国家的生育率陡然下降，这恰恰反映了女性教育水平的提高。女性所接受的教育越多，希望生养的子女数量就越少。而对家庭的规划也就越加开放，

---

[1] 参见［美］谢丽斯·克拉马雷、［澳］戴尔·斯彭德主编：《国际妇女百科全书》（下卷），“国际妇女百科全书”课题组译，高等教育出版社2007年版，第702页。

那些被迫或者主动选择走出家庭去参与有酬劳动的女性,往往会因为有酬劳动与母亲身份之间的矛盾而产生负疚感。

由于这些变化,母亲身份问题在公共领域正日益政治化。女性主义运动使社会开始关注相关政策的制定,包括产假和婴幼童的日托等规定,以此帮助母亲同时应对照护子女与挣钱养家这两种角色的冲突。此外,通过抚养子女和分娩的医疗化、堕胎、有关生育控制的各种创新,以及胚胎移植和替代怀孕等生育技术,也已经渗透到母亲身份概念的生理层面,所有这些都已经成为激烈的争论话题。[1]

3. 父亲身份(父职)的演变

"父职"(fatherhood)是指社会所构建的男性如何扮演父亲角色的理念与实践,是包含个人、群体、社区、社会与文化诸多层面在内的社会生态结构的产物。[2] 根据学者的研究,从整个社会的发展来看,父职角色经历了四个发展阶段。第一阶段是第二次世界大战以前,整个社会都将父亲定位在挣钱养家的角色地位中,持家照护未成年子女则是母亲的责任;第二阶段是第二次世界大战后到20世纪70年代,在此阶段,国外学者开始研究父母亲在未成年子女成长过程中的教育差异;第三阶段是20世纪70年代末期到90年代中期,在此阶段,越来越多的学者开始关注父亲在家庭中的角色与责任问题;第四阶段是指20世纪90年代末期至今,在此阶段,学者们的研究开始强调父亲不仅是养家的角色,更是一个多元的复合角色。

美国在20世纪60年代和70年代,促进两性平等的运动改变了男女两性在社会与家庭中的角色。随着离婚率提升和单亲家庭的增加,父亲不再被狭义地定义为家庭的养家糊口者。詹姆斯·A. 莱文(James A. Levine)博士于1975年出版《谁会抚养孩子呢?》,在此书中,詹姆斯·A. 莱文指出,如果不真正认识到父亲在未成年人生活中的意义和责任,就永远无法实现美国社会女性机会平等的长期目标。父亲在未成年人成长中的重要性表现为:一是

---

〔1〕 参见[美]谢丽斯·克拉马雷、[澳]戴尔·斯彭德主编:《国际妇女百科全书》(下卷),"国际妇女百科全书"课题组译,高等教育出版社2007年版,第703页。

〔2〕 参见王向贤:《转型时期的父亲责任、权利与研究路径》,载《青年研究》2019年第1期。

未成年子女成长过程中假如缺乏父亲的关爱与陪伴,他们则更容易陷入贫困,双亲家庭中未成年人的贫困率仅为8.4%,而单亲家庭则高达31.3%,那些因父母非婚生养的未成年人贫困率则到了64.1%。没有父亲的陪伴会导致更为严重的后果。没有父亲陪伴的孩子在学校表现不出色,情绪发展不佳,从事过早的性行为和吸毒等危险行为也较早。此外,没有父亲陪伴的男孩更有可能成为有暴力倾向的男人。二是父亲的存在对未成年子女的生活会产生深远而积极的影响。父子之间的互动作用促进了孩子的福祉、感知能力和形成亲密关系的能力。[1] 为此,詹姆斯·A.莱文呼吁改变主要的社会制度,改变家庭抚养男孩和女孩的方式,并改变男女在组建家庭时的相互期望。随着20世纪80年代的发展,人们对父亲不在家的关切已成为全国广泛关注的问题,与此同时,若干社会因素促成了这一趋势。随着更多的母亲进入劳动力市场,美国家庭中的传统分工——父亲作为养家糊口的人,母亲作为照护者不再适用。

从1996年开始,国家倡议召集了一系列促进父亲地位的两党工作会,这些会议帮助市长、州长和国会议员关注父亲地位。父爱倡导者扩大了他们的关注范围,超越了向未成年人的资助,从而为家庭服务,并为各州和社区的父爱努力创造新的联邦资金流。因此,负责任的父亲身份已成为国会和联邦一级的既定立法目标。越来越多的州承认和促进父亲在家庭中的整体作用。根据国家贫困儿童中心1999年的报告,在1994年至1999年,超过一半的州发起了“负责任的父亲”倡议。虽然各州立法差异很大:有些为低收入的非监禁父亲提供服务,有些侧重于早期塑造父亲身份,有些提供育儿技能培训,有些侧重于公众意识,但所有这些模式都强调父亲作为家庭和社区成员的重要性。其中公众意识是改变公众对父亲态度最广泛使用的工具。公众越来越多地认为,父亲在未成年子女的生活中不仅应该作为经济提供者,而且扮

[1] See Sylvester. Kathleen & Reich. Kathleen, *Making Fathers Count. Assessing the Progress of Responsible Fatherhood Efforts*, Social Policy Action Network, Washington, DC. Annie E. Casey Foundation, Baltimore, MD, 2002, p. 5.

演更积极的角色。[1] 在未成年人成长过程中，父亲帮助子女与母亲分离逐渐成长为独立的个体，也帮助子女掌握各种行为规则与规范。子女的性别认同与社会认同，也离不开父亲的影响。与此同时，子女的自控力、意志力、责任感、自信心、乐观态度以及好奇心也都离不开父亲的参与。学者指出，未成年子女与父亲关系越亲近，越能感受到幸福满足感。[2] 也有学者指出，父亲对于未成年子女在性别角色形成、道德观养成、心理调适能力的培养等都具有非常重要的角色作用。[3]

在我国传统的观念里，父亲角色一直都是一个养家者，即提供经济来源的主要角色。20 世纪 40 年代，社会学家费孝通先生基于对西南乡村的观察，发现乡土社会有社会性父职和抚育性母职之分，社会性父职则是刻意通过严父不可狎的方式保持着与年幼子女在日常照护与情感上的疏离。换言之，社会制度与历史文化一致通过制造缺席父亲而在不同程度上豁免了父亲的日常照护责任。[4] 在此观念下，父亲们认为只要在经济上给家庭提供了足够的物质条件，自然而然家务劳动、养育子女等责任均交由母亲承担。相应而言，母亲也认同此观念，认为家务劳动以及养育子女等属于自己一人的责任。

伴随我国经济社会的发展，母亲参与社会劳动的增加，父亲有责任照护孩子，但只是作为助手，而不是作为主要的照护者。这种由个人认同、家庭生活、企业治理和社会政策塑造的观点，已成为当代中国的文化、经济和政治基础。它基本上没有认识到，提供日常照护和与未成年子女的联系是父亲的新要求、新职责和新权利。[5] 中国传统意义上的养家者父亲角色开始被解构，父亲角色开始变得丰富且有内涵，父亲们也逐渐认识到自己角色在家庭中的

---

〔1〕 See Sylvester. Kathleen & Reich. Kathleen, *Making Fathers Count. Assessing the Progress of Responsible Fatherhood Efforts*, Social Policy Action Network, Washington, DC. Annie E. Casey Foundation, Baltimore, MD, 2002, p. 55 – 70.

〔2〕 See Amoto P. R, *Father Child Relations*, *Mother Child Being in Authhood*, Journal of marriage and Relations and offspring Psychological well of the family, Vol. 56:4, p. 1036(1994).

〔3〕 See Mascaro N & Rosen D. H, *Existential Meanings Role in the Enhancement of Hope and Prevention of Depressive Symptom*, Journal of Personanilty, Vol. 73:4, p. 1001(2005).

〔4〕 参见费孝通：《乡土中国》，上海世纪出版集团 2011 年版，第 443 页。

〔5〕 See Xiangxian Wang, *The Difficult Transition to the "New" Caring Fatherhood: An Examination of Paternity Leave*, Social Sciences in China, Vol. 41:1, p. 188(2020).

地位和作用,更多参与到家务劳动与养育子女的责任承担中来。一度备受关注的真人秀综艺节目《爸爸去哪儿》,也在积极倡导父亲应该承担起家务劳动与养育子女的责任。表 4 - 1 直观表达了父亲在未成年子女成长中的角色。

表 4 - 1　当代中国父亲角色一览表

角色类型	角色内容
教育角色	辅导作业,培养责任感、阅读学习、健康教育与良好习惯的养成
经济供养角色	承担养家责任,满足子女的生活、教育、保险等所需
陪伴角色	倾听孩子的心声、陪伴体育锻炼、娱乐活动、谈心
照顾角色	洗衣做饭,接送子女上下学

父亲参与未成年子女的养育,除有利于未成年子女的身心健康,符合未成年人的利益最大化以外,另有研究表明父亲参与育儿责任,对于妻子的身心健康以及婚姻质量都呈正相关关系。父亲相比妻子而言,越多参与到未成年人照护事务中,他们的忧虑就越少。研究表明父母之间不平等的育儿分工会对职业女性有负面的心理后果,带有高强度的育儿与家务责任的职业女性忧虑程度普遍高于低负担家务责任的女性。职业女性的困扰主要在于未成年人照护的困难与其丈夫的不参与有关。相反,夫妻间分工有序则会减少很多忧虑与焦虑,父亲承担较多的育儿工作,母亲的压力就会减少很多。一项研究表明,一名全职女性生育第一个孩子之后,假如一个月后返回职场,则有较低的健康水平与心理忧虑。[1] 双薪夫妇中,父亲从育儿中受益。有研究表明,如果父亲承担了大多育儿事务,家庭则会有更低的父母压力。另一项研究表明,职业夫妇中,妻子从事了绝大多数育儿工作,就会产生不满,妻子承担越多,作为配偶的丈夫则会被评价越低。育儿责任与心理健康研究表明,职业夫妇中,更多承担育儿责任的一方与忧虑密切有关,男性承担更多育儿责任,也会有更多的忧虑。反之,夫妇中丈夫承担更多的育儿责任,妻子则

---

[1] See Ozer. E. M, Barnett. R. C & R. T. Brennan, *Does Child Care Involvement Increase or Decrease Distress among Dual-earner Couples?*, Women's Health, Vol. 4:4, p. 4(1997).

会越体会到婚姻更幸福。据我国学者对个案的研究表明,父亲参与婴幼儿养育的状况对母亲"产后抑郁"[1]有直接的关系。[2]

总之,研究表明妻子对婚姻的满足随丈夫参与更多育儿事务而提升,更进一步而言,父母更多参与育儿事务,直接改变他们的婚姻关系。全职夫妇中,婚姻质量与心理健康有关,女性的忧虑更多反映在婚姻中,妻子更容易遭受婚姻经历的忧虑研究表明,如果丈夫在全职工作状态下,能花费更多时间陪伴养育未成年子女,妻子将会明显减少忧虑度。对职业母亲而言,未成年人照护对于其心理健康的影响更加复杂,花费更多时间养育以及陪伴未成年子女带来的益处被婚姻生活质量反而抵销,于是就有了更高的忧虑程度。[3]

关于父亲是否参与承担养育未成年子女的责任,布卢姆曾认为男人的陪产假是不自然的,甚至某种程度上是荒谬的,这是因为他认为妻子要求丈夫公平分担更多的无酬家务责任会削弱丈夫的男子汉气概。[4] 而奥金认为,女性不管是否从事有酬工作,都承担着家庭中大量无酬的家务劳动,这必然会对其职业发展和经济安全造成损害。一般而言,在大多家庭中,基本由女性持续地从事未成年子女的养育劳动,从而完成青少年的社会化以及形成亲密关系的能力。恰恰因对这种人类生养劳动持续性的忽略或贬低,才有了男女两性之间持久稳固的劳动力分工以及越来越不稳固的婚姻关系,这就是我们今天社会所要面临的巨大危机。[5] 因此,奥金指出需要改变婚姻这种奇

---

〔1〕 产后抑郁症的症状多是对自我养育能力的紧张、疑虑、内疚和恐惧等,严重者会深感绝望,甚至离家出走或有自杀的想法。

〔2〕 参见佟新:《倡导父亲参与婴幼儿抚育工作有利于减少"产后抑郁"——"倡导父亲参与婴幼儿照料工作,建立和谐家庭关系"》,载微信公众号"北京市婚姻家庭研究会"2020 年 8 月 2 日,https://mp. weixin. qq. com/s/aGJfKCWyn1zwbDnlnACbBQ。

〔3〕 See Ozer. E. M, Barnett. R. C & R. T. Brennan, *Does Child Care Involvement Increase or Decrease Distress Among Dual-earner Couples*?, Women's Health, Vol. 4:4, p. 4(1997).

〔4〕 参见[美]苏珊・穆勒・奥金:《正义・社会性别与家庭》,王新宇译,中国政法大学出版社 2017 年版,第 48 页。

〔5〕 参见[美]苏珊・穆勒・奥金:《正义・社会性别与家庭》,王新宇译,中国政法大学出版社 2017 年版,第 123 页。

怪契约的情形,改变这种对女性与未成年子女不正义的政府秩序。[1] 在当代主要的正义论者中,约翰·罗尔斯(John Rawls)是唯一一个把家庭当作道德培育第一所学校的人。他认为一个正义的、秩序井然的社会才是最稳定的,并且认为在正义感的形成阶段,家庭起到了根本作用。父母对未成年人的爱,使其找到了“自我价值感,渴望成为父母那样的人”。[2] 与此同时,在对正义的理解中,亚里士多德的分配正义和矫正正义的二元区分为我们解读婚姻正义提供了引导。若以这种原则解释婚姻中夫妻的权利与义务,其中分配正义则是在婚姻关系中公平分配夫妻的权利与义务,但当夫妻权利义务分配不公或者离婚后果出现不公时,则需要离婚救济制度实现矫正正义。[3] 正如有人指出,应对低生育率的最好方法不仅要继续延长产假,而且要确保夫妻之间公平和平等的分工。因为有研究表明,女性作为母亲,在控制其他要素的情况下,每增加一名子女,对于妻子而言,意味着至少增加 14.4% 的家务劳动时间,而对于丈夫而言,虽然也会有所增加,但只有非常有限的 5%。[4] 目前的带薪陪产假或未来的男性育儿假不仅关系到男性员工的劳动权利,也关系到他们作为公民所产生的公民权利;从无父亲转变为有爱心的父亲不仅是一项基于父亲敏感性的权利,也是社会情感新发展的标志。在社会主义新时代,当社会正义,获得感和主观幸福感脱颖而出的时候,过渡到一个有爱心的父亲应该没有那么困难。[5]

包含公平正义的社会政策结合前述西方国家的三类家庭主义倾向,概括为市场自由主义、保守主义以及社会民主主义。再具体而言,市场自由主义体现在,父亲主要为子女提供经济支持。保守主义体现在,未成年人抚养基

---

〔1〕 参见[美]苏珊·穆勒·奥金:《正义·社会性别与家庭》,王新宇译,中国政法大学出版社 2017 年版,第 53 页。

〔2〕 参见[美]约翰·罗尔斯:《正义论》,何怀宏等译,中国社会科学出版社 2010 年版,第 368 页。

〔3〕 参见李俊:《离婚救济制度研究》,法律出版社 2008 年版,第 23 页。

〔4〕 参见刘爱玉:《相对资源 性别角色观念交互影响下的夫妻家务劳动分工》,载《中华女子学院学报》2022 年第 2 期。

〔5〕 See Xiangxian Wang, *The Difficult Transition to the “New” Caring Fatherhood: An Examination of Paternity Leave*, Social Sciences in China, Vol. 41:1, p. 200(2020).

本被认为是个体家庭的私人责任,除义务制教育外,政府很少为未成年人提供有效的、覆盖面广的生活和教育津贴。社会民主主义则是倡导父母共担未成年人养育之责,国家与政府同时提供有效的、覆盖面广的生活和教育津贴。在个体家庭中,父职的主要责任在于提供经济支持,但在对未成年人的日常照护上,中国父亲则呈制度性缺席。其根本原因在于我国的社会政策与文化观念仍然将养育子女责任定位是母亲的责任。欧洲学者比林斯利(Billingsley)和费拉里尼(Ferrarini)对欧洲21个国家1.6万名男女样本进行了“欧洲社会调查”(European Social Survey),根据调查数据显示,只有性别分工平等的家庭模式与生育第二个孩子的意愿呈正相关。[1] 因此,应该从整个社会结构来积极促进父亲参与未成年子女的日常照护。无论是从保障男性承担父职的权利、责任和兴趣方面,还是从保障未成年人福利、真正实行未成年人利益最大化的原则,或是促进包括人口再生产在内的社会再生产的可持续性和全社会公平承担,推进性别平等、打破僵硬的父权制性别分工,促进男性气质向更公正、更多元等方面发展。我国需要深入研究探索父职构建路径,以促进我国社会政策在父职建设方面的有益变革。[2]

三、隔代养育未成年人责任承担的现状与制度设计

(一)隔代养育未成年人责任承担的立法简况

(外)祖父母与(外)孙子女是除父母子女关系之外最亲的直系血亲。中华人民共和国成立以来,我国颁布的1950年《婚姻法》、1980年《婚姻法》及2001年《婚姻法》均规定,(外)祖父母在父母不能抚养未成年人的条件下负有抚养未成年(外)孙子女的义务。《民法典》沿袭了此项规定,其第27条规定了(外)祖父母对(外)孙子女在特定情形下的监护权,2020年颁行的《未

[1] 参见吴帆:《欧洲家庭政策与生育率变化——兼论中国低生育率陷阱的风险》,载《社会学研究》2016年第1期。

[2] 参见王向贤:《关于欧美构建新型父职的述评》,载《晋阳学刊》2014年第3期。

成年人保护法》第22条[1]关于留守儿童的委托监护规定，在实际的生活层面更多都是父母外出务工将未成年子女交由（外）祖父母照护。《民法典》第1074条也规定（外）祖父母在特定情形下抚养（外）孙子女之义务，除了（外）祖父母的这些义务之外，《民法典》第1128条也规定（外）孙子女代位继承（外）祖父母财产的规定，这些权利义务的根源均在于（外）祖父母与（外）孙子女之间客观存在的法定血亲关系。依据此血亲关系，（外）祖父母对（外）孙子女在特定条件下负有抚养教育未成年（外）孙子女之义务，其根本原因则在于祖孙之间彼此享有的亲属身份权。[2]

（二）隔代养育未成年人责任承担的现状

计划生育政策的推行使每个家庭生育子女数量减少，未成年人在家庭中逐渐成为“太阳”，“421结构”成为家庭的主流模式，养育未成年子女自然就成为家庭的“中心工作”。由此，很多父母或（外）祖父母不放心把未成年人交给陌生人照护，而更倾向于由自己在家庭内照护（外）孙子女。有研究者利用1989～2004年中国营养健康调查的数据分析了我国9个省市城镇地区的4000个家庭3岁以下婴幼儿的照护状况。结果发现，这些家庭主要的未成年人照护方式不是进入公共照护机构，而是（外）祖父母提供的非正规看护。[3]（外）祖父母中尤其（外）祖母承担了更多的（外）孙子女的养育劳动。

伴随人口从农村流向城市，农村留守儿童的数量和比例快速攀升（因前文对留守儿童的养育监护已做分析，此处仅谈祖辈养育的现状数据），我国留守未成年人从2000年的1981万人上升到2010年的6103万人，导致隔代户规模也呈现不断增加的态势，2000年我国隔代户规模是644万人，到2010年上升为908万人。隔代户的数量增加侧面反映出我国隔代养育的总体趋势。

---

[1] 《未成年人保护法》第22条规定：“未成年人的父母或者其他监护人因外出务工等原因在一定期限内不能完全履行监护职责的，应当委托具有照护能力的完全民事行为能力人代为照护。”

[2] 参见吕春娟：《父母以外的第三人享有探望未成年人权利之形塑——以〈民法典〉第1086条为基准》，载《延边大学学报（社会科学版）》2021年第3期。

[3] 参见杜凤莲：《家庭结构、儿童看护与女性劳动参与：来自中国非农村的证据》，载《世界经济文汇》2008年第2期。

在农村地区父母双全的家庭中，采用隔代养育监护并教育未成年人的比例为39.2%，但在单亲家庭或父母双亡的家庭中，隔代养育监护未成年人的比例高达78%，相较而言，城镇隔代养育监护未成年人的比例在双亲与单亲家庭比例分别为44.8%和69.2%。[1] 数据充分证明我国隔代养育未成年人的观念浓厚，与我国传统文化密切相关，践行也较为统一。隔代养育未成年人的责任承担方面，女性依然是责任主体。2010年第三期中国妇女社会地位调查结果显示，老年男性每天家务劳动平均为91分钟，老年女性每天家务劳动时间平均则是154分钟，后者是前者的1.7倍。老年女性主要在日常类的洗衣做饭、打扫卫生和照护（外）孙子女方面比老年男性承担更多劳动，大多数老年女性都曾参与照护（外）孙子女。[2] 有据调查，中老年父母帮助女儿料理家务则有效提升了女性的劳动参与率。[3] 与此同时，隔代抚育行为会使子女养老行为的比例提高7%左右[4]。根据中国老龄中心2014年调查数据，在全国0～2岁未成年人中，主要由祖辈照顾的比例高达60%～70%，其中36.8%的未成年人交由祖辈照顾。[5] 从历史发展来看，完全由祖辈照顾未成年人的隔代家庭户占全部家庭户的比重，从1982年0.7%上升到2010年2.26%。[6] 这种情况表明，家庭自身有能动性，会寻求积极策略来应对未成年人照护方面的现实压力。

2021年7月，国家卫生健康委员会人口家庭司司长杨文庄在新闻发布会上表示，目前我国0～3岁婴幼儿约4200万，其中1/3有比较强烈的托育服

---

[1] 参见国家卫生计生委家庭司编著：《中国家庭发展报告2015》，中国人口出版社2015年版，第14～151、154页。

[2] 参见贾云竹：《老年妇女的社会地位》，载宋秀岩主编：《新时期中国妇女社会地位调查研究》，中国妇女出版社2013年版，第797～865页。

[3] 参见沈可、章元、鄢萍：《中国女性劳动参与率下降的新解释：家庭结构变迁的视角》，载《人口研究》2012年版第5期。

[4] 参见李树生、杨彬：《隔代抚育与子女养老行为选择：事实与解释》，载《统计与信息论坛》2017年第7期。

[5] 参见国家卫生计生委家庭司编著：《中国家庭发展报告2015》，中国人口出版社2015年版，第149页。

[6] 参见胡湛、彭希哲：《中国当代家庭户变动的趋势分析——基于人口普查数据的考察》，载《社会学研究》2014年第3期。

务需求。但调查显示,我国3岁以下婴幼儿入托率仅为5.5%左右。[1] 显然,3岁以下未成年人的照护主要依托父母、祖辈、亲属等非正式的照护为主。[2] 有学者深度访谈10个中产家庭,仅有4个家庭曾经雇用保姆。凸显长期雇用保姆的经济支出高昂,中产家庭也要权衡雇用保姆付出的经济代价,遑论普通家庭。同时,社区内服务较好的民办托育机构同样收费昂贵,中产家庭难以负担。加之民办托育机构频频曝光虐童事件,婴幼服务市场的监管机制又相当有限,信誉度较低,导致幼儿父母们普遍认为"交给老人带更安全,更放心"。自然祖辈参与育儿劳动,既节省经济成本,又减少了安全风险。[3] 由此凸显祖辈参与育儿照护符合不仅中国传统文化,而且符合国情的一种照护模式,既可以填补目前未成年人照护服务的短缺,也可以强实家庭私领域的育儿基础,实现成本最优化之结果。

(三)隔代养育未成年人责任的制度设计

从多地调研和深度访谈了解到,在当前公共的正规照护服务严重缺乏的背景下,祖辈自发地成为婴幼儿照护的主要群体。"全面二孩政策"开始实施后,根据笔者调研调查得知,那些有二孩生育意愿且最终生育了二孩的家庭,大多是有隔代照护资源的家庭。祖辈对孙辈的照护在客观上分担了政府的责任,但相应的社会服务功能却并未得到政府和社会的肯定,扮演"志愿者"和"义务者"的角色。特别是对于二孩,隔代照护者因年事已高,身体健康衰退,往往"有心无力",难以为继。与此同时,隔代照护中,祖母的负担比祖父更重,尤其在增添二孩之时,祖母带孙的意愿不是很强烈,现象说明,在独生子女政策阶段,祖母照护孙辈的辛劳降低了她们参与带"二孩"的意愿。而外祖母,出于对女儿事业的支持,经济安全的考虑,更为重要的是对女儿的关爱之情,她们照护"二孩"的意愿比较强烈。该现象可以窥见性别不平等

---

〔1〕 参见土土绒:《破解"托育难",让普惠性托育服务和市场化托育双向发力》,载微信公众号"光明论"2022年9月6日,https://mp.weixin.qq.com/s/FINELL3gfMfj-JMEgJxkDg。

〔2〕 参见刘中一:《儿童家庭照顾津贴制度:西方国家的探索与实践》,载《社会福利》2020年第10期。

〔3〕 参见钟晓慧、郭巍青:《人口政策议题转换:从养育看生育——"全面二孩"下中产家庭的隔代抚养与未成年人照顾》,载《探索与争鸣》2017年第7期。

在隔代照护中依然明显。另外,如果没有祖辈尤其祖母们长期无偿地照护孙辈,在我国现有的福利制度背景下,无法保证年轻人(年轻女性)较高的劳动参与率,国家为此也需要支付大量的公共照护服务开支。二孩的照护尚且如此,三孩的照护更需动员家庭中祖辈的支持,那就更相应需要政策的激励。如果将这种隔代照护纳入公共服务体系中,可形成让未成年人父母省心、省力和省钱的照护模式,既有助于推动有婴幼童的母亲平衡家庭/工作,也有助于"积极老龄化""健康老龄化"的战略目标。

隔代照护是目前婴幼儿照护的客观和现实存在。将隔代照护纳入照护服务体系的一个前提是,尊重祖辈自由选择的权利,而这种权利不应被任何人以任何形式剥夺和让渡,也不应对老年人形成道德枷锁、成为他们新的责任和义务。政府与社会基于我国的现状,结合老年人的身体情况,应对老年人在抚育孙辈时给予帮助,比如去"义务化""志愿化""无偿化"的观念。政府在一定条件下给祖辈发放带孙补贴,从而充分肯定他们为国家养育劳动力人口付出的劳动价值。与此同时,也为国家节省了公共托育的资源。另外,随着育儿观念与方式的改变,当下父母对育儿也有着全新的需求,通过对祖辈们进行育儿知识培训,让他们育儿去"经验化",从而与年轻父母育儿的方式契合。通过社区提供的"喘息服务",让隔代照护者去"疲惫化",比如,在社区建立老年人活动室,鼓励老人将婴幼儿带到活动室中由拥有相应资质的志愿者或相关人员提供临时性的照护帮助,从而使得隔代照护者得以喘息,或者政府也可以购买社会服务,让专业人员或有相关资质的志愿者入户提供1~3小时的专业服务,或者让育婴师定时定点为婴幼儿提供洗浴、喂食等专业服务,也可对祖辈照护者提供特定的医疗服务等。这些措施一方面缓解我国公共照护服务的缺乏,又能迎合婴幼儿的发育特点和生理特征,父母以及祖辈更愿意在家庭这个中心场域中照护养育婴幼儿,亲属轮流照护未成年人从而为祖辈照护者提供短暂"喘息"之机,缓解身心压力,进而提升含饴弄孙的乐趣。此项设计也是基于我国传统文化与当下家庭的实际现状,让祖辈参与抚养未成年孙子女成为照护服务体系中基础的地位。正如学者所言:"通过家政、育儿和老年照护培训提升老年人特别是老年女性从事家务和照料劳动的能力、提高工作效率,既增强老年人对家庭成员的支持作用,也便于充分实现老年人在家庭与自主生活之间的平衡,最终满足其'老有所为'的需求。"[1]

第三节　父母共担未成年人养育成本的制度设计

一、父母共担未成年人养育成本的立法表征

我国父母共担未成年人养育成本的立法呈现自下而上的路径而设,2019年4月10日,甘肃省妇女联合会、甘肃省人力资源和社会保障厅等7部门联合下发《甘肃省促进女性公平就业工作的意见》(以下简称《甘肃女性就业意见》),在两个方面作出创新性规定:倡导性提出"各相关部门积极推动政府逐步完善女性生育社会保障体系,建立激励机制,对女性职工达到一定比例的用人单位在税费减免、融资贷款等方面给予一定的政策奖励";要求妇联组织积极推动地方立法,强化男性家庭照护责任,探索建立"育儿假"制度。[2]前文提及的经修订的《宁夏回族自治区妇女权益保障条例》于2019年11月1日正式实施,在此前已规定女职工的配偶在女性产假期间依法享有25天护理假的基础上,该条例鼓励用人单位对符合法律、法规规定生育子女的夫妻,在子女0周岁至3周岁期间,每年给予夫妻双方各10天共同育儿假。[3]立法赋予夫妻共同享受育儿假在我国地方立法尚属首创。与《甘肃女性就业意见》所规定的强化男性家庭照护责任,探索建立"育儿假"制度可谓殊途同归。这些规定有助于打破传统的性别角色分工和性别刻板印象,倡导夫妻共同养育未成年子女、分担家务责任的社会理念,可以帮助工薪人群有效平衡工作和家庭的矛盾,并助益于进一步消除就业性别歧视,更好地保障女性的平等就业权。《甘肃女性就业意见》和《宁夏回族自治区妇女权益保障条例》是地方政府把性别意识纳入法律法规和政策方案主流,积极促进男女实质平

---

[1] 郑真真:《从性别视角看积极应对人口老龄化——聚焦老龄社会的性别红利》,载《妇女研究论丛》2021年第2期。

[2] 参见朱婕:《甘肃省近日制定出台促进女性公平就业工作意见》,载《甘肃日报》2019年4月11日,第2版。

[3] 参见《宁夏回族自治区妇女权益保障条例》。

等的体现。希冀其中各项保障妇女平等就业权的新举措可以付诸实施、发挥其导向的作用。

继地方立法之后，我国在《民法典》第1058条规定，夫妻双方平等享有与承担对未成年子女抚养、教育、保护的权利与义务。凸显我国一直倡导的男女平等之基本国策在法典中的具体化。从某种意义来看，养育未成年子女不仅是夫妻共同享受生活的乐趣，更是共同经营一件极其重要又基本的事业。[1] 倡导家务劳动男女两性共担的社会文化是减轻女性家务劳动负担的一个重要方面，传统的“男主外，女主内”的社会文化一直禁锢着女性的角色发展。随着经济与社会变革，女性参与社会劳动比例的提升，分工模式的前提与基础发生了很大变化，但现实生活中女性仍然承担大量家务劳动的状况并没有发生很大改变，各国虽然经济发展水平参差不齐，但女性承担家务劳动的观念和态度依然如此，这种观念和态度与家庭在养育男孩与女孩的态度上有着紧密的关系。据笔者对所在学校的大学生访谈得知，男生做家务的比率远远小于女生做家务的比率。这与父母对男孩女孩的未来期望是一致的，即希望女孩子既要做好家务，也要能够在社会工作中与男孩平分秋色。因此，《民法典》第1058条的规定和《2021年妇女发展纲要》明确倡导共担家务，以此缩小两性家务劳动时间差。这些倡导规定旨在从立法层面纠正传统的性别分工观念，在女性劳动参与率逐渐提升的背景下，将养育未成年子女的责任赋予父母双亲，旨在于避免将女性置于“蜡烛两头烧”的图圄，从而推进性别平等从形式平等走向实质平等。

二、家务劳动补偿制度助益于实质的性别平等

（一）家务劳动理论简述

传统经济学家认为，家务劳动不像其他可以流转的商品或服务那样具有交换价值，只在家庭内部体现价值。各国也未将家务劳动价值纳入国内生产总值核算体系。法经济学分析指出，家务劳动是一种需要成本、能创造收益、

---

[1] 参见费孝通：《乡土中国》，上海世纪出版集团2011年版，第443页。

具有价值的劳动。[1] 这种劳动一直以来主要由女性在家庭内部提供且无法获得报酬,实践中主要包括做饭、清理房间、洗衣、购物、照顾老年人与未成年人的生活起居、接送未成年子女上下学、辅导功课、照护宠物及家庭其他事务的安排等。

家务劳动既然可以在市场上购买,它就应该具有经济价值,那么对家务劳动进行价值评估则是一个核心问题,齐克(Zick)指出,评估既要研究如何将家务劳动增加到国内生产总值问题,又要研究收入不平等问题。机会成本和修复成本这两个概念衡量家务劳动每小时的价值标准。机会成本是指一个人如果不做家务,就可以花在其他活动上的每小时价值。根据这一概念,假设个人自由选择工作时间,并根据两者的相对生产力将总工作时间划分为市场工作和家务劳动。关于机会成本的讨论集中在:(1)如果某人已经在有偿劳动市场中就业,就不能改变他们的市场工作时间;(2)如果在家务劳动中的回报是恒定的,那么在家务劳动中花费的"最后一小时"的价值等于平均值;(3)机会成本概念意味着做家务的每小时价值随做家务的人的特点而变化。例如,受教育程度较高的人每小时做的家务比受教育程度较低的人每小时做的家务价值更高。对受过高等教育的人来说,更高的工资待遇可能会提高其经济收入,相应减少花在家务方面的时间,因为受过高等教育的人面临的机会成本会不断增加。在另一端,受教育水平低的个人的实际工资率降低通常会减少经济收入,从而增加花在家务劳动的时间。这种转变增加了经济收入的不平等。[2] 由此,经济收入的不平等进而导致男女两性在家庭与社会地位的不平等。

海纳·凯(Henna Hill Kay)领导的自由女权主义者认为,只有女性经济独立之后,才可取得实质上的平等。不要试图惩罚女性重视家庭甚过其职业,或者脱离婚姻的角色。维克多·福克斯(Victor Fuchs)反驳说,一般而

[1] 参见冉启玉:《成本与收益:夫妻家务劳动价值的法经济学分析》,载《北方论丛》2009年第5期。

[2] See Zick Cathleen & Bryant. W, *Does Housework Matter Anymore? The Shifting Impact of Housework on Economic Inequality*, Review of Economics of the Household, Vol. 6:1, p. 6(2008).

言,女性渴望子女的程度远大于男性,子女出生之后更加将注意力关注到子女身上,进而使得女性更为不利。福克斯观察到,假如女性愿意生育和照护子女,但其又不渴望过多投入,那么,一直关注自身福利且想要子女的男性就需要承担照护子女的职责。自由女权主义者观点的核心在于改变女性照护未成年子女主要职责的现状,她们的理想抚育模式是父母同等承担。高离婚率与低离婚补偿制度的后果使为子女牺牲自己未来的女性更加处于冒险境地。较为激进的策略则是将子女照护责任脱离女性为中心的模式,主张社会与个人分担该职责。该观点强调:增加社会的照护职责,赋予父母双亲假期,并辅之以教育、营养、医疗看护和其他辅助设施。一旦夫妻提交离婚诉讼之时,分割夫妻财产和离婚后对未成年子女的安排要以子女利益最大化,强调父母的持续照护责任,保证未成年子女的利益作为离婚后的调整措施。[1]

马克思在1868年致路德维希·库格曼的信中曾经指出:“每个了解一点历史的人也都知道,没有妇女的酵素就不可能有伟大的社会变革。社会的进步可以用女性(丑的也包括在内)的社会地位来精确地衡量。”[2]对此问题,早期的马克思主义妇女观认为,“妇女的家务劳动是一种直接贡献于资本主义经济发展的活动。妇女在家庭里的劳动应被理解为经济性的资本生产,没有妇女的家庭劳动,资本主义生产的利润不可能产生,资本主义也不可能建立。在资本主义社会里,妇女之所以在劳动市场竞争中处于劣势地位,是因为女性长时间地缠入那种看不见的、被男人同时也包括女性都认为是天经地义的、不被社会认可的无工资的家务劳动”。[3] 正如奥金所言:“工资付给劳动力市场的被雇佣人员,但是被社会性别化了的女人所做的比男人还多的工作是没有报酬的,并且也经常不被劳动力市场认可。”[4]

---

〔1〕 See June Carbone & Margaret F. Brinig, *Rethinking Marriage: Feminist Ideology, Economic Change, and Divorce Reform*, Tulane Law Review, Vol. 65:5, p. 957 – 961 (1991).

〔2〕《马克思恩格斯全集》(第32卷),人民出版社1975年版,第571页。

〔3〕 闫薇:《马克思主义女权主义:概念、发展与意义》,载《吉林师范大学学报(人文社会科学版)》2009年第3期。

〔4〕 [美]苏珊·穆勒·奥金:《正义·社会性别与家庭》,王新宇译,中国政法大学出版社2017年版,第133页。

修复成本,也称康复成本,是指有时基于婚姻的信任或不当得利理论,承认另一方配偶有权请求补偿她(他)的投资(配偶教育和培训费用)和补偿她对某些直接教育成本和费用的贡献。修复成本包括配偶一方对收入能力增强的配偶一方的经济贡献诸如生活费用和直接教育费用的支持,直接支持和学校的专业培训费用,加上通货膨胀的合理利息和财产分割所得等。[1]

我国对家务劳动的研究从马克思主义出发,指出"家务劳动作为人类社会所必需的一种活动,首先是与妇女结合在一起的,也可以说是妇女开辟了这一劳动领域"。[2] 法经济学认为家务劳动产生的收益包括比较优势分工带来的收益,有助于减少家庭积极财产的流失,同时,西方国家经验研究显示,家务负担对女性的劳动收入有着负向影响,该影响被称为家务劳动的惩罚效应(penalty effects of housework)。因为对女性而言,怀孕生育以及随之而来的养育子女意味着家务劳动数量增多,家事负担增加。[3] 具体而言,养育未成年子女的过程则是一件件家务项目的叠加。因此,女性承担大量家务劳动所导致的消耗会直接影响其在工作中的时间数量投入,进而降低了女性在劳动力市场中的收益。[4] 即便男女在过去曾经积累了相同的人力资本,但他们在市场和家庭劳动的时间分配上存有差异,男性在有酬劳动上比女性投入更多的时间,女性在有酬劳务和家务上投入的总时长大于男性,双重负担使得女性在劳动力市场中表现出较低效率,导致收入与男性有了较大差距。2010 年第三期中国妇女社会地位调查的数据显示,城镇男性每天家务劳动时间为 71 分钟,女性为 170 分钟;农村男性每天家务劳动时间为 64 分钟,女性为 190 分钟。[5] 2020 年第四期中国妇女社会地位调查的数据显示,

---

[1] See Zick Cathleen & Bryant. W, *Does Housework Matter Anymore? The Shifting Impact of Housework on Economic Inequality*, Review of Economics of the Household, Vol. 6:1, p. 12(2008).

[2] 李静之等:《马克思主义妇女观》,中国人民大学出版社 1992 年版,第 126 页。

[3] 正如学者刘爱玉的调查结论:女性作为母亲,家务劳动对其产生的影响远远大于对其丈夫的影响。在控制其他要素的情况下,每增加一个子女,对于妻子而言,意味着至少增加 14.4% 的家务劳动时间,而对于丈夫而言,虽然也会有所增加,但只有非常有限的 5%。

[4] 参见葛玉好、曾湘泉:《市场歧视对城镇地区性别工资差距的影响》,载《经济研究》2011 年第 6 期。

[5] 参见杨玉静、郑丹丹:《婚姻家庭中的妇女地位》,载宋秀岩主编:《新时期中国妇女社会地位调查研究》(上卷),中国妇女出版社 2013 年版,第 365 ~ 367 页。

0～17 岁孩子的日常生活照料、辅导作业和接送主要由母亲承担的分别占 76.1%、67.5% 和 63.6%；女性平均每天用于照料/辅导/接送孩子和照料老人/病人等家人的时间为 136 分钟。已婚女性平均每天家务劳动时间为 120 分钟。[1] 2014 年经济合作与发展组织对 29 个主要成员国中的男性分担家务所花费时间进行的调查显示，中国女性平均每天家务劳动时间为 155 分钟，工作时间为 291 分钟，排名第一。如果将工作与家务劳动加起来，女性平均比男性多工作 44 分钟。该调研结果显示，中国男性做家务花费时间被列入最少的国家之一。[2] 正因女性持续承担着大部分的包括无偿照护在内的家务劳动，其平均工资比男性低 16%。在某些国家，男女薪酬差异甚至达到了 35%。[3] 虽然女性承担的家务劳动表象是无酬的，但是在家庭中的无酬劳务有着明显的社会价值，具体表现为养育子女与照顾老年人方面的社会价值，就养育子女来说，生儿育女不仅是家族血脉的延续，更是给国家新增劳动力资本的体现；再从照顾老年人而言，在老龄化趋势严重的大背景下，家庭养老直接使老年人居所安定，生活安康，更是缓解了社会养老资源不足的困境，增进了家庭与社会的和谐与平衡。[4] 究其本质，家务劳动的价值对精准计算国内生产总值的影响非同一般，因此，第四次世界妇女大会在《行动纲领》中提出："从量的方面核算无酬工作的价值，例如照顾受抚养人以及做饭等家务劳动，应该在附属核算或其他官方核算中反映价值，该核算可以单独编制，在保持与核心国民预算一致的前提下，以期认识女性的经济贡献，并突出男女两性在有酬和无酬工作方面不平等的分配。"[5] 同时，根据第四次妇女大会的有关资料显示，没有报酬的家务劳动这一项的价值就约占国民收入总值

---

〔1〕 参见《第四期中国妇女社会地位调查数据情况》，载《中国妇女报》2021 年 12 月 7 日，第 4 版。

〔2〕 经济合作与发展组织（OCED）2014 年《各国男性参与家务时间调查报告》。参见《[观点交锋]中国男性每天家务时间 48 分钟，排名全球倒数第五》，载网易网 2022 年 5 月 13 日，https://www.163.com/dy/article/H778RRTD0514EA02.html。

〔3〕 参见联合国妇女署：《最新报告：北京会议召开 25 周年妇女权利评估》，载微信公众号"联合国妇女署"2022 年 5 月 13 日，https://mp.weixin.qq.com/s/iyAL0iWHAUUgCTbuMmU8OQ。

〔4〕 参见肖洁：《家务劳动对性别收入差距的影响——基于第三期中国妇女社会地位调查数据的分析》，载《妇女研究论丛》2017 年第 6 期。

〔5〕 第四次世界妇女大会《行动纲领》（1995 年），"第四章　战略目标和行动"，第 206(f)段。

的10% ~35%。[1]

(二)我国对家务劳动补偿的立法变迁与司法适用

1. 我国关于家务劳动补偿的立法变迁

中华人民共和国成立后,我国颁布的1950年《婚姻法》没有关于家务劳动补偿的相关规定,1980年《婚姻法》修订时也没有对此予以重视,直至2001年原《婚姻法》第40条[2]规定夫妻采取书面方式可以约定婚姻关系存续期间所得财产的归属权,一方在婚姻中付出较多贡献的,离婚时有权向对方请求补偿。显而易见,2001年《婚姻法》中关于家务劳动补偿的实现是以夫妻双方实行分别财产制为前提的。《妇女权益保障法》第47条第2款沿袭了2001年《婚姻法》第40条的规定,内容几乎一样。就大多婚姻而言,夫妻对家庭所做的贡献与从中获得的利益是不平衡的。实际情况则是,承担了较多家庭事务的一方,往往其职业发展和其他方面的发展均受到了较大的限制,而另一方从家庭中基于对方的奉献和牺牲获得了较大的利益。[3] 与此同时,根据我国学者调查,在我国实行分别财产制的家庭大约5%。[4] 这一规定在法律文本和法律解释中均存在着隐蔽的性别盲点,家务劳动经济补偿以实行约定的分别财产制为前提脱离实际,形同虚设,忽视了家务劳动对女性的人力资本及预期利益的影响。[5] 正因我国95%的家庭采用夫妻共同财产制,家务劳动补偿制度在司法实践中沦为"休眠"条款被束之高阁。但是,在奥金看来,家庭作为一种机制,正义是其关键性的美德,同时必须认识到,家庭生活所享有的许多资源——休闲、教育、金钱、时间和注意力,这些资源绝

---

[1] 参见姜爱军:《妇女与家务劳动》,载《中华女子学院学报》1996年第3期。

[2] 2001年原《婚姻法》第40条规定:"夫妻书面约定婚姻关系存续期间所得的财产归各自所有,一方因抚育子女、照料老人、协助另一方工作等付出较多义务的,离婚时有权向另一方请求补偿,另一方应当予以补偿。"

[3] 参见袁锦秀:《美英妇女权益保障和我国立法的完善》,载《求索》2009年第7期。

[4] 参见夏吟兰:《离婚救济制度之实证研究》,载《中国政法大学学报》2003年第6期。

[5] 参见夏吟兰:《民法典离婚家务劳动经济补偿制度完善的人权内涵》,载《人权研究》2020年第2期。

对不是取之不尽用之不竭的，此时，正义可以发挥非常重要的作用。[1]

家务劳动绝大部分是日常且重复单调的，因此缺乏创造性与新奇性，大量消耗劳动者的体力与精力并使其深陷其中，进而在社会其他领域中失去更多的机会（利益）。夫妻因家务劳动产生的矛盾其实质是双方对家庭利益的生产与分配方式乃至相应的社会地位的争夺。夫妻因为家务劳动发生矛盾，就会打破原有关系的平衡。在现实生活中，女性主动提出离婚的比率逐年上升，其中很多是因两性之间家务劳动分工长期不平等所导致。那些全职家庭主妇因为没有退休保障金直接影响其晚年的日常生活及其家庭和社会地位。概括而言，基于改革开放以来在夫妻间家务劳动的重新协调比进入劳动市场要缓慢很多这一国情，基于民众对婚姻家庭生活和谐的期许，核心家庭的夫妻在现实生活中努力趋向自我调适，旨在于将家庭矛盾降至最小化。不可否认的是，浓厚的传统观念根基之深厚与市场经济家庭中两性争取自身利益的本能，加之民众对夫妻财产共同共有的传统情怀，要改变家务劳动补偿的传统认识仅依靠其自身的意识尚不能实现，需要法律持公平正义的态度做出回应，尤其要为那些从事家务劳动较多的一方提供充分法律保障，而不是仅仅拘泥于夫妻约定下的分别财产模式中。与2001年《婚姻法》第40条相比，我国《民法典》第1088条改变了家务劳动补偿以分别财产制为前提的规定，将家务劳动补偿制度统一适用于夫妻共同财产制。即无论夫妻之间采用何种财产制度，只要符合夫妻“一方因抚育子女、照料老年人、协助另一方工作等负担较多义务”这一条件，离婚时就有权向对方请求给予补偿。与此同时，《妇女权益保障法》（修订草案）重申了《民法典》第1088条关于家务劳动补偿的规定。该规定是《北京宣言》《行动纲领》改变传统的两性分工模式、促进两性平等承担家务劳动、实现男女实质平等的倡导性规定在中国的立法实践，体现了实质平等与公平正义的人权理念。[2]

---

[1] 参见[美]苏珊·穆勒·奥金：《正义·社会性别与家庭》，王新宇译，中国政法大学出版社2017年版，第43页。

[2] 参见夏吟兰：《民法典离婚家务劳动经济补偿制度完善的人权内涵》，载《人权研究》2020年第2期。

2. 我国《民法典》实施前后家务劳动补偿的司法适用

《民法典》生效不久，即 2021 年 2 月北京市房山区人民法院依照《民法典》审结的首例家务劳动补偿一案备受关注。法院认定了女方婚后承担了照顾孩子、料理家务的主要劳动，男方除上班外家庭事务几乎不关心也不参与的事实，基于法条规定，结合女方在抚育子女等家务劳动方面负担了较多义务的事实，最终适用《民法典》第 1088 条的规定，酌定判决男方给付女方家务劳动补偿款 5 万元，以此保障了该案女方的合法权益。[1] 相隔一月，山东省烟台市芝罘区人民法院审结一起被告为全职太太的离婚案，判赔女方家务劳动补偿 93 万元。[2] 当然，该案中超高的家务劳动补偿数额是因其包含了夫妻财产分割的部分。2021 年 4 月下旬，重庆市北碚区人民法院柳荫法庭审结的一起离婚纠纷案中，原告杨某（女）与被告胡某（男）于 2011 年登记结婚，婚后育有一儿一女。在长达近 10 年的婚姻生活中，杨某一直未外出工作，全职照顾家庭，胡某虽在外打工，但从未向杨某提供金钱补贴家用，家庭支出主要依靠杨某娘家提供。随着孩子年龄增长，家庭开支也随之增加，夫妻俩时常争吵，夫妻关系越发紧张，无奈之下，杨某诉至法院请求与胡某离婚，并要求胡某给予其经济补偿。法院受理后经调查认为原告杨某在婚后全职抚养子女、照料老年人，承担了较多的家庭义务，且无收入来源，故杨某请求胡某给予经济补偿金的诉讼请求，法院予以支持。最后判决胡某向杨某支付 12 万元的经济补偿。[3]

上述案例均是《民法典》实施之后的裁判，反观《民法典》实施之前关于家务劳动的补偿案例，我们发现，2001 ~ 2019 年全国法院已生效的裁判文书中援引 2001 年《婚姻法》第 40 条的仅有 153 份，而且多以支持离婚协议的方式对贡献方予以适当补偿。笔者分别以 2019 年与 2020 年两个年度为标准，

---

〔1〕 参见范雨晨：《全职太太离婚获 5 万元家务补偿引发热议，专家指出——家务劳动补偿的“未来指向”不容忽视》，载《中国妇女报》2021 年 3 月 1 日，第 4 版。

〔2〕 参见《夫妻感情破裂，山东一全职太太离婚获 93 万“家务补偿”》，载微信公众号“山东高法”2021 年 4 月 7 日，https://mp.weixin.qq.com/s/HCFzUujHodSOJasIN8W43Q。

〔3〕 参见《走进民法典：全职太太离婚，获 12 万元“家务劳动补偿”》，载微信公众号“重庆市高级人民法院”2021 年 4 月 27 日，https://mp.weixin.qq.com/s/Lgm4NT9h76D - oT3iKAo8QA。

按照关键词“适用婚姻法第40条”为线索，在无讼网搜索到44个判例。其中有38起案件是因离婚双方已经约定或以欠条的方式约定经济补偿而获得法院的支持。其余6起案件中，5起因未约定分别财产制或不能证明付出“较多的家庭义务”未被法院支持，一起因诉请范围不属于认定情形而被驳回。具体裁判见表4－2与表4－3。

表4－2　适用2001年《婚姻法》第40条获得法院支持判决汇总

序号	案号	案由	判决金额及其他	裁判依据	判决日期
1	(2019)赣0726民初33号	熊某与郭某婚姻家庭纠纷	100,000元及逾期利息(自2018年9月29日起按月利率5‰计算至款清之日止)	《婚姻法》第40条;《合同法》第107条、第113条;《民事诉讼法》第64条、第144条	2019年1月2日
2	(2018)浙0122民初4102号	宋某与王某合同纠纷	463,760元	《婚姻法》第40条;《合同法》第6条、第8条;《民事诉讼法》第144条	2019年1月22日
3	(2018)鄂0115民初8434号	李某与万某1离婚后财产纠纷	20,000元	《婚姻法》第40条;《民事诉讼法》第144条	2019年1月28日
4	(2019)鄂2826民初423号	谢某与杨某离婚后财产纠纷	19,000元	《婚姻法》第40条;《民法总则》第118条、第119条;《合同法》第60条;《民事诉讼法》第144条	2019年3月11日

续表

序号	案号	案由	判决金额及其他	裁判依据	判决日期
5	(2019)浙0411民初337号	方某与钱某离婚后财产纠纷	20,000元	《婚姻法》第40条、第42条;《最高人民法院关于适用〈中华人民共和国婚姻法〉若干问题的解释(二)》第8条;《民事诉讼法》第64条、第142条	2019年3月15日
6	(2019)吉0721民初799号	王某与李某离婚后财产纠纷	100,000元	《婚姻法》第40条、第42条	2019年3月18日
7	(2019)川0114民初444号	何某与古某离婚后财产纠纷	成都市新都区大丰街道花都大道318号2栋1单元16层1605号的房屋(义务件号:权0397579)	《婚姻法》第40条;《最高人民法院关于适用〈中华人民共和国婚姻法〉若干问题的解释(二)》第8条;《民事诉讼法》第144条	2019年3月31日
8	(2019)川1528民初646号	万某与罗某1离婚后财产纠纷	35,000元及利息(自2014年3月5日起,以本金35,000元为基数,按月利率2%计算利息至本息付清止)	《婚姻法》第40条;《合同法》第60条、第109条	2019年5月20日

续表

序号	案号	案由	判决金额及其他	裁判依据	判决日期
9	（2019）晋1181民初934号	王某离婚后财产纠纷	50,000元	《婚姻法》第40条；《最高人民法院关于适用〈中华人民共和国婚姻法〉若干问题的解释（二）》第8条；《民事诉讼法》第144条	2019年5月29日
10	（2019）苏0681民初160号	顾某与朱某1离婚后财产纠纷	100,000元	《婚姻法》第40条、第41条；《最高人民法院关于适用〈中华人民共和国婚姻法〉若干问题的解释（三）》第18条	2019年6月4日
11	（2019）湘0624民初1149号	高某与侯某合同纠纷	80,000元	《民法总则》第176条；《婚姻法》第40条	2019年6月17日
12	（2019）川1528民初1165号	袁某与王某离婚后财产纠纷	40,000元	《婚姻法》第40条；《合同法》第60条、第109条	2019年6月17日
13	（2019）黔0302民初5269号	吴某与王某婚姻家庭纠纷	100,000元	《婚姻法》第40条	2019年6月26日

续表

序号	案号	案由	判决金额及其他	裁判依据	判决日期
14	(2019)浙0825民初2603号	郑某与童某离婚后财产纠纷	60,000元	《婚姻法》第40条;《最高人民法院关于适用〈中华人民共和国婚姻法〉若干问题的解释(二)》第8条;《民事诉讼法》第144条	2019年7月5日
15	(2019)苏1324民初4532号	杨某1与刘某1、刘某2离婚后财产纠纷	30,000元	《婚姻法》第40条;《民法总则》第176条;《担保法》第19条、第31条	2019年8月1日
16	(2019)闽0322民初4823号	杨某与刘某离婚后财产纠纷	40,000元	《合同法》第2条、第60条、第107条;《婚姻法》第40条;《民事诉讼法》第144条	2019年8月2日
17	(2019)闽0322民初4845号	杨某与陈某1离婚后财产纠纷	100,000元及利息(以10万元为基数自2019年7月5日起按年利率6%计至还清之日止)	《合同法》第2条、第60条、第107条;《婚姻法》第40条;《民事诉讼法》第144条	2019年8月6日

续表

序号	案号	案由	判决金额及其他	裁判依据	判决日期
18	(2019)川0183民初1474号	蒲某与王某离婚后财产纠纷	108,000元	《婚姻法》第40条;《民事诉讼法》第144条	2019年8月14日
19	(2019)粤1302民初1262号	陈某与罗某离婚后财产纠纷	50,000元	《婚姻法》第40条;《民事诉讼法》第64条、第144条	2019年8月19日
20	(2019)赣1023民初1551号	陈某与王某离婚后财产纠纷	28,000元	《合同法》第210条;《民法通则》第84条、第90条、第108条;《婚姻法》第40条;《民事诉讼法》第64条、第144条	2019年9月5日
21	(2019)鄂0624民初1602号	薛某丽与王某群合同纠纷	75,000元	《合同法》第8条、第10条第1款;《婚姻法》第40条	2019年9月11日
22	(2019)皖1126民初4580号	毛某与王某离婚后财产纠纷	50,000元	《婚姻法》第40条;《民事诉讼法》第64条	2019年11月12日
23	(2019)豫1224民初3080号	余某与薛某离婚后财产纠纷	100,000元	《婚姻法》第40条;《合同法》第60条;《民事诉讼法》第144条	2019年11月13日
24	(2019)云0927民初457号	刘某与玉某离婚后财产纠纷	20,000元	《婚姻法》第40条;《民法通则》第54条、第55条、第56条、第57条、第106条	2019年11月20日

续表

序号	案号	案由	判决金额及其他	裁判依据	判决日期
25	(2019)苏0382民初4658号	赵某与范某1离婚后财产纠纷	20,000元	《民法通则》第4条;《婚姻法》第17条、第39条、第40条、第41条;《合同法》第4条、第54条;《民事诉讼法》第64条	2019年11月23日
26	(2019)川1622民初3690号	蒋某与周某合同纠纷	500,000元及利息(以500,000元为基数,自2019年11月15日起按全国银行间同业拆借中心公布的贷款市场报价利率计算至付清之日止)	《民法总则》第7条;《婚姻法》第40条;《民事诉讼法》第64条、第144条	2019年12月30日
27	(2019)豫0192民初5570号	苗某与赵某离婚后财产纠纷	50,000元	《民法总则》第6条;《婚姻法》第22条、第40条、第42条	2019年12月31日
28	(2020)皖1622民初103号	张某俏与周某海民间借贷纠纷	59,400元	《合同法》第60条;《婚姻法》第40条	2020年3月6日
29	(2020)苏0205民初269号	吴某与沈某离婚后财产纠纷	30,000元	《婚姻法》第40条;《民法总则》第176条;《民事诉讼法》第64条、第142条	2020年3月9日

续表

序号	案号	案由	判决金额及其他	裁判依据	判决日期
30	(2020)闽0123民初489号	李某与叶某离婚后财产纠纷	80,000元	《婚姻法》第40条;《民事诉讼法》第144条	2020年4月9日
31	(2020)闽0322民初1553号	薛某与周某离婚后财产纠纷	78,000元及利息(自2020年3月4日起按年利率6%计至还清之日止)	《合同法》第2条、第60条、第107条;《婚姻法》第40条	2020年4月16日
32	(2020)桂0881民初798号	郭某与杨某离婚后损害责任纠纷	28,000元	《婚姻法》第40条;《最高人民法院关于适用〈中华人民共和国婚姻法〉若干问题的解释(二)》第27条;《民事诉讼法》第64条第1款	2020年5月11日
33	(2020)豫1624民初2287号	孙某与程某1离婚后财产纠纷	100,000元	《婚姻法》第40条;《合同法》第60条、第107条	2020年6月19日
34	(2020)川1528民初665号	易某与万某洪合同纠纷	35,000元	《婚姻法》第40条;《民事诉讼法》第144条	2020年7月20日

续表

序号	案号	案由	判决金额及其他	裁判依据	判决日期
35	(2020)浙0382民初5580号	颜某如与石某勇合同纠纷	100,000元	《婚姻法》第40条;《最高人民法院关于适用〈中华人民共和国婚姻法〉若干问题的解释(二)》第8条;《民事诉讼法》第64条	2020年8月11日
36	(2020)渝0231民初1039号	张某梅与范某东离婚后财产纠纷	45,000元	《婚姻法》第40条;《民事诉讼法》第64条第1款	2020年8月12日
37	(2020)浙0110民初11069号	周某与侯某离婚后财产纠纷	63,000元及逾期还款利息损失2205元(自2020年5月2日起至实际履行之日止的逾期还款利息损失以未付本金为基数,按年利率6%另行计付)	《婚姻法》第40条;《最高人民法院关于适用〈中华人民共和国婚姻法〉若干问题的解释(二)》第10条;《民事诉讼法》第144条	2020年9月23日
38	(2020)桂0122民初4335号	陆某与韦某离婚后财产纠纷	50,000元	《合同法》第60条;《婚姻法》第40条	2020年11月10日

表 4 - 3　适用 2001 年《婚姻法》第 40 条未获得法院支持判决汇总

序号	案号	案件情况	不支持理由	判决日期
1	(2019)云 0828 民初 165 号	郭某 1 与郭某 2、李某娟离婚后财产纠纷	诉请范围不符合《婚姻法》第 40 条	2019 年 1 月 29 日
2	(2019)辽 02 民终 241 号	李某与许某离婚后财产纠纷	未约定分别财产制	2019 年 3 月 11 日
3	(2019)粤 0112 民初 2705 号	何某 1 与何某 2 离婚纠纷	未约定分别财产制	2019 年 6 月 14 日
4	(2019)鲁 1311 民初 2211 号	刘某与杜某离婚后财产纠纷	不能证明付出“较多的家庭义务”	2019 年 6 月 25 日
5	(2019)甘 1002 民初 2083 号	张某与冯某离婚纠纷	不能证明付出“较多的家庭义务”	2019 年 8 月 13 日
6	(2020)苏 03 民终 87 号	周某与高某离婚后财产纠纷	不能证明付出“较多的家庭义务”	2020 年 5 月 11 日

从表 4 - 2 与表 4 - 3 中,我们发现在适用《民法典》第 1088 条之前关于家务劳动补偿存在如下问题:

(1)家务劳动补偿诉讼提出的时间需要重新酌定。在离婚之时提出的,法院大多予以支持。但是,以江苏省徐州市中级人民法院审结的案件[1]为例,此案上诉人在离婚后提出家务劳动补偿,被法院驳回。二审法院驳回上诉理由时表示,当事人请求离婚补偿应在离婚时提出,因为离婚时双方的夫妻关系尚未解除,相互有扶助的义务,原告应在离婚诉讼中提出补偿请求。二审时,双方婚姻关系已经解除,就不可以再向对方请求补偿。显然在本案

[1] 参见江苏省徐州市中级人民法院民事判决书,(2020)苏 03 民终 87 号。

中，法院将请求权依据与请求权混为一谈，类如合同虽然已经解除，但合同中的请求权是否可以再行使与本案原告的请求权相类似，法院要求给付义务发生的时间与相应的请求权行使时间保持同步，与司法实践的常态思维不符。

（2）未来性机会成本的损失予以补偿的问题需要进一步明确。在婚姻中，家务劳动付出较多的一方必然会减少自己在事业与学业所花的时间精力，而另一方则全力以赴地投身于工作或接受教育、培训以此提升个人能力。一旦婚姻关系解体，一方取得的诸如高职位、高学历、执业资格等无形资产则因立法没有规定而无法列入婚姻财产的范围，从而使支持一方的期待利益与机会成本完全落空。即使夫妻双方其中一方从事家务劳动，另一方在从事有酬工作，双方看似对家庭的贡献相等，但是表面上的平等里隐藏着一个不平等，即从事有酬工作或者在有酬工作多的一方未来是有保障的，即使离婚，在有酬场域获得的身份地位在未来可谓游刃有余，而在家庭中付出家务较多的一方是以牺牲自身未来性为代价的。那么在离婚之时，即使把全部家庭财产的一半分给牺牲未来性的一方仍然不足以弥补其已经丧失的机会成本。未来性的机会成本在实践中难以量化，法院无法依据这种无法量化的未来性损失来认定家务劳动补偿的事实，自然就不能支持相应的主张。表现在实际案例中，鲜见有当事人对机会成本尤其是不能量化的未来性机会成本的诉求，更不用谈及法院对其的认定和支持。

（3）家务劳动举证责任的承担问题需要在个案中平衡。根据民事诉讼法之规定“谁主张，谁举证”的一般原则，提出家务劳动补偿的一方需要举证其在家务劳动中负担了较多义务，具体如抚养照护未成年子女、照料老年人及其他料理性家务。从当前家庭生活的私密性而言，要证明自己在家庭领域完成的家务劳动，提供证据或证人证言来证明实属不易。从类案检索结果来看，有3起案件因为当事人不能证明“负担较多义务”的家务劳动，其补偿之诉求没有得到法院支持。在2020年江苏省苏州市中级人民法院审结的一案中，周某与其夫高某2015年签订《夫妻财产约定协议书》，约定婚姻存续期间所得的财产归各自所有。2018年双方离婚。2019年9月，周某以离婚后没有房屋居住、生活困难为由向法院起诉要求高某支付补偿费28万元。为此周某提供了《夫妻财产约定协议书》以及证人证言等证据，但法院认为，以上证据均不能证实原告在婚姻家庭关系中付出较多的家庭义务，其诉请无事实依据，不予支持。[1] 周某的败诉说明在家庭这个较为私密的领域，对承担家务劳动多少数量的计算依据，从证据的角度很难证明。相对而言，对于夫妻一方长期在外地工作，由另一方留守家中照护未成年子女和老年人，因为事实清楚，一般能够认定家务劳动的多寡。如 2019 年 3 月吉林省蛟河市人民法院判决的一起案件中，妻子张某某与丈夫包某某分居长达 20 年，女方在家照料家务的劳动多寡一目了然。法院认为张某某独自抚养婚生女至成年付出了较多义务，应当得到经济补偿，结合当地经济消费水平和双方实际情况，法院判决男方补偿女方 3 万元。[2] 但是，本案中有两点需要指出：一是法院认为，双方虽未约定婚姻存续期间财产归各自所有，但事实上分居多年的行为默示了财产所得各自支配，这一认识说明法院在认定经济补偿时仍然以约定财产为基本前提；二是该案中夫妻分居长达 20 年，不仅家务劳动付出多的事实举证显然比较容易，而且 20 年的补偿费仅为 3 万元，仍然反映了家庭中女方应当多承担家务的传统观念。

（4）家务劳动补偿的标准需要结合个案平衡酌定。立法上对家务劳动补偿额度的标准难以做出相应的规定，无论是补偿计算的考虑因素还是计算依据，2001 年《婚姻法》第 40 条还是《民法典》第 1088 条均没有作出规定。而对于固定的补偿额度，由于现实情况的复杂性，民事法律、法规或者司法解释都难以做出具体规定或者要求。北京市房山区法院适用《民法典》判决的案件中，主审法官在解读赔偿标准时指出，每个家庭都不一样，很难有统一的标准，作出 5 万元的家务劳动补偿，主要是考虑双方婚后共同生活的时间、女方在家务劳动中具体付出的情况、男方个人的经济收入、当地一般生活水平等 4 个因素。[3] 就具体数额来看，在《民法典》实施之前的经济补偿类案中，

---

〔1〕 参见江苏省苏州市中级人民法院民事判决书，(2020)苏 03 民终 87 号。

〔2〕 参见吉林省蛟河市人民法院民事判决书，(2019)吉 0721 民初 799 号。

〔3〕 参见潘巧：《民法典"唤醒"家务劳动补偿制度》，载《民主与法制时报》2021 年 2 月 25 日，第 2 版。

最高补偿额为10万元，最低为2万元，显然，请求权人获得的家务劳动补偿数额一般较低。前述吉林省蛟河市案件中夫妻分居长达20年，判赔妻子家务劳动补偿额仅为3万元。

婚姻关系不能等同于合同关系，可以采取等价有偿的原则予以补偿。不言而喻，婚姻中付出家务劳动较多的一方是基于对婚姻关系的信任，对共同长久生活的期待，才全身心投入时间精力和感情。在计算家务劳动的补偿金额时，应主要考虑经济补偿请求权人付出的家务劳动数量，结合另一方因在婚姻家庭中付出较少劳动后所获得的直接利益及收入能力的强弱等因素，再辅之以当地基本生活水平、离婚时的个人劳动能力在离婚后的实际效用、当事人取得收入的机会等多重因素。事实而言，婚姻中的信赖利益和私人情感在婚姻解除时受到的打击和伤害，在家务补偿案件中均未得到考虑。

3. 域外家务劳动补偿制度简况

(1)法国的家务劳动补偿请求权制度。《法国民法典》明确规定了家务劳动补偿请求制度，将夫妻双方分为利益受益与利益受损两种角色。利益受益是指在婚姻关系存续期间，为家庭所付出的劳务低于应承担的义务范围获得利益超过双方的等量价值；利益受损是在婚姻关系存续期间获得利益远远小于付出的家务数量。因此，受损一方有权请求受益一方予以补偿。该制度的前提是将家务劳动分为共担与分担两类，共担部分包括赡养老人、养育子女、维持家庭的生活运转等，其基本构成了家庭生活的全貌，分担则基本为夫妻任一方的工作。法国民法视婚姻为一个共同体，夫妻双方可以协商婚姻关系存续期间的付出与收益，一旦一方的家务付出超出其应该负担的部分，就可以向对方请求补偿。具体在《法国民法典》第1537条第3款规定，当妻子从事的家务劳动远超过应当负担的部分，即因其付出了更多的无酬劳动使自己该增加的财产没有增加，丈夫因此得利，在此情况下，妻子可以向丈夫主张，请求补偿。[1] 显然，法国立法承认家务劳动的价值。法国的司法实践承认家务超过平均值的补偿行为，如果夫妻一方对另一方的工作或获得报酬的

---

〔1〕 参见《法国民法典》，李浩培、吴传颐、孙鸣岗译，商务印书2017年版，第243页。

事务提供了帮助或者协作，获益方无偿给支持方财物，可以认定此赠与为报偿性赠与，而且，如果一方完全牺牲自己事业而专注于家务，那么从事有酬劳动的一方无偿给予家务劳动的一方财物的行为应当认定为补偿而非报偿。[1]

(2)德国的净益补偿制。1957 年 7 月 1 日，德国根据 1949 年《宪法》和 1957 年的《男女平等法》共同确立的男女平等原则，修订了《德国民法典》中的亲属法，确定了新型法定夫妻财产制——净益共同制。[2] 根据《德国民法典》第 1363 ~ 1390 条将夫妻财产增益共有制规定为法定婚姻财产制。该财产制在婚姻期间的所有收益均被视为双方一起“赚来的”，特别是家庭主妇或者主男的劳动也属于对共同财富增长的贡献，从而使他们可以分享配偶另一方的增益。《德国民法典》第 1363 条第 2 款明确规定，增益共有制是指夫妻对各自财产及其婚姻存续期间获得的财产均保留单独所有权，第 1364 条规定夫妻双方独立管理各自的财产，出于保护另一方配偶的目的，第 1365 ~ 1369 条规定夫妻一方的处分行为与负担行为受到一定限制。[3] 根据《德国民法典》第 1378 条第 1 款的规定，假如夫妻一方财产的增益超过另一方的，那么超出部分的一半和另一方平等分割。显而易见，《德国民法典》的规定一方面，保证了夫妻双方婚前及婚姻存续期间财产的独立性，双方婚前及婚姻存续期间财产增益归双方各自所有、处分并收益；另一方面，它综合夫妻双方在离婚时的净益财产，并将净益财产进行均分。例如，男方结婚时的净资产为 10 万欧元，离婚时的净资产为 40 万欧元，男方净益财产为 30 万欧元；女方结婚时的净资产为 5 万欧元，离婚时的净资产为 20 万欧元，女方净益财产为 15 万欧元。那么在他们离婚时，男方应将 7.5 万欧元[(30 - 15) ÷ 2 = 7.5]支付给女方。双方增益相同或双方均未获增益的，均不发生补偿请求权。[4] 同时《德国民法典》第 1360 条规定了夫妻彼此负有义务，以各自的劳

---

〔1〕 参见刘翠梅：《女性家务劳动价值在婚姻法中的保护》，上海海事大学 2013 年硕士学位论文，第 8 页。

〔2〕 参见陆静：《德国夫妻财产制的特色》，载《学习时报》2011 年 9 月 5 日，第 2 版。

〔3〕 [德]迪特尔 · 施瓦布：《德国家庭法》，王葆莳译，法律出版社 2010 年版，第 116 页。

〔4〕 [德]迪特尔 · 施瓦布：《德国家庭法》，王葆莳译，法律出版社 2010 年版，第 138 页。

务或财产为婚姻家庭提供必要的支持。假如其中一方承担家务,则该方被视为以劳务作为提供家庭生活支持履行义务的方式。德国家庭法的规定肯定了照护子女这一类家务劳动的价值,在离婚时对其补偿明确予以规定。

(3)美国的扶养费制度。美国人力资本理论家帕克曼(Parkman)与埃尔曼(Ira Ellma)在阐述到离婚之时,夫妻一方对彼方产生经济义务时,是以迈克尔·奥布莱恩(Michael O'Brien)和洛丽塔·奥布莱恩(Loretta O'Brien)案为例展开的。案情概要为,双方当事人结婚9年,在此期间,洛丽塔·奥布莱恩推迟自己申请教学资格证的计划,陪同丈夫迈克尔·奥布莱恩前往墨西哥并支持他获得了医学院的学位和医师的资格,取得了行医执照。后来双方向法院申请离婚,进入审判时,迈克尔·奥布莱恩已经成为是一名普通外科医生,每年收入约17,600美元。夫妻双方几乎没有传统的婚姻财产可以分割,迈克尔·奥布莱恩相比其妻子洛丽塔·奥布莱恩有很强的经济优势。该经济优势表现为迈克尔·奥布莱恩未实现的经济潜力,而这个未实现的经济潜力恰恰是妻子洛丽塔·奥布莱恩帮助他获得的。为此美国法院展开了以下争论。

第一,一方增强的赚钱能力是否属于婚姻财产?审理该案的法院认为,提高的收入能力不应是财产,因为它不能"转让、出售或质押",因此不符合财产的定义;又因它是"持有人的个人财产",不具有"共同所有权的属性";"最多仅仅是对未来收入或收入的预期",离婚时没有"既得当前利益"……后来科罗拉多州最高法院认为,在离婚法的背景下,对"财产"的界定不应仅限于"具有交换价值的物或构成财富之物",这些狭窄的界定是不恰当的,不仅需要承认迈克尔·奥布莱恩对其医师执照享有的利益是财产利益,而且需要承认洛丽塔·奥布莱恩对其夫医师证享有的利益,这就需要估算并分配这一项无形财产。地方法院已经承认,估算并分配无形财产是他们没有将提高的收入能力视为婚姻财产的原因,另一个原因则是如果将提高收入能力界定为财产,这样则需要在一定程度上界定收入增强一方离婚后的收入,尽管这些未来收入是收入增强配偶一方的个人财产。法院否认提高收入能力一方的未来收入是可以分割的婚姻财产是因为他们无法公平衡量该财产的性质,或者因为给对方配偶分配的部分需要财产地位增强的配偶一方利用个人资产转化为现金。最高法院对夫妻财产的重新界定描述了迈克尔·奥布莱恩在婚姻期间获得的财产。在夫妻双方离婚时,迈克尔·奥布莱恩有行医证并可获得更高收入的可能。这项行医权获得更高收入的可能均是他能提高收入能力的"利益"源泉。在这种情况下,"利益"是对他与这些无形资产的法律关系。夫妻双方在婚姻存续期间将技能的获得视为宝贵的资产,于是他们愿意选择花金钱、时间并付出努力去获取,而非争取传统意义上的婚姻财产。因此,地方法院忽略事实而对财产进行狭隘定义时,恰恰忽略了夫妻双方在婚姻中隐含的因信赖而产生的财产利益。

第二,配偶一方对另一方增强的财产能力有无实际利益?不难理解迈克尔·奥布莱恩为什么会花时间、金钱和精力来获得赚钱能力的提高,但为什么洛丽塔·奥布莱恩要跟随丈夫到国外,并搁置自己的职业目标长达9年,同时做3份兼职?在缔结婚姻之时,夫妻双方会做出许多主观的,甚至可能是非理性的选择和妥协。只要这些选择不违法,整个社会乃至法院确实没有机会对这些选择进行干预。然而,无论配偶为实现提高收入能力的目标所作出的决定多么主观,都可以合理地假设,双方都希望在这种收入能力的提高中获得经济上的收益。一方利用婚姻财产取得学位或执照可能有某些非经济利益,但在经济上对另一方却是不利的,另一方配偶作出的任何他(她)不利于自己而作出或放弃的机会,反而是进一步增强配偶的能力而作出的任何决定或宽容,都是一种贡献,任何使用婚姻财产来实现提高收入的能力都应视为是对方贡献的结果。但当婚姻破裂时,贡献方未来没有实现的经济利益也会随之消失。配偶一方在婚姻期间可能搁置自身利益的另一个原因是,他们认识到,在婚姻资源有限的情况下,必须优先考虑首要目标,并相应地分配资源。任何一对夫妻可能会同意优先提高配偶一方的能力,进而另一方将分享受帮助配偶提高能力所带来的经济利益。所有这些行为、考虑因素和选择都构成了支持方享有利益的基础。

第三,法律是否承认贡献方配偶的权益?配偶一方为另一方接受教育而提供经济支持的,并非没有补救办法。夫妻财产需要分割的,法院可以考虑贡献方对收入提高方接受教育的贡献。此外,如果贡献方要求扶养费并证明有需要,初审法院可以根据所有有关因素作出裁决。正如卡里根(Carrigan)法官指出,婚姻关系中妻子出于亲密的夫妻关系,她愿意为未来的家庭经济利益做出牺牲,努力支持丈夫接受教育,却在丈夫获得学位后不久就被授予离婚令,突出的问题是,传统意义上的“财产”的狭义范围使法院无力为明显的不公正提供救济。在这类案件中,衡平法要求地方法院寻求特别的补救措施来实现公正。具体在本案中,如果洛丽塔·奥布莱恩在婚姻存续期间追求自己的专业目标,丈夫同时也全职工作并增加家庭资产,而非全职就读并消耗家庭资产,这样家庭就可能积累大量的传统婚姻财产或家庭资产。正如一位法理学家警告的那样:“让配偶渡过难关将成为一项非常糟糕的个人投资。即使对方配偶有资格获得扶养费,将提高收入的能力作为财产分配也比较困难。法院在颁发扶养费裁决时需要考虑提高收入的能力一般依赖于预期的未来收入,然而,这种灵活性和非持久性也会让贡献方配偶受到收入能力增强的配偶方支配。虽然法院可以为提高配偶的扶养能力而设定慷慨的扶养费裁决,但收入能力增强的配偶在任何时候会因‘情况变化’而申请降低给付数额。一方支付扶养费直至另一方再婚时,该支付义务结束。因此,要完全分享收入提高方的预期利益,贡献方就必须保持单身。”

第四,如何衡量修复和补偿扶养费数额?修复性的扶养费支付之原则,如在洛丽塔·奥布莱恩一案中,法院可能直接要求迈克尔·奥布莱恩向洛丽塔·奥布莱恩支付3000美元的课程费用,从而保证她完成其教师认证。如果修复扶养费是她唯一的补救办法,洛丽塔·奥布莱恩将只能获得18个月的资助与课程费,尽管她支持丈夫在国内外接受了9年的外科医生教育。修复扶养费的接受者通常是指在婚姻期间没有受雇的或在婚姻期间因照顾子女而离开有酬劳动市场的配偶。此外,即使另一方已证明有需要,给予修复扶养费似乎也取决于婚姻期间以后的未来情况,如收入增强配偶一方的支付能力,以及贡献方推迟职业生涯的客观事实等。就具体的补偿费用而言,有时基于对婚姻的信赖或不当得利理论,承认另一方配偶“有权请求补偿她的投资”,如配偶教育、培训费用和她对某些直接教育成本和费用的贡献。补偿范围从贡献方配偶对收入增强配偶方的经济贡献诸如生活费用和直接教育费用,直接支持学校教育与专业培训费用,加上通货膨胀的合理利息和财产分割费……因此,洛丽塔·奥布莱恩获得的扶养费包括教育费用、家庭生活费用、前往墨西哥学校的差旅费以及她能证明的任何其他经济贡献。[1]

埃尔曼指出,贡献方配偶有权获得离婚后另一方配偶收入的一部分,作为对预期收益或实际损失的补偿。因为这项人力资本所获得的资产是收入增强方配偶结婚后取得的,因此贡献方配偶享有的预期未来收益的现值。尽管这些预期收入实际上将在婚姻关系解除后才获得,但它实质是贡献方配偶在婚姻存续期间应获得的人力资本的财产回报。埃尔曼强调,扶养费最为恰当的概念"不是为了缓解需求",而是承认"在婚姻存续期间为配偶提供最佳的经济激励方式,即通过投资婚姻获得收益的权利"。[2] 一旦配偶一方支持另一方在经济上实现了"提高收入的能力",配偶之间就会出现经济差距,在配偶一方收入能力提高之前,婚姻可能会破裂。即使在收入未增强方配偶没有直接作出经济贡献,但默许将婚姻资产用于配偶一方提高收入能力,也会导致经济差异。因此,配偶一方提高的收入能力往往是配偶双方在婚姻存续期间积累的唯一婚姻资产。此外,即使有其他婚姻财产,配偶一方增强的收入能力仍可能影响其他婚姻财产的分割。纽约州明确认定学历或类似学历均属于婚姻财产,其价值应以它的预期收入来衡量。然而,在有些情况下,法院也含蓄地接受了配偶至少有权从婚姻期间的投资中获得部分预期收益的概念,一些法院已将专属性业务中可归于商誉的部分视为离婚时的婚姻资产。另一些法院认为,夫妻离婚之时在决定扶养费数额时,应考虑婚姻存续期间一定程度另一方配偶可能获得的预期收入。[3]

与此同时,在制定法方面,1971 年颁布的《美国统一结婚和离婚法》第 307 条规定,分割夫妻共同财产时,法院要考虑任何一方对婚姻财产的积累

---

〔1〕 See Deborah A. Batts, *Remedy Refocus: In Search of Equity in "Enhanced Spouse/Other Spouse" Divorces*, New York University Law Review, Vol. 63:4, p. 751(1988).

〔2〕 See Zick Cathleen& Bryant. W, *Does Housework Matter Anymore? The Shifting Impact of Housework on Economic Inequality*, Review of Economics of the Household, Vol. 6:1, p. 8(2008).

〔3〕 See Margaret F. Brinig, "*Money Can't Buy Me Love*": *A Contrast Between Damages in Family Law and Contract*, The Journal of Corporation Law, Vol. 27:4, p. 567(2002).

所做的贡献,其中包括任一方以操持家务的形式对婚姻财产积累所做的贡献。继而该法又以第 308 条的扶养费请求权制度对婚姻家庭中的家务劳动价值进行承认和保护。

(4)瑞士和英国的家务共担制度。根据《瑞士民法典》第 163 条的规定,"夫妻双方都有义务供养家庭,经协商一致按照各自方式履行对家庭的贡献义务,特别是金钱给付、家务劳动、照护未成年子女或给予配偶事业上的支持。双方对贡献方式进行协商时,应考虑家庭生活的需要及个人的具体状况"。另据该法典第 165 条第 1 款规定,"婚姻一方的特别贡献"具体是指假如一方支持另一方的事业发展,其付出明显超过她(他)供养家庭应当付出的比重,则有权获得合理的补偿金。[1] 英国《婚姻诉讼法》将家务劳动视为对家庭幸福所作的贡献,要求法官将双方配偶现在及未来可预见的对家庭幸福所作的贡献,包括照顾家庭的贡献作为离婚时分割夫妻财产考虑因素之一。[2]

综上,无论是法国的家务劳动补偿视为一项请求权、德国的抚养未成年子女可以请求家务劳动补偿,还是美国的预期利益分割制、瑞士与英国倡导的家务共担制,以及英国对家务劳动助益于增进家庭幸福的肯认,尽管各国名称不同,对家务劳动的补偿进行立法确认可谓殊途同归。

4. 对我国《民法典》第 1088 条的解读及司法适用

我国《民法典》第 1088 条[3]删除了将夫妻约定分别财产作为家务劳动补偿的前提条件的规定,将适用范围扩大至夫妻共同财产制,体现立法尊重现实的正义理念。离婚家务贡献补偿,也称家务劳动补偿,是指适用于夫妻一方在婚姻关系存续期间为协助另一方工作,在养育未成年子女、赡养老年人以及其他家庭事务等方面承担较多义务(为婚姻共同体尽了较多义务),明显超出其应该负担的正常范围,当婚姻关系面临解体,在家务中贡献较多

---

[1] 《瑞士民法典》,于海涌、赵希璇译,法律出版社 2016 年版,第 64 ~ 65 页。

[2] 参见石雷:《英国现代离婚制度研究》,群众出版社 2015 年版,第 123 页。

[3] 《民法典》第 1088 条规定:"夫妻一方因抚育子女、照料老年人、协助另一方工作等负担较多义务的,离婚时有权向另一方请求补偿,另一方应当给予补偿。"

的一方可以主张因自身人力资本减损而无法获得预期收入的补偿制度。

《民法典》实施后，如前述，无论是北京房山区人民法院的裁判，还是山东省烟台市芝罘区人民法院的裁判，乃至2022年3月7日《北京晚报》报道北京市房山区人民法院再次审结的一案中，妻子向丈夫（博士学位）请求离婚家务劳动补偿，法院判决丈夫向妻子支付10万元。[1] 基于该类案的审判，如何解读以及运用法条是以后司法实务中不可回避的问题。

就离婚家务贡献补偿的规范解释而言，《民法典》婚姻家庭编中"家庭应当树立优良家风，弘扬家庭美德，重视家庭文明建设""夫妻应互相忠实，互相关爱""家庭成员应当敬老爱幼互相帮助，维护平等、和睦、文明的婚姻家庭关系"等规定，其中家庭建设属于新增内容，其他则是沿袭原《婚姻法》第4条的规定。与此同时，在第1058条新增夫妻共同承担对未成年子女的抚养、教育和保护的义务。这些规定体现了最为朴素意义上的公平原则。[2] 强调婚姻关系存续期间，假如夫妻任何一方在家务劳动、养育未成年子女、赡养老年人等方面付出的时间与精力在正常范围以内，就没有适用离婚家务劳动补偿制度的空间。

如前文对人力资本的分析可知，无偿的家务劳动与有酬的职业劳动具有等值性，在夫妻共同财产制下，一方承担正常范围内的家务劳动意味着有权分享另一方获得的有酬劳动收入的价值。在此情形下，离婚家务劳动补偿不适合采用。反之，如果一方在婚姻关系存续期间承担家务劳动远远超出了其应该负担的正常范围，那么，就应该启动家务劳动补偿制度。具体而言：（1）夫妻一方在婚姻关系存续期间因从事照护未成年子女、赡养老年人等家务劳动影响到自己职业技能的提高或者丧失职业发展的机会，由此导致其在劳动力市场上的技能价值贬损。（2）夫妻一方在婚姻关系存续期间，因养育未成年子女、照护配偶年老生病的父母等，双方一旦离婚，受益一方应当对承担较多家务劳动一方给予补偿，双方对此进行协商，协商的内容既可以在登

〔1〕参见曾慧：《已婚男考研读博毕业后起诉离婚》，载《人民法院报》2022年3月23日，第3版。
〔2〕参见冉克平：《夫妻团体法法理与规范》，北京大学出版社2022年版，第346页。

记离婚确认,也可以在诉讼离婚确认。(3)如果夫妻一方在婚姻关系存续期间协助另一方工作,比如为对方查找资料、订机票等,还为支持对方获得学位证、医师证、律师证等承担超出自身应负担的养老育幼的家务劳动,相应提高学历、获得学位一方获得了具有人身属性高附加值的隐性财富。一旦夫妻关系解体,协助一方将面临不能分享获益一方的预期收益之不公结果。因此,为了矫正这种不公,法律回应了社会现实的需求,将付出较多义务的一方纳入补偿的机制。[1] 但是,这种补偿数额不应参照由市场中机构或个人提供的家政服务的价格,因为婚姻家庭作为一个共同体,蕴含着婚姻家庭本身的利他因素很浓厚,家庭成员间提供的家务劳动所携带的情感因素更为明显。由此,以市场家政人员的价值衡量家庭中贡献较多一方的贡献,不仅会对婚姻蒙上市场规则的阴影,也无法弥补夫妻因人力资本投资方向不同导致的一方谋生能力下降对未来生活造成的消极影响的损失。[2] 因此,依据《民法典》第1088条的规定,离婚家务劳动贡献补偿采用意思自治的原则,交由当事人协商,如果协商不成诉讼至法院,再交由法官综合考量做出裁判。

综上,明晰了第1088条的立法目的后,结合前述《民法典》生效前的司法实践,具体司法适用建议如下:

(1)灵活家务劳动补偿的诉讼期间。在实际生活中,对家庭付出较多贡献的一方,无论从工作机会、经济条件、社会资源或信息来源等方面,一般都处于相对劣势的地位,以致无法全面、及时收集证据、主张权利。如果将家务劳动补偿的权利限制在“离婚时”,在一定程度上可能出现对家庭付出较多的一方,因在离婚时未及时举证或及时主张该项权利,而导致了该项权利不可回转地消灭,无法被其他途径所救济的情况。另外,作为原告,因从事家务劳动较多提起诉讼,可以及时行使自己的权利,反之,当其作为被告不愿意离婚时,家务劳动补偿请求权不能及时行使,从而出现不公平之结果。因此,我们建议赋予家务劳动补偿的请求一方既可以在婚姻存续期间主张家务劳动

---

〔1〕 参见冉克平:《夫妻团体法法理与规范》,北京大学出版社2022年版,第346~347页。
〔2〕 参见冉克平:《夫妻团体法法理与规范》,北京大学出版社2022年版,第347页。

补偿,也可以在离婚之时向法院申请,还可以在离婚后一定期限内行使请求权,或者按照普通诉讼时效来规范请求权,唯有如此,才能公平保障家务劳动贡献较多当事人的合法权利。

(2)家务劳动补偿请求权的举证责任可以倒置。家务劳动付出较多一方,一般是指养育未成年子女、照料老年人、协助另一方工作等纯属惠及家庭内部的劳动,要对这些劳动举证证明,困难不小。在正常情况下,家务劳动不可预见且繁杂,比如养育未成年子女的证据包括但不限于养育、陪伴以及保护等各种各样的行为,如何提供证据可以证明这些行为的实施情况,实属困难,而且对于付出家务劳动的多寡如何证明,也存在举证的客观困难。在司法实践中我们根据夫妻一方付出过量的家务劳动致使其经济收入减损,而另一方则因其付出而经济受益的因果关系,可以在家务劳动的数量、强度乃至时间上确定大致对等的标准,一方付出家务劳动明显超过其应该负担数量来衡量,得到一个盖然性的标准,如夫妻一方举证自己付出家务劳动数量远远超出对方,具体包括日常接送未成年子女上学放学、必须在固定时间完成餐食的准备,这类较为固定时间的家务劳动意味着要求父母任何一方可能推迟上班或提前下班,致使家务劳动与有酬工作之间的冲突更为明显,不利于其职业发展,进而会导致收入差距的结果。因此,接送未成年子女上下学、辅导功课、准备餐食等核心家务劳动比较容易举证,数量方面也可以具体量化,举证责任一方向法院提交这些家务的事实即可证明自己承担了更多的家务劳动。但是证据的收集问题显得更加困难,现实生活中,没有婚姻当事人在婚姻存续期间预期准备请求家务劳动补偿而去收集证据,该意识普遍缺失,也因婚姻家庭中利他的本性使然。因此,面临所谓的证据在生活中大部分会消失,如果对方当事人不予承认,要通过自行收集证据来证明家务的繁重和多寡,在现实生活中可谓强人所难。在此,我们建议采用推定的方法来证明,既要求家务劳动补偿者承担举证责任,同时也将举证责任按照待证事实的具体情况在双方当事人之间进行合理分配,或者要求受益方证明自己承担家务劳动的数量来推定贡献较多一方承担的家务劳动情况。

(3)补偿权行使的方式和方法可以参酌机会成本的弥补。根据《民法典》第1088条的规定,关于家务劳务价值补偿权的方式及方法,可以由婚姻当事双方自行协商,协商不成的可以向人民法院提起诉讼。我们认为,基于家务劳动价值的经济补偿之财产来源,应为另一方所拥有的个人合法财产。换言之,应从另一方所分得的财产或另一方的个人财产中拿出一部分,来补偿提供家务劳动较多的一方,而非从夫妻共同财产中直接划分。其根本原因在于付出家务劳动较多一方的人力资本减损,应该在分得夫妻共同财产基础上再行对其人力资本予以补偿。

美国琼·克劳斯科夫(Joan Krauskopf)将婚姻类比为公司,夫妻双方旨在寻求利益最大化。她将一个家庭从经济的角度概念化为“一家寻求使其整体福利最大化的公司”,“如何计算配偶接受教育投资的预期回报?一种标准的方法是确定受教育实现的预期收入的现值”。琼·克劳斯科夫建议:第一步计算配偶一方在接受教育之前的收入能力,其中包括认定与赚钱能力相关的特征,以及计算与受教育前配偶的同类人未来可能会赚多少。第二步计算因接受额外教育后获得的收入数额。第三步必须从这些预期收入中减去“额外教育的投资成本”。“这些费用包括学费、书籍和实验室费用,以及在受教育期间放弃的预期收入,当然要除去日常生活费用。”最后,需要将预期收益的现值减去额外教育之前的现值,差额则是额外教育投资的预期回报。琼·克劳斯科夫认为,法院可以裁决对配偶因投资而获得的预期收益提供补偿,而不是将提高的收入能力本身归为财产。可以提供“总扶养费”(一次性赔偿)的方案,目的在于满足贡献方配偶合理所需的扶养费数额,其中包括对受益方配偶收入能力增强贡献的补偿。琼·克劳斯科夫指出,增加的收入能力传统上并没有被概念化为财产,但它满足了通常被视为财产的两个要素:可转让性和与货币等值的估值。因此,琼·克劳斯科夫提出“尊重投资回报和预防不当得利的法律原则”,从而支持配偶一方期望通过增强另一方的赚钱能力而获得的收益来衡量补偿数额。在夫妻离婚时予以贡献方合理的经济分配,尤其是当妻子将大部分精力致力婚姻存续期间的家务劳动,而丈夫则将精力集中在有偿劳动时。在这种情况下,婚姻单位投资于丈夫的人力资本,如同配偶一方支持另一方接受教育的情形,其结果是创造了可以被描述为“婚姻企业”的实体。[1]

综上,笔者认为,家务劳动补偿应该正确回应机会成本的丧失,将收入能力增强一方的预期收入在夫妻之间进行分配符合正义原则。一般家庭中,基于历史传统与性别分工定势,大多是女性承担更多的家务劳动尤其养育未成年子女方面承担得更多。常见如辅导未成年子女的功课、照护其日常生活起居、接送其上学放学延伸至辅导班路上的时间相较男性,花费时间多,根据笔者对高校老师的访谈,在条件相当的前提下,母亲更愿意牺牲自己,养育陪伴未成年子女而放弃高学历的获取,进而失去的机会成本更高。一旦婚姻关系解体,持有的学历与赚取的收入与丈夫差距很大。因此,我们在此应该正面司法实践中将证书、学历等因素予以综合衡量后确定一个预期损失的经验,将收入能力的增加作为考量因素则更加全面。对贡献全面补偿的方法具有更强的确定性,相比给一方配偶在对方配偶尚未实现的预期收入中确认一定份额,全面补偿则显得更为实际。完全补偿配偶一方在婚姻关系存续期间的贡献其实质在于试图承认配偶所做的全部贡献,也是对贡献方配偶所有经济利益的救济,从而保障婚姻收入能力最大化地实现。[2]

落实到我国的司法实践,如何确定家务劳动的补偿数额,实属困难。究其本质,我国立法没有考虑家务劳动的计算方法,因此在具体的个案中,衡量家务劳动的补偿数额,法官(典型如房山案)则是综合考量婚姻存续期间共同生活时长、家务劳动承担情况、受益方配偶的经济收入、当地一般生活水平等因素得出的。这个补偿数额的计量结果受到了功利主义作用下之矫正正义的影响,它体现的只是福利性的、次级正义的要求,没有从更根本的关怀伦理层面回应原告的牺牲。[3] 因此,基于家庭是伦理和经济的融合体这一特点,设计一种既符合性别正义,又具有可操作性的方法对于践行家务劳动补偿之规定至关重要。当前,最常用和最实用的家务劳动估值方法是在分析家

---

〔1〕 See Zick Cathleen & Bryant. W, *Does Housework Matter Anymore? The Shifting Impact of Housework on Economic Inequality*, Review of Economics of the Household, Vol. 6, p. 12, (2008).

〔2〕 See Zick Cathleen & Bryant. W, *Does Housework Matter Anymore? The Shifting Impact of Housework on Economic Inequality*, Review of Economics of the Household, Vol. 6, p. 16(2008).

〔3〕 参见李勇:《家务劳动补偿制度的女性主义分析》,载《山东女子学院学报》2022 年第 4 期。

务劳动相关参数的科学合理性因素后，采用综合性替代成本法[1]，该方法是联合国欧洲经济委员会建议估值应以其为基础，依据家庭实际支付的家政服务员工资来计算。具体计算公式：$V = H_i W_i$（其中 V 表示用综合替代成本法计算的无酬家务劳动人均经济价值；H_i 表示不同省份每人每年从事无酬家务劳动的小时数，W_i 表示不同省份市场上家政服务员的工资率）根据该方法测算出 2017 年全国无酬家务劳动共创造了 142,857.45 亿元的经济价值，约为 GDP 的 18% ~ 19%，其中，男性贡献了 52,654.67 亿元，女性贡献了 90,202.78 亿元，女性创造的价值约为总价值的 2/3。[2] 单纯从数据可以看出，中国女性家务劳动的经济贡献被大大低估，尚且没有考虑女性承担家务劳动时投入的情感因素，直接影响其家庭地位与社会地位。

因此，我们认为在家庭中依照夫妻生活习惯，对双方承担之有形家务劳动的时间进行大致估算，按照上述公式进行核算补偿的是女性付出较多的物质性家务劳动，忽略了其为家庭付出的精神层面的劳动，如当下女性为家庭财产增加而购买理财产品，投资股票等家务劳动，具体在个案中，可以根据其举证予以适当补偿。有了补偿金额的法定依据，再运用既定的计量方法核算出对女性家务劳动的补偿金额，该补偿金额无论多寡，均是其自身付出劳动的必然结果。有了这些明确的计算标准和依据，不仅有利于最大限度地保护女性的合法权益，更有利于唤醒社会公众对家务劳动经济价值的认知，从而改变传统的家庭分工，家务劳动男女共担才可以真正实现，进而实现家庭内部的公平正义，最终促进社会稳定和男女两性和谐发展。

（4）将非婚同居关系中的家务补偿参照适用《民法典》第 1088 条之规定。我国历史上长期实行仪式婚主义，有着重结婚仪式的悠久传统。[3] 不论是 20 世纪我国民众对婚礼仪式的青睐甚或对婚姻登记的漠视，还是在 21 世纪部分民众对婚姻登记的刻意回避，在当下的中国社会生活中，既有青年

---

〔1〕 综合替代成本法是，无论打扫卫生、做饭还是育儿，都使用同一个家政服务人员的工资率来衡量家务劳动的时间价值，也称为通才替代成本方法。

〔2〕 参见关成华、左玲：《中国居民无酬家务劳动经济价值的估算》，载《统计与决策》2022 年第 4 期。

〔3〕 参见吕春娟：《婚姻立法更应彰显以人为本的理念——从事实婚姻和结婚登记瑕疵的处理谈起》，载《国家行政学院学报》2013 年第 2 期。

男女之间的未婚同居,中年离异人群的搭伴过活,也有丧偶老年人的相互扶持养老。[1] 一般情况下,非婚同居的家庭关系与婚姻中的家庭关系一样,其本质既符合现代自由平等之观念,也承担着与婚姻共同体一样的家庭功能,同居伴侣彼此间既有精神慰藉和经济支持,也存在处理家务、养育未成年子女的家庭事务。[2] 当今中国在符合公序良俗的前提下,已经被社会大众接受的两性结合状态,与登记的婚姻家庭模式并行不悖。正如卡尔·拉伦茨所言,"即使在法律认为形式是必不可少因而予以规定的情况下,法律也仅仅将形式视为一种手段,如果该目的可以通过其他方式达成,或该目的已失去了意义,那么形式这种手段是可以放弃的"。[3] 在婚姻并非情感维系和家庭组建唯一方式的时代,家庭法领域下的真正意思自治在于充分尊重当事人自主选择的生活方式,在选择是否组建家庭、与何人组建家庭、组建何种形式家庭及如何安排家务的自由。因此,法律应正视这种非婚同居生活模式的客观现实,真正体现家庭法对符合公序良俗原则下自由选择的包容。社会现实中非婚同居的解除涉及未成年子女的抚养、同居双方财产的分割等纠纷的处理,也同样面临同居关系中其中一方付出家务劳动较多,不可避免出现自身人力资本的贬损等后果。换言之,非婚同居生活期间,双方因长久共同生活自然容易形成较为固化的家务劳动分工,同时双方作为类婚姻关系,共享经济收入资源与生活照料资源,在经济上相互依赖自然加深。因此,应该正视我国非婚同居率居高不下的现实,既要严格区分登记婚姻与非婚同居关系的法律适用,也要考虑在参照婚姻制度处理非婚同居的纠纷时,法律上视为陌生人的非婚同居关系和取得配偶身份的夫妻关系之间选取一个折中点,赋予那些非婚同居家庭中从事家务劳动较多的一方婚姻的部分效力,以便一旦解除非婚同居关系,付出家务劳动较多一方则可以向对方提起补偿请求权,最终实

---

〔1〕 参见杨彪、林艳祺:《非婚同居中的家务劳动补偿请求权》,载《政治与法律》2020年第12期。

〔2〕 参见孙建江、吴亚晖:《民事结合制度对传统婚姻家庭制度的冲击》,载《法学》2005年第10期。

〔3〕 [德]卡尔·拉伦茨:《德国民法通论》(下册),王晓晔、邵建东等译,法律出版社2003年版,第556~557页。

现男女两性在广义家庭领域的真正平等。[1] 至于非婚同居关系解除时对于贡献较多一方的家务劳动补偿方法，同样可以参照婚姻关系解除的规则。理由是大多的非婚同居生活模式承担的家庭功能与婚姻的家庭功能几乎无异，那么参照适用婚姻的家务劳动补偿制度，也是在类家庭内部实现平等、公平、正义目标。也完全契合我国《民法典》第 1043 条倡导的价值内涵。

三、离婚后经济帮助制度助益于增强民众对婚姻的信赖

(一)离婚后经济帮助制度源于婚姻的信赖利益

婚姻不可解除的传统观念无形加强了男性的权威。在传统婚姻观上，婚姻是男女两性财富和地位的主要决定因素。就男性而言，婚姻确保了他们后代的合法性和长子的继承权。对女性来说，婚姻是唯一依赖的支持来源。女性很少有机会获得独立的经济生活，而在珍视贞操的社会中，婚姻一旦结束，女性再婚的机会也很少，这种经济和社会因素的结合导致女性对婚姻稳定性的巨大依赖。对此，法律拒绝承认“离婚”。教会法院只承认男女合法分居，除了同居之外，双方对婚姻的其他义务保持不变，丈夫继续供养家庭和管理家庭的事务，保留对家庭资产的所有权和控制权，并对子女拥有权力，妻子则获得扶(赡)养费的权利，无论分居持续多久，夫妻仍然是一个家庭的组成部分。法律保护婚姻的延续结果，表现为家庭财产的不可分割性、子女的合法性及其继承权、夫妻对家庭财产的支配权以及对受扶养人的支持。随后，过错理由的确定解除了无过错配偶方的婚姻义务，同时在法律上确认了过错方的婚姻责任。因此，如果丈夫与妻子成功离婚，他既被免除了扶养妻子的责任又保留了对家庭财产的所有权和对未成年子女的监护权。相应地，如果妻子与丈夫成功离婚，她就被免除了婚姻中服从、贞洁及为丈夫服务的义务。但无过错的妻子可以继续获得丈夫在物质上的支持，避免沦为接受国家接济的境地。[2]

---

[1] 参见杨彪、林艳祺：《非婚同居中的家务劳动补偿请求权》，载《政治与法律》2020 年第 12 期。

[2] See Margaret F. Brinig, *The Reliance Interest in Marriage and Divorce*, Tulane Law Review, Vol. 62:5, p. 969 (1988).

在离婚理由演变的过程中,法律保护男性对家庭收入的贡献,免除"无过错"的男性再婚的经济负担,同时要求那些因为过错导致离婚的男性从其不间断的收入中支持其前妻。在离婚更频繁的现代社会,夫妻双方越来越独立,就需要重新审视信赖利益本身的性质。婚姻信赖利益的含义与"期望利益"有着明显差异。纯粹财产法上的"期望利益"是当事人在履行合同时本应采取的立场,而"归还利益"则要求归还部分履行合同时所给予的任何利益。在竞争激烈的市场中,期望和信赖趋于一致。比如在买卖市场中,假设选择充分,买卖双方预期从合同中获得的回报应该与其最佳选择完全相同。但在婚姻关系中,玛格丽特(Margaret)认为,婚姻中的许多变化源于信赖利益的性质变化以及它与婚姻中的期望利益的关系。在传统社会中,对婚姻的信赖利益和期望利益往往趋于一致。婚姻为女性提供了最确定的(也是唯一的)收入和地位的来源。由此,当一名女性选择与其夫结婚时,她最重要的损失则是失去与别人结婚的机会,虽然其他可能会成为她伴侣的价值无法衡量,合理的假设是,只要她在自己的社会阶层内结婚,另一名男性则会提供与她选择的新郎相似的优势。然而,一旦第一次婚姻遭受失败,女性很少有机会缔结对其有利的第二次婚姻。因此,对于女性来说,期望利益(根据婚姻所提供的支持程度来定义)往往是衡量信赖损失的最佳衡量标准。这种信赖在提供有限的再婚或自立机会的社会中可能非常重要,只有通过承认对婚姻的期望利益,它才能得到有效的保护。虽然缘由不同致后果不同,结婚后,男女均必然放弃与别人结婚的机会。不可否认的是,社会对男性的观念使得其前景比女性有利,缔结婚姻的机会主要取决于他们保持对自己所拥有的财富的控制能力,不受第一次失败婚姻的过错或经济负担的困扰。如前所述,传统社会最初拒绝承认离婚,后来利用过错离婚制度使离婚对有过错一方而言既困难又昂贵,一旦离婚,法律则必须在男女相互竞争的要求之间做出合理选择,保证女性在离婚后依然享有一定的经济支持,从而削弱男性通过再婚来减轻其损失的能力。有过错的丈夫有义务保证妻子在婚姻存续期间惯常的生活方式。现代婚姻中,保护婚姻的期望利益其重要原因在于双方均失去与他人结婚的机会,尤其女性放弃的机会利益比男性更明显,因为女性更有可能与收入超过自己的另一方结婚。尽管如此,由于女性就业机会的扩大,离婚时不太可能完全依靠丈夫的收入来获得支助,加之女性对家庭收入有贡献,丈夫再婚的概率不再取决于他的财政资源。因此,尽管许多女性继续依靠婚姻来获得高于她们自己所能提供的生活水平,许多男性继续依靠财富来获得更有利的婚姻,但婚姻的价值明显降低,此时,离婚的夫妇相较于传统社会的离婚夫妇,更有可能减轻他们的损失。与此同时,失去与他人结婚的机会(以及对婚姻的期望)变得不那么重要,对婚姻信赖的职业机会的丧失的重要性也相应增加。在经济不发达时期,因女性的收入有限,自然为婚姻利益而放弃的职业机会相对不重要。反观当下,这些机会成本显得更为重要,几乎所有的女性都选择外出工作,而且越来越多的女性在婚姻存续期间也坚持长期工作。那么,在以缔结婚姻为由说服女性放弃职业机会时,其目的是支持丈夫的事业或女性参与养育未成年子女等家务劳动,女性的趋向性更为明显。因为她们清醒地认识到,一旦婚姻关系解除,受益配偶保留了增强收入的能力或适当养育未成年子女的优势,而贡献较多的配偶则会遭受单方面的损失。

因此,保护失去的职业机会对离婚时的财产分配产生了不同的影响。虽然配偶双方都放弃了与他人结婚的机会,需要在相互竞争的信赖损失之间作出选择,但通常只有一方为另一方的利益放弃职业机会。由此,对这些被放弃的机会予以补偿并不取决于对婚姻的终身承诺,相反,补偿取决于双方对婚姻的贡献的性质,所以弥补损失的最好措施不仅是婚姻存续期间所享有的生活水平。此外,这种补偿不应在一方(主要是女性)再婚时终止,因为失去典型如职业晋升的机会不会因其再婚而重新获得。"修复"扶养费,主要是为了补偿这种类型的损失,扶养费的数额取决于受助配偶获得继续教育或重新就业所必需的数额。

(二)离婚后经济帮助制度在我国的立法表征及其正当性

我国1950年《婚姻法》就有一方对离婚时存在困难的另一方提供相应帮助的规定。1980年《婚姻法》将此类帮助限定为"经济帮助"。在2001年《婚姻法》中第42条以及原最高人民法院《关于适用〈中华人民共和国婚姻法〉

若干问题的解释(一)》第27条[1],将帮助主要聚焦在一方的住房或个人财产方面,根据《民法典》第1090条规定,离婚时,假如一方正常的生活存在困难,有负担能力的另一方应当在其能力范围内给予帮助,具体帮助方式由双方协议,协议未果,则由人民法院判决。可以看出,《民法典》的规定相对于2001年《婚姻法》以及原最高人民法院《关于适用〈中华人民共和国婚姻法〉若干问题的解释(一)》有两处改变:一是在离婚经济帮助的条件中增加了对另一方的条件要求,即一方在"有负担能力"的前提下可以给予另一方帮助;二是对原规定"另一方应从其住房等个人财产中给予适当帮助"的帮助范围,只是笼统规定,"给予适当帮助"。[2] 改变迎合了客观现实与可行性需要,将夫妻离婚后的经济帮助内容主要交由双方当事人自由协商,协商不成,再交由法院裁决。

婚姻在夫妻财产的效力上,具体表现就是夫妻之间的扶养义务,属于法定义务。本应属于婚姻关系存续期间的义务,一旦婚姻关系解除,原有的扶养义务应该随之解除。《民法典》第1090条规定,离婚后一方有生活困难,另一方有负担能力的,应该给予困难一方一定帮助。究其原因,就在于婚姻关系属于特殊的社会关系,如前所述,缔结婚姻之时,双方基于对婚姻的信赖与期待利益,尤其在我国,大多数女性在婚姻存续期间因为各种原因在不动产的购买持有以及产权登记方面,比例低于男性。离婚之时,自然在住房方面就面临困境,于是法律将夫妻的扶养义务从婚姻存续期间延伸至婚姻解除后,其目的就是保障离婚后女性一定时期的居住权稳定,是法律将道德义务上升为法律义务的体现。离婚后经济帮助义务在我国具有本土特色。我国《民法典》也没有列明具体如何帮助,将协商权利交由当事人,根据具体情形

---

〔1〕 2001年《婚姻法》第42条规定:"离婚时,如一方生活困难,另一方应从其住房等个人财产中给予适当帮助。具体办法由双方协议;协议不成时,由人民法院判决";原最高人民法院《关于适用〈中华人民共和国婚姻法〉若干问题的解释(一)》第27条规定:"婚姻第四十二条所称'一方生活困难',是指依靠个人财产和离婚时分得的财产无法维持当地基本生活水平。一方离婚后没有住处的,属于生活困难。离婚时,一方以个人财产中的住房对生活困难者进行帮助的形式,可以是房屋的居住权或者房屋的所有权。"

〔2〕 薛宁兰:《民法典离婚救济制度的功能定位与理解适用》,载《妇女研究论丛》2020年第6期。

予以帮助。根据法条的含义以及我国的现实国情，笔者建议，帮助的方式主要以一定时期的居住权为主要情形，方显我国司法适用的优势。

（三）《民法典》时代离婚后经济帮助制度的司法适用

1. 离婚经济帮助的方式——设立居住权的社会背景

2001年《婚姻法》承载的经济帮助制度定位在我国经济发展和社会保障水平较低的现实下，离婚后一方因患病、残疾、丧失劳动能力、无生活来源等情形时，另一方无疑需要给予经济帮助。但是当下，我国基本养老保险参保人数已逾9亿，基本医疗保险覆盖人数也逾13亿，全民医保已经基本实现。由此，原本因离婚导致的生活困难而需要经济帮助的职能在一定程度上基本已由国家负担。现实生活中，因离婚而出现的生活绝对贫困化的可能性较低。[1] 但是根据学者调查得知，离婚后一方需要经济帮助的四大主要原因（没有住房、没有收入或没有固定收入、身患疾病、子女上学）中，"没有住房"排在第一位，尤其北京占比52.6%。与之对应的是，请求经济帮助的案件中，要求住房帮助的在北京也达到58.7%。[2] 该结果尽管是2003年的调查结果，但随着近些年房价的攀升，夫妻离婚必然涉及房产的分割，即使拿到房屋分割款的一方也无经济能力在原住地买到保持以前居住水平的房屋，而且国家在短时间内仍然难以解决因离婚造成的没有住房的特殊困难。针对此现象，《民法典》在物权编第366～371条规定了居住权制度，也可说回应了现实的难题。居住权规定具体则包括当事人可以通过订立书面合同设立居住权，并且对公示方式、权利的行使与消灭设计了初步方案。该项制度设计的目的是赋予特定的人以居住权，使其可以拥有用于居住的房屋，并在一定期限内稳定地使用。居住权制度其核心价值在于保障困难群体的利益，其中就包括可以更好地保障没有住房保障的离婚一方的居住问题。

2. 彰显离婚经济帮助制度的价值——居住利益保障的司法判例

在《民法典》实施前夕，天津市第三中级人民法院的一份二审判决所包

〔1〕 参见孙若军：《离婚救济制度立法研究》，载《法学家》2018年第6期。

〔2〕 参见夏吟兰：《离婚救济制度之实证研究》，载《中国政法大学学报》2003年第6期。

含的意义，与居住权的立法意旨同理。

原告王母与王某系母子关系，王某与被告周某雅原系夫妻。王某与周某雅于2018年11月19日协议离婚。离婚协议约定，离婚后，女方可以暂时居住在男方母亲名下坐落于天津开发区某地建筑面积89.15平方米的房屋内，居住期限为三年，至2021年11月19日止。如在居住期限内房屋出现动迁或变卖的情况，男方需向女方提供住处。双方约定，如若女方发生约定的腾离情形时，女方即立刻丧失对该房屋的居住权，男方可随时要求女方腾离该房屋，女方有权要求赔偿男方经济损失，否则居住期限内，男方不可无故要求女方腾离。

在周某雅依据离婚协议居住该房屋近一年后，王母以不知情为由，主张房屋所有权，诉请周某雅返还涉诉房屋。一审以原告理应知道王周间的协议，且欲提供的房屋明显低于涉诉房屋的条件为由，判决王母败诉。王母不服上诉至天津市第三中级人民法院，二审法院除支持一审理由外，还指出离婚协议中约定的"变卖"应为完成事实上的变卖，因此驳回上诉，维持原判。[1]

一审、二审在判词中都明确提出了公平原则是衡量案件基本事实、约定内容和当事人权利义务的标准。

该案中的客观事实是，王某与周某雅在婚姻存续期间没有共同房产，周某雅在离婚后将无房可住。但是具有法律意义的事实有以下两点：一是离婚协议使用了"居住权"一词，明确约定了当时还没有物权意义的"居住权"，这一约定真正彰显了《民法典》对现实生活的重要意义；二是在对原告主张的事实进行解释时，秉承了公平原则，以保护原婚姻当事人的合法权益为目的，以公平合理的常理解释为原则。事实上，离婚协议约定的内容对于无房居住的被告具有重要的意义，相比较而言，所有权人因权利受限所损失的利益明显小于被告的居住利益，判决否决其诉求而支持被告实属正义之举。从本案延伸

〔1〕 参见王某诉周某雅及原审第三人王某达返还原物纠纷案，天津市第三中级人民法院(2020)津03民终3008号民事判决书。

考量，对于在婚姻中为家务付出更多劳动的当事人，依照《民法典》的规定，在无房可住的情况下，通过设置居住权解决其后顾之忧，其可行性不容置疑。

3. 离婚经济帮助之居住权的司法适用

《民法典》对居住权仅有6个条文予以规定，涉及居住权的含义、设立、公示与消灭，内容相对概括。如何依据该简单的条款适用于家务补偿尤其离婚时的经济帮助，对于居住权的司法适用思路结合前述判例展开如下：

第一，居住权的主体及其意思表示的意义。根据《民法典》第366条的规定，没有特别要求设立居住权的主体，根据立法要求居住权应当基于合同或遗嘱设立的意旨，设立者应当具备完全民事行为能力才能通过意思表示设立居住权，意思表示真实，且不违反法律、行政法规的强制性规定，不违背公序良俗。自由意思是订立合同或遗嘱的重要前提，而在设立居住权方面，设立人是否基于自己的房屋所有权法律没有明确。因此，上述案例中设立人虽不是房屋所有权人，根据法院支持被告的判决，我们可以推知非所有权人也可以为他人设立居住权，该情形适用于离婚帮助情形具有重大的意义，因为现实生活中往往会存在婚姻当事人即实际居住人不是房屋所有权人。本案中有一个极具实践价值的情节，即离婚协议中对于设立居住权的目的描述，为案件的公平合理处理提供了有价值的事实依据。所以，生活实践中，离婚当事人基于离婚经济帮助设立居住权时，应当开宗明义说明其目的是提供经济帮助，在意思表示中明确其行为目的则是解释意思表示和适用法律的重要依据。

第二，居住权的设立方式及物权效力的认定。《民法典》第368条明确规定了居住权作为不动产用益物权，其设立还需要具备典型的不动产物权方式，通过向登记机构申请登记，居住权才能设立。通过登记设立的居住权具有物权的支配性、排他性、优先性等效力，是不容置疑的。在设立居住权的意思表示中，虽然对居住权的具体内容或效力有一定的限定，但是并不影响居住权本身的物权效力。《民法典》关于居住权的规定条款中虽然没有涉及居住权的追及效力与请求效力，但是，按照居住权的物权属性，在实践中根据具体案件赋予相应其权利人物权效力并不存在法律和理论上的障碍。居住权的物权效力对保护居住权人的利益具有重要的意义，如果是因离婚后一方在居住方面陷入困难,另一方需要提供离婚经济帮助的,结合本案判决,公平原则发挥了其重要的指导作用,居住权的物权效力就可以得以充分发挥。

第三,居住权的客体范围的确定与权利行使。按照《民法典》关于居住权的规定,居住权的客体仅限于住宅,系特定物、不动产、建筑物,系用于居住需要的生活资料。目前我国现实生活中最常见的住宅,无论整个住宅抑或整套住宅属于居住权的客体当无疑问。但是,假如夫妻在离婚协议中对一套房屋的一部分设立居住权(一间卧室兼带卫生间厨房的使用),并不违反《民法典》关于居住权客体的规定。将一套住宅中的一部分设立居住权,并不违背物权客体特定的特征。从使用空间和与其他部分具有区分可能性的角度,就可以实现居住权客体在实际效用上的特定化。依据建筑物区分所有权的司法解释,也可以发现相应的司法依据,虽然根据物权客体特定主义的要求,物的组成部分因缺乏特定性和独立性而不能作为物权的客体,但由于住宅的某个房间一是在构造上具有相对的独立性,能够明确予以区分。二是在功能上具有相对的完整性,可以排他使用。三是在不动产登记方面也具有可操作性,能够登记为特定居住权的客体。故以住宅的一部分设立居住权,并不悖于物权客体特定主义。由于在住宅的一部分之上设立居住权是对居住权行使范围的限制,这就要求居住权的使用范围必须在登记簿上精确地加以描述。由于以住宅的一部分设立居住权实际上是对整个住宅所施加的负担,因此,为实现居住权而必须使用的生活设施如卫生间、厨房等共用部分,可以比照建筑物区分所有权的规定调整,居住权人也有权使用。[1] 由此,明确全部住宅或是住宅的一部分均可以设立为居住权的客体,对于因离婚经济帮助而设立的居住权的有效实现具有重要的实际意义。

四、离婚损害赔偿制度助益于维护无过错方配偶的合法权益

(一)离婚损害赔偿制度设立的正当性

随着经济社会的发展,家庭中越来越承认家庭成员的个人身份,自从美

---

〔1〕 参见房绍坤:《论民法典中的居住权》,载《现代法学》2020 年第 7 期。

国《已婚妇女财产法》确认了妻子日益独立的身份，并赋予了已婚妇女拥有财产、提起诉讼和应诉以及签订合同的能力之后，还规定离婚后女性可以分割到属于她们的财产，并支付自己应负担的债务。与此同时，法律承认男性对家庭商业经营的支配权，缔结婚姻后，女性将放弃市场有酬劳动投身于养育未成年子女等家庭事务。丈夫决定妻子的住所，如果妻子不服从丈夫，可能面临离婚。离婚后，由于丈夫保留夫妻共同财产的所有权，妻子有权要求分割并依赖于他的支持。因此，婚姻仍然是一个管控双方关系的机构，夫妻双方发挥着高度专业化的合作作用。与此同时，随着人均寿命的增加，核心家庭更为普遍，新型电器的不断出现使家务劳动逐渐变得简单，养育未成年子女与照护年老体弱的老年人等家务劳动不再成为成年女性生命中重要的组成部分。因此，成年女性可以更为自由地从事其他有酬劳动，从而有了自己的劳动收入，不再对丈夫有着紧密的依赖。由于家庭不再是提供社会地位和财富的唯一决定因素，缔结婚姻的理由已然从社会义务变成演变为爱情。社会规范也已认为这是结婚的充分理由，当彼此的爱情消失，当彼此不再有相互的感情时，维持婚姻的意义自然就失去了。

在现代社会，离婚不是因为放弃婚姻义务，而是个人选择的问题，或是因为双方感情的结束。如果配偶双方都有权解除婚姻，强调"过错"也就毫无意义。离婚不再是单方面解除配偶一方因另一方违反其婚姻义务而应承担的义务。现代离婚法最终遵循了这一社会转型，美国各州也由"过错离婚"转向"无过错离婚"。[1]

在由"过错离婚"转向"无过错离婚"的变迁中，将婚姻比喻为一种经济伙伴关系曾经颇具影响力。在该伙伴关系中，由双方共享财产，以便允许他们离婚后各得其所，但彼此间还存有进一步的义务。究其原因，皆因婚姻关系具有强烈的伦理性，而经济伙伴关系则完全不同，经济伙伴关系解除后成员之间不存在进一步的义务。与该理论一致的是，无过错离婚主义的改革扩

---

〔1〕 See Margaret F. Brinig, *The Reliance Interest in Marriage And Divorce*, Tulane Law Review, Vol. 62:5, p. 865 – 866(1988).

大了离婚时可供分割的财产范围,不论所有权归属如何,将大多数财产规定为婚姻共同财产,离婚法通过离婚制度将配偶变成陌生人,但如果将夫妻视为经济伙伴,就可以将他们的婚姻关系定性双方集中资源并共同努力的隐性协议。这种合作伙伴同意彼此之间分享婚姻的风险与回报,因此,如果婚姻关系解除,任何一方都应该分得公平份额的财产(资产),这似乎完全合理。可是,假如和市场中的陌生人一样,夫妻一旦财产将分配完毕,任何一方就没有理由对另一方主张进一步的义务。尽管理想是依赖公平分配的市场原则解决女性在离婚时的经济需求,但无过错离婚改革最初的事实表明,离婚后女性在经济方面相比男性,往往糟糕很多,这是因为绝大多数女性离婚后成为未成年子女的抚养权人。在过错离婚制度下,夫妻双方在离婚时,无论财产所有权如何,双方均等分割。以过错为基础的制度为这种索赔提供了一个充分的理由,但这一理由在无过错离婚时代已经被否定。相较于过错离婚,无过错离婚制度明显恶化了离婚后女性的经济状况。[1]

随着无过错离婚理由的出现,由于离婚理论和过程的变化与妻子对丈夫的依赖性质的变化相混淆,对扶养费功能的任何重新评价都被掩盖了。必须强调的是,无过错理由的离婚改变了扶养费和其他形式扶养费的理由,而不一定完全排除对婚姻行为的考虑。"无过错"的离婚和其他任何过错离婚一样,都代表着反对具体履行婚姻义务的正当性。必要的过错推定是为了证明解除婚姻是合理的,这有助于解除无辜配偶的婚姻义务。因此,离婚时所进行的财产分配涉及一种具体表现形式:有过错的丈夫则需继续承担扶养义务、无过错的妻子承担照顾未成年子女的义务以及享有分得共同财产的权利。"无过错"离婚是"神作之和"背景下缔结的不可解除的婚姻关系转向为以爱情为基础仅涉及婚姻当事人与其子女的承诺。当国家不再要求为了保护超越家庭的社会利益而需要婚姻永远持续时,婚姻当事人就没有必要为婚姻破裂承担责任,无过错离婚制度下,任何一方当事人都拥有终止婚姻的权

---

[1] See Margaret F. Brinig, *The Reliance Interest in Marriage and Divorce*, Tulane Law Review, Vol. 62:5, p. 886(1988).

利。我们可以说,“无过错”离婚制度只改变了婚姻不可解除的神学观点,并没有解除因终止婚姻而产生的相应赔偿责任,离婚损害赔偿制度设立就非常有必要。

(二)我国离婚损害赔偿制度的立法简况

离婚损害赔偿制度在2001年《婚姻法》将此制度纳入立法的范畴。该制度是基于公平正义理念与维护离婚当事人合法权益的需要而增设的制度,它具有填补损害、慰抚精神、制裁过错方的作用。[1] 2001年《婚姻法》第46条[2]的规定采用列举的方式将离婚的过错予以明确,方便司法的操作。但社会经济的发展,我国离婚率的逐年攀升,民众对婚姻质量的追求更为严苛,司法实践证明性格不合是夫妻离婚的重要原因,在北京的调查中这个原因高达60.5%,[3]意味着夫妻双方没有明显过错,但无法继续共同生活,解除婚姻关系的愿望非常强烈,自然过错的举证意义就明显下降。《民法典》第1091条在2001年《婚姻法》第46条的基础上,增加一项概括规定,“有其他重大过错”,作为法定情形的兜底条款,扩大了离婚损害赔偿的适用范围。[4]

(三)离婚损害赔偿之规的司法适用

侵害婚姻关系的行为一般有两大类:一是违反夫妻忠实义务的行为;二是违反夫妻相互尊重、相互扶养的行为。显然《民法典》增设的兜底条款不仅强化了婚姻的法律精神,完善了婚姻法的立法体例,而且也赋予了当事人明确的可寻求救济的法律依据。实际上,依照《民法典》和我国2016年颁行的《中华人民共和国反家庭暴力法》,对家庭暴力、虐待、遗弃的法律救济已不局限于婚姻法,适用时也不再受“离婚时”的限制。就此角度而言,婚姻法上损害赔偿的救济需求主要集中在夫妻一方“不忠”从而对另一方造成的精

---

〔1〕 参见夏吟兰:《离婚自由与限制论》,中国政法大学出版社2007年版,第261页。

〔2〕 2001年《婚姻法》第46条规定:“有下列情形之一,导致离婚的,无过错方有权请求损害赔偿:(一)重婚的;(二)有配偶者与他人同居的;(三)实施家庭暴力的;(四)虐待、遗弃家庭成员的。”

〔3〕 参见夏吟兰:《离婚自由与限制论》,中国政法大学出版社2007年版,第44页。

〔4〕 参见薛宁兰:《民法典离婚救济制度的功能定位与理解适用》,载《妇女研究论丛》2020年第6期。

神损害。[1] 但是在实务中，婚姻一方当事人要证明对方有通奸、姘居、婚外生育子女等违反夫妻忠实义务的事实，举证责任需要严格遵守法律规定，法官在证据的认定与采纳方面也相对严格。[2] 显然也是增加了诉请方的负担。如上所述，因婚姻一方的行为导致夫妻感情破裂，基于公平正义原则，无过错一方有权请求对方予以赔偿，赔偿范围根据最高人民法院《关于适用〈中华人民共和国民法典〉婚姻家庭编的解释（一）》第86条的规定，包括物质损害赔偿和精神损害赔偿。涉及精神损害赔偿的，适用最高人民法院《关于确定民事侵权精神损害赔偿责任若干问题的解释》的有关规定。就财产损害赔偿而言，基于对婚姻的信赖利益，除了财产分割在《民法典》中有明确的规定以外，前文所述的离婚补偿体现了因基于婚姻信赖利益而失去的财产利益的补偿。还有离婚经济帮助制度中也有体现财产倾向性帮助规定。恰如学者指出，鉴于离婚当事人经济上的不平衡已由离婚经济补偿请求权、经济帮助请求权等制度予以调整，离婚损害赔偿应限于因过错离婚而导致的无过错方精神遭受损害，使离婚损害赔偿制度还原其本来面目。[3] 因此，损害赔偿应单纯属于精神损害赔偿。具体数额的确定可以参考但不限于如下因素：（1）婚姻存续时间。如果婚姻持续时间长，夫妻共同体建立时间久，无论财产还是精神，夫妻彼此依赖深。一旦一方从事了破坏夫妻感情的行为，对另一方的伤害自然就深，赔偿数额也应提高。（2）夫妻关系的现状。如果夫妻分居或者处于冷静期内，一方从事了破坏夫妻感情的行为，对另一方而言，伤害程度要比那些夫妻感情在正常状态下的后果自然要轻，此时衡量赔偿的具体数额，夫妻感情的现状也就成为极其重要的因素。（3）过错的持续时间以及是否具有反复性。对于婚姻一方当事人偶发的婚外性行为，可以构成离婚财产分割照顾无过错一方的情形，却难以构成"重大过错"。[4] 反观那些数

---

〔1〕参见孙若军：《离婚救济制度立法研究》，载《法学家》2018年第6期。

〔2〕参见王歌雅：《离婚救济的实践隐忧与功能建构》，载《法学杂志》2014年第10期。

〔3〕参见田韶华、史艳春：《民法典离婚损害赔偿制度法律适用的疑难问题》，载《河北法学》2021年第1期。

〔4〕参见薛宁兰：《民法典离婚救济制度的功能定位与理解适用》，载《妇女研究论丛》2020年第6期。

次违反夫妻忠实义务的行为,或者持续性的家庭暴力行为,对于夫妻感情的破坏性更强,自然对另一方的伤害更深,法院在考量精神损害赔偿数额时可以作为重要参考因素。结合司法实践中的"夫妻忠诚协议"效力认定问题的争议,法官也是认识不一。忠诚协议是夫妻之间签订的基于夫妻身份关系的协议,同时也兼有财产的内容。《民法典》颁行之前,法官根据 2001 年原《婚姻法》第 4 条的规定,结合自由裁量权,在尊重客观事实的基础上,作出了忠诚协议有效与无效的裁判。[1] 又根据《民法典》第 464 条第 2 款的规定,婚姻、收养、监护等有关身份关系的协议,原则适用身份关系的法律规定,如果身份关系法律没有规定的,则可以根据其性质参照合同法的相关规定。据此,夫妻忠诚协议从此获得了法律效力的依据,根据《民法典》合同编的规定,夫妻之间签订的忠诚协议只要双方意思表达真实、不违背公序良俗原则,具备有效要件,一旦因忠诚协议的履行问题诉至法院,法官就可以据此认定其效力。当然夫妻签订的惩罚数额要符合一般的合理性原则,如果约定的赔偿金数额巨大,且远远超出无过错方的损害或过错方的经济承受能力,则可以参照《民法典》第 585 条第 2 款"法院可以根据当事人的请求予以适当减少"之规定。

---

[1] 忠诚协议有效的典型判例:广东省佛山市顺德区人民法院民事判决书,(2015)佛顺法容民初字第 905 号;忠诚协议无效的典型判例:上海市黄浦区人民法院民事判决书,(2011)黄民一(民)初字第 2838 号。

结　语

我国历经“一对夫妻只生一个好”的计划生育国策后，出生人口数量明显减少，在一定程度上影响了社会经济的发展，于是在21世纪初，人口政策有所松动。2002年国家决定在各地陆续实施“双独二孩”政策，后过渡至“单独二孩”政策，直至2015年年底“全面二孩”政策列入《人口与计划生育法》。

“全面二孩”政策实施当年，我国出生人口攀升至1786万人，随后数据又开始逐年下降。[1] 这与出台“全面二孩”政策所预期的生育高潮相悖。据有关调查，家庭养育经济负担过重、未成年子女无人照护和女性平衡家庭工作关系困难是影响生育的三大主要因素，[2] 这些因素恰好构成未成年人的养育成本，同时也是决定生育意愿的重要因素，生育意愿没有被真正调动起来的原因有政策的制定和立法保障两个层面。就政策制定层面而言，没有形成生育高潮的主要原因是与未成年人养育密切的教育、住房、母亲就业等相关经济社会配套政策没有跟上；再就立法保障层面而言，没有通过立法形成一整套系统完善的生育保障制度和服务管理改革制度。基于此，为了优化人口结构，进一步鼓励生育，增加劳动力供给，同时应对我国老龄化加快的趋势，

---

〔1〕 2017年出生人口下滑至1723万人，2018年再下降至1523万人，2019年降为1465万人，创1949年以来新低；2020年下降至1200万人，2021年出生人口1062万人，创历史新低。

〔2〕 调查显示，造成生育意愿降低的原因，其中因为“经济负担重”的占75.1%，“没人带孩子”的占51.3%，女职工生育后工资待遇下降的有34.3%，其中降幅超过一半的达42.9%。《国家卫生健康委有关负责人就实施三孩生育政策答新华社记者问》，载成都商报红星新闻官方账号2021年5月31日，https://baijiahao.baidu.com/s?id=1701288483769301958&wfr=spider&for=pc。

促进长期人口均衡和经济社会持续健康发展的目标，增进家庭幸福与构建和谐社会之目标，2021 年 6 月，《中共中央　国务院关于优化生育政策促进人口长期均衡发展的决定》，作出“实施一对夫妻可以生育三个子女政策”的战略部署。进而我国修订了《人口与计划生育法》，将“全面三孩”入法，宏观上确立了“全面三孩”配套支持措施。“全面三孩”生育政策既是党中央面临中国人口、经济与社会形势面临严峻挑战的应然之举，也是对前期生育政策调整效果不彰的补充性应对。有别于此前的“单独二孩”和“全面二孩”政策，此次生育政策调整重点强调生育配套支持措施与“全面三孩”生育政策同等的高度，某种程度凸显国家对待家庭生育之问题由“限制”“允许”到“鼓励”“支持”的态度转变。[1]

中华人民共和国成立以来，未成年人养育成本的负担在我国经历了家国一体——家庭为主的演变，尤其社会主义市场经济确立以来，养育未成年子女主要依靠家庭负担。伴随经济发展水平不断提高，物价也随之攀升，民众对生活水平的要求和期待也随之水涨船高，传统的未成年子女养育负担模式对于家庭的负担越来越沉重，表现为：一是家庭经济负担随着经济发展水平的提高日益加重；二是养育成本随着优生优育观念的强化亦不断攀升。与此同时，母亲在就业和家庭中的地位不公平现象在制度、政策及现实生活中表现突出，意即“母职惩罚”更为明显，此时国家在未成年人养育成本的负担中没有发挥其足够的主导作用，而社会在负担未成年人养育成本中的力量也没有充分调动起来，从而使家庭“这只小船”要在市场经济的大风大浪中承担几乎全部的养育成本。养育意愿与人口增长应呈同步态势，高养育意愿就应有高人口增长速度，但是传统的养育成本负担模式成为严重阻碍养育意愿提升的重要因素，唯有在合理分配未成年人养育成本，充分保障家庭特别是育龄女性在生育、家庭和工作中的权利，消除其生育负担的隐忧后，才能够真正实现国家“全面三孩”政策的愿景。

[1] 参见陈友华：《生育政策及其配套支持措施：认知偏误与政策偏差》，载《广州大学学报》2022 年第 7 期。

人口政策的实现与养育成本的制度设计息息相关。在负担未成年人养育成本的制度设计中,要建立起国家、社会和家庭三个层面分担责任、合理负担的机制,从国家、社会和家庭的不同功能出发,发挥各自的职能作用。国家在养育成本中要担当起主力军角色,发挥国家在立法、政策和税收方面的主导优势,从宏观上确保"全面三孩"政策下养育成本的合理分配和负担机制。国家应当通过立法与顶层设计,建立起稳定全面的国家补贴法律制度,通过各类补贴分担未成年人的生活成本、教育费用、医疗费用与父母的照护费用等养育成本;建立严格的保障职业女性的生育权与职业发展权制度,对就业性别歧视与生育歧视予以规制,赋予父母双方有薪产假与降薪育儿假;在税收方面,采取据实扣除与定额扣除相结合的扣除制度,细化扣除标准,提高教育支出以外的其他生计费用的扣除范围。社会是负担养育成本的重要力量,通过合理分配涉及生育方面的工作、福利、休假及社会保障服务体系,消除对育龄女性在工作和社会待遇方面的歧视因素,从根本理念和具体措施方面建立平等的社会待遇机制,充分保障育龄女性的合法权益,方可鼓励女性重塑良好的生育观念。建立父母生育津贴制度,用人单位对生育女性予以宽厚的弹性工作机制,保障孕产哺乳期女性的相关权益;社会要加强对孕哺期女性的人文关怀,建立相应的配套服务设施或措施。家庭依然是承担未成年人养育成本的坚实力量,树立良好的家庭养育氛围是每一个家庭合理承担养育成本的重要前提,从根本上杜绝将女性视为生育工具的意识,遵循传统观念,倡导隔代养育,国家可以给老年人发放"带孙费"等津贴;建立家务劳动补偿制度;完善经济帮助及离婚损害赔偿制度,形成平等和谐的夫妻关系,齐心协力负担养育需求与责任。

通过研究,我们清晰地认识到,要实现我国人口战略的目标,提振生育意愿是首要因素,设计一系列的配套制度又是提振生育意愿的关键。"全面二孩"政策实施以来相关配套制度的缺失则是我们必须吸取的教训。基于此,《中共中央 国务院关于优化生育政策促进人口长期均衡发展的决定》明确配套生育支持的相关政策,2022 年政府工作报告中提出"完善三孩生育政策配套措施",2022 年 8 月,国家卫生健康委等 17 部门印发《关于进一步完善和落实积极生育支持措施的指导意见》，从提高优生优育服务水平，发展普惠托育服务体系等7个方面提出20余项具体措施，涵盖税收、教育、住房、就业等众多方面，2022年10月在党的二十大报告中，再次重申“建立生育支持政策体系，降低生育、养育、教育成本”。与上述政策一脉相承的是，《妇女权益保障法》（修订草案）的亮点之一则是女性的生育保障机制，其中第50条第2款明确“国家建立健全职工生育休假制度，保障孕产期女职工依法享有休息休假权益。”由此看出，近两年我国密集出台的政策与修法活动恰是遵循“坚持以人为本”，积极回应社会的关切，尊重家庭在生育中的主体地位，充分发挥立法对完善生育政策和服务管理改革等各方面的作用，以此提高民众的生育意愿，最终实现人口出生率提升的目标。

建构涉及未成年人养育成本的各项法律、政策和措施，建立并形成一套完整、系统、有力的服务政策和保障措施体系，科学总结“全面二孩”政策的实践经验和得失，是进一步探索完善我国人口政策的重要途径。随着“全面三孩”政策的出台，“全面二孩”政策似乎已失去意义。但是，对“全面二孩”政策的有益探索及其经验的积累，特别是在如何提高生育意愿，分担或共担未成年人养育成本具有重要的指导意义。“三孩”政策是“全面二孩”政策的进一步延伸和发展。出台《中共中央　国务院关于优化生育政策促进人口长期均衡发展的决定》的同时，国家就明确了在“全面二孩”政策中所发现的问题和已经摸索出的有益经验，对进一步完善“三孩”政策将具有重要的意义。我们呼吁应当尽快建立全面、系统的未成年人养育成本分担的法律和政策机制，以法治为引领，以保障权利为措施，在国家、社会和家庭三者之间合理分配未成年人的养育成本，真正实现“三孩”政策的愿景。

参考文献

一、中文著作类

[1]刘小楠:《社会性别与人权教程》,中国政法大学出版社 2019 年版。

[2]胡怡建等:《个人所得税税制国际比较》,中国税务出版社 2017 年版。

[3]赖德胜等:《2016 年中国劳动力市场发展报告——性别平等化进程中的女性就业》,北京师范大学出版社 2017 年版。

[4]石雷:《英国现代离婚制度研究》,群众出版社 2015 年版。

[5]吴增基、吴鹏森、苏振芳:《现代社会学》(第 5 版),上海人民出版社 2014 年版。

[6]刘小楠:《港台地区性别平等立法及案例研究》,法律出版社 2013 年版。

[7]王忠:《性别经济学》,科学出版社 2012 年版。

[8]费孝通:《乡土中国》,上海世纪出版集团 2011 年版。

[9]蒋永萍:《社会转型中的城镇妇女的工作和家庭》,当代中国出版社 2009 年版。

[10]彭华民:《西方社会福利理论前言:论国家、社会、体制与政策》,国家社会出版社 2009 年版。

[11]李俊:《离婚救济制度研究》,法律出版社 2008 年版。

[12]蒋月:《婚姻家庭法前沿导论》,科学出版社 2007 年版。

[13]夏吟兰:《离婚自由与限制论》,中国政法大学出版社2007年版。

[14]李银河:《女性主义》,山东人民出版社2005年版。

[15]国家统计局人口和社会科技统计司:《中国社会中的女人和男人——事实和数据(2004)》,中国统计出版社2004年版。

[16]王丽萍:《亲子法研究》,法律出版社2004年版。

[17]苏力:《制度是如何形成的》,中山大学出版社1999年版。

[18]杨国荣:《伦理与存在——道德哲学研究》,上海人民出版社2002年版。

[19]夏勇:《人权概念起源》,中国政法大学出版社2001年版。

[20]邓伟志、徐榕:《家庭社会学》,中国社会科学出版社2001年版。

[21]谭琳、陈卫民:《女性与家庭:社会性别视角的分析》,天津人民出版社2001年版。

[22]张文显:《马克思主义法理学——理论、方法和前沿》,高等教育出版社2000年版。

[23]薛波:《元照英美法词典》,法律出版社2003年版。

[24]费方域:《企业的产权分析》,上海三联书店1998年版。

[25]康有为:《大同书》,中州古籍出版社1998年版。

[26]谭兢常、信春鹰:《英汉妇女与法律词汇释义》,中国对外翻译出版公司1995年版。

[27]林万亿:《福利国家——历史比较的分析》,巨流图书有限公司1994年版。

[28]李静之等:《马克思主义妇女观》,中国人民大学出版社1992年版。

[29]刘小楠、王理万主编:《反歧视评论》,法律出版社2017年版。

[30]宋秀岩主编:《新时期中国妇女社会地位调查研究》,中国妇女出版社2013年版。

[31]黄列:《中国人权年刊3》,社会科学文献出版社2005年版。

[32]中央教育科学研究所编:《恽代英教育文选》,湖北教育出版社1991年版。

[33]国家卫生计生委家庭司编著:《中国家庭发展报告2016》,中国人口出版社2016年版。

[34]国家卫生计生委家庭司编著:《中国家庭发展报告2015》,中国人口出版社2015年版。

[35]北京市妇女联合会:《北京妇女社会地位研究》,中国妇女出版社2013年版。

[36]冉克平:《夫妻团体法法理与规范》,北京大学出版社2022年版。

二、中文译著类

[1][美]苏珊·穆勒·奥金:《正义·社会性别与家庭》,王新宇译,中国政法大学出版社2017年版。

[2][美]简·B.布鲁克斯:《为人父母》,包蕾萍、李秀芬、马明伟译,上海人民出版社2017年版。

[3][德]迪特尔·施瓦布:《德国家庭法》,王葆莳译,法律出版社2010年版。

[4][美]约翰·罗尔斯:《正义论》,何怀宏等译,中国社会科学出版社2010年版。

[5][美]谢丽斯·克拉马雷、[澳]戴尔·斯彭德主编:《国际妇女百科全书》(下卷),"国际妇女百科全书"课题组译,高等教育出版社2007年版。

[6][德]卡尔·拉伦茨:《德国民法通论》(下册),王晓晔、邵建东等译,法律出版社2003年版。

[7][英]博特兰·罗素:《幸福之路》,傅雷译,陕西师范大学出版社2003年版。

[8][法]孟德斯鸠:《论法的精神》(下册),张雁深译,商务印书馆2002年版。

[9]中共中央马克思恩格斯列宁斯大林著作编译局编:《家庭、私有制和国家的起源》,人民出版社1999年版。

[10][古罗马]西塞罗:《论义务》,王焕生译,中国政法大学出版社1999年版。

[11][英]戴维·沃克:《牛津法律大辞典》,光明日报出版社1998年版。

[12][美]加里·斯坦利·贝克尔:《家庭论》,王献生、王宇译,商务印书馆1998年版。

[13][美]波斯纳:《法律的经济分析》,蒋兆康译,中国大百科全书出版社1997年版。

[14][英]米尔恩:《人的权利与人的多样性》,夏勇、张志铭译,中国大百科全书出版社1995年版。

[15][美]J.罗斯·埃什尔曼:《家庭导论》,潘允康等译,中国社会科学出版社1991年版。

[16][芬兰]韦斯特马克:《人类婚姻史》,王亚南译,上海文艺出版社1988年版。

[17][法]卢梭:《爱弥儿》,李平沤译,商务印书馆1978年版。

[18]联合国人权事务高级专员办事处:《人权:国际文件汇编》,联合国2002年版。

[19]《法国民法典》,李浩培、吴传颐、孙鸣岗译,商务印书馆2017年版。

[20]《瑞士民法典》,于海涌、赵希璇译,法律出版社2016年版。

[21]《马克思恩格斯文集》(第4卷),人民出版社2009年版。

[22]《马克思恩格斯全集》(第3卷),人民出版社2002年版。

[23]《马克思恩格斯选集》(第1卷),人民出版社1995年版。

[24]《马克思恩格斯全集》(第32卷),人民出版社1975年版。

[25]《马克思恩格斯全集》(第21卷),人民出版社1965年版。

[26]《马克思恩格斯选集》(第2卷),人民出版社1957年版。

三、中文期刊类

[1]朱荟、陆杰华:《从人口红利到性别红利——性别平等视角下广义社会经济效应的理论思考》,载《南开学报(哲学社会科学版)》2021年第2期。

[2]郑真真:《从性别视角看积极应对人口老龄化——聚焦老龄社会的性别红利》,载《妇女研究论丛》2021年第2期。

[3]田韶华、史艳春:《民法典离婚损害赔偿制度法律适用的疑难问题》,

载《河北法学》2021 年第 1 期。

[4]何国洪:《我国个人所得税专项附加扣除优化建议》,载《纳税》2020 年第 27 期。

[5]王心怡、戴佳玲、瞿卫国:《个人所得税专项附加扣除国际比较与借鉴》,载《内蒙古科技与经济》2020 年第 13 期。

[6]杨彪、林艳祺:《非婚同居中的家务劳动补偿请求权》,载《政治与法律》2020 年第 12 期。

[7]刘中一:《儿童家庭照顾津贴制度:西方国家的探索与实践》,载《社会福利(理论版)》2020 年第 10 期。

[8]房绍坤:《论民法典中的居住权》,载《现代法学》2020 年第 7 期。

[9]薛宁兰:《民法典离婚救济制度的功能定位与理解适用》,载《妇女研究论丛》2020 年第 6 期。

[10]周尚君:《儿童人权的中国语境》,载《青少年犯罪问题》2012 年第 5 期。

[11]张维炜:《如何更好实现"幼有所育"? 人大开良方》,载《中国人大》2020 年第 4 期。

[12][日]铃木初代、陈同花、肖贤富:《应尽照顾被保护人的私人义务——以应尽监护未成熟子女的父母的义务为中心》,载《外国法译评》2000 年第 2 期。

[13]吕春娟:《父母以外的第三人享有探望未成年人权利之形塑——以〈民法典〉第 1086 条为基准》,载《延边大学学报(社会科学版)》2021 年第 3 期。

[14]夏吟兰:《民法典离婚家务劳动经济补偿制度完善的人权内涵》,载《人权研究》2020 年第 2 期。

[15]徐妍:《个人所得税赡养老人专项附加扣除制度法律问题研究》,载《学习与探索》2020 年第 1 期。

[16]李华:《个人所得税教育费用扣除的经验与借鉴》,载《财政科学》2020 年第 1 期。

[17]贾男、杨天池:《带薪产假与女性工资率——基于各省晚育产假奖励政策的实证研究》,载《当代财经》2019 年第 12 期。

[18]杨菊华:《新时代实现 0 ~3 岁婴幼儿幼有所育的路径》,载《中国妇运》2019 年第 4 期。

[19]马新文:《未成年人法律体系建设研究》,载《青少年犯罪研究》2015 年第 3 期。

[20]胡敏洁:《学龄前儿童照顾政策中的公私责任分配》,载《北京行政学院学报》2019 年第 2 期。

[21]杨菊华:《"性别—母职双重赋税"与劳动力市场参与的性别差异》,载《人口研究》2019 年第 1 期。

[22]杨菊华:《新时代"幼有所育"何以实现》,载《江苏行政学院学报》2019 年第 1 期。

[23]王向贤:《转型时期的父亲责任、权利与研究路径——国内父职社会学研究述评》,载《青年研究》2019 年第 1 期。

[24]杨云彦、石智雷、张婷皮美:《从人口红利到性别红利》,载《人口与健康》2019 年第 1 期。

[25]杨菊华:《理论基础、现实依据与改革思路:中国 3 岁以下婴幼儿托育服务发展研究》,载《社会科学》2018 年第 9 期。

[26]岳经纶、范昕:《中国儿童照顾政策体系:回顾、反思与重构》,载《中国社会科学》2018 年第 9 期。

[27]计迎春、郑真真:《社会性别和发展视角下的中国低生育率》,载《中国社会科学》2018 年第 8 期。

[28]汤洁茵:《纳税人基本权利的保障与实现机制:以个人所得税为核心》,载《中国法律评论》2018 年第 6 期。

[29]孙若军:《离婚救济制度立法研究》,载《法学家》2018 年第 6 期。

[30]马春华:《中国家庭儿童养育成本及其政策意涵》,载《妇女研究论丛》2018 年第 5 期。

[31]于秀伟、侯迎春:《"生育友好型"个人所得税制度的构建——基于

德国的经验》,载《税务与经济》2018 年第 4 期。

[32]杨菊华:《论政府在托育服务体系供给侧改革中的职能定位》,载《国家行政学院学报》2018 年第 3 期。

[33]杨可:《母职的经纪人化——教育市场化背景下的母职变迁》,载《妇女研究论丛》2018 年第 2 期。

[34]卿石松:《性别角色观念、家庭责任与劳动参与模式研究》,载《社会科学》2017 年第 11 期。

[35]吕卫清、李亚芬:《日本促进女性就业经验对解决我国"全面二孩"政策下女性就业歧视的启示》,载《湖北经济学院学报(人文社会科学版)》2017 年第 9 期。

[36]《网飞公司新爸妈将有一年带薪休假》,载《英语世界》2017 年第 8 期。

[37]李树生、杨彬:《隔代抚育与子女养老行为选择:事实与解释》,载《统计与信息论坛》2017 年第 7 期。

[38]钟晓慧、郭巍青:《人口政策议题转换:从养育看生育——"全面二孩"下中产家庭的隔代抚养与儿童照顾》,载《探索与争鸣》2017 年第 7 期。

[39]肖洁:《家务劳动对性别收入差距的影响——基于第三期中国妇女社会地位调查数据的分析》,载《妇女研究论丛》2017 年第 6 期。

[40]马春华:《当代日本家庭变迁和家庭政策重构:公共资源的代际再分配》,载《社会发展研究》2017 年第 3 期。

[41]杨菊华、杜声红:《部分国家生育支持政策及其对中国的启示》,载《探索》2017 年第 2 期。

[42]张晓冰:《中国对〈消除对妇女一切形式歧视公约〉的批准与实施》,载《人权》2016 年第 6 期。

[43]黄文政、梁建章:《全面二孩后的人口问题》,载《中国延安干部学院学报》2016 年第 4 期。

[44]段成荣:《解决留守儿童问题的根本在于止住源头》,载《武汉大学学报(人文科学版)》2016 年第 2 期。

[45]王军、王广州:《中国低生育水平下的生育意愿与生育行为差异研究》,载《人口学刊》2016 年第 2 期。

[46]邓锁:《从家庭补偿到社会照顾:儿童福利政策的发展路径分析》,载《社会建设》2016 年第 3 期。

[47]吴帆:《欧洲家庭政策与生育率变化——兼论中国低生育率陷阱的风险》,载《社会学研究》2016 年第 1 期。

[48]应铎:《全面“二孩”:如何让女性就业“软着陆”》,载《中国就业》2015 年第 12 期。

[49]李芬:《工作母亲的职业新困境及其化解——以单独二孩政策为背景》,载《东南大学学报(哲学社会科学版)》2015 年第 4 期。

[50]刘明辉:《促进我国性别平等立法及实施机制的他山之石——〈港台地区性别平等立法案例研究〉评介》,载《中华女子学院学报》2015 年第 3 期。

[51]中共中央文献研究室《中国特色社会主义社会建设道路》课题组、陈理:《十八大以来习近平关于民生建设的新思想新举措》,载《党的文献》2015 年第 3 期。

[52]金一虹、杨笛:《教育“拼妈”:“家长主义”的盛行与母职再造》,载《南京社会科学》2015 年第 2 期。

[53]宋全成、文庆英:《我国单独二胎人口政策实施的意义、现状与问题》,载《南通大学学报(社会科学版)》2015 年第 1 期。

[54]王歌雅:《离婚救济的实践隐忧与功能建构》,载《法学杂志》2014 年第 10 期。

[55]黄桂霞:《生育支持对女性职业中断的缓冲作用——以第三期中国妇女社会地位调查为基础》,载《妇女研究论丛》2014 年第 4 期。

[56]胡湛、彭希哲:《中国当代家庭户变动的趋势分析——基于人口普查数据的考察》,载《社会学研究》2014 年第 3 期。

[57]王向贤:《关于欧美构建新型父职的述评》,载《晋阳学刊》2014 年第 3 期。

[58]蒋莱:《性别红利的现实困境与未来走向》,载《云南民族大学学报(哲学社会科学版)》2014 年第 2 期。

[59]蒋月:《论儿童、家庭和国家之关系》,载《中华女子学院学报》载 2014 年第 1 期。

[60]王舒芸、郑清霞、王正:《儿童津贴之合理性与可行性研究》,载《台大社会工作学刊》第 27 期(2013 年)。

[61]黄志隆:《儿童照护政策与福利体制的路径变迁:瑞典,德国与美国之比较》,载《东吴社会工作学报》2013 年第 25 期。

[62]何代欣:《个人所得税分类与综合改革研究:法国税制借鉴》,载《地方财政研究》2013 年第 8 期。

[63]吕春娟:《婚姻立法更应彰显以人为本的理念——从事实婚姻和结婚登记瑕疵的处理谈起》,载《国家行政学院学报》2013 年第 2 期。

[64]沈可、章元、鄢萍:《中国女性劳动参与率下降的新解释:家庭结构变迁的视角》,载《人口研究》2012 年第 5 期。

[65]吕春娟:《婚后所得共有契合婚姻本质——刍议〈婚姻法司法解释(三)〉第 7 条和第 5 条》,载《科学·经济·社会》2012 年第 4 期。

[66]程福财:《家庭、国家与儿童福利供给》,载《青年研究》2012 年第 1 期。

[67]傅立叶、王兆度:《照护公共化的改革与挑战——以保姆托育体系的改革为例》,载《女学学志:妇女与性别研究》2011 年第 29 期。

[68]郭慧敏:《"怀孕歧视":权利的消解与重构》,载《西南民族大学学报(人文社会科学版)》2011 年第 7 期。

[69]葛玉好、曾湘泉:《市场歧视对城镇地区性别工资差距的影响》,载《经济研究》2011 年第 6 期。

[70]郅玉玲:《马克思主义女性主义关于性别平等理论的现代解析及诠释》,载《浙江理工大学学报》2010 年第 6 期。

[71]李翠荣:《人的科学发展论》,载《社会科学家》2009 年第 11 期。

[72]冉启玉:《成本与收益:夫妻家务劳动价值的法经济学分析》,载《北

方论丛》2009 年第 5 期。

[73]徐浙宁:《我国关于儿童早期发展的家庭政策(1980—2008)——从"家庭支持"到"支持家庭"?》,载《青年研究》2009 年第 4 期。

[74]闫薇:《马克思主义女权主义:概念、发展与意义》,载《吉林师范大学学报(人文社会科学版)》2009 年第 3 期。

[75]杨宇辰:《刍议人的全面发展视角下的女性发展》,载《中共山西省直机关党校学报》2009 年第 1 期。

[76]黄小薇、刘一龙:《生育、女性就业与儿童照顾支持方案——以南欧模式为例》,载《台湾社会福利学刊》第 8 期(2009 年)。

[77]饶志静:《英国反就业性别歧视法律制度研究》,载《环球法律评论》2008 年第 4 期。

[78]杜凤莲:《家庭结构、儿童看护与女性劳动参与:来自中国非农村的证据》,载《世界经济文汇》2008 年第 2 期。

[79]郑清霞:《育儿责任分担的探讨与推估——国家 vs 家庭》,载《东吴社会工作学报》2007 年第 17 期。

[80]袁锦秀:《美英妇女权益保障与我国立法的完善》,载《求索》2007 年第 7 期。

[81]李傲:《性别歧视的界定》,载《河北法学》2007 年第 1 期。

[82]刘明辉:《地方反就业性别歧视立法的优势》,载《中华女子学院学报》2006 年第 4 期。

[83]吴帆:《家庭领域的性别平等与妇女发展:指标研究与应用》,载《妇女研究论丛》2006 年第 12 期。

[84]丁文:《科学发展观视野下的妇女发展》,载《湖南省社会主义学院学报》2006 年第 1 期。

[85]俞彦娟:《女性主义对母亲角色研究的影响——以美国妇女史为例》,载《女学学志:妇女与性别研究》2005 年第 20 期。

[86]孙建江、吴亚晖:《民事结合制度对传统婚姻家庭制度的冲击》,载《法学》2005 年第 10 期。

[87]李静之:《论妇女解放、妇女发展和妇女运动》,载《妇女研究论丛》2003 年第 6 期。

[88]夏吟兰:《离婚救济制度之实证研究》,载《中国政法大学学报》2003 年第 6 期。

[89]张秀兰、徐月宾:《建构中国的发展型家庭政策》,载《中国社会科学》2003 年第 6 期。

[90]曾恂:《美国反就业歧视立法的启示》,载《南方经济》2003 年第 5 期。

[91]张广利:《制约女性发展的结构性因素》,载《安徽大学学报》2002 年第 4 期。

[92]姜爱军:《妇女与家务劳动》,载《中华女子学院学报》1996 年第 3 期。

[93]吴帆:《欧洲家庭政策与生育率变化——兼论中国低生育率陷阱的风险》,载《社会学研究》2016 年第 1 期。

[94]刘爱玉:《相对资源、性别角色观念交互影响下的夫妻家务劳动分工》,载《中华女子学院学报》2022 年第 2 期。

[95]穆光宗:《三孩政策与中国人口生育的优化:背景、前景和愿景》,载《扬州大学学报》2022 年第 4 期。

[96]陈友华、孙永健:《生育政策及其配套支持措施:认知偏误与政策偏差》,载《广州大学学报》2022 年第 4 期。

[97]李勇:《家务劳动补偿制度的女性主义分析》,载《山东女子学院学报》2022 年第 4 期。

[98]关成华、左玲:《中国居民无酬家务劳动经济价值的估算》,载《统计与决策》2022 年第 4 期。

四、中文报纸网络文献类

[1]范雨晨:《全职太太离婚获 5 万元家务补偿引发热议,专家指出——家务劳动补偿的"未来指向"不容忽视》,载《中国妇女报》2021 年 3 月 1 日,第 4 版。

[2]潘巧:《民法典“唤醒”家务劳动补偿制度》,载《民主与法制时报》2021年2月25日,第2版。

[3]薛应军:《最高检妇联建立合作机制共同推动保护妇女儿童权益工作》,载《民主依法制时报》2020年1月9日,第1版。

[4]张苹:《落实生育新政需重视生养孩子的机会成本》,载《中国人口报》2017年8月14日,第3版。

[5]曾慧:《已婚男考研读博毕业后起诉离婚》,载《人民法院报》2022年3月23日,第3版。

[6]《第四期中国妇女社会地位调查数据情况》,《中国妇女报》2021年12月7日,第4版。

[7]朱婕:《甘肃省近日制定出台促进女性公平就业工作意见》,载《甘肃日报》2019年4月11日,第2版。

[8]刘中一:《西班牙儿童照顾体系的特点及启示》,载《中国社会报》2019年8月19日,第7版。

[9]周韵曦:《让更多妇女和家庭享受生育保险待遇》,载《中国妇女报》2019年3月27日,第1版。

[10]袁鹏:《留守儿童之痛　需理性面对》,载《中国妇女报》2016年2月21日,第A01版。

[11]陆静:《德国夫妻财产制的特色》,载《学习时报》2011年9月5日,第2版。

[12]任泽平:《中国生育报告2020》,载微信公众号“泽平宏观”2020年8月26日,https://mp.weixin.qq.com/s/A54wEwcmIPnYRkFNbFJykw。

[13]江聃:《重磅数据揭晓! 14.1178亿,我国人口保持低速增长,意味着什么?》,载《证券时报》2021年5月11日,https://mp.weixin.qq.com/s/6vqdc1EG1532KPnZ0A10wQ。

[14]《国家卫健委分析生育意愿降低原因》,载红芯技科官方账号2021年6月4日,https://mp.weixin.qq.com/s/YEJOENfYz6e5r6pAroplXw。

[15]梁静怡:《广州母乳喂养促进条例今日通过,让妈妈有尊严地母乳

喂养》,载搜狐网 2019 年 10 月 29 日,https://www.sohu.com/a/350420942_114988。

[16]任泽平:《对放开三孩政策的几点思考》,载微信公众号“泽平宏观”2020 年 12 月 9 日,https://baijiahao.baidu.com/s? id = 170132542671424296 2&wfr = spider&for = pc。

[17]《中国共产党第十九届中央委员会第五次全体会议公报》,载新华网,http://www.xinhuanet.com/politics/2020-10/29/c_1126674147.htm。

[18]《中共中央　国务院关于优化生育政策促进人口长期均衡发展的决定》,载中国政府网,http://www.gov.cn/zhengce/2021-07/20/content_5626190.htm。

[19]《中国养娃成本排行前 10 出炉! 这座城市成本最高? 武汉家长被难哭》,载搜狐网 2020 年 10 月 21 日,https://www.sohu.com/a/426235457_807989。

[20]赵丽:《职场女性就业情况调查》,载《法制与新闻》2022 年 4 月 26 日,https://mp.weixin.qq.com/s/Lc4CireTLLrT5BRm8Bgwmg。

[21]何颖晗:《上海已婚育龄妇女二孩意愿调查:15% 想生,过半明确说不要》,载澎湃新闻 2015 年 3 月 19 日,https://www.thepaper.cn/newsDetail_forward_1312648。

[22]沈洋:《生了二胎后,女性的职业发展受到了怎样的影响?》,载微信公众号“知识分子”2020 年 8 月 8 日,https://mp.weixin.qq.com/s/54C1_q7d8uYPRT2TJJQtTg。

[23]史迎春、刘婷玉:《国家卫健委:婴幼儿无人照料是阻碍生育首要因素》,载《央视新闻客户端》2022 年 8 月 17 日,http://jcrbapp.jcrb.com.cn/h5/news.html? id = 533968。

[24]曹欣蓓:《当年轻人逐渐不愿结婚生娃,人少了内卷能缓解吗?》,载微信公众号“中欧商业评论”2021 年 4 月 15 日,https://mp.weixin.qq.com/s/~cHN6V4_0MsYAjyvXJ76Pg。

[25]任泽平:《中国生育报告应立即全面放开并鼓励生育　让更多的人想生、敢生》,载金融界网 2020 年 10 月 13 日,https://baijiahao.baidu.com/s?

id = 1680390613936135723&wfr = spider&for = pc。

[26]国家统计局:《2018 年〈中国妇女发展纲要(2011—2020 年)〉统计监测报告》,载国家统计局网 2019 年 12 月 6 日,http://www. stats. gov. cn/tjsj/zxfb/201912/t20191206_1715998. html。

[27]《中国儿童发展纲要(2011—2020 年)》,载国务院新闻办公室网 2011 年 8 月 8 日,http://www. scio. gov. cn/ztk/xwfb/46/11/Document/976030/976030. htm。

[28]《国务院关于印发中国妇女发展纲要和中国儿童发展纲要的通知》,载国务院新闻办公室网 2021 年 9 月 27 日,http://www. scio. gov. cn/xwfbh/xwbfbh/wqfbh/44687/47020/xgzc47026/Document/1713741/17 13741. htm。

[29]《〈辽宁省人民政府关于印发辽宁省人口发展规划(2016—2030 年)的通知〉政策解读》,载辽宁政务服务网 2018 年 7 月 3 日,http://www. lnzwfw. gov. cn/gbxxgk/gbzcjd/202107/t20210729_51838. html。

[30]刘湃:《为了"富养孩子"不愿生二孩? 爸妈们这么说》,载中国新闻网,http://www. chinanews. com/gn/2018/07 –28/8582215. shtml。

[31]武汉状元教育:《中国养娃成本排行前十出炉》,载搜狐网 2020 年 10 月 21 日,https://www. sohu. com/a/426235457_807989。

[32]《中国代表团在第 73 届联大三委促进和保护儿童权利议题下的发言》,载中华人民共和国外交部网 2018 年 10 月 10 日,https://www. fmprc. gov. cn/ce/ceun/chn/lhghywj/fyywj/123sdaf32/t1604703. htm。

[33]《世界人权宣言》,载百度百科 2021 年 4 月 28 日,https://baike. baidu. com/item/% E4% B8% 96% E7% 95% 8C% E4% BA% BA% E6% 9D% 83% E5% AE% A3% E8% A8% 80/438255? fr = aladdin。

[34]《1966 年联合国大会发布的文件》,载百度百科 2021 年 4 月 28 日,https://baike. baidu. com/item/% E7% BB% 8F% E6% B5% 8E% E3% 80% 81% E7% A4% BE% E4% BC% 9A% E5% 8F% 8A% E6% 96% 87% E5% 8C% 96% E6% 9D% 83% E5% 88% A9% E5% 9B% BD% E9% 99% 85% E5% 85% AC% E7% BA% A6/6644409? fr = aladdin。

[35]联合国大会:《第四次世界妇女大会〈行动纲领〉》,载国务院妇女儿童工作委员会网,http://www.nwccw.gov.cn/2017-05/23/content_157555.htm。

[36]黄灯:《一个农村儿媳眼中的乡村图景》,载澎湃新闻网2017年1月31日,https://www.thepaper.cn/newsDetail_forward_1608184。

[37]国家统计局:《第七次全国人口普查主要数据情况》,载国家统计局官网,http://www.stats.gov.cn/ztjc/zdtjgz/zgrkpc/dqcrkpc/ggl/202105/t20210519_1817693.html。

[38]《第七次全国人口普查结果公布:我国人口10年来继续保持低速增长态势》,载央广网2021年5月12日,https://baijiahao.baidu.com/s?id=1699460233575956446&wfr=spider&for=pc。

[39]王恩博:《权威回应:中国跌入"低生育率陷阱"了么?人口普查耗费多大力气?》,载微信公众号"国是直通车"2021年5月13日,https://mp.weixin.qq.com/s/G9ch6moL-GehDdJWfvFWMg。

[40]《中国儿童发展纲要(2021—2030年)》,载中国政府网2021年9月28日,http://www.gov.cn/zhengce/2021-09/28/content_5639716.htm。

[41]《关于印发〈国务院未成年人保护工作领导小组关于加强未成年人保护工作的意见〉的通知》(国未保组〔2021〕1号),载中华人民共和国教育部网2021年6月6日,http://www.moe.gov.cn/jyb_xxgk/moe_1777/moe_1778/202111/t20211116_580174.html。

[42]任泽平:《出生人口大幅下降,加大鼓励生育力度:中国生育报告2022》,载微信公众号"泽平宏观"2022年8月17日,https://mp.weixin.qq.com/s/lsnnTIlU07f_QZYLKMNbWw。

[43]任泽平、熊柴、周哲:《中国生育报告:2019》,载微信公众号"泽平宏观"2019年10月4日,https://mp.weixin.qq.com/s/I2YZgufAFoLtigTT2P55NA。

[44]国务院:《国务院关于设立3岁以下婴幼儿照护个人所得税专项附加扣除的通知》(国发〔2022〕8号),载中国政府网,http://www.gov.cn/

zhengce/zhengceku/2022 - 03/28/content_5682013. htm。

[45]《〈广东省公共服务“十四五”规划〉解读》,载广东省人民政府网 2021 年 12 月 29 日,http://www. gd. gov. cn/zwgk/zcjd/bmjd/content/post_3680428. html。

[46]2016 年 12 月 28 日全国妇联发布的《实施全面两孩政策对家庭教育的影响调查报告》,载新华网,http://education. news. cn/2016 ~ 12/28/c_129422869. htm? from = singlemessage&isappinstalled = 1。

[47]大观新闻:《辽宁省政府发文:育儿假要来了!》,载搜狐网 2020 年 5 月 23 日,https://www. sohu. com/a/397259468_120205663。

[48]《1991 年中国的人权状况》,载国务院新闻办公室网 2000 年 1 月 20 日, http://www. scio. gov. cn/ztk/dtzt/2014/31553/31561/Document/1381043/1381043. htm。

[49]《上海携程亲子园虐童事件更加突出社会对 3 岁以下幼童托育服务的可信赖度的质疑》,载中国法院网 2019 年 1 月 11 日,https://www. chinacourt. org/article/detail/2019/01/id/3653300. shtml。

[50]李亦菲:《中国留守儿童心灵状况白皮书(2015 年)》,载百度百科 2015 年 6 月 18 日,https://baike. baidu. com/item/% E4% B8% AD% E5% 9B% BD% E7% 95% 99% E5% AE% 88% E5% 84% BF% E7% AB% A5% E5% BF% 83% E7% 81% B5% E7% 8A% B6% E5% 86% B5% E7% 99% BD% E7% 9A% AE% E4% B9% A6% 282015% 29/17822929? fr = aladdin。

[51]郭玮:《城乡差距正进一步扩大,必须引起我们的关注》,载搜狐网 2019 年 12 月 2 日,https://www. sohu. com/a/357939226_237819。

[52]《自治区政协委员谈“三孩”配套支持措施 | 让更多人生得起养得起、生得好育得好》,载广西新闻网 2022 年 9 月 18 日,https://baijiahao. baidu. com/s? id = 1722189840293060772&wfr = spider&for = pc。

[53]《北京市医疗保障局　北京市卫生健康委员会　北京市人力资源和社会保障局关于规范调整部分医疗服务价格项目的通知》(京医保发〔2022〕28 号),载北京政府网,http://ybj. beijing. gov. cn/zwgk/2020_zcwj/

202208/t20220819_2795691. html。

[54]佟新:《倡导父亲参与婴幼儿抚育工作有利于减少“产后抑郁”——“倡导父亲参与婴幼儿照料工作,建立和谐家庭关系”》,载微信公众号“北京市婚姻家庭研究会”2020 年 8 月 2 日,https://mp. weixin. qq. com/s/aGJfKCWyn1zwbDnlnACbBQ。

[55]土土绒:《破解“托育难”,让普惠性托育服务和市场化托育双向发力》,载微信公众号“光明论”2022 年 9 月 6 日,https://mp. weixin. qq. com/s/FINELL3gfMfj ~ JMEgJxkDg。

[56]《〔观点交锋〕中国男性每天家务时间 48 分钟,排名全球倒数第五》,载网易网 2022 年 5 月 13 日,https://www. 163. com/dy/article/H778RRTD0514EA02. html。

[57]联合国妇女署:《最新报告:北京会议召开 25 周年妇女权利评估》,载微信公众号“联合国妇女署”2022 年 5 月 13 日,https://mp. weixin. qq. com/s/iyAL0iWHAUUgCT buMmU8OQ。

[58]《走进民法典:全职太太离婚,获 12 万元“家务劳动补偿”》,载微信公众号“重庆市高级人民法院”2021 年 4 月 27 日,https://mp. weixin. qq. com/s/Lgm4NT9h76D - oT3iKAo8QA。

[59]《国家卫生健康委有关负责人就实施三孩生育政策答新华社记者问》,载成都商报红星新闻官方账号 2021 年 5 月 31 日,https://baijiahao. baidu. com/s? id = 1701288483769301958&wfr = spider&for = pc。

[60]《未婚妈妈为生育金奔走四年:不仅为了钱,更为平等的权益》,载光明网,https://m. gmw. cn/baijia/2021 -03/28/1302193941. html。

[61]《夫妻感情破裂,山东一全职太太离婚获 93 万“家务补偿”》,载微信公众号“山东高法”2021 年 4 月 7 日,https://mp. weixin. qq. com/s/HCFzUujHodSOJasIN8W43Q。

五、学位论文类

[1]马彩霞:《女性的科学发展问题研究》,河南师范大学 2011 年博士学位论文。

[2]饶志静:《英国反就业歧视法研究——以两性工作平等为中心》,上海交通大学2009年博士学位论文。

[3]杨凤:《当代中国女性发展研究》,中山大学2006年博士学位论文。

[4]回曾岙:《河北省0-5岁儿童家庭养育成本研究》,河北大学2017年硕士学位论文。

[5]张双双:《中国人口老龄化对经济增长的影响研究——基于劳动力供给和投资的角度》,山东大学2017年硕士学位论文。

[6]刘翠梅:《论女性家务劳动价值在婚姻法中的保护》,大连海事大学2009年硕士学位论文。

六、英文著作类

[1] Lewis J, *Work-Family Balance, Gender and Policy*, Edward Elgar Publishing Limited, 2009.

[2] Sylvester. Kathleen & Reich. Kathleen, *Making Fathers Count. Assessing the Progress of Responsible Fatherhood Efforts*, Social Policy Action Network, Washington, DC. Annie E. Casey Foundation, Baltimore, MD, 2002.

[3] Oecd, *Stating Strong Ⅱ: Early Childhood Education and Care*, Oecd Publication, 2006.

[4] Kimmel M. S, *The Gendered Society*, Oxford University Press, 2000.

[5] Esping-Anderson G, *Social Foundations of Postindustrial Economics*, Oxford University Press, 1999.

[6] Jill Rubery, Mark Smith & Colette Fagan, *Women's Employment in Europe: Trendand Prospects*, Routledge, 1999.

[7] Hennessy R & Ingraham C, *Materialist Feminism—A Reader in Class, Difference, an Women's Lives*, Routledge, 1997.

[8] Fox Harding. L, *Family, State and Social Policy*, Basingstoke: Macmillan, 1996.

[9] Esping-Andersen. G, *The three Worlds of Welfare Capitalism.*

Princeton, Princeton University press, 1991.

[10] Vogel L, *Marxism and the Oppression of Women: Toward a Unitary Theory*, RutgersUniversity Press, 1983.

[11] Wlison E, *Women and Welfare State*, Tavistock Publications Ltd, 1977.

[12] OECD, *The Well-being of Nations : The Role of Human and Social Capital*, 2001.

[13] Parsons Talcott & Robert F. Bales, *Family, Socialization and Interaction Process*, The Free Press, 1955.

[14] T. H. Marshall, *Citizenship and Social Class in Citizenship and Social Class and other Essays*, Cambridge University Press, 1950.

[15] IOM Mission in Azerbaijan 18, Yashar Husseynov Str. Baku: *Handbook on European Non-discrimination Law and Its Updateincluding the Manual on the Anti-discrimination Legal Framework and Referral Mechanism in Azerbaijan International Organization for Migration* (IOM) Baku International Organization for Migration (IOM) Baku, 2013.

[16] Fenglian Du & Xiao-yuan Dong, *Women's Labor Force Participation and Childcare Choices in Urban China during the Economic Transition*, in Xiao-yuan Dong and Sarah Cook eds., Gender Equality and China's Economic Transformation: Informal EmploymentandCare Provision, Economic Science Press, 2010.

[17] Sainsbury D, *Gender, Policy Regimes, and Politics*, in D. Sainsbury Eds., Gender and Welfare Regimes, Oxford University Press, 1999.

[18] John Stuart Mill, *The Subjection of Women*, University of Toronto Press, 1984.

[19] Rubin. G, *The Traffic in Women: Notes on the Political Economy' of Sex*, Toward an Anthropology of Women, Monthly Review Press, 1975.

[20] Ogburn. W. F & C Tibbits, *The Family and its Function*, in Ross E. A

ed. , The Pricinples of Sociology, Henry Holt,1934.

[21] Hilary Charelesworth, *Human Rights as Men's Rights*, in Julie Peters & Andrea Wolper eds. , Women's Rights, Human Rights: Internantional Feminist Perespectives, Routedge, 1995.

[22] Lister. R, *The Third Way's Social Investment State*, in J. Lewis and R. Surender eds. , Welfare State Change: Towards a Third Way?, Oxford University Press, 2004.

七、英文期刊类

[1] Zick Cathleen & Bryant. W, *Does Housework Matter Anymore? The Shifting Impact of Housework on Economic Inequality*, Review of Economics of the Household, Vol. 6:1, p. 4 – 12(2008).

[2] Malene Schmidt, *Employment the Family and the Law Current Problems in Germany*, Comparative Labor Law & Policy Journal, Vol. 27:4, p. 451 – 452 (2006).

[3] Geertje van Daalen, Tineke M. Willemsen & Karin Sanders, *Reducing Work-family Conflict through Different Sources of Social Support*, Journal of Vocatinonal Behavior, Vol. 69, p. 462 – 476(2006).

[4] Leibenstein Harvey, *An Interpretation of the Economic Theory of Fertility: Promising Path or Blind Alley*, Journal of Economic Literature, Vol. 12:2, p. 457 – 479 (1974).

[5] Moss Peter & Fred Deven, *Leave Policies and Research*, Marriage & Family Review, Vol. 39:3, p. 255 – 285(2006).

[6] Susan St. John, *New Zealand's Financial Assistance for Poor Children: Are Work Incentives the Answer*, European Journal of Social Security, Vol. 8:3, p. 306(2006).

[7] Ruth Lister, *Children (But Not Women) First: New Labour, Child Welfare And Gender*, Critical Social Policy, Vol. 26:2, p. 315 – 335(2006).

[8] Mascaro N & Rosen D. H, *Existential Meanings Role in the*

Enhancement of Hope an Prevention of Depressive Symptom, Journal of Personanilty, Vol. 73:4, p. 1001(2005).

[9]Galtry. J & Callister. P, *Assessing the Optimal Length of Parental Leave for Child and Parental Well-Being: How Can Research Inform Policy*, Journal of Family Issues, Vol. 26, p. 228 – 229(2005).

[10] James J. Heckman, *China's Human Captial Investment*, China Econmic Review, Vol. 16:1, p. 67(2005).

[11]Nancy E. Dowd, *Race, Gender, and Work/Family Policy*, Washington University Journal of Law & Policy, Vol. 15, p. 235 – 236(2004).

[12]John W. Budd & Karen Mumford, *Trade Unions and Family-Friendly Policies in Britain*, Industrial and Labor Relations Review, Vol. 57:2, p. 212 (2004).

[13]Sandra K. Danziger, E. O. Ananat & K. G. Browning, *Child Care Subsidies and the Transition from Welfare to Work*, Family Relations, Vol. 53:2, p. 219 – 228(2004).

[14] Lister R, *Investing in the Citizen-Workers of the Future: Transformations in Citizenship and the State under New Labour*, Social Policy and Administration, Vol. 37:5, p. 427 – 443(2003).

[15]Leitner S, *Varietries of Familialism_the Caring Function of The Family in Comparative Pestective*, European Societis, Vol. 5:4, p. 362(2003).

[16]Lynn Friss Feinberg, *The Dual Pressures of Family Caregiving and Employment: Six in* 10 *Family Caregivers are in the Labor Force*, Public Policy Institute, Vol. 5, p3 – 4(2016).

[17]Margaret F. Brinig, *Money Can't Buy Me Love: A Contrast between Damages in Family Law and Contract*, The Journal of Corporation Law, Vol. 27:4, p. 567(2002).

[18]Scott. G, Campbell. J & Brown. U, *Child Care, Social Inclusion and Urban Regeneration*, Critical Social Policy, Vol. 22:2, p. 230 – 236(2002).

[19] Grzywacz, J. G, Almeida, D. M & D. A. McDonald, *Work-Family Spillover and Daily Reportsof Work and Family Stress in the Adult Labor Force*, Family Relations, Vol. 51:1, p. 28 - 32(2002).

[20] Stier. H, Lewin-Epstein. N & Braun. M, *Welfare Regime, Family-Supportive Policies, and Women's Employment Along the Life-course*, American Journal of Sociology, Vol. 106:6, p. 1734(2001).

[21] Reger J, *Motherhood and the Construction of Feminist Identities: Variations in a Women's Movement Organization*, Sociological Inquiry, Vol. 71:1, p. 85 - 110(2001).

[22] Maxine Eichner, *Children, Parents, and the State: Rethinking Relationships in the Child Welfare System*, Virginia Journal of Social Policy & The Law, Vol. 12:3, p. 448 - 474(2005).

[23] Esping-Anderson G, *Interview on Postindustrialand The Future of The Welfare State*, work, Employment & Society, Vol. 14:4, p. 757 - 769(2000).

[24] Murphy E., *Risk, Responsibility and Rhetoric in Infant Feeding*, Journal of Contemporary Ethnography, Vol. 29:3, p. 291 - 326(2000).

[25] Mary Daly & Jane Lewis, *The Concept of Social Care and the Analysis of Contemporary Welfare States*, British Journal of Sociology, Vol. 51:2, p. 288 (2000).

[26] Lisa Bornstein, *Inclusions and Exclusions in Work-Family Policy: The Public Value and Moral Code Embedded in the Family and Medical Leave Act*, Columbia Journal of Gender and Law, Vol. 10, p. 88 - 117(2000).

[27] Margaret F. Brinig, *The Reliance Interest in Marriage And Divorce*, Tulane Law Review, Vol. 62:5, p. 865 - 969(1988).

[28] Ozer. E. M, Barnett. R. C & R. T. Brennan, *Does Child Care Involvement Increase or Decrease Distress among Dual-earner Couples?*, Women's Health, Vol. 4:4, p. 4(1997).

[29] Frone M. R, Yardley. J. K & K. S. Markel, *Developing and Testing an*

Integrative Model of the Work Family Interface, Journal of Vocational Behavior, Vol. 50:2, p. 147(1997).

[30] Lisa Carpenter, *Changing The Balance, Rhode Island's Amended Termination of Parental Rights Statute*, Journal of Urban And Contemporary Law, Vol. 50:153, p. 163 - 164(1996).

[31] Marks. S. R & S. M. MacDermid, *Multiple Roles and the Self: A Theory of Role Balance*, Journal of Marriage and the Family, Vol. 58: 2, p. 429 (1996).

[32] Amoto P. R, *Father Child Relations, Mother Child being in Authhood*, Journal of marriage and Relations and offspring Psychological well of the family, Vol. 56:4, p. 1036(1994).

[33] Lewis J, *Gender and the Development of Welfare Regimes*, Journal of European Social Policy, Vol. 2:3, p. 159 - 173(1992).

[34] O'Neill. O, *Children's Rights and Children's Lives*, Ethics, Vol. 98: 3, p. 445 - 463(1988).

[35] June Carbone & Margaret F. Brinig, *Rethinking Marriage: Feminist Ideology, Economic Change, And Divorce Reform*, Tulane Law review, Vol. 65:5, p. 957 - 961(1991).

[36] Silburn R, *Beveridge and the War-Time Consensus*, Social Policy and Administration, Vol. 25:1, p. 84(1991).

[37] Nancy E. Dowd, *Envisioning Work and Family: A Critical Perspective on International Models*, Harvard Journal on Legislation, Vol. 26:2, p. 311 - 339 (1989).

[38] Deborah A. Batts, *Remedy Refocus: In Search of Equity In "Enhanced spouse/other spouse" Divorces*, New York University Law Review, Vol. 63:4, p. 751(1988).

[39] Susan B. Hershkowitz, *Due Process and the Termination of Parental Rights*, Family Law Quarterly, Vol. 19, p. 3(1985).

[40]R. W. Connell, *The Concept of Role and What to Do with It*, Journal of Sociology, Vol. 15:3, p. 9(1979).

[41] Shannon P. O'connor, *Due Process And The Fundamental Right To Family Integrity: A Re-Evaluation of SouthDakota's Parental Termination Statute*, South Dakota Law Review, Vol. 24, p. 454(1979).

[42] Joanne L. Levine, *Pregnancy and Sex-Based Discrimination in Employment: A Post-Aiello Analysis*, Cincinnati Law Review, Vol. 44, p. 58 - 62 (1975).

[43]Ruth M. Ferrell, *Governmental Regulation of Sex Discrimination in Employment by State and Local Governments: Procedures and Remedies*, The Urban Lawyer, Vol. 5:2, p. 313(1973).

[44] Sonia Pressman, *Sex Discrimination in Employment And What You Can Do About It*, Women Lawyers Journal, Vol. 54, p. 9(1968).

[45]Parsons T., *Age and Sex in the Social Structure of the United States*, American Sociological Review, Vol. 7:5, p. 5(1942).

[46]Xiangxian Wang, *The Difficult Transition to the "New" Caring Fatherhood: An Examination of Paternity Leave*, Social Sciences in China, Vol. 41:1, p. 188 - 200(2020).

[47]Mi Young An & Ito Peng, *Divering Paths? A Comparative Look at Childcare Policies in Japan*, South Korea and Taiwan Social Policy & Administration, Vol. 50:5, p. 7 - 9(2015).

[48] Charles P & Kindregan Jr, *Reforming Alimony: Massachusetts Reconsiders Postdivorce Spousal Sup*port, Suffolk University Law Review, Vol. 46:1, p. 40 - 41(2013).

[49] Sarah Cook & Xiao-yuan Dong, *Harsh Choices: Chinese Women's Paid Work and Unpaid Care Responsibilities under Economic Reform*, Development and change, Vol. 42:4, p. 949(2011).

[50]Daniela Kraiem, *Consumer Direction in Medicaid Long Term Care:*

Autonomy, Commodification of Family Labor, and Community Resilience, American University Journal of Genfer, Social Policy & the Law, Vol. 19:2, p. 680 – 681(2011).

[51]H Mandel, *Rethinking the Paradox: Tradeoffs in Work-family Policy and Patterns of Gender Inequality*, Community Work & Family, Vol. 14:2, p. 159 – 176(2011).

[52] Joanne L. Levine, *Pregnancy and Sex-Based Discrimination in Employment: A Post-Aiello Analysis*, Cincinnati Law Review, Vol. 44, p. 58 – 62 (1975).

[53]John Bouman, Kinsey Alden Dinan & Nancy K. Cauthen, *Improving Work SupportsUsing the Family Resource Simulator to Identify Problems and Test Solutions*, Northwestern Journal of Law and Social Policy, Vol. 4:1, p. 86 – 103(2009).

八、中英文案例类

[1]熊某与郭某婚姻家庭纠纷案,江西省安远县人民法院(2019)赣0726民初33号民事判决书。

[2]宋某与王某合同纠纷案,浙江省桐庐县人民法院(2018)浙0122民初4102号民事判决书。

[3]李某与万某1离婚后财产纠纷案,湖北省武汉市江夏区人民法院(2018)鄂0115民初8434号民事判决书。

[4]谢某与杨某离婚后财产纠纷案,湖北省咸丰县人民法院(2019)鄂2826民初423号民事判决书。

[5]方某与钱某离婚后财产纠纷案,浙江省嘉兴市秀洲区人民法院(2019)浙0411民初337号民事判决书。

[6]王某与李某离婚后财产纠纷案,吉林省前郭尔罗斯蒙古族自治县人民法院(2019)吉0721民初799号民事判决书。

[7]万某与罗某1离婚后财产纠纷案,四川省兴文县人民法院(2019)川1528民初646号民事判决书。

[8]王某离婚后财产纠纷案,山西省孝义市人民法院(2019)晋 1181 民初 934 号民事判决书。

[9]高某与侯某合同纠纷案,湖南省湘阴县人民法院(2019)湘 0624 民初 1149 号民事判决书。

[10]袁某与王某离婚后财产纠纷案,四川省兴文县人民法院(2019)川 1528 民初 1165 号民事判决书。

[11]吴某与王某婚姻家庭纠纷案,贵州省遵义市红花岗区人民法院(2019)黔 0302 民初 5269 号民事判决书。

[12]郑某与童某离婚后财产纠纷案,浙江省龙游县人民法院(2019)浙 0825 民初 2603 号民事判决书。

[13]杨某 1 与刘某 1、刘某 2 离婚后财产纠纷案,江苏省泗洪县人民法院(2019)苏 1324 民初 4532 号民事判决书。

[14]杨某与刘某离婚后财产纠纷案,福建省仙游县人民法院(2019)闽 0322 民初 4823 号民事判决书。

[15]杨某与陈某 1 离婚后财产纠纷案,福建省仙游县人民法院(2019)闽 0322 民初 4845 号民事判决书。

[16]蒲某与王某离婚后财产纠纷案,四川省邛崃市人民法院(2019)川 0183 民初 1474 号民事判决书。

[17]陈某与罗某离婚后财产纠纷案,广东省惠州市惠城区人民法院(2019)粤 1302 民初 1262 号民事判决书。

[18]陈某与王某离婚后财产纠纷案,江西省南丰县人民法院(2019)赣 1023 民初 1551 号民事判决书。

[19]饶某华与王某所有权确认纠纷案,河北省兴隆县人民法院(2019)冀 0822 民初 2188 号民事判决书。

[20]薛某丽与王某群合同纠纷案,湖北省南漳县人民法院(2019)鄂 0624 民初 1602 号民事判决书。

[21]刘某 1 与杨某 1、刘某 2 离婚后财产纠纷案,江苏省宿迁市中级人民法院(2019)苏 13 民终 4034 号民事判决书。

[22]毛某与王某离婚后财产纠纷案,安徽省凤阳县人民法院(2019)皖1126民初4580号民事判决书。

[23]余某与薛某离婚后财产纠纷案,河南省卢氏县人民法院(2019)豫1224民初3080号民事判决书。

[24]刘某与玉某离婚后财产纠纷案,云南省沧源佤族自治县人民法院(2019)云0927民初457号民事判决书。

[25]赵某与范某1离婚后财产纠纷案,江苏省邳州市人民法院(2019)苏0382民初4658号民事判决书。

[26]蒋某与周某合同纠纷案,四川省武胜县人民法院(2019)川1622民初3690号民事判决书。

[27]苗某与赵某离婚后财产纠纷案,河南省郑州航空港经济综合实验区人民法院(2019)豫0192民初5570号民事判决书。

[28]张某俏与周某海民间借贷纠纷案,安徽省蒙城县人民法院(2020)皖1622民初103号民事判决书。

[29]吴某与沈某离婚后财产纠纷案,江苏省无锡市锡山区人民法院(2020)苏0205民初269号民事判决书。

[30]李某与叶某离婚后财产纠纷案,福建省罗源县人民法院(2020)闽0123民初489号民事判决书。

[31]薛某与周某离婚后财产纠纷案,福建省仙游县人民法院(2020)闽0322民初1553号民事判决书。

[32]郭某与杨某离婚后损害责任纠纷案,广西壮族自治区桂平市人民法院(2020)桂0881民初798号民事判决书。

[33]孙某与程某1离婚后财产纠纷案,河南省沈丘县人民法院(2020)豫1624民初2287号民事判决书。

[34]易某与万某洪合同纠纷案,四川省兴文县人民法院(2020)川1528民初665号民事判决书。

[35]颜某如与石某勇合同纠纷案,浙江省乐清市人民法院(2020)浙0382民初5580号民事判决书。

[36]张某梅与范某东离婚后财产纠纷案,重庆市垫江县人民法院(2020)渝0231民初1039号民事判决书。

[37]周某与侯某离婚后财产纠纷案,浙江省杭州市余杭区人民法院(2020)浙0110民初11069号民事判决书。

[38]陆某与韦某离婚后财产纠纷案,广西壮族自治区南宁市武鸣区人民法院(2020)桂0122民初4335号民事判决书。

[39]郭某1与郭某2、李某娟离婚后财产纠纷案,云南省澜沧拉祜族自治县人民法院(2019)云0828民初165号民事判决书。

[40]李某与许某离婚后财产纠纷案,辽宁省大连市中级人民法院(2019)辽02民终241号民事判决书。

[41]何某1与何某2离婚纠纷案,广东省广州市黄埔区人民法院(2019)粤0112民初2705号民事判决书。

[42]刘某与杜某离婚后财产纠纷案,山东省临沂市罗庄区人民法院(2019)鲁1311民初2211号民事判决书。

[43]张某与冯某离婚纠纷案,甘肃省庆阳市西峰区人民法院(2019)甘1002民初2083号民事判决书。

[44]周某与高某离婚后财产纠纷案,江苏省徐州市中级人民法院(2020)苏03民终87号民事判决书。

[45]Ecthr, D. H. and Others v. the Czech Republic, 2007,13 November, para. 184.

[46]Ecthr, Opuz v. Turkey, 2009,9 June, para. 183; Ecthr, Zarb Adami v. Malta, 2006,20 June, para. 80; Employment Equality Directive, Article 2(2)(b); Gender Equality Directive (Recast), Article 2(1)(b); Gender Goods and Services Directive, Article 2(b).

[47] Hudson v Hudson, Supreme Court of Washington, 13 Wn. 2d 673, 1942 Wash, p. 685 - 686.

[48]Clausen v. Schimidt, 502 N. W. 2d 649, Supreme Court of Michigan, July 2,1993, p. 689.

[49]Troxel v. Granville, 530 U. S. 57, 65 (2000).

[50]European Convention on Human Rights, § 8.

[51]Cleveland Board of Education v. La Fleur,414 U. S. 631 (1974).

后　记

对未成年人养育成本初次有所感受是我生育儿子的那一年。当时，我辞去职业院校教书的工作攻读硕士研究生，担心再就业也许会遭遇“就业歧视”，于是抓住“无人管”的时机完成了生育任务。由于没有归属单位，孕产期间的费用完全自理，对一个无收入的新手妈妈而言，也算不小的数字。庆幸的是我住院生产与儿子喂养都比较顺利，加之孩子养育也有祖辈辛劳付出，使得我的学业如期完成，孩子也健康成长。做了妈妈的我除了关注婴幼儿的身心健康，也关注孕产妇的福利待遇，不免经常与在基层乡政府做计生专干的姐姐交流关于当时社会环境对母婴的权利保障。

随后，我开始关注留守儿童这个群体。恰逢2014年参与恩师夏吟兰教授主持的“以保障儿童为导向，构建国家监护制度研究”这一课题的研究，经过对甘肃省与福建省两个地区的调研，访谈留守儿童的生存教育情况，我撰写了《论留守儿童的父母责任回归——以实证分析与国家监护为视角》这篇论文。论文撰写期间，我真切地感受到有些父母因为讨生计而无法亲自监护未成年子女的无奈与辛酸。

2016年，我国开始实施“全面二孩”政策后，有关数据表明生育率没有预期的理想，其根本原因是多年一孩化的精养模式已经固化，高昂的养育成本遏制了生育群体的生育意愿。如何让家庭得到国家与社会的支持，降低家庭负担，从而释放生育潜能，在持续关注这些问题之时，2017年，我幸运得到国家社科基金项目的资助，于是将未成年人养育成本分担这个构想付诸研究。

经过4年的持续研究,该项目在2022年2月经全国哲学社会科学规划办公室审核,准予结项。其后对结项报告经过反复斟酌修改,如今,《低生育率背景下未成年人养育成本分担制度研究》一书终于付梓。此刻,我心怀感激!

感谢我的恩师中国政法大学夏吟兰教授。是她亦师亦友的鞭策一直激励着我,是她笔耕不辍的精神一直鼓舞着我,是她优雅与智慧的生活态度一直影响着我。

感谢中国政法大学宪政研究中心的刘小楠教授,她牵头主办的"社会性别与人权教学能力建设研讨会"给予我极为丰富的学术营养,开阔了我的研究思路与方法。

感谢本书中所有引用过的著述作者们,他们的智慧启迪了我。

感谢学校、学院以及领导的大力支持,我才得以顺利完成此书稿并付之出版。

感谢学校图书馆的贴心帮助,精准高效地帮我收集到了所需的资料。

感谢法律出版社法治与经济分社的沈小英分社长、任娜编辑、刘雪莲编辑,她们严谨专业的工作态度帮助我将书稿不断完善,从而得以顺利面世。

感谢我的学生谢瑞婷同学,她细致耐心的校对帮我纠正了诸多瑕疵。

感谢这一路陪伴、鼓励并支持我的至亲们,他们的爱让我有勇气砥砺前行。

笔者才疏学浅,谬误在所难免,还请读者不吝赐教,敝人不胜感激!

2023年秋于兰州寓所